大道維新

治理改革與市場建制

孔涇源——著

開明書店

前　言

跨世紀的改革開放，是中國共產黨乃至全國人民的一次偉大覺醒。這一偉大覺醒使中國社會擺脱了傳統理論教條的禁錮與束縛，推動了計劃經濟體制向社會主義市場經濟制度的歷史性轉變，完成了古老東方農耕大國的現代工業革命，實現了低收入發展中國家向上中等收入國家和全球第二大經濟體的跨越性發展，在國內外矛盾錯綜複雜、全球經濟政治形勢面臨百年未見之複雜變局中，呈現出中國特色社會主義道路、理論、制度、文化創新的勃勃生機和中華民族偉大復興的光明前景。

中國經濟奇跡及其成因，引起了國內外的廣泛關注及經驗、理論解讀，以及始終與之形影相隨的「唱衰」或「妖魔化」。但其源頭活水，既不是固守於某種現成的理論形態，而是不斷地突破已有理論框框的束縛與制約；也不是那種被成熟的市場眼光視之為正途的政治變革的推動，而是執政黨基於對政治體制乃至價值信念的堅守，以經濟領域的治理改革漸進式地推動社會主義市場經濟發展建制；更不是對外來理論與制度模式的簡單移植或模仿，而是不斷地破除「全盤西化」的歷史迷霧，跳出「全盤蘇化」的制度泥沼，以治理改革和市場建制的偉大實踐，吸收人類社會市場經濟發展建制的優秀成果，探索中國特色社會主義道路。

治理改革和市場建制，並不是當代人或某個國家的發明與專利。即使在中國歷史上，以治理性變法維繫經濟基礎和政權體制，犖犖大端者或以數十次計，但它極少有改變經濟形態、助推經濟增長的卓越表現，甚至也沒有達成鞏固政權、改善治理的目標底線，更多的只是修漏補缺或無功而返，乃至以社會動盪以及改革者自身悲壯或慘烈的結局告終。

市場經濟固然是近代社會的產物，但市場要素幾乎伴隨着人類社會發展的全部過程，這是人的需求多樣性及其社會分工的規律性現象。但在漫長的歷史長河中，人類受制於自然力及自身的體力與智力，必須首先維繫或保障生存型自然經濟生活，與之相適應的經濟組織、知識技藝、利益結構、治理模式和價值觀念由之形成並被鞏固下來。對於與之相對立的市場經濟要素，則從資源使用、經營活動、技藝應用、成長空間乃至價值意義等各個方面進行盡可能的全面抑制和管控，將其嚴格限制在自然經濟秩序之內，並且在世界範圍內取得了數千年的必要性質和「成功」實踐。

市場經濟是有條件的效率型經濟。因產權、決策、激勵、競合、信息、創新等資源配置類的機制性優勢，市場經濟足以創造其他經濟形態所不能成就的效率奇跡。先行市場經濟體用數百年的時間，完成了從傳統農耕社會向現代工業社會的轉變，創造了超過人類社會數千年總和的物質財富；中國則因社會主義市場經濟發展建制，用數十年的時間幾乎走完了先行市場經濟體的全部歷程而步入世界經濟發展的前列。並非每一個國家和民族都有市場經濟發展建制的成功機遇。許多經濟體經歷數百年反覆的市場建制之路，至今還面臨着經濟發展瓶頸。我們的先輩們在發展市場經濟的早期努力中所付出的勤勞、辛酸乃至血淚，決不比當代中國人少，但最終陷入了近乎民族危亡的絕境。市場經濟發展建制需要適宜的從「分工深化」到「產權分化」的制度條件。而且，並非每一個國家都是由農耕經濟自然地成長為市場經濟體的。一些國家經歷過自然經濟程度更高、市場建制難度更大的計劃體制向市場經濟的轉型建制，並呈現出各自的路徑、特點與經濟績效。

市場經濟是收入和財富分化型經濟。以權利、競爭、規制公平為基礎，最大限度地發揮要素比較優勢，創造出其他經濟形態所不能比擬的經濟效率，是全球範圍內市場經濟體制趨同的依據所在。但市場經濟的效率性優勢，並不能改變其自身既天然地需要平等發展條件，又必然造成不平等結果的分化經濟性質。人們因先天或後天的要素稟賦差異、資源賦能條件、制度文化因素、自身努力程度以及與要素稀缺和佔有性質有關的資本收益率優勢於經濟增長率等，必然出現發展速度、程度和社會財富佔有的階層、階級的分化。市場建制愈快、經濟增速愈高的國家或經濟體，其階層乃至階級分化以及效率與公平的對立，有可能發生得更加迅速和集中一些。資本主義作為市場經濟的初始制度形態，曾以其「原始」或「野蠻」發展形式，將資本主義市場經濟體的貧富分化和階級對立表現得淋漓盡致。早期社會主義者採取了將「孩子」和「髒水」一起潑掉的極端方式，既徹底否定資本主義制度，又試圖根除市場經濟及其所有發展條件和價值意義，力圖以烏托邦或計劃經濟等形式構建心目中的「理想社會」。但經濟發展規律與制度變遷邏輯幾乎將所有烏托邦式的創制努力重新推向疾風暴雨般的市場建制。而與市場經濟的分化性質相伴隨的效率與公平的矛盾，未必會比先行市場經濟體更加緩和一些。社會主義市場經濟是中國特色的市場創制形態，同樣面臨着市場經濟的內在矛盾。其制度先進性與價值正當性，在於最大限度地利用市場效率和盡可能合理地分享社會財富，即以市場新制促進效率與公平的均衡統一。

市場經濟是制度公共品依賴性經濟。有別於自給自足的農耕自然經濟，商品市場關係一經發生及發展，便需要與時俱進地界定與保護財產權利、建立和維護市場秩序、創建及穩定貨幣金融、容納和激勵創業創新、保障及拓展市場空間、調整與均衡供求關係、緩解或平衡利益矛盾、培育及養成人文精神以及安定和優化國際環境等，提供市場經濟所必備的社會公共品服務。其中包括由政府提供的強力、有序的經濟與社會治理服務以及適時、足夠的規則、公平和安全等廣義的制度性公共品供給。一個市場經濟體的成敗，除其經濟成長的要素稟賦外，還取決於其經濟制度構造、社會利益結構、商業倫理精神、政治上層建築以及國際競爭能力等一系列制度適當性條件。市場經濟需要有其相對適宜的甚至極其嚴格的社會公共品意義上的經濟制度條件和國際生存環境。

市場經濟是需要民主基礎的法治型經濟。市場經濟不只是一種經濟制度，還包括與之相適應的政治上層建築和社會意識形態。民主基礎上的法治或法治基礎上的民主社會是其制度底色和可持續條件。沒有與權利關係、競合秩序、交易規則等相關的完備的法治體系，精巧複雜的市場技術及運行機制根本無從維繫；沒有民主制度，市場參與的平等權利、經濟成果的合理分享和政府調節的更好作用便缺乏權利制衡與制度保障，「為民做主」的努力不足以擺脱市場經濟的效率與公平的二律背反和國家經濟功能的「諾斯悖論」，社會貧富分化、階級對抗和經濟繁榮與衰退的循環往復會如影隨形並終將加劇、惡化。漸進式自然成長的市場經濟體，或經歷漫長曲折的制度演進最終建成民主制度及其基礎上的法治體系；趕超型、轉軌型市場經濟體，或經過法制體系建設漸進式地走上民主化道路。如同農耕時代經濟基礎與上層建築及意識形態的建立和成型並不同步一樣，市場經濟與其政治上層建築之間也不可避免地存在時滯、脱節、失序以及由此引起的對立和衝突。最典型的現象是某些以現代民主制度相標榜的先行市場經濟體，曾經有過血腥野蠻的國內欺壓剝削、階級對立以及國際上的以強淩弱乃至殖民掠奪的不堪歷史包括其當代形態；一些以民主法治社會建設為訴求的新興市場經濟體，在或長或短的歷史進程中或多或少地存在人治現象及經濟社會矛盾。

市場經濟是基於國際競爭合作關係的開放型經濟。市場交易起源於人們相互之間，歷史地延伸至區域間乃至世界市場，商品與服務的生產者或許期待全人類都能成為其潛在客戶，生產要素也只有突破「斯密分工」的市場限制、在更大地域乃至全球範圍優化配置才能獲得最佳效率。市場經濟的發展先是有商品與服務，繼而有資本和技術，將來還會有人才和規則的全球化。率先走向境外尤其是支配世界市場的國家和民族，有其知識、技術、經濟、制度創新能力，但也伴隨着從早期重商主義式的炮艦殖民政策，到當今時代「老子天下第一」的經濟霸淩主義和軍事威脅政策，並曾以世界大戰或貿易大戰展現出血腥、暴虐的對抗與衝突。新興市場經濟體參與國際市場的意願、能力與地位影響其前途和命運，歷史上一些國家閉關鎖國殷鑒未遠。面對少數發達經濟體的霸淩與威脅，中國當以社會主義市場經濟發展建制的成功實踐，與世界各國一起，推動建立公平正義的國際經濟政治新秩序和全球開放型經濟基礎上的人類命運共同體。

世紀之交的數十年間，中國經歷了社會主義市場經濟發展建制的偉大歷程。農村集體經濟和城市國有企業改革，民營經濟成長與混合所有制經濟發展，壟斷領域變革與市場適應性規制，商品價格改革與要素市場重建，資源市場化配置與政府職能轉型，經濟貨幣化發展與金融市場深化，經濟全球參與及開放型體制建設，市場監管與公共服務體制變革，以及均衡效率與公平的關係和民主與法治建設的努力，社會主義市場經濟經由目標探索、框架構建、體制完善和全面深化改革的不凡進程，從微觀機制到宏觀體制終於建立起來。改革開放的貢獻者，有執政黨的思想解放與政治覺醒，有決策層的洞見卓識和責任擔當，有執行面的因勢利導與勤勉作為，有知識精英的聰明才智和建制努力，有基層、「草根」的改革膽氣及創制智慧。更不能忘記的還有那些因市場化變革而打斷工作和生活鏈條，不得不重拾生計的數以千萬計的國有企業員工，以及數以億計的收入綿薄、辛勤勞作的農民或農民工羣體，他們同樣是中國改革開放和市場建制的功臣砥柱，歷史應當給予其同等的禮讚和尊重。

職業的機緣，作者有幸在中國改革開放和市場建制中身臨其境，以「勤雜工」的角色參與其中，得以感知在權大、理大、法大、情大的國情環境中鋒刃探步式改革的艱辛和不易；天亦假年，「百戰」歸來讀書的閒暇，又使作者得以「治理改革與市場建制」為題，從某些側面管窺中國經濟改革的軌跡與邏輯，以及決不比入史春秋更輕鬆簡單一些的「全面深化改革」的思想解放和創新建制任務。感謝為本書出版面世提出寶貴意見以及付出辛勤勞動的編審專家和編輯同仁。但書中的任何錯訛及誤識，當由作者才疏學淺以及曾經的「勤雜工」的視野與認知能力負責。

孔涇源

2021 年 5 月於北京

目　錄

導論

市場經濟及其創制條件

在新舊世紀之交的四十餘年間，中華民族經歷了一場從傳統計劃經濟向社會主義市場經濟轉軌創制的歷史巨變，成就了欠發達的傳統農業大國完成現代工業革命、成長為全球第二大經濟體的經濟奇跡，展現了當代中國制度變遷的國情根底、路徑軌跡和邏輯規律。但計劃舊制和市場新制的矛盾仍然相互交織，上層建築領域的適應性變革「山林」待啟，一些發達經濟體對中國模式的疑慮加深。以全面深化改革應對內外部挑戰，成為社會主義市場經濟制度成熟定型、實現中華民族偉大復興的新的長征。

一、經濟市場化及路徑多樣性

市場經濟及其制度形態是近代社會的產物，但市場要素則是一個古老現象。從「抱布貿絲」（《詩經．衞風．氓》）之日起，人們在物物交換的過程中，或許就萌發着財產權利、平等交易和價值規律等市場要素的某種潛意識。三次社會大分工催生了三次產業分工和商品、交換、貨幣、市場的產生。商人階級發展商品市場關係的活力與動力，尤其是對產權保護、市場交換、價值規律、財富積累及其制度環境的期待與依賴，絕不稍遜於農民之於土地、工匠之於技藝的熱忱、期待和依賴。並且，「用貧求富，農不如工、工不如商」（《史記．貨殖列傳》）[①]。相對於傳統種植業和養殖業，工商業具有財富積累及產業發展的比較優勢。由此也意味着那些率先適應社會分工、產業進化和工商業發展及其市場建制要求的國家或民族，有可能在人類經濟社會發展和國際競爭格局中取得先發優勢。經濟成敗和國運興衰的歷史線索乃至邏輯規律，本來就存在於社會分工、產業進化、比較效率和制度建構的原始

---

① 兩千餘年後的配第—克拉克定理或是其現代表達。1940 年，英國籍經濟學家和統計學家科林．克拉克（Colin G. Clark）在《經濟進步的條件》一書中，以英國古典經濟學家威廉．配第（William Petty）在《政治算術》中的研究為基礎，從對 40 多個國家和地區不同時期三次產業的勞動投入產出資料的整理中，總結出隨着經濟發展和人均國民收入水平的提高，勞動力首先由第一產業向第二產業轉移，然後再向第三產業轉移的演進趨勢。其根本原因是收入彈性差異和投資報酬（包括技術進步）差異。配第—克拉克定理不僅可以從一個國家經濟發展的時間序列中得到驗證，而且可以從處於不同發展水平的不同國家在同一時點上的橫斷面中得到類似的印證。即人均國民收入水平越低的國家，農業勞動力所佔份額相對越大，第二、三產業勞動力所佔份額相對越小；反之，人均國民收入越高的國家，農業勞動力在全部就業勞動力中的份額相對越小，而第二、三產業的勞動力所佔份額相對越大。此外，當代經濟發展更是顯現出高收入國家幾無例外地都是三、二、一次產業結構序列。

根基之中。

但是，古往今來人們囿於生產力發展水準、經濟規律認知能力尤其是既得利益維護需要，背離社會分工和產業進化趨勢、抑制工商業發展及市場建制的政策主張、制度建構和理論形態俯拾皆是。人類社會的經濟市場化便由此產生了各不相同的發展路徑及制度環境，也給相關國家和民族帶來了迥然不同的命運與前途。

人類是自然之子。自然經濟是人類早期賴以生存與發展的共同經濟形態。限於自然力的作用特徵和人類生產工具與勞動技能的制約，社會生產手段和勞動時間主要用於耕作與養殖，以滿足人們最基本的衣食所需，經濟組織、社會結構和政治形態以此為基礎建構、運行和維繫。家庭自然分工的餘缺調節、地域自然分工的產出差異和生活多樣性產品需求，歷史地推動了第二次、第三次社會大分工的發生和發展。在自然經濟體系中，商品流通、貨幣交換等市場經濟要素，在自然物產豐饒地區、水陸交通便利港埠、勞動分工發達場所、消費人口密集市鎮和管制體系鬆動時期，逐步得以孕育發展並不時地出現間歇性繁榮。但其發展程度、樣式及前景，則一方面取決於農業自然生產力水準、社會分工細化程度、勞動技術發展狀況以及對自然經濟維繫及管制體系的突破能力，另一方面甚至是更重要的方面，取決於市場要素發育成長的廣義社會公共品的提供條件、適應性質與可持續能力。至少包括財產權利的確認與保護、企業制度的建立與演進、交易規則的創立與遵循、公平競爭的秩序與維護、市場規模的穩定與擴展、通用貨幣的應用與穩定、供求關係的對應與調整、商業倫理的鍛造與堅守、契約精神的形成與建制、法治體系的創制與確立、貿易地位的奠立與提升、國家利益的維護與拓展等。

廣義的市場公共品，既是商品貨幣關係孕育與萌芽期的必要條件，更是市場經濟成長與建制期的制度基礎。但是，在經濟生活的市場化轉型期，即便是在現代經濟體系中，制度性市場公共品的適應性提供及可持續能力也很難實現。合乎邏輯也不出意料的是，經濟市場化及其建制成功與否，固然取決於生產力的發展和技術進步，但在經濟市場化轉型關鍵期，或許更要取決於這些制度性市場公共品的提供條件和創制能力。那些率先創造並較為有效地提供市場公共品的國家和民族，便有可能由此獲得經濟市場化乃至科學技術創新的歷史先機或優勢地位，走向全球甚至支配世界。

自然經濟的市場化轉型與建制促成了世界經濟發展史的大分流。[①] 一部分國家由農本轉向重商，以貿易打造的世界推動農耕自然經濟轉型為商業市場經濟，並以資本主義制度形態進行人類歷史上的首次市場建制，創造了後來眾所周知的故事。[②] 另一部分國家則由於經濟結構、政治制度和價值理念等原因，社會分工和工商業發展被牢牢地禁錮於自然經濟體系之中，阻礙了經濟市場化轉型和建制，經濟社會與國際地位日漸衰落，直至淪入被奴役境地。近乎同樣的原因又使其中一些國家在應對內外部挑戰、救亡圖存或尋求發展道路中選擇了「類自然經濟體」的極端形態即逆市場化的計劃經濟體制及其社會上層建築與價值意識形態。

背離社會分工深化趨勢和經濟社會發展規律的計劃經濟模式註定沒有出路。當初選擇計劃體制的國家在短短幾十年的時間內先後陷於發展困境，幾乎普遍走上了市場化改革之路，但也出現了改革理念與路徑的分化或大分流。

一些國家疾風暴雨般地採取顛覆式的市場化變革模式，經濟上徹底拋棄當初依據經典理論建立起來的生產資料公有制及相應的企業制度，建立以私有制為基礎的市場經濟體制，甚至不惜借用所謂「休克療法」[③]，打斷微觀經濟

---

① 近代以來東西方經濟發展的分化和落差及其原因，學界積累了各有見地、分歧也較多的理論成果。美國學者彭慕蘭（Kenneth Pomeranz）在其《大分流》一書中從市場和技術等方面給出了自己的解讀。他認為美洲大陸的發現和煤炭資源的開採是英國走向工業革命的決定性力量（參見彭慕蘭 . 大分流 —— 歐洲、中國及現代世界經濟的發展 . 史建雲，譯 . 南京：江蘇人民出版社，2004）。

② 彭慕蘭，史蒂文 · 托皮克 . 貿易打造的世界 —— 1400 年至今的社會、文化與世界經濟 . 黃中憲，吳莉葦，譯 . 上海：上海人民出版社，2018 . 4

③「休克療法」（shock therapy）這一醫學術語於 20 世紀 80 年代中期被美國經濟學家傑弗里 · 薩克斯（Jeffrey Sachs）引入經濟領域。薩克斯受聘擔任玻利維亞政府經濟顧問期間，根據玻利維亞經濟危機問題，提出了推動經濟自由化、私有化和穩定化，實行緊縮的金融和財政政策等一整套經濟綱領和經濟政策。這套經濟政策的實施在短期內會使社會的經濟生活產生巨大的震盪，甚至出現「休克」狀態，人們便借用醫學上的名詞，將薩克斯提出的這套改革經濟體制、治理通貨膨脹的經濟綱領和政策稱為「休克療法」。

運行機制以加速這一過程；政治上徹底拋棄社會主義制度，採行發達市場經濟體的議會民主制；思想文化領域，徹底拋棄曾經作為指導思想的馬克思列寧主義，重建社會意識形態。

另一些國家則選擇了近乎完全不同的市場化改革之路。即在堅持原有政治制度和價值信念的基礎上，漸進式地推進市場化改革和創制。或者說，計劃經濟的市場化轉型，產生了激進式的制度性變革和漸進式的治理性改革等不同模式。① 經濟市場化變革及其建制模式多樣性和制度績效差異性，為人類經濟社會發展和制度變遷積累了豐富的實踐經驗，創立了相應的理論形態。

二、制度性變革與治理性改革

無論是當代經濟的市場化改革，還是漫長的人類文明史中發生的各種變革，細究起來，大體上可以分為制度性變革與治理性改革兩大類。②

制度性變革是徹底改變一種基本經濟制度、政治治理結構和社會意識形態的根本性變革。這種變革通常被認為是大略雄才或革命家的事業，甚至非一代人所能完成的宏圖大業。治理性改革主要是對已經建立或正在建立的基本經濟社會制度進行修補或與時俱進的完善，儘管它也往往涉及重要關鍵領域。這種變革更多是「繼承者」或「能臣」「良臣」的責任擔當，並且不乏集腋成裘、產生顛覆性結果的案例。

制度性變革與治理性改革的共同點在於但不限於，二者都是對此前秩序、規則、利益的調整，制度性變革必然伴隨着治理性改革，而治理性改革又或多或少地帶有制度性變革因素；都會受到既得利益者視其利益調整程

① 也不排除極少數小國經濟體依然堅守計劃經濟及其制度形態。每個國家和民族都有選擇自己發展道路、生活方式和價值信念的權利，其經濟制度及其福利效應只能由他們自身感知和歷史評斷。

② 俞可平在《中國的治理改革（1978—2018）》一文中對「統治」（government）與「治理」（governance）做了區分，回顧了 40 年來中國民主治理改革的模式特徵，以此展望國家治理現代化的前景。[見武漢大學學報（社會科學版）. 2018（5）]

度，進行或溫和或激烈的抵制乃至反抗；都會一開始或在過程中產生相互對立的利益訴求及其代表，以及極力尋求自身利益和價值的正當性或對對方的否定；都有可能因利益調整失衡或改革過程失控而產生社會尤其是政治上的對立與衝突，進而導致改革舉步維艱、曠日持久以致夭折失敗並產生政治上的犧牲品；都會發生在自然經濟、計劃經濟、市場經濟以及由自然經濟或計劃經濟向市場經濟轉軌的過程之中，並具有制度性變革和治理性改革雙重性質，進而呈現出極其錯綜複雜或曲折反覆的歷史形態。

制度性變革與治理性改革固然有諸多共同或相似之處，很多時候甚至難以簡單辨別，或無須刻意區分，但二者的區別事實上十分明顯。

首先，制度性變革是由於原有的制度規則已經容納不下長期在其基礎上成長起來的社會生產力，不能適應社會分工和產業進化而改變着或改變了的經濟結構，因而必須進行包括基本經濟結構重塑在內的重大體制改革或所謂「顛覆式」的制度變革，此類制度性變革在人類歷史長河中屈指可數；治理性改革主要是對現行制度規則的系統完善或局部微調，不必產生於經濟結構和利益關係的重大失衡，因而在經濟社會發展的各個階段、各種政權結構中隨時可能發生，但其改革畢竟或多或少地涉及利益關係的調整，成功也並非高概率事件。

其次，制度性變革關係到公權與私權、集權與分權、國家與社會、政府與市場、效率與平等、精英與「草根」、利益與道義、制度架構與價值信念等重大關係的根本性調整，一旦變革過程發生，勢必在較短時期內非此即彼、勝敗興亡；治理性改革儘管不同程度地也涉及這些領域，但它更多的是在現有制度框架內進行局部及階層利益的結構性調整，可以因時興廢、時進時退，成為一個較長時序甚至極其漫長的漸進式過程。

再次，制度性變革成功與否，不僅關乎經濟發展、民眾生活、社會安定、國運興衰等國內問題，而且關乎國際競爭的成敗，以及國家和民族的前途與命運，因制度僵化落後而導致的經濟實力和綜合國力的衰敗，會使一個國家在激烈的外部挑戰中陷於萬劫不復的境地；治理性改革的成敗，雖然也涉及經濟發展狀況和國運興衰起落，但在某種意義上，它更多與一個政權的治理效率、民生狀況、穩固程度、持續時間等直接相關。

最後，制度性變革的難度與風險極大地超出治理性改革，因其變革過程既包括物質生產關係的根本性調整，也包括社會上層建築的重建，往往經歷由亂到治的血與火的艱難曲折過程，而且變革建制成功還是低概率的事件；治理性改革也有難度和風險，成功概率也不高，但當改革遇到難以逾越的障礙或力量對比不利時，改革主導者完全可以放棄目標訴求或以尋找替罪羊的方式而從容退卻。

在特定歷史時期，制度性變革與治理性改革往往交叉重疊、盤根錯節，同為廣義的制度性變革，容易使人產生歧義或忽視二者之間的區別。某些改革從全域和長遠看是治理性改革，但在其所在領域或特定時期又是制度性變革；制度性變革必然伴隨着一系列的治理性改革來落地、實現；治理性改革發生時，此前在或長或短的時間內可能發生過制度性變革，並以此為基礎，以其制度完善為改革指向。

制度性變革與治理性改革往往互為條件。較為成功的制度性變革能夠較快地形成良法善治的治理體系及社會環境，激勵、推動和加快治理性改革；有效的治理性改革，也可以積小功為大成，以過程相對較長的漸進式改革推動制度性變革目標的達成。制度性變革指向不明、搖擺彷徨，治理性改革將無所適從、進退失據，事倍功半甚至無功敗北。制度性變革固然是基礎，最重要，但若缺乏有效的治理性改革與之相適應，既得利益集團或羣體基於利益維護，「上有政策，下有對策」，惡化利益格局，形成社會對立，使改革遲滯延誤、目標偏離，甚至產生普遍的改革正當性疑慮致使改革受挫；治理性改革雖然較具體，是細節，但若不能及時跟進、落地實施，改革過程曠日持久甚而不知所終，制度性變革目標將會流於願景與形式。制度性變革是主導，定方向，決定制度建設的基本結構和根本目標，但治理性改革是歷史上乃至當今時代變法或改革的主要形式和基本形態，本來就為數不多的制度性變革需要治理性改革持久、與時俱進地維繫、修復、鞏固或優化、強化，適時適當進行的治理性改革，有可能使某種經濟政治制度延綿、持續較長時間甚至成為漫長的歷史過程。

無論是制度性變革還是治理性改革，其成功的條件都極其嚴苛，改革成本和風險也極其巨大。改革過程註定是艱難曲折的，成功的改革是小概率的事件。

成就一場制度性變革，至少需要具備（但不僅僅需要）這些條件。一是作為傳統制度規則、權力架構生存基礎的基本經濟結構中已經孕育出，並且再也容納不下的分工樣式、產業形態和經濟關係，社會範圍內調整利益格局甚至上層建構的訴求及壓力日漸強烈並難以抑制。二是社會的內部衝突和外部壓力或「內外交困」，迫使當政者不能再以原有的方式繼續治理和統治下去，不得不寄希望於通過制度變革擺脱困局、求得生機，而新的制度形態的萌芽為之提供了示範及生存希望。三是必須有效回應當時的生產方式變革及利益訴求，適應自然分工或社會分工、勞動分工或產權分工的性質以及與其深化程度相關聯的要素配置方式，進而形成新的基本經濟結構及其制度形態，以生產力的增長優勢獲得民生改善、國力增進和政治上的支持。四是鑒於新生的經濟基礎與利益結構建制、鞏固的迫切需要，必須盡可能快地完成政治權力架構和社會治理體系的重建，並適時破除舊的制度秩序和法律規範，建立新的法律制度及信守條件。否則，動亂、倒退、復辟將會如影隨形。五是制度性變革的特性，決定了它自始至終都需要價值信念和意識形態的加持而獲得改革正當性基礎，無論是原創還是借鑒，區別在於制度變革早期更多需要破舊立新，隨着新的制度秩序的建立，則更多轉向因循守舊。六是必須具有初始紅利預期並能適時足夠釋放，足以改變相互對立的利益集團間的力量對比，最大限度地為制度變革尋求利益激勵以動員社會支持力量，盡快形成對變革主導方的政治支持以促進勝局的達成。

治理性改革固然只是對原有制度形態的維繫與修補，但其成功條件也並不寬鬆。第一，由於治理性改革從屬於既定的制度形態，並以其維繫和完善為目的，自改革啟動、取向設定、維度深度直至推進方式，都必須經由能夠起決定作用的決策層或領導人認可與裁定，改革力度收放進退也往往由其審時度勢、相機抉擇。一旦形勢不利，決策層有可能改變意圖，一場治理性改革便半途而廢或走回頭路。第二，儘管治理性改革只是對現有制度形態的修補和完善，但也不可避免地、或多或少地與原有價值理念、思維定式、制度模式發生某些衝突。一場治理性改革得以推動，必須經由決策層面主動給予以及迫於各種利益及力量權衡而不得不給予的某種許可方式或放鬆傳統體制，以便進行相應的改革及試驗，相關改革的邊界與深度有可能飄移不定或隨時止步。第三，與具有「政治正確」和「價值正當性」的制度性變革可以是「一個階級推翻另一個階級的暴力行為」不同，治理性改革只能用看得見、摸得着的物質利益進行「誘致性變革」。加快發展既是改革的目的，也是其維持改革正當性和價值意義的工具要素，進而難以避免因短期發展紅利追求而延緩、偏離甚至中止長期性制度建設，改革的次序、速度、維度和力度，必須與發展速度和社會可控程度相匹配。第四，治理性改革固然無須觸動原有制度基礎包括社會意識形態，改革相對容易一些，但正是由於這種改革維度的限定，大大縮小了其改革範圍。尤其是最初主要發生於經濟領域的改革，隨時可能面臨來自所謂制度本質、改革方向等政治正確與否的質疑或挑戰，使推動者動輒得咎、無所適從。而缺乏與之相適應的社會上層建築領域的制度創新，經濟改革是否有法理性基礎的社會疑慮尤其是「政治恐懼」將難以消除，改革合法性隨時可能被否定甚至被清算，古往今來高概率的改革失敗案例則是其歷史註腳。第五，治理性改革對原有制度模式和價值理念的信守及其維護責任，以及原有話語環境的優勢乃至支配地位，使得任何改革即便只是工具、手段等技術層面的微小變動，也必然會遇到嚴格的制度標準和意識形態的審視及挑戰。離開了類如當今時代需要不斷重複的解放思想、實事求是、實踐標準等理論創新，改革便成了「離經叛道」甚至「大逆不道」。第六，出於種種需要尤其是維護既得利益的需要，人們還會將治理性改革提升到制度性變革層面來扭曲性質、誇大危害以置人於困境，或以治理性改革來延宕、替代必要的制度性變革以致功虧一簣。

三、市場建制的治理努力和創制條件

中國歷史上既發生過建立和維繫自然經濟秩序的制度變革和治理改革，也經歷過國民經濟公有制改造、建立計劃體制的重大變革，以及正在進行着的社會主義市場經濟創制與發展。制度性變革尤其是治理性改革事件並不罕見，但能夠成功的改革尤其是成功的制度性變革案例卻屈指可數，有其自身的特殊性質和內在的邏輯規律。

持續影響中國傳統社會生活的制度性變革，眾所周知的或許是戰國時期商鞅在秦國進行的經濟制度改王室國有制為土地私有制，政治制度改貴族分封制為中央集權制，或叫「周秦之變」。後來也經歷過多次局部性的體制反覆和幾十上百次各種治理維繫性變法，包括周期性發生的戰亂分合後的制度修復。至於與之相適應的從「百家爭鳴」到「儒家一統」的意識形態重建，大體上又延宕了二百餘年的時間。歷史地看，由於這種經濟上的私權制和政治上的集權制適合傳統農耕時代的中國國情，直至遭遇近代西方工業文明及其制度挑戰面臨敗北之際，中華民族仍然是世界上最大的經濟體之一。當然，由此也可以從正反兩個方面透視制度性變革的極端重要性。

另一場決定當代經濟制度色譜的制度性變革，是 20 世紀 50 年代前半期初建的新中國通過「改革」或「改造」，疾風暴雨般地進行的農業、手工業、資本主義工商業的社會主義改造。這場改造，一改千百年來的生產資料私有制為社會主義公有制，繼而建立計劃經濟體制，與新中國建政所形成中國共產黨領導下的單一制主導的集權制與分權制相結合的政治國體及其社會意識形態一起，成為改革開放的歷史、邏輯起點和建制樞紐點。中國的改革開放，實際上是「堅定不移地高舉中國特色社會主義偉大旗幟，既不走封閉僵化的老路，也不走改旗易幟的邪路」，進行的治理改革和市場建制，並展現其制度性變革趨勢和規律。[①]

---

① 以中共十一屆三中全會及十四屆、十六屆、十八屆三中全會《決定》為標誌，展現了中國改革開放和社會主義市場經濟探路建制的目標探索、框架構建、制度完善以及「全面深化改革」的歷史進程。

農村改革沿着產權深化之路，由各種形式的承包制逐步過渡到所有權、承包權、經營權「三權分置」模式，農村土地的集體所有制性質沒發生改變。城市國有企業改革沿循所有權、經營權分離以及產權多元化之路，探索「公有制的有效實現形式」，逐步建立現代企業制度。如同勞動分工的深化能提高生產效率一樣，產權分工的深化會優化資源配置效率，進而催生新的市場主體發育和部分制度性變革，城鄉非公有制經濟便由「必要補充」上升到「重要組成部分」，推動社會主義市場經濟或「公有制為主體，多種所有制經濟共同發展的基本經濟制度」的形成和發展，以及與之相適應的市場體系、財稅金融、公共服務、政府規制等各領域的治理性改革或制度建設。

全面深化改革中加強各類產權平等保護制度建設，以及隨人力資本重要程度的提高而強化知識產權保護，在自古而今財產權利相對弱化的中國式體制環境中，對已經細化、深化的產權形態進行有效保護，使財產權利及其平等保護的法規制度乃至價值理念漸成共識和制度需求。順應治理改革及市場建制的歷史趨勢和邏輯規律，全面發展混合所有制經濟，深化對社會主義基本經濟制度的理論認知，並推動其建制成型，既有利於提高資源要素配置效率、促進高質量發展，更有利於從根本上解決全社會所關注甚至不無迷茫的理論、道路、制度、文化等建制成型和認同、自信問題。

政治體制特性為市場化改革及其建制提供了創新空間或制度性的市場公共品。由於中共領導和中央政府職能而具有單一制、集權制的制度底色或中國特色，便於集中民智、統籌規劃，通過試驗實踐循序漸進推動改革開放，為經濟轉軌以及市場經濟發展建制提供不可或缺的內外部政治條件等廣義社會公共品；由於分權制特徵甚至「聯邦制」光譜，「適當處理中央與地方的關係」「調動兩個積極性」，充分尊重、激發羣眾和基層的創造精神，產生了經濟增長和市場建制的動力、活力與創造力。無論是中央還是地方黨政治理模式或其他市場公共品供給方式，都不會一成不變或一勞永逸，也在通過治理性改革，與時俱進地「改進和完善」，進行必要的制度性變革，保障社會主義市場經濟發展建制、規制治理，並形成持久的生命力。

在傳統體制多維一體、利益格局盤根錯節、社會構成豐富多元、發展水準極不平衡的大國經濟體中以治理改革實現市場建制，其矛盾特性、變革路徑和建制前景，往往難以事先預料，經常使人瞠乎其後。

面對具有意識形態色彩的計劃經濟體制，當初以「社會主義初級階段」等發展階段為依據的判斷上的「降級」，包括此後既不走「老路」也不走「邪路」的承諾，規避意識形態風險，取得改革共識以抓住機遇推進改革。在這種理論定位和意識形態語境下，經過幾十年的治理改革，中國建立起社會主義市場經濟體制並取得了經濟發展的驕人成就，使改革開放獲得了實事求是、實踐標準等現實主義基礎上的價值依據。但無論是改革的實踐者還是理論家，因為突破正統理論和體制或「離經叛道」，都把自己最薄弱的環節、最柔軟的部位充分地暴露在反對者面前。

相對於市場化改革和經濟發展，包括正統理論在內的制度文化的創造性轉型和中國特色社會主義理論創新，都非短期內可以完成，需要幾代人的努力。這種改革實踐、市場建制與理論價值意義上的期限與結構錯配，極易導致改革者信心不足或挑戰者的藐視、敵視以及否定與反對改革。一些正統理論家可以完全無視社會主義基本經濟制度和執政黨與國家憲法意義上的制度定位，有足夠的「底氣」與「勇氣」，隨時隨地重提「階級鬥爭」，要求「民營經濟退場」甚或「消滅私有制」，並因「理論正確」而「正氣十足」，毫無妄議、違法之虞，以致影響改革開放和經濟發展的政策預期及制度取向。①

改革開放的先驅領導層固然可以審時度勢、順乎民心地推動解放思想，從實際出發尋求認識論基礎和真理標準，突破此前依據理論信條和外來體制示範所建構的計劃體制，但終究擺脱不了來自各方面的疑慮、拒斥包括不時發生的激烈反對，最終不得不以鄧小平著名的「不爭論」的政治決斷方式，把最具爭議的「計劃」與「市場」等體制形態再次進行「降級」處理，一律

---

① 典型現象之一是，2018 年下半年，在全黨全社會隆重紀念改革開放 40 周年、莊嚴承諾「全面深化改革開放」之際，居然一時間「民營經濟退場」「消滅私有制」沉渣泛起，需要中央給民營經濟「出台站位」「吃定心丸」。

視之為工具、手段，大大節約了具有「交易費用」性質的制度性成本，適時、持續推進改革開放，領導者個人在重大歷史關頭的關鍵作用也由此表現得淋漓盡致。[1] 理論上的「便利化」處理雖然取得了改革開放和經濟發展的預期進展，並通過建制修法取得了合法性直至合理性基礎，但思想理論和價值理念的分歧並未解決甚至「壓而不服」，一有機會便「舊話重提」，似乎一夜間返回到改革開放初期或之前的話語環境。而新舊體制轉軌時期以及市場經濟本身不可避免的各種矛盾，又使其「言而有據」，引起一定範圍內的「共鳴」，干擾改革開放的實踐探索乃至挑戰其法理基礎和價值意義。

指導思想及其理論基礎的繼承與創新，是治理性改革無從迴避又難以解決的重大難題。為避免動搖公有制經濟的主體地位，治理性改革不僅要進行市場建制，而且還必須最大限度地保留此前建立和維繫計劃體制的指導思想及其理論基礎，至多是將一些不合時宜的提法或觀點予以適當修改或暫時擱置起來。這種排斥揚棄的「繼承性」，雖然減輕了思想意識形態衝突，但也明顯制約了社會主義市場經濟的理論創新空間，極大地增加了後來者理論建設的難度或高度。新的領導集體和新任領導人既要有時代擔當、提出指導改革開放和經濟發展的思想理論和政策主張，又要以「繼承和發展」的名義極其審慎地善待此前的「指導思想」。

在加長了的理論鏈條或擴圍了的「指導思想」中，既有經典作家早年的制度構想、未來社會理想以及計劃體制理論和思想觀念，也有改革開放以來基於實事求是、實踐標準提出的改革理論和政策取向；既有在價值信念意義上不可以有任何質疑的美好願景，也有在求真務實層面推進改革開放和經濟發展的制度工具設計和發展模式創新。在信奉價值信念優先、意識形態佔支配地位的中國社會，指導思想及其理論基礎的多元表達包括辯證統一，勢必

---

① 這種簡單化的處理方式也不能判定為「個人專斷」，因為計劃經濟的市場化改革本身就是前無古人的事業，社會主義市場經濟的改革目標當時還處在摸索階段，理論的簡單化源於實踐的探索性甚至缺失性。

產生厚今薄古還是厚古薄今之類的理想的衝突。[①] 市場經濟理論語境中本來具有節約社會交易成本作用的意識形態，會因內容各異、表述多元而被各執一端，造成時常可見的思想混亂，增加社會摩擦成本。統一思想以及向何處統一思想，便成為社會生活的經常性話題或難題。此外，隨着市場建制和對外開放，與先行市場經濟體在產權保護制度、企業微觀體制、公平競爭原則、商業倫理精神、政府規制方式、市場經濟理論等方面的吻合與趨同，也時常會受到來自傳統意識形態的質疑與挑戰，大大增加市場改革的阻力和社會成本。

治理改革與市場建制的價值性維護，既需要創造改革紅利增進經濟福利和社會支持，又必須盡可能少地觸動既得利益或給予利益受損者足夠的補償以減少改革阻力，也包含着必要時以延緩或犧牲改革為代價保持發展速度。市場化變革的理想狀態是帕累托改進[②]，退而求其次是卡爾多改進[③]，但這只是改革開放初期或部分領域發生過的故事。多數時候必須聚焦發展、「做大餡餅」，求得改革力度、發展速度和社會可接受程度的某種均衡，以贏得改革共識直至取得價值性基礎。

任何利益關係的調整都是艱難的。計劃體制的市場化、治理性改革，在起步階段，必須盡可能地兼顧至少不過多地觸動各級管制者（往往也是改

---

① 社會價值觀念和人生理想的衝突在任何國家、社會和時代都會發生，當然也不會是基於倫理道德標準的簡單判斷與選擇。或許適應變化着的自然、社會和人類心理發展趨勢和規律，適時調整、創新包括制度形態在內的價值倫理標準和人生理想追求，緩解社會不斷變化着的價值觀念和人生不時發生的「理想的衝突」才是正途（參見 L. J. 賓克萊 . 理想的衝突：西方社會中變化着的價值觀念 . 北京：商務印書館，1983）。

② 帕累托改進又稱帕累托效率，是以意大利經濟學家帕累托（Vilfredo Pareto）命名的，並基於帕累托最優基礎之上。帕累托最優是指在不減少一方福利的情況下，就不可能增加另外一方的福利；而帕累托改進是指在不減少一方的福利時，通過改變現有的資源配置而提高另一方的福利。帕累托改進可以在資源閒置或市場失效的情況下實現。在資源閒置的情況下，一些人可以生產更多並從中受益，又不會損害另外一些人的利益。在市場失效的情況下，一項正確的措施可以消減福利損失而使整個社會受益。帕累托最優被認為是公平與效率的「理想王國」，帕累托改進是達到帕累托最優的路徑和方法。

③ 卡爾多改進，也稱卡爾多—希克斯效率，由約翰 · 希克斯 1939 年提出，以比較不同的公共政策和經濟狀態。如果一個人的境況由於變革而變好，因而他能夠補償另一個人的損失而且還有剩餘，那麼整體的效益就得以改進。此為福利經濟學的一個著名準則。

革的推進者或實施者）的既得利益，否則改革將舉步維艱、變形走樣甚至根本無法啟動。當改革涉及勞動就業、社會福利、公共事業、公平權利等大眾切身利益時，對具有相對優勢條件的經濟社會組織成員，必須給予相應的照顧或補償，現實生活中長期存在、社會廣泛詬病的各個領域、各種類型的體制雙軌由此而來。較之一般競爭性領域和普通商業類行業，具有自然壟斷環節、公共服務性質和經濟規制地位的領域或部門，其既得利益及保護意願和能力相對較強，以技術性、公共性、公益性等理由延緩改革，則成了司空見慣的普遍現象或攻堅難點。

治理性改革中市場新政與既得利益的反覆博弈，延緩了改革進程並使之前行艱難而長期化，漸進式改革與其説是經驗，不如説是時勢使然的客觀現實和無奈現象。改革過程的漸進化，會因改革紅利的非均衡分佈產生新的利益格局，其中一部分具有特定條件的羣體甚至可以在政府與企業、權力與市場之間上下其手、左右逢源，獲得經濟的和超經濟的利益，他們對繼續改革尤其是全面深化改革可能喪失部分利益而心存疑慮、形成改革阻力。隨着漸進式改革遲滯、延長，各類既得利益者有可能形成利益保護合力，削弱或喪失改革動力以及調整利益關係的政治、組織基礎。治理性改革的漸進性、迂迴性乃至不時產生的妥協性，還會造成破舊與立新、改革創新與依法治國之間的脱節或不同步，滋生權力尋租、非法牟利等違法違規和「市場原罪」現象，無論是原有體制內還是市場新制中，都有一部分人對全面深化改革、完善社會主義市場經濟體制尤其是建立民主法治社會心存天然恐懼。

經濟市場化的創制路徑依賴，造就了市場主體發育條件和成熟程度的顯著差異。自然成長的市場經濟，儘管也伴隨着劇烈的社會變革，但其市場主體發育及其社會治理參與，通常成就於潛移默化、細雨潤物的漫長過程並獲得主導地位。治理性改革中成長起來的民營經濟，則是因建設高級社會條件尚不具備、作為初級階段的補充成分至多是重要組成部分而「特許」發展的，即使賦予其平等地位，自身乃至社會的疑慮始終是存在的。至於「根正苗紅」的主體經濟成分，則既要迎接市場競爭、面對優勝劣汰壓力，又要承擔邊界不清、隨時變化的社會責任，當然也會藉此索要各種優惠政策或超經濟、超市場地位，其市場機體發育不全，或亦商亦官、官商兩利（其實也是兩弊）。如果不在制度理念、體制建構和法治建設上正本清源、成樣定型，而滿足或止步於各種超經濟、超市場因素大量存在的制度理念和過渡體制，市場主體的發育成長和社會主義市場經濟的制度成型，仍有可能關山重重、遙遙無期。

效率與公平[①]的矛盾是始終伴隨着市場經濟而存在的基本矛盾。在不同的發展階段或制度背景下，其表現形式、存在程度和衝突性質會有所不同。治理改革和市場建制的國情特性有可能使其較早地顯現出來、嚴重起來。因市場要素的稟賦基礎、改革政策的普惠速度、重要領域的改革進度、體制創新的市場深度、利益調整的維度力度以及改革開放的努力程度等差異，不同地區間的發展速度和不同社會成員間的收入水準勢必出現較大差距。資源配置結構、公共管理政策、政府行為方式以及公眾意見進入決策視野、納入治理體系的路徑與時長，都是導致收入分配差距、社會階層分化，以及效率與公平的對立泛化、固化和長期化的重要因素，歷時已久的治理改革也將面臨傳統體制弊端尚多、市場新制矛盾凸顯的兩難困局。全面深化改革除需要加快革除舊制弊端外，更需要及時調整攻堅重點，轉向公平取向改革，促進效率與公平的均衡協調，並適應治理改革的趨勢與規律，深化市場建制與上層建築領域的制度創新，以社會主義市場經濟的成熟制度及其優勢，實現社會公平正義和制度價值目標。

---

①「公平」是一個社會學概念，也是法所追求的基本價值之一。美國心理學家亞當斯（J. S. Adams）1965 年提出的「公平理論」（equity theory）實際上是一種激勵理論，認為人的工作努力不僅與個人實際報酬多少有關，而且與人們對報酬的分配是否感到公平更為密切。「平等」是指社會主體在社會關係、社會生活中處於同等的地位，具有相同的發展機會，享有同等的權利，包括人格平等、機會平等、權利平等。經濟學中的「公平」是指收入分配相對平等，經濟成果在社會成員中公平分配；廣義的公平還包括起點、機會、程序、過程和權利等平等因素。「效率與公平」中的「公平」，首先是收入分配相對平等，進而包括廣義的公平，在表達上時而與「平等」互用。

第一章

私權制變法與自然經濟秩序

中國歷史上冠以「改革」之名的著名事件，林林總總或以數十次計。但是，這些改革絕大多數是治理層面的改革，對當時乃至後來的經濟社會發展影響有限，而真正改變經濟基本結構進而改變社會上層建築的制度性變革屈指可數。發生於春秋戰國之際，持續至西漢時期，綿延數百年之久的那場以建立土地私有制和中央集權制為標誌的制度性變革及其歷史特性與持久性影響，對當代經濟改革與制度變遷仍然具有某種歷史借鑒和邏輯規律的啟迪意義。

一、土地私權制變革及制度建構

經濟改革的關鍵與核心在於要素配置方式及其制度條件。人類脫離早期逐水草而居的遊牧生活及原始共有狀態、進入農耕時代之後，對生產生活具有決定性影響的首先是對土地的佔有和使用方式，以及社會組織或治理方式。歷史上的制度性變革和治理性維繫多是以此為中心展開的。

(一) 土地國有制及其變法趨勢

春秋之前，無「天下」與「國家」之分。周王朝以天子為共主，佔有和分配天下土地及政治權力，所謂「溥（普）天之下，莫非王土；率土之濱，莫非王臣」(《詩經・小雅・北山》)。在社會治理中，經濟上實行土地國有制，政治上通行宗法分封制，或所謂「統治國家」成本比較便宜的「低端策略」。①

「天下王土」通過井田制耕作管理，「田里不鬻」(《禮記・王制》)，不得買賣。井田制的歷史起源可以追溯到夏、商之季，制度解讀雖有分歧，但它是周王朝的基本土地制度，也是帶有村社性質的典型的管制經濟形態。所謂「方里而井，井九百畝。其中為公田，八家皆私百畝，同養公田。公事畢，然後敢治私事」(《孟子・滕文公上》)，在京畿地區或許更為典型一些。

---

① [美]伊恩・莫里斯(Ian Morris).西方將主宰多久(*Why The West Rules-for Now*).錢峰，譯.北京：中信出版社，2014：138

周王朝及其各地諸侯貴族把井田中最好的部分留給自己，是為「公田」。將距王室國都、諸侯國都城或「國」較近的郊區土地，以田為單位分給族人即「國人」（也是平民）耕種。「國人」不負擔租稅，但有少量軍賦和兵役義務，平時農耕自足，接受軍事訓練和禮儀學習，也稱「武夫」或「士」，戰時自備武器、糧食和軍需當兵作戰。距離都市或「國」較遠、土質瘠薄的劣地，則分給住在野外的庶人或「野人」「氓」，但他們必須先在公田勞作並服雜役，然後才可耕作自己維持最低生活的那一小塊土地。

農耕時代雖以自給自足、自然分工為典型特徵，但不足與有餘、需求多樣性是自人類產生起就一直存在的。遠在上古時期，商業產生、商人活躍即見端倪，商業的興盛甚或帶來商代的興起。及至周代，在土地的國有制、井田制基礎上，建立起「工商食官」制度。周王室和諸侯國設官建制，管理各種手工業作坊，其各類生產者稱為「百工」，按照官府的規定和要求從事手工業生產。食官商人為周王室及諸侯貴族提供商業服務，如為官府在市場上購買或出售商品等。工商業家族具有職業世襲性質，在被官府認可之後，以法令形式固定下來，世代相襲，不得改弦易轍，其社會地位大致相當於「國人」，屬於依附性較強的平民階層。至此，社會三次大分工及其經濟成長與市場張力，便被強制性地、最大限度地限制在以井田制自然村社分工為基礎、農工商一體化管制為特徵的王室及貴族國有經濟制度、社會形態和政治結構之中，形成經濟上的井田制、政治上的分封制、社會上的宗法制、文化上的禮樂制即四位一體的等級森嚴、貴賤分明的周代制度體系。

在王室力量強大、諸侯小國寡民、宗法禮樂嚴整、自然分工固着、經濟技術停滯、外部挑戰微弱的情況下，宗法分封體制有其穩定性基礎，但其內在矛盾的滋生及惡化也是不可避免的。一是經濟政治發展不平衡，或遲或早會引致諸侯國之間以及諸侯國與周王室之間力量對比的變化和相應的政治結構的重組訴求與變亂。二是宗法禮樂秩序的維繫，不僅需要諸侯、臣民的堅守，在一定程度上也需要王室成員的遵循與垂範。否則，「烽火戲諸侯」必將導致「禮崩樂壞」。三是商周時代及延至後世的農耕基本經濟結構中的「農桑」（種植業與絲紡織業）與「農麻」（種植業與麻紡織業）的二元結合，固然能對應貴族與平民的不同需求，以自然分工完成產需過程，但桑、麻種植的地域自然分工，必然帶來農戶、區域之間的生產、交易和市場的社會分工，以及商品、市場關係較早發展及其對傳統自然分工甚至等級秩序的衝擊。四是西周時期鋒利的青銅農具得到較普遍使用，隨後效率更高的鐵製農具也逐步進入生產過程，不僅土地拋荒減少、利用率提高，而且可以進行較大規模的耕耘和墾殖，於「天下王土」的公田之外，產生了諸侯、貴族的法外「私田」及其收入或剩餘，以及宗法隸屬關係的某種鬆動，技術變革、生產力提高及剩餘創造，對井田制度、宗法關係和力量均衡直接帶來重大衝擊。五是變動不居的力量對比，使競爭優勢者「心存異志」，或稱霸「勤王」，「挾天子以令諸侯」，或直接奪國滅族，進行「兼併重組」稱王，諸侯封國由千而百、由百而十⋯⋯直至威脅王室的安危。周王朝氣數將盡，已經無力提供包括自身存亡在內的首要的、最基本的社會公共品，即諸侯封國安全與宗法秩序維繫。簡單的治理性改革已無力回天，一場非周王室所能左右的顛覆性制度變革勢不可免。

(二)「周秦之變」及其「制度績效」

周代制度的根本性變革，肇始於眾所周知的「商鞅變法」。商鞅變法的核心內容一是廢除井田制度。「秦用商鞅之法，改帝王之制，除井田，民得買賣」(《漢書．食貨志》)[①]，直接動搖周王朝的統治根基——土地國有制，從此建立起土地私有制度。二是建立軍爵制度。「有軍功者，各以率受上爵⋯⋯宗室非有軍功論，不得為屬籍。」(《史記．商君列傳》) 軍功受爵者得以獎賞或食爵相應數量的土地，廢除了貴族爵秩世襲制及貴族與平民的血緣界限，形成等級流動性社會。三是推行郡縣制度。出於統治及征戰需要，當時各諸侯國對兼併而來的土地不再分封而以屬官治理，商鞅完善推廣郡縣

① 雖然土地私有制度由商鞅變法在秦國普遍確立，但土地私有觀念和官府對私權的某種認可或久已有之。《詩經》:「雨我公田，遂及我私。」《左傳．宣公十五年》:「初稅畝」。在商鞅變法之前，土地由「井田」到「私田」有其偶然、局部及漸進演化過程。

制，奠定秦國的治國基礎，君臨天下的中央集權體制由此成型，當然也就選擇了相對於分封制統治成本比較昂貴的「高端統治及法制政策」。[1] 四是強化戶籍管理。戶籍起源很早，春秋已有制度，商鞅變法則將戶籍與軍事編組相結合，五家為保，十家為連，行「什伍連坐法」（《史記 · 商君列傳》），戶籍管理極為苛嚴，嚴格限制人口遷徙流動。五是確立農戰體制。重農是農耕時代的普遍規律，商鞅則走向極端，視工商技藝為害，嚴加抑制；「重關市之賦」直至取締貨幣，控制糧食交易；「山澤之利」收歸國有；留給人們的出路僅剩下通過征戰獲得軍爵、土地，建立起以農本自然分工為基礎、嚴厲控制工商業和社會分工的農戰體制。六是砸爛禮樂秩序。商鞅的「愚民」「弱民」政策常為世人詬病，但禮樂詩書及其教化恰恰是周代的宗法禮樂秩序，儒生是其傳道士、維護者。更法必須更禮，強權必然弱民，徹底破除周代禮樂秩序，完成意識形態的「破舊」。但是，與經濟上廢除貴族國有制、建立土地私有制，政治上廢除宗法分封制、建立中央集權制相適應的新的意識形態在短期內難以建立起來，無從實現「立新」，只能愚民、弱民、鉗民之口，直至秦王朝建立統一政權後「焚書坑儒」。即便如此鐵血極端，也只是在持續性地「破舊」，而無法在短期內完成意識形態的重建，「砸爛孔家店」則是其後世版本。「統一思想」顯然比「車同軌」「書同文」「統一度量衡」要困難得多。

商鞅及秦王朝率先啟動、迅速推動變法或制度性變革，很快就獲得了發展先機和豐厚的改革紅利。土地私有制適應農作特性、耕作模式和利益訴求，產生了極大的生產性激勵；以軍功賞賜爵位替代宗法貴族等級世襲制的軍爵制度和農戰體制，鍛造了農本基礎，以及戰力遠勝於「國人」「王師」及其他役兵的「虎狼之師」；郡縣制取代分封制，以及嚴苛的戶籍管理制度，極大地擴張並穩固了中央王權的經濟、社會、政治及軍事擴張基礎；較快積聚的經濟、政治、軍事實力，使秦可以「弱民」「愚民」甚至「坑儒」等形式，

---

① ［美］伊恩 · 莫里斯（Ian Morris）. 西方將主宰多久（*Why The West Rules-for Now*）. 錢峰，譯. 北京：中信出版社，2014：138，160

徹底摧毀傳統禮樂秩序，敢於為達成包括兼併滅國在內的功利性目標而藐視一切傳統秩序和道義原則。秦王朝最終掃平六合、滅亡周室、一統天下絕不是歷史的偶然。這場徹底顛覆周王朝及其傳統秩序，以建立土地私有制和中央集權制為主要特徵的變法圖強，堪稱中國歷史上的一場較為成功、影響久遠的制度性變革。

(三) 秦國變法及其緊張性質

商鞅及秦國變法的制度性缺陷和矛盾也是明顯和深刻的。在制度性變革方面，秦國變法雖然適應了當時農業耕作和生產發展需要，建立起家庭自然分工細胞和國家自然分工體系，但這種自然經濟體系不僅存在着內部的地域自然分工所派生的農麻與農桑二元結合及其對交易和市場的內在需求，而且面臨着三次社會大分工完成之後工商業發展的外部衝擊，自然經濟體系的建構與解構的矛盾由此變得激烈起來。秦國變法以及其後的兼併統一，雖然徹底砸碎了周代政治體系和禮樂秩序，但與之相適應的價值認同和意識形態則非一蹴而就的事情。此前分封制下諸侯國分立尤其是後來的獨立趨勢，使「百家爭鳴」已然成型並有其存在的需要和條件。但新近建立的中央集權制則迫切需要價值正名，即使採取了「鉗民之口」直至極端如「焚書坑儒」的措施以排除異見，依然有破無立、於事無補[①]，更遑論以價值體系和意識形態的創造性轉化去佔領輿論和道義制高點。「名不正則言不順，言不順則事不成。」(《論語・子路》) 這場制度性變革面臨着嚴峻的價值正當性挑戰。

在治理性改革方面，形勢同樣極其嚴峻。第一，秦國自上而下推動的制度性變革，需要強有力的治理體系與之配套，其中變法主導層的堅定性、權威性、公信度、持久力尤為重要。否則，因人廢事司空見慣。第二，商鞅

---

① 唐章碣《焚書坑》:「竹帛煙銷帝業虛，關河空鎖祖龍居。坑灰未冷山東亂，劉項原來不讀書。」

以降的變法過程對傳統利益關係的重大調整，必然帶來利益受損階層的激烈反對甚至暴力反抗，利益協調性治理改革如不適時跟進，變法進程受阻、停滯、反覆、倒退以致舊制度的復辟隨時可能發生。第三，適應經濟大勢和強國訴求，建立基本制度結構固然是秦政變法者的主要目標，但與建立和鞏固家庭自然分工結構和國家自然分工體系相關聯的特定領域的治理性管制，如貨殖工商的制度選擇及其「破舊立新」效率，往往也影響變法的進程甚至走向。第四，秦政權的國家治理能力與方式也關乎其變法的成敗和命運，其政權鞏固和秩序維護，不僅需要足夠的利益誘導機制和動亂抑制能力，以適時應對來自內部的反對力量，而且需要強大的國力（當然也勞民傷財）以應對可能干擾甚至毀滅變法成果的外部挑戰。第五，即使制度性變法在秦國順利推進並取得巨大成就，但如若治理不善，新政錯位、缺位或舊制越位、不讓位，也不能保證新型制度、新生政權的穩定和鞏固。

秦以變法優勢建立統一政權後，其內在矛盾及外部衝擊驟然緊張起來。首先，大規模戰事結束，以此獲取爵位、土地的機會驟減，農戰體制及軍爵制度張力消失，但它對社會分工即工商業發展乃至民生出路的抑制與危害則日漸凸顯。其次，疾風暴雨式的統一戰爭與秦制推行，使各國貴族集團轉眼間承受了經濟利益、社會地位和政治權力的多重根本性損失，其滅秦復辟的意願或許比此前任何時候都更加強烈。再次，疆域迅速擴大後的政權體系維護、基礎設施需要、水旱風險應對、軍事要塞建設以及奢華宮室構築等，致使賦稅、徭役負擔持續增加，以致「天下苦秦久矣」（《史記．陳涉世家》）。最後，以暴力征戰、滅族奪國取得統一政權的價值正當性挑戰，以及征戰勝利後秦國嚴苛的國內法強制性地作為普天之法後的「水土不服」，在與土地私有制、中央集權制相適應的意識形態形成並取得社會認可之前，秦政權的法理性、公信力是受到普遍懷疑的。貌似力敵天下的秦政權，實際上坐在內外部深層次矛盾高度集中、任何治理性失誤都可能引致大廈傾覆的火山口上。秦二世而亡，原因絕非賈誼《過秦論》中的那句「仁義不施而攻守之勢異也」所能涵蓋的。

二、農耕基本結構及其集權體制治理

傳統自然經濟體系的維繫，關鍵在於能否將已有並且不斷發展的社會分工及其經濟形態上的工商業和商品貨幣關係，通過特定的治理性改革，強制性地納入或限制在國家的農本自然經濟結構之內。

(一) 約束社會分工的體制建構

將社會分工納入、限制在自然分工及其經濟體系之內，周代「工商食官」制度是其典型形態。商鞅變法及秦王朝也在沿襲這一傳統，收山澤之利，重關市之賦，全面管制並抑制工商業。漢初的「文景之治」，經濟、政治上行放任政策，農業上「輕徭薄賦」「與民休息」，工商業領域「開關梁，弛山澤之禁」，促成農業恢復、工商業繁榮。其中「富商大賈周流天下」，商人豪強富可敵國，是為「素封」，「連車騎，交守相」，甚至諸侯王也「低首仰給」(《史記．貨殖列傳》)，敗壞吏治及等級秩序。西漢初年，政治上先是功臣名將裂地封王，後是王室子孫封王建國，結果是具備鹽、鐵、銅等資源及其經濟優勢的諸侯王迅速「做大做強」，最終引發以吳王劉濞為首的「七國之亂」，直接挑戰中央王權。漢初的放任政策，雖然有助於經濟恢復和地方發展，但它直接侵蝕乃至威脅傳統經濟、社會和政治基礎，天然地不適合農耕自然經濟和中央集權制度。歷代王朝在結束戰亂、新建政權之初迫於經濟恢復壓力，或許會在一定時期採行「與民休息」政策，但迅速改行管制政策則是必然的。

為徹底解除自然經濟基礎和中央集權制度面臨的多重威脅，漢武帝劉徹除在政治上行「推恩令」，強制析解諸侯爵位及其封地、強化中央集權制度外，經濟上通過治理性改革，建立起一整套鞏固自然經濟基礎的管制經濟制度。一是收回冶銅鑄幣權力。漢初放任民間冶銅鑄錢，致「吳、鄧氏錢布天下」。漢武帝時期經過數次幣制改革，收鑄幣權於官府，盜鑄金錢者死罪。二是建立鹽鐵酒類專賣制度。招募註冊鹽戶煮鹽，官府提供鐵鍋「牢盆」，成鹽全部由官府收購、銷售；郡縣設置鐵官，全面壟斷冶鐵及鐵器製作和銷售；私人釀酒作坊由官府供給糧食、曲料，統一收購和銷售酒品。三是強化市場流通管制。推行「均輸」「平準」，管制物資流通和市場價格。各地依律貢品均按當地市價由官府統一採購，由官辦運輸機構運至稀缺地區高價出售。朝廷設「均輸令」統一管理官營商業網絡，並以此為基礎，控制物資流通、交易及物價水準。四是推行橫徵暴斂稅賦。迫於軍費及救災壓力，漢武帝接受「算緡」即徵收財產稅建議，凡工商業主、高利貸者、囤積商等，無論有無「市籍」，一律據實申報財產，每二緡（二千錢）抽取一算（二百文）即 10% 的財產稅，一般小手工業者每四緡抽取一算。結果「富豪皆爭匿財」。隨即頒行「告緡令」，凡被舉報告發者官府沒收其全部財產，舉告者可得沒收財產的一半，於是「告緡遍天下」，工商大賈悉數破產，「民偷甘食好衣，不事畜藏之產業」（《史記．平準書》）。工商資本積累的通道由此堵死，農耕經濟結構尤其是中央王權的財力基礎空前加強。雖然「外事四夷，內興功利，役費並興」，但就連主張經濟放任政策的司馬遷也認為「民不益賦而天下用饒」（《史記．平準書》）。至於有研究將這類經濟管制政策及其實施者桑弘羊之輩視為「重商主義」，實在是對史實的莫大誤解。

（二）中央集權制及其意識形態

西漢武帝時期鞏固自然經濟秩序、強化中央集權制度的另一項重大治理性改革，是採行董仲舒「罷黜百家、獨尊儒術」的主張。土地私有制度和中央集權體制的建立，使原本基於政治分封和分裂局面的「百家爭鳴」的意識形態，顯得十分不合時宜，中央集權制的一元化性質需要統一意志。當時的爭鳴，既不足以也不可能為其提供價值正當性基礎和意識形態表達。雖然中央王權歷來並非完全囿於某種特定意識形態或某家獨有思想，但它要取得傳統意義上的法理性基礎，則需要一種佔支配地位的意識形態，如同商周王朝更替所派生的人的神化或神的人格化即「天子」「天帝」觀念一樣，以便正名順言成事。在當時那種先秦百家爭鳴的遺風猶存、官方經濟管制政策甚至中央集權制度備受攻訐的環境下，尤需一種既能適應集權制統治需要，又有可能為士大夫階層所最終接受的思想學説作為官方意識形態，而不能再像秦代那樣採行「鉗民之口」或愚不可及的「焚書坑儒」招數。[①]

如果套用馬克思在《政治經濟學批判》中描述金屬貨幣時代「金銀天然不是貨幣，但貨幣天然是金銀」這句名言，在當時的治理性改革層面，「儒學天然不是國教，但國教天然是儒學」。儒學成其為國教，至少具有如下適合中央集權制的經濟、社會和政治制度治理需要的特點。

第一，儒家的入世理性主義世界觀有助於統治者積極有為，「奉天承運」做天下的主人，而不像老莊哲學那樣清靜無為，盛滿了出世超越主義思想而不利於統治者「朕即天下」及其各級官吏「為民作主」的擔當。

第二，儒學雖然早期醉心於周禮秩序，並為之付出了沉重的歷史代價，但其後學者在商鞅變法 200 餘年後，面對「黃鶴一去不復返」的政治格局及「君臣父子」正統禮教秩序的維護情結，已或多或少轉型，對土地私有制度和中央集權制度持維護立場，並認可其價值正當性。

第三，儒家特定的「性善論」人文哲學觀所假設的人們的道德潛力或「內聖」能力，以及「修齊治平」「內聖外王」等「超凡入聖」式的修己治世之道，為所謂「以德配天」或「天人感應」的帝王角色君臨天下及各級官吏治理社會提供了道德人格意義上的法理依據，當然也蘊含着「王者即聖」的思想專制機制，因為他們往往不是「由聖而王」，更多的是各個層面的「由王而聖」，自上而下地奉行政治專權和思想專制。

第四，儒家思想的人文哲學根性，使之追尋人倫修養的至善盡美和社會關係的融洽和諧，在治理社會的主張上，往往堅持「以禮制中」、中庸守常，表現為溫情脈脈的人文教化，適合人治，有助於維繫與緩和階級、等級矛盾，屬於精神層面「批判的武器」，不同於治理層面帶有更多「武器的

---

① 其實，在「獨尊儒術」之前，「百家爭鳴」已經式微。正如托克維爾在《舊制度與大革命》中所説：「政府自己早已努力向人民的頭腦中灌輸和樹立若干後來被稱為革命的思想，這些思想敵視個人，與個人權利相對立，並且愛好暴力。」西漢時期的「獨尊儒術」與秦時期的「焚書坑儒」不過是思想專制的異曲同工而已。

批判」色彩的法家鐵血治國方式。況且，凸顯依法治國本質上也不見容於人治王權。

第五，儒家「以義取利」及其曲解形態「重義輕利」的經濟倫理觀，不同於墨家那種具有平等互利色彩、明顯有悖於等級秩序的「交相利、兼相愛」的經濟倫理觀，它界定了以道德準則規範經濟生活的價值取向標準，既有利於農耕時代經濟秩序和社會倫常的維繫，又提供了某種或許並不符合或不完全符合儒家思想的經濟干涉政策的倫理依據。

第六，儒家在現世生活中構造的君臣父子關係的道德倫常和哲學層面「天人合一」的自然整體觀，以及對社會生活的小康追求和終極關懷意義上的大同嚮往，不僅對集權制度的維護及大一統國家觀念的形成有着不可低估的作用，而且為普羅大眾提供了美好生活嚮往，為士大夫階層找到了天下抱負和精神家園，為儒家學者進則為法兼濟天下、退則為道獨善其身、落魄而為墨者自食其力構造了心理基礎乃至「安貧樂道」的人生等級底線。

儒家學説雖然不是作為正統思想而創立的，並且其原始經典還有可能被皇權貴族乃至後世儒生進行過適應性改造，但其理論性格適應當時思想管控和意識形態重建需要，適合用作並最終被選作中央集權制度的官方正統思想，成為佔支配地位的意識形態，並對後世產生深遠影響。

意識形態重建的高難度治理性改革性質，決定了後來即便是王朝更替甚至外族入主，也很少改變，並且終究沒有撼動儒家思想的正統地位，儘管其角色、作用會有所差異。同時，也正是因為儒家學説後來被選作正統思想，統治階級也就有可能甚至必然取其所需地片面化直至極端化其中有利於集權統治的內容，而將那些在一定意義上與經濟社會生活本來面目相吻合的思想內容予以漠視、貶抑直至閹割。中央集權體制借由儒家思想終於完成了意識形態重建的治理性改革，先秦以降的「百家爭鳴」局面戛然而止。中國思想界從此由「子學」時代進入「經學」時代，知識精英整體上蛻化為中央王權的附庸或儒學經典的釋疑解惑者。除短暫的社會分裂變亂、政治勢力林立時期外，極難產生類如「子學」時代的思想巨擘和「百家爭鳴」局面。

三、治理性改革與自然經濟秩序維繫

秦代變法，完成了建立土地私有制和中央集權制的制度性變革；西漢時期，完成了管制經濟體系和意識形態重建兩項重大治理性改革，自然經濟體系和中央集權制度才得以成熟定型。當時及至後來，商鞅車裂但秦法不滅，秦王朝覆亡，但「百代都行秦政法」(毛澤東《七律．讀〈封建論〉呈郭老》)。西漢武帝則「有亡秦之失，而免亡秦之禍」(《資治通鑒》卷二十二)。從此，傳統經濟社會與政治秩序開始進入漫長而又複雜的治理性維繫或劫後重建過程。

(一) 制度危機與治理性維繫

一場顛覆式的制度性變革，出現反覆、面臨危機並不奇怪。自然經濟體系和中央集權制度的維繫條件相當複雜，變法便成為極其重要、不時發生而又成敗無定的治理性改革現象。

在經濟秩序上，通過治理性改革，有效應對土地制度的貴族國有制復辟和抑制豪強地主的土地兼併，保有足夠數量的中小地主和自耕農以鞏固中央王權的稅賦基礎和徭役來源，並以強力推行的經濟管制政策或官辦工商業制度，將體現社會分工和民眾生產生活需要的工商業活動，牢牢地控制在農本結構的自然分工體系之內。

在社會治理上，建立或通過變法形成嚴格的戶籍管理制度，將人口固着在土地及官府轄區之內，保證農作、徭役所需並防止流民生亂；擁有一定的社會動員力量，適時應對自然災變或從事公共工程建設，以至有研究將「治水社會」(hydraulic society) 視為「東方專制主義」的特徵或基礎。[①]

在政治安全上，最基本的治理性改革是有效防止分封制復辟、分權制傾向以及各種內亂民變對中央王權的威脅和挑戰；長期保持「正統思想」的支

---

① 卡爾．魏特夫．東方專制主義．北京：中國社會科學出版社，1989.

配地位，防止「異端邪說」亂民之心、變民之志；具備足夠的強力手段，保持國內秩序穩定和應對來自外部的經濟、政治和軍事挑戰。

這些因素，都是傳統社會的基本公共品需求。一代中央王朝的興衰成敗，取決於這類公共品的提供能力和有效程度。

（二）似是而非的制度性變革

如同宗法分封制時代存在着諸侯貴族的經濟政治分裂傾向對「天子」王室的挑戰一樣，中央集權制的經濟政治體系的成熟與定型，並不意味着地方權貴對中央王權的徹底臣服。有效地摧抑土地兼併、削弱世族豪強，直接關係到中央王朝能否避免治理危機、保持經濟政治穩定。

歷史上與之相關的治理性改革中，最典型、最極端的案例是西漢末年王莽篡漢建新之後的那場既轟轟烈烈又結局慘烈的所謂「奉古改制」。

秦變法以降，世襲貴族傳統被打破，由軍爵地主進而世族門閥幾經起落，至漢末勃然成勢。土地兼併和人口歸附，使地主門閥莊園及其掌控範圍內得以耕織自足、「閉門成市」，直至逃避税賦徭役、私兵自保。對於此類威脅中央王權的土地兼併和豪強勢力，摧抑政策屢有興廢。董仲舒曾主張「限民名田，以澹（贍）不足，塞併兼之路」（《資治通鑒》卷三十三），西漢王朝也採行過限田措施但難以奏效。至王莽時則推行「王田制」，恢復土地王有或國有，在形式上進行制度性變革。

「王田制」規定天下田地一律更名為「王田」，不得買賣，凡家庭男丁不足八人、土地超過「一井」（九百畝）者，餘田分給「九族鄰里鄉黨」耕種。在工商業領域，以「五均六筦」全面恢復漢末已見鬆弛的鹽鐵專賣和均輸、平準二法，官營壟斷推向極致，經濟管制幾至事無巨細。貨幣制度則七年四改，貨幣種類多時達六類二十八種，完全違背貨幣市場規律，交易憒亂，貨幣難以流通。每次易錢，民用破業，陷刑者眾，政府信用透支殆盡。

王莽的「王田制」改革，自稱、形似而且也被許多人視為倒行逆施的「奉古改制」，也有研究稱其為「社會主義性質」[①]的制度性變革。其實，王莽只是借「王田」之名，疾風暴雨般地摧抑兼併、培植中小地主和自耕農經濟，並且與「五均六筦」等工商業管制政策互為表裏，進行自然經濟體系的強制性修復或治理性改革，不同於後世曇花一現、帶有烏托邦性質的太平天國「天朝田畝制度」。王莽的「奉古改制」強烈地衝擊着世族豪強的既得利益和數百年中深入人心的「恆產恆心」私有觀念，加上其他民利盡奪的工商業管制政策和愚不可及的幣制改革，對民業、民生和社會分工造成極大的摧殘，從而招致全社會的普遍反對，以失敗告終是其必然結局。

新莽政權及後來東漢王朝摧抑兼併政策的失敗，其社會代價是極其巨大的。東漢以至魏晉南北朝數百年間，中央王權衰敗破局，世族權貴經濟膨脹，土地、人口兼併盛行，官商勾結謀私，分裂勢力坐大，外族入侵頻仍，內外戰亂不止，橫徵暴斂猖獗，民不聊生、人口驟減，商品貨幣、市場分工衰退，社會精神頹廢。脱離中央王權控制的世族自治型權貴經濟模式以及門閥、軍閥體制，給整個經濟社會帶來了深重而又持久的巨大災難。不過，「國家不幸詩家幸」（趙翼《題遺山詩》），中央王權衰微，思想禁錮鬆動，人世滄桑凸顯，民族文化交融，文學、藝術、哲學、宗教等，出現了一時的繁榮興盛。

（三）萬變不離其宗的治理性變法

後世繼起的歷代中央王朝，在經濟社會領域進行的治理性改革，雖然名目繁多，但維護自然經濟結構及其上層政治架構的宗旨十分明確。

第一，摧抑兼併直至平均地權。秦代商鞅變法「名田」之後，漢代的「限田」、新莽的「王田」、西晉的「佔田」，以及北魏、北齊、北周、隋唐的「均田」等，莫不是旨在抑制世族豪強的土地、人口兼併，維護中小地主和自耕

① 胡適．1900 年前的社會主義皇帝王莽．皇家亞洲學會華北分會會刊，1928（59）．吳曉波．歷代經濟變革得失．杭州：浙江大學出版社，2013．吳書第 4 講稱王莽變法是「第一個社會主義者的改革」。

農的生存，進而鞏固中央王朝的經濟基礎。只是到科舉士紳最終替代世族治理社會、階層階級及地產流動不居之後，抑制土地兼併才對中央王朝不再有政治上的必要意義。

第二，重農抑商或官辦工商業以鞏固農本經濟結構。本來，中國古代並不乏工商業發展及其相應的商業精神。司馬遷《史記·貨殖列傳》集其大成，概括為追求財富的自然本性觀、喜好商賈的民俗同一性、致富成仁的「富無經業」説、「變化有概」的生產經營論、善因無為的制度環境觀等。自春秋管仲相齊起，一方面輕稅薄費、開門招商，甚至官辦「女市」（妓院）以誘商；[1] 另一方面通過財政、稅收、價格和鹽鐵專賣制度干預經濟生活，開政府管制市場之先河。商鞅上農抑商以降，政府的工商管制政策成型。如重農抑商的基本國策、與民爭利的禁榷制度、超越市場的官工土貢制度、扼要有為的經濟干涉政策等。[2] 後世因時勢變遷和王朝更替，中央王朝的農商政策有所變易，官民工商業也曾此消彼長，但對民間工商業採取官府直接管制或官辦工商業間接排斥以穩定農本基礎則是一以貫之的。

第三，頻密推行稅賦治理變革，鞏固國庫財力基礎。早在西周及春秋戰國時期，以土地稅為主包括依附於土地的戶稅和丁稅、以商稅為輔包括關稅與市稅的稅賦制度即已初步成型，歷代王朝多有更易。宋代以後尤其是明代「一條鞭法」、清代「攤丁入地」後，地稅、戶稅、丁稅合併徵收，中央王朝的主要稅賦來源於土地而不再依賴戶口、人口多寡。後來逐步增益的商稅和鹽、茶、酒等貨物稅成為重要稅源，摧抑兼併政策逐步失去經濟上的必要意義而最終被放棄。治理性變法的失範、失效，造成土地兼併惡化，租佃關係強化、固化，以致出現曇花一現的「天朝田畝制度」即極端反傳統的土地政策主張。

第四，織密「編戶齊民」網絡，強化經濟社會基礎。國家直接控制的「編戶」是課徵稅賦徭役和維護政權統治的基礎，歷代王朝都十分注意戶籍管

---

① 《國語·齊語》:「通七國之魚鹽於東萊，使關市幾而不徵，以為諸侯利，諸侯稱廣焉。」《管子·問篇》:「明道以重告之：徵於關者，勿徵於市；徵於市者，勿徵於關。」

② 孔涇源．中國古典商業精神及其現代意義．經濟研究，1993（9）。

理，記錄豐富、制度完備。但世族、豪強也一直與中央王權爭奪農民、蔭庇丁口、培植依附農，地方官員為保留財力和貪污自肥，也多方隱瞞戶口，直到清代「攤丁入地」，戶籍與賦役完全脫鈎以後才有所緩解。織密戶籍網絡，是歷代王朝經常性的治理改革，尤其在發生戰亂、新王朝初建時期更為必要和常見。

第五，閉關鎖市、封閉自守以「攘外安內」，維持農耕自足經濟和國內秩序穩定。歷史上的中央王朝不乏強盛、自信、開放的傳統案例，但專制王朝進入衰落期後，其治理政策趨向封閉自守也是通常現象。從宋代的「禁海賈」、明代的「禁海令」，到清政府的閉關鎖國政策，可謂一脈相承、貽害日深。包括一些海外研究也認為，「中國在幾千年的歷史上一直是一個農業國家，其統治者始終不熱衷於遠洋貿易」。[①]

第六，以儒學經典科舉取士，維持治理效率、等級秩序和價值倫理原則。隋唐以降科舉制的推行，徹底打破了世族門閥對社會政治權力的長期世襲壟斷，各階層精英分子代復一代地被吸納到統治層內，「以吏為師」治理社會，儒學教化推廣，士紳階層形成。而「富不過三代」、官吏科舉取選，促成地產和階層的代際流動，從根本上改變了傳統世族門閥對土地佔有和人口庇蔭的世代因襲，農本經濟結構及其政治統治基礎得到相應的鞏固。

---

① 彭慕蘭，史蒂文 · 托皮克 . 貿易打造的世界 —— 1400 年至今的社會、文化與世界經濟 . 黃中憲，吳莉葦，譯 . 上海：上海人民出版社，2018：6.

第二章

公有制變革與計劃經濟體制

現代市場經濟要素最初是在農本結構中孕育和發展起來的。一國的農本結構何時以什麼方式產生市場及其制度要素，新生的市場經濟要素的發育成長及前途命運，一方面取決於該國農本結構的經濟特性、治理結構以及由此鍛造的國民生產生活方式乃至心理狀態；另一方面，它更深刻地體現着內在的分工細化、產業進化、結構變化、產權深化、制度演化乃至信念教化等錯綜複雜的經濟、政治、社會、文化演進變遷的邏輯和規律。

一、農本經濟結構的制度建構特性

農本經濟結構的基本矛盾是自然分工與社會分工的矛盾。農本結構的維繫，需要將分工、技術、產業進化和商品貨幣關係限定在廣義的自然經濟體系之內，並且有能力通過其社會政治建構不斷地進行治理性調整與管控。一旦形成自適應平衡的經濟結構和制度構造，其體系的堅固與解體轉型之艱難便具有因果聯繫，並且會極其深刻地影響此後的經濟市場化及其建制過程。

（一）自然經濟及其內在矛盾

農耕自然經濟雖然是以自然力為基礎的經濟，但第一次社會大分工推動人類社會分化為農耕民族和遊牧民族，並由此產生了不無差別的生產生活方式、社會組織形式和政治上層建構。

無論在東方還是在西方，農耕世界「以農為本」是根本準則。[①] 其原因不難理解。一是由於自然力制約和勞動生產力低下，「民以食為天」，衣食溫飽是頭等大事，因自然、社會等因素往往難以為繼，即便是當今社會也不可對此掉以輕心。二是第一次社會大分工程度較深的農耕民族，較之於遊牧民族或半農半牧民族，「一方水土養一方人」，其種植業和養殖業更多地依賴地域自然力的作用，農作活動乃至社會治理需要將勞動者長期穩定乃至固定在一定區域。三是當初從屬於農牧業的第二次社會大分工以及產業技術相對粗

---

① 吳於廑．世界歷史上的農本與重商．歷史研究，1984（1）。

淺，傳統手工業必須優先保障並且也只能勉強地維持農作生產生活，其發展自然而然地需要適應或被強制性地適應農本耕織需要。四是第三次社會大分工所產生的商業或服務業，不能直接創造物質產品，但三次產業間的「比較效益」特徵，即所謂「用貧求富，農不如工，工不如商」之說，又使商人易於盈利致富和積聚資本，通常為農本體制所不容而經常受到抑制。中世紀西方世界也同樣認為，滿足一家或一國的物物交換是自然的交換，應由家長或當政者主管；商人以牟利為目的、以貨幣為媒介進行的交換，是助長貪慾的非自然的交換，理應受到譴責。[①] 而且，「對商業現象的鄙視，對市場秩序的厭惡……對生意人的仇恨，尤其是對吏官的仇恨，就像有記錄的歷史一樣古老」[②]。五是農本自然經濟的生產場所、勞作人口和血緣地緣關係相對固定，是穩定可靠的稅賦和徭役來源，無論對貴族分封制還是中央集權制來說，農本結構都有體制適應、治理便利和成本低廉優勢，竭力維繫農本自然經濟結構可以說是其制度本能。六是農耕經濟的細小性和分散性，也需要一定形式或規模的集權架構組織社會力量提供諸如應對自然災變、建設水利設施、維護秩序穩定、抵禦外族入侵等社會公共品，小農經濟結構與政治集權制度天然地結合在一起。傳統制度性變革後的治理慣性，總是力圖將勞動分工、社會分工以及相關的幾乎所有生產要素及其產業形態，牢牢地束縛在農耕自然經濟體系之內。

與農耕自然經濟相比較，商業市場經濟無論就其經營目的、運營管理、分工性質、產業形態等經濟技術層面，還是就其權利性質、交易秩序、工具媒介、安全維護、邊界擴展等社會公共品提供方面，至少存在但不限於如下重大本質區別。

第一，與農耕自然經濟通過家庭內部分工滿足衣食溫飽等基本需求，其生產目的、需求數量、分工形式和活動區域相對明確、穩定不同，商業市場經濟以社會分工為基礎，以營利和資本增值為目標，「貪得無厭」「四海為家」

---

① 阿奎那．阿奎那政治著作選．馬清槐，譯．北京：商務印書館，1963：143-144.
② 哈耶克．致命的自負．馮克利，譯．北京：中國社會科學出版社，2000：101-102.

是資本的本性和商人階級的本能，因而經營自主、流動自由、平等競爭、互利交易、發家致富等制度環境也是其內在需求，並且顯然不符合傳統社會的經濟目標和等級秩序，即使當今社會滿足其制度訴求也並非易事。

第二，與農耕自然經濟的生產要素和財富形式主要表現為土地的佔有及其自然生產力不同，工商資本雖然也「求田問舍」，但其財產價值不只表現為田舍價格，更多地存在於其動產或工商業資本所潛在的盈利能力及其資本價格之中，因而其財富資質不僅取決於個人的經營能力與努力，而且取決於他們自身往往不能左右的通常體現為國家意志的經濟政策尤其是與之直接相關的貨幣金融政策及幣值穩定狀況。

第三，與農耕自然經濟的生產能力主要受制於家庭分工形式、水利氣候狀況等自然力的作用不同，市場經濟中的工商業資本，其經營活動及擴張能力主要取決於社會分工細化程度、商業交往範圍、市場競爭秩序、貨幣金融工具、安全保障水準等一系列社會因素和制度條件，較之自然經濟的耕織農戶，工商業者雖然更具微觀經濟活力，但在宏觀層面則十分脆弱。其經濟張力與存亡興衰，極大地受制於制度環境，更加依賴政府的作為方式。歷代王朝能夠在數千年間成功地「重農抑商」，以及市場體制在當今時代的坎坷命運，正是在於市場經濟發展條件苛嚴或社會公共品成本高昂，而抑制管控成本相對低廉乃至輕而易舉。今人俗語稱「市場經濟是法治經濟」，無論從歷史經驗還是從邏輯規律看，此言不虛，但又說易行難。

第四，與農耕自然經濟狀態中土地佔有相對穩定、農戶固着安土重遷、社會結構守常無為、等級秩序井然有序的傳統經濟、社會、政治制度不同，市場經濟生活需要生產要素流動交換、人身自由擇業遷徙、社會分工變動不居、競爭交換平等有序，與傳統的自然經濟秩序一直處在天然的緊張或對抗關係之中。對其抑制、打擊以至必要時予以摧毀，則是維持自然經濟秩序所必需的經常性努力和治理管控底線。並且，商業市場經濟得以順利發展的公共品類型和體制環境，比維繫農耕自然經濟秩序的治理要求更加複雜多樣並需要與時俱進。較之於農耕自然經濟，市場經濟制度的建立及維繫成本更高、標準更嚴、難度更大，以致今天仍有許多國家難以滿足其制度條件，因而長期在傳統經濟生活或體制轉軌路途上跋涉，乃至陷入泥沼。

第五，農耕自然經濟的基本矛盾即自然分工與社會分工的矛盾的激化與質變，受制於經濟的自給性質、需求的規模約束、創新的偶然性質，因而是一個進展極其緩慢曲折的技術進步和產業進化過程。市場經濟的基本矛盾即效率與公平的矛盾，則自商人階層誕生之日起便暴露出來，不僅由於工商業與農業之間的比較效益差異直接侵蝕農耕自然經濟基礎，而且可能出現「富可敵國」的富商大賈，對達官貴族乃至傳統等級秩序形成挑戰和威脅。即便是在今天，任何一個市場經濟體，如果處理不好效率與公平的關係，都有可能引發市場經濟價值正當性質疑甚至社會動盪、政權傾覆。況且，對於統治階層而言，「均富」要比「均貧」困難得多。「均富」不僅取決於財富的創造能力，而且依賴於利益格局的調節能力。即使隨着時代變遷，一些國家和經濟體已經發展起了完備的市場經濟制度，「均富」的努力也並非必然成功。因而「不患寡而患不均」便成為警世箴言，被歷代統治者奉為治世圭臬。

第六，與農耕自然經濟可以局限於甚至陶醉於「小國寡民」「老死不相往來」的封閉自守狀態不同，「對商人來說，全球就是一個大市場，所有人都是潛在的客戶。他們想建立起來的經濟秩序應該要全體適用、無處不在」[①]。市場經濟的這種擴張性和全球化趨勢是與生俱來的，但要成功地取得發展優勢和建制地位，自然需要政治勢力乃至國家力量的庇護、加持包括對他國的征服。早期走向世界的市場經濟體所奉行的重商主義、殖民主義政策，以血與火的文字留下了歷史註腳。懾於當今時代熱核武器相互摧毀乃至毀滅地球的恐懼，大國大戰才有所收斂，但並不排除資本強國對弱小國家和民族的欺凌與征服。儘管這些國家的政要在國內或許是「謙謙紳士」和法律秩序的「守護者」，但在競爭激烈的國際社會，對其公共道德水準切不可做過高的估計。

正是由於市場經濟較之自然經濟的諸多本質區別，一個自然經濟體或其當代類生體如計劃經濟體轉型為市場經濟體，既需要放鬆管制、放活微觀主體，又需要創造與之相適應的制度秩序或市場公共品，也需要有效地管控

---

① 尤瓦爾·赫拉利．人類簡史．林俊宏，譯．北京：中信出版社，2017：165.

其基本矛盾，並求得效率與公平的某種邊際均衡，還需要具備資本走向世界的市場拓展及保駕護航甚至「開疆拓土」能力。一個經濟體或國家尤其是趕超型、發展中國家，無論是通過顛覆式革命還是經由制度性變革或治理性改革，同時創造這些條件或具備這類能力，並恰如其分地加以運用，無疑是變革難度極大、成功概率極小的歷史事件甚至例外。

(二) 農本結構與產業進化差異

東西方的農本結構雖然都是耕織結合的自然經濟，但由於第一次社會大分工的深度有別，無論是牛羊飼養、耕作牲畜使用還是紡織原料來源，較之歐洲中世紀，中國農本結構中畜牧業的比重要小得多。農耕時代後期主要是明清兩代，家庭棉花種植和棉紡織業替代桑麻種紡織業之後，家庭耕織結構較之農麻時代更為普及和緊密。[①] 此時中國其他民間手工業領域中已經較多地出現了近代僱傭勞動關係或所謂「資本主義萌芽」，有些行業如製鹽、礦業中，有比英國工場手工業階段甚至當今公司制時代更為複雜的勞動分工樣式、生產組織形式和產權界定方式。儘管工業革命以前的中國也「實現了歐洲經濟史學家津津樂道的『斯密型增長』，但是並不一定會將整個經濟帶入工業化的軌道」[②]。其發展僅僅作為必要補充而被牢牢地限制在家庭種植業和棉紡織業緊密結合的自然經濟結構之中。

當時，中國農本耕織結構中棉紡織業還處在家庭手工業初創、普及階段，並未形成社會分工或獨立手工業生產，當然也未曾產生近代僱傭勞動關係和新型生產組織形式，農本結構依舊堅固。而西歐一些國家尤其是後來的英國，其近代僱傭關係主要萌芽於毛紡織業即西歐農耕時代的基本經濟結構之中，其產生與發展逐步促成農本結構的解構，一場肇始於鄉村地區隨後遍地開花的「原始工業化」(proto-industrialization) 過程由此發生，進而推動需

---

① 吳承明 . 論清代前期我國國內市場 . 歷史研究，1983（1）。

② 王國斌，羅森塔爾 . 大分流之外 —— 中國和歐洲經濟變遷的政治 . 南京：江蘇人民出版社，2018：220.

求擴張、市場拓展、競爭加劇、產業進化、技術革命和由農本到重商的歷史性轉變，最終推動資本主義生產方式的建立和鞏固，並按照自己的面貌來改造世界。[①]

與之相反，中國農本時代晚期由於家庭農棉結構的普及，強化自然經濟結構；甘薯玉米等高產農作物引入，促成人口膨脹，形成有增長而無發展的所謂「糊口經濟」或過密化、內捲化趨勢，以及「高水準均衡陷阱」。[②] 即使後來國門洞開甚至政權更迭之後，近代工業最初也只是在農本結構幾無觸動的基礎之上，以官辦、官督商辦以及軍事工業優先發展等官僚資本形態和傳統治理方式引入並受到嚴格管控，形成有產業、技術轉化而無制度進化的「時髦古董」。在此夾縫中艱難生存的民間工商業以及金融資本形態，不僅受制於狹小的國內市場和外來列強的壓力，而且難以脱離傳統農本結構及其政治體制桎梏，更無從獲得保護和發展市場經濟所必需的社會公共品服務，因而不足以推動和支持一場由農本而重商、由自然經濟到市場經濟的根本性制度變革。面對攜產業革命技術優勢、資本主義制度優勢和堅船利炮軍事優勢席捲而來的西方列強，一次次沉淪和衰落破敗則是這個東方古老帝國的制度宿命。

（三）制度變革缺失與「經濟大國」衰落

在研究西方世界的興起時，新制度經濟學派曾力圖引導人們從現代所有權體系和社會制度的漫長孕育過程中去發現經濟增長的原因，從而改變從某一偶然的技術革新中去尋找發生產業革命的原因的偏見，認為有效率的經濟

---

① Mendels F. Proto-Industrialization：The First Phase of Industrialization Process. The Journal of Economic History，1972，32(1)：241-261；孔涇源 . 手工業與中國經濟變遷 // 彭澤益 . 中國社會經濟變遷 . 北京：中國財經出版社，1990.

② 黃宗智 . 華北的小農經濟與社會變遷 . 北京：中華書局，1986. 黃宗智 . 長江三角洲的小農家庭與鄉村發展 . 北京：中華書局，1992. 另所謂「高水平均衡陷阱」參見 Mark Elvin. The Pattern of Chinese Past：A Social and Economic Interpretation. Stanford：Stanford University Press，1973. 國內林毅夫、蔡昉等專家對此提出質疑。

組織是經濟增長的關鍵，其在西歐的發展正是西方世界興起的原因所在。而有效率的經濟組織需要在制度上做出安排和確立所有權以便促成一種激勵，將個人的經濟努力變成私人收益率接近社會收益率的活動。[①] 另外的研究則強調，「制度變遷總是發生在具體的歷史情境之中，所以政治始終會影響到經濟的運作。…… 帝國的理念和制度總是在中國這片土地上周而復始地出現，而歐洲歷史上則未曾出現過這樣的循環」[②]。

自秦代變法起，中國雖然通過制度性變革逐步確立了土地私有制，並進行了持續性的治理性維護，但在漫長的農耕時代，歷代中央王朝不僅控制着「山澤之利」即公共資源，而且掌控着數量不等的土地或「公田」，時而用於治理性需要如「均田」，時而因公共需要而隨時佔用乃至剝奪民間土地及其他財產。東方集權體制下的私人財產權，被認為是「軟弱的產權」或「乞丐式的財產」，至多是「收益性財產」，「私人商業財產即使被允許擴大，在政治上也是無足輕重的」[③]。

這種產權性質，根本無從造就一種將個人的經濟努力變成私人收益率接近社會收益率的活動和激勵，也不能促進產權強化、分工深化和產業進化。由於經濟、人口規模因素，貴族、富人的需要以及能工巧匠勤勉等，也可以創造出足以產生「李約瑟悖論」的科技發明和工藝產品[④]，但這種游離在基本經濟結構之外、不能催生需求增長和市場拓展、不計成本消耗當然也無法產業化的發明創造，根本不可能引發一場產業和科技革命。囿於傳統經濟、軍事、政治體制，在產業技術革命的激烈競爭和經濟市場化轉型的關鍵期，中

① 道格拉斯・諾斯，羅伯斯・托馬斯 . 西方世界的興起 . 厲以平，蔡磊，譯 . 北京：華夏出版社，1989.

② 王國斌，羅森塔爾 . 大分流之外 —— 中國和歐洲經濟變遷的政治 . 周琳，譯 . 南京：江蘇人民出版社，2018：248.

③ 卡爾・魏特夫 . 東方專制主義 . 北京：中國社會科學出版社，1989.

④ 李約瑟 . 中國科學技術史 . 北京：科學出版社，2003. 更早提出這一「悖論」的是科學學奠基人貝爾納（J. D. Bernal）。他在其名著《科學的社會功能》（1939）「中國的科學」一節中指出：「有史以來，在大部分時期，中國一直是世界三四個偉大文明中心之一，而且在這一期間的大部分時間中，它還是一個政治和技術都最為發達的中心。研究一下為什麼後來的現代科學和技術革命不發生在中國而發生在西方，是饒有趣味的。」（貝爾納 . 科學的社會功能 . 陳體芳，譯 . 北京：商務印書館，1982：287-298）

央王朝不可能提供市場公共品或制度基礎以支援經濟發展，開啟現代經濟增長歷程，曾經的「經濟科技大國」的落後則是不可避免的。[①]

通過制度性變革實現農本結構向市場體制的轉變，既是一場社會生產關係的深刻變革，也是上層建築領域利益關係的重大調整。它既需要微觀層上市場主體的孕育發展和建制環境，也需要統治者上層有對現存制度秩序、價值理念亟須根本性變革的清醒認識及改革的膽略和能力，包括自上而下的執行力和自下而上的向心力，又需要社會形成適度的改革壓力、動力以及觀念意識的革新或思想解放以促成「第一推動力」，還需要包括邏輯順序無誤在內的治理性改革的適時有效，以保證制度性變革中階層階級間利益格局調整較為有序、經濟政治秩序相對穩定，以及有足夠的力量抵禦來自外部的干擾和挑戰。

面對西方世界市場經濟蓬勃興起、資本列強席捲而來，晚清以降，中國社會不僅產權性質、經濟結構、分工樣式、產業形態不足以催生現代市場經濟的制度性變革，而且在內憂外患面前，從權貴階層到主流儒學，都還沉醉於「中體西用」夢想，力圖扶危牆於既倒。中央政權已經沒有意願乃至能力改變日益緊張的租佃關係、人地矛盾及其失地人口的艱難民生，以及為應對治理危機或地方割據勢力而不斷加重社會大眾的租賦、稅收和徭役負擔；新生權貴或官僚資本日甚一日地擠壓新型產業形態和生產方式；私利自保、尾大不掉的軍閥集團和地方勢力日益滋生對中央王權的離心傾向直至發出公開挑戰；多民族帝國中的中央政權衰落加速催生地方自立、獨立傾向以及隨時可能發生分裂內亂；幾無民生改善、經濟變革訴求的憲政改革即「戊戌變法」，終究在統治者沒有誠意甚至也沒有施政能力和權力基礎的窘況中以「無序變法」而失敗；內亂外患將政權體系的腐敗無能、無可救藥暴露無遺以致

① 皮爾·弗里斯（Peer Vries）在《國家、經濟與大分流》一書中，從政府收支、財政貨幣體系、官僚體制、軍事與經濟政策、國家的形成與建設等角度，通過 17 世紀 80 年代到 19 世紀 50 年代英國和中國的相關數據分析認為，中國羸弱的國家能力和低效的財政貨幣制度及官僚體制等導致清王朝無力支持經濟發展、無法開啟現代經濟增長歷程，並且是東西方經濟大分流的主要原因之一（皮爾·弗里斯 . 國家、經濟與大分流，郭金興，譯 . 北京：中信出版集團，2018）。

喪失合法性基礎；列強入侵、西學東漸和帝國坍塌使國學意識形態即儒家思想，再也沒有能力像以往那樣守成護舊而喪失其「正教」權威，一時間形形色色激烈的反傳統思潮傳播開來。

傳統體制日趨破敗衰亂、主流意識形態威信掃地和新型生產方式的艱難成長，儘管不足以支持一場經濟市場化的制度性變革，但它構成舊制度覆滅的「導火索」「爆破筒」以致暴力革命則是足夠的。

二、價值信念形態與計劃經濟建制

計劃經濟體制雖然是一種當代現象，但它的形成機理則深深地植根於傳統農本結構及其社會意識形態之中。對其歷史由來和制度特性進行深層解析，有助於理解以其為對象的制度變革的歷史必然性和價值正當性，避免市場化改革出現猶豫彷徨、盤陀反覆甚或走向傳統主義的歸途。

(一) 一統思想黏性與主體意識形態

千百年來，被歷代中央王朝選作教化生民、規範秩序之根基的儒家思想，獲得了意識形態主導地位，滲透到經濟、社會生活的各個層面。它所確定的倫理規範和道德準則，不僅界定了士大夫階層「修齊治平」的道德理想和社會責任，而且也影響着平民階層的價值取向、心理狀態乃至風俗習性。

不幸的是，在中華民族生死存亡之際，儒家經濟倫理和道德理想近乎束手無策。因而自「五四運動」以來，一批又一批知識分子走上了極端的也是整體性的反傳統道路，西方近現代的各種理論思潮和社會政治學說相繼傳入中國，競相爭奪主流意識形態地位。在20世紀的中國，最終取得理論勝利和政治優勢的無疑是馬克思主義。人們不難理解馬克思主義與傳統儒家思想之間的本質差別，但對二者在哲學機理、思維邏輯和社會理想意義上的會通之處，則往往容易誤解忽視，當然也是頗費思量的。

第一，在儒家思想中，固然是以人的道德為主體或本位，但客觀世界的運行規律和基本法則是可以通過「超凡入聖」式的道德修養心領神會、體驗感悟的，進而把整個宇宙和人類社會當作一個有機的整體結構、超越人本主義或人類中心主義而躍至「天人合一」的整體觀念和「盡心」「知性」則「知天」(《孟子．盡心上》) 的至上境界。這種整體觀與馬克思主義將世界統一於物質，進而社會統一於物質生產方式並按照其自身規律演進運動的認識論、世界觀可謂本末相左，但在哲學觀的思辨邏輯或思維形式上，卻都具有整體一元論的典型特徵。

第二，儒家思想的整體觀，還內化着儒家特定的「心性論」人文哲學觀，即假定人人都具有健全的道德人格，由此在理論和實踐上保證了人人都有發展道德的潛能，終而成仁至聖，實現儒家的人生目標或道德理想。較之於這種認識世界的「天人合一」「知行合一」觀和人格至善盡美的追求，馬克思主義關於物質世界的可知性、物質生產方式進化過程中人的包括體力和腦力的各種能力得以全面發展的理解雖然是本體的移位，但同樣在思維邏輯或認識論的層面上與儒家有相通相容之處。

第三，儒家思想還具有與道家相同的原始源泉，即都接受「陰」與「陽」的辯證形上學的自然主義發展觀。這種發展觀在某種意義上為已經摒棄了西方哲學傳統中精神與物質、靈與肉抽象對立的唯物辯證法的運動發展觀，以及將人類社會同樣視作一種自然史或類似於自然史過程的歷史唯物論的移植提供了某種契機或發展觀基礎。

第四，儒家哲學的具體理性特徵所界定的人們應將視線置諸實在之上，以保證人生實踐中自始至終與理性相聯結，進而成就個人自修、社會和諧和政治秩序的實用理性傳統，為馬克思主義關於物質第一性和自然界、人類社會與人類思維具有規律性的理解以及哲學上的認識世界在於自覺地改造世界的實踐性格提供了認同基礎。

第五，儒家固然要以「禮」來協調社會各階級、各等級之間的利益關係和維繫經濟社會生活的等級次序和道德秩序，但以「仁」心為本，並深諳「水則載舟，水則覆舟」（《荀子・王制》）的儒學士林階層，是持有其「民為貴，社稷次之，君為輕」（《孟子・盡心下》）的天下格局和民本思想的。在特定的歷史條件下，他們中的部分精英有可能轉而接受馬克思主義的制度構造理論。

第六，儒家「內聖外王」的道德抱負所界定的社會理想，即《禮記・禮運》中關於「小康」與「大同」社會的區分，固然是對我國上古時代原始公社和夏、商、周三代宗法社會的歷史想像和政治空想，但它卻寄託着傳統儒家基於特定的人文哲學觀對「大同」社會的由衷嚮往以及為建立一個小康生活的禮義之邦而不懈奮鬥的理想。「天下為公」「天下大同」是儒家乃至中華民族世代追求的社會理想，馬克思主義的歷史唯物論則為之提供了情感的寄託和理性的依據。①

形式結構與思辨邏輯的會通並不等於思想內容的吻合及置換，更不等於與之相關的經濟社會體制的現成傳承或現實構造。馬克思主義為當代中國社會所接受並成為佔支配地位的意識形態，有其更為深刻的歷史背景。20 世紀初，中華民族面臨着西方世界的經濟、政治乃至文化價值觀念的整體性挑戰和生存危機，儒家文化根本不可能像後來一些新儒家學者所主張的那樣，進行創造性轉化以適應劇烈變化的中國社會。當時政治主張截然不同的各個派別在拋棄儒學和反孔情緒上達到了驚人的一致，急於尋找一種新的正統思想以替代傳統儒學地位。這種整體性的反傳統，其實也是長期以來中國社會和儒家思想中的「價值優先」「思想一統」的思維黏性及定勢的必然結果。

當初，以「救中國」為歷史擔當的思想先驅選擇建黨指導思想的空間其實也十分有限。因為新思想既要能提供一種持久性的哲學思維和價值理念，來協調與適應中國人千百年來的生活、文化和心靈，又要能迎接具有長處和困擾性的西方科學、文化和技藝所形成的現代世界的挑戰。較之於一種現代性民族文化的形成需要數代人甚至更長時間的艱辛探索，現成地接受既能容納現代生產方式和科學技術，又具有體系完備的經濟哲學思想、制度構造理

① 孔涇源 . 中國經濟生活中的非正式制度安排 . 經濟研究，1992（7）.

論和價值意識形態且在思辨邏輯和社會發展觀等方面又與儒家文化相會通的馬克思主義，其理論創新成本或不同文化體系間的摩擦成本之類的「交易費用」無疑是最小的。中國共產黨建黨初期的思想領袖和組織精英在馬克思主義意義上選擇了「全盤西化」，也是西方「異端」的「指導思想」，絕不是歷史的偶然。

(二) 指導思想本土化與制度性變革

「批判的武器當然不能代替武器的批判，物質力量只能用物質力量來摧毀。」[①] 當新生的政黨面臨存亡挑戰和擔負建政目標時，其他歷史上類似於中國國情、具有深厚集權傳統的政黨理論與建制實踐，即列寧主義以及蘇聯體制，便成為新生政黨的組織原則乃至建黨建政模式。早期建黨領袖和思想先驅在「農村包圍城市、武裝奪取政權」的血雨腥風中大浪淘沙，馬克思主義本土化的毛澤東思想及其實踐者逐步成為軍事、政治、組織和思想上的主導力量。並且，新生政治力量最終戰勝政治對手，成為歷史的勝利者和計劃經濟的建制者也非意外。

20 世紀 40 年代中期，在國內最終形成的對壘決戰的政治軍事集團之間，其利益格局及制度特性是明顯不同的。一方是組織嚴密、權力集中乃至信念劃一的政治團隊，另一方是山頭林立、管控分散、各懷異志的傳統政治集團；一方以「打土豪、分田地」的均田式革命最大限度地回應農民最基本、最急切的民生訴求及平均主義夙願，進而得到民眾最廣泛、最直接的經濟支援和兵員、人員來源，另一方的政治官僚階層和軍閥統治集團多是土地、資本及其他社會財富的佔有者，與農民、工人、民間資本和基層官兵的根本利益尖銳對立；一方是兵民利益高度一致、軍事指揮絕對服從政治統一的現代「農戰」體制人民軍隊，另一方是晚清遺風濃厚、軍閥擁兵自重、派系惡鬥不止、避戰自保盛行、官兵利益對立的「合股式」傳統軍隊；一方從經濟利益、

---

① 馬克思.《黑格爾法哲學批判》導言.馬克思恩格斯選集：第 1 卷.北京：人民出版社，1978：9.

制度目標、指導思想等不同層面，適當地回應了包括農、工、商階層乃至相當一部分知識精英、政治團體的利益及信念訴求，另一方重彈已經失去價值共識和傳統權威的儒家舊調，維護地主、官僚尤其是政治、軍事集團上層利益。這種利益格局、力量源泉、組織特性和信念基礎的差異，使雙方的成敗之勢已見高下。最終的結局，歷史沒有做出令人意外的回答。

國內戰爭期間及戰爭結束之後大規模的土地改革，把歷史上的「均田制」推向了極致，使佔中國人口絕大多數的廣大農民千百年來夢寐以求的土地所有和地權平均第一次變為現實，新生政權獲得了前所未有的社會認同與價值正當性基礎，以此恢復國民經濟和應對外部挑戰並取得了預期的結果，形成了空前的治理自信。但建立在農耕自然經濟基礎之上的私有經濟制度乃至新民主主義秩序，並不構成執政黨指導思想取向和制度建設目標。以治理自信和理論掌握羣眾為基礎，以建立社會主義公有制和實現工業化為目標，國家進行了一場時間短暫而影響深遠的制度性變革以及相應的治理性改革，建立起計劃經濟體制。

在制度性變革層面，一是政治上以黨代表、人民代表的代議制方式，從中央到地方分別選舉產生各地各級黨委和政府、立法機關、參政機構等，形成執政黨中央全國集中統一領導，各地各級黨委、政府和立法機關既「下級服從上級、全黨服從中央」，又相對獨立治理的「統分結合」的政治權力結構。[①] 這種政治國體，一方面可以組織管理經濟社會生活，集中力量辦大事，以及為後來體制轉軌和市場化改革提供必要的社會公共品，當然也包括難以避免的缺位、錯位、越位等不當干預以及「管死放亂」循環；另一方面，又由於權力產生機制而帶有分權制的制度光譜，整個權力體系會隨着中央黨政機構和政治領袖的權威、意願或執行力而因時因地變化，產生集權與分權之間的位移、博弈和柔性空間以及經濟管理與運行中的地方自主性和積極性，並在一定條件下轉化為市場經濟發展建制的動力、活力和創造力，推動區域

① 開國領袖毛澤東在《論十大關係》中關於中央與地方等關係的論述，從不同側面反映了這種體制架構的特點及其政治運行期待。

間的競爭發展，當然也不排除一定時期的地方主義膨脹或「諸侯經濟」形成。

二是在經濟上基於農耕自然經濟廣泛存在的現實條件，依據經典理論的制度取向以及長期形成的戰時經濟管理經驗和動員機制，創造性地借鑒蘇聯體制，疾風暴雨般地進行農業、手工業和資本主義工商業的社會主義改造，建立起生產資料全民所有制和集體所有制兩大公有制體系，以及城鎮國營經濟和城鄉集體經濟兩大經濟類型。城鄉間公有制經濟的「二元化」「雙軌制」，雖然是因生產力發展水準所限，但也留下了商品交換的某種必要意義或邏輯和理論空間，以及後來城鄉二元體制和市場建制中形形色色的「雙軌制」之源。至於民間私有經濟則幾乎消失殆盡，一改周秦變制以來生產資料私有制佔主導地位的制度傳統。

三是建立生產資料社會主義公有制基礎上的按勞分配制度。其理論含義是對社會總產品作了各項必要的社會扣除以後，按照個人提供給社會的勞動數量和質量分配個人消費品，多勞多得、少勞少得，以「消滅人剝削人的制度」。除「三大改造」中保留的極少部分股息分配外，從理論和制度上徹底否定了除按勞分配以外歷史上存在的任何按要素分配形式。城市居民實行等級工資制，農村公社社員按勞動量或工分分配勞動成果。這種分配形式在實際生活中逐步演變為平均主義「大鍋飯」分配體制，抑制了勞動者的生產積極性和經濟效率的增進與社會事業的發展。

四是不斷強化社會主義思想改造運動。本來，長期的武裝鬥爭和根據地建設實踐，執政黨建政時指導思想已經本土化並且自成體系，界定過階段性任務與長遠目標。但鑒於制度理論和意識形態的借鑒性質，尤其是以建立公有制為標誌的劇烈的制度性變革，激起了加快建設社會主義甚至背離指導思想的「跑步進入共產主義」的熱忱，使得 20 世紀初受各種社會政治思潮影響成長起來的知識階層以及黨內的「民主革命」思想開始「落伍」於社會主義制度，出現緊張關係，隨後將思想覺悟等治理性非正式約束升級為政治立場和正式制度安排，進行一次次思想改造運動直至發展成「反右傾」「文革」等極端形式，力圖「畢其功於一役」地完成那種通常需要數代人久久為功的意識形態重建或理論基礎的「創造性繼承、捍衛和發展」。

(三) 社會主義改造與計劃體制成型

適應經濟、政治、社會生活的社會主義改造或制度性變革，經濟領域以蘇聯模式為藍本，進行了一系列以生產資料公有制為基礎、以管制型計劃體制為核心的治理性改革。

一是普遍建立城鎮國營企業和城鄉集體經濟組織，或兩種公有制經濟類型的實現形式。城鎮國營企業，包括相當一部分性質不同的大集體企業，是對不同層級的政府高度依賴、按照政府計劃進行生產或從事商業活動的單位，也承擔員工生老病死的「家務」責任。對其進行分行業「條條管理」的中央政府部門曾經多達數十個。農村集體經濟組織由初級社、高級社演變而來的人民公社制度，更像一個遠古村社，土地公社所有，社員集體勞動，成果按工分配，甚至一度辦起公共食堂。按照諾斯等人的眼光，國營企業和集體經濟組織，完全是無效率的組織，根本不可能將個人的經濟努力變成私人收益率接近社會收益率的活動，後來的發展也一定程度上印證了這個觀點。

二是建立以國家計劃為主導、自上而下的計劃經濟體制。中央及地方政府通過計劃機關及其經濟社會發展的人為計劃，支配社會資源、配置生產要素和組織生產生活。計劃內容包羅萬象，包括工農業生產、基本建設、交通運輸、商貿流通、財税金融、文教衞生、科學研究、就業工資等方方面面。指令性計劃事無巨細，從工業品生產流通、物資調配、政府定價，到農產品的生產計劃、統購統銷，重要生產資料分配，主要消費品收購和供應，完全由政府主導並按照產品計劃安排社會再生產過程。

三是按照計劃經濟模式建立財政金融體制。建政初期為發展經濟、穩定社會，建立了高度集中、統收統支的財政體制，國家預算管理權和制度決定權主要集中在中央，一切收支項目、收支範圍、收支辦法和收支標準都由中央統一制定，預算收支由中央統一掌握和分配。後來雖有變易，但「統一領導、分級管理」體制基本不變。主要税種的立法權、税率調整權和減免權集中在中央。建立高度集中的計劃性金融體系，人民銀行既是負責金融管理的國家機關，又是從事存貸款、結算等業務活動的經濟組織，成為服務於計劃經濟尤其是國營企業、包攬一切金融業務的「大一統」金融機構和金融行政管理機關。

四是建立要素及其價格管制體制，抑制重工業發展和城市建設成本。通過徵地制度廉價獲得農村土地，抑制工商業發展和城鄉基礎設施建設用地成本；管制利率匯率和金融資源配置，抑制重工業建設投融資成本和資本密集品引進成本；壓低能源、原材料等上游產品價格，抑制下游製成品成本或抬高資本品價格以提升利潤率與積累率；壓低農產品及其他生活必需品和服務價格，抑制工商業及城市發展的勞工成本；嚴格限制人口流動尤其是城鄉人口流動，降低重工業優先發展中資本替代勞動以及人口快速增長所造成的日益加重的就業壓力；等等。

五是建立城鄉分類、地區分割、固化社會成員身份的戶籍管理制度。歷史上的戶籍制度主要服務於政府稅賦管理。計劃體制下的戶籍制度，則與人們賴以生存的生產資料所有、公有制經濟類型、生產生活條件互為一體。除極為有限的招工、招生外，直接限制了人們在不同所有制經濟、城鄉地區之間甚至各個經濟組織之間流動的機會，形成各種經濟類型、城市與鄉村之間以及城鄉內部的就業限制管制和勞動者身份分化固化。

通過三年左右疾風暴雨般的社會主義改造和一系列並非一帆風順的治理性改革，計劃經濟的微觀經濟組織、資源配置模式和宏觀管理體制全面形成。其體制成因既有指導思想的界定和蘇聯體制的示範，也有長期戰時經濟、供給制實踐的豐富經驗，同時還有全社會急於擺脱落後農業國面貌、加快實現工業化的宏大目標。其中一些計劃控制和經濟管制政策，甚至是為「趕超戰略」而量身定製的。[1]

這種計劃體制及其管制政策，在特定時期和一定意義上，達成了經濟增長和體制建構的預期目標。20 世紀 50 年代到 70 年代末，全國社會總產值和

① 林毅夫，蔡昉，李周．中國的奇跡：發展戰略與經濟改革．上海：格致出版社，上海三聯書店，上海人民出版社，2014.

國內生產總值分別達到8%和6%左右的平均增速[1]；一大批基礎設施建設工程和戰略武器研製項目得以完成，一個門類較為齊全的現代工業體系已然成型；重化工業和國營經濟在國民經濟中的比重或地位，朝向國家工業化或「趕超戰略」的既定目標變化，國家全面掌控重要關鍵領域和整個國民經濟命脈。

但是，排除市場機制、超越資源稟賦和比較優勢的計劃經濟體制，本身內在着並迅速積累起極其嚴重的機制性缺陷和結構性矛盾。國營企業和公社組織的自古而然的激勵缺失和競爭機制的弱化，造成普遍的效率低下和生產可能性邊界收縮，以及由此導致的一系列經濟社會問題；計劃價格管制對市場信號的扭曲，土地、資本等生產要素的計劃管制和主觀配置造成稀缺資源的經常性錯配和體制性浪費；能源、原材料和生活必需品及服務價格的人為壓低，造成相關產業發展受阻、產業結構嚴重失衡、生產生活資料極端匱乏和社會就業困難；長期低工薪制度制約了居民需求和國內市場的擴大，社會總需求不振抑制了國民經濟增長的穩定性和持續性；重工業優先發展失去了要素比較優勢，國內市場狹窄並且難以開拓國際市場；徵地制度對農村土地要素、計劃價格對農業勞動剩餘的雙重不等價交換，城市工業結構重型化和城鄉戶籍壁壘對農村勞動力轉移通道的堵塞、人民公社制度根本不可能提高的生產效率等，以及農村人口的急劇增長和人地關係的日漸緊張，使廣大農民面臨着迫在眉睫的生存危機，他們對改制圖存的期待和意願，或許比其他任何社會羣體都更加強烈。計劃體制的機制性缺陷和結構性矛盾，使改革開放前夕「國民經濟瀕臨崩潰邊緣」並非虛言妄語。

三、計劃體制悖論及市場轉型困境

出自經典理論和蘇聯模式的高度集權的中央計劃經濟，在其自身運行

---

① 國家統計局國民經濟平衡統計司．國民收入統計資料匯編（1949—1985）．北京：中國統計出版社，1987.

實踐中難以克服的機制缺陷、邏輯悖論和在市場化變革中出現的轉軌困局，是當初的計劃經濟建制者以及後來市場化改革的推進者所始料未及和難以想像的。

(一) 計劃體制運行邏輯及悖論

集權式計劃經濟體制所隱含的理論假定和運行邏輯是，計劃者有能力獲取所有參與者的效用函數及資源、技術和制度約束，通過自上而下的指令系統保證資訊對稱，精確地複製出從市場調整過程中產生乃至優於市場經濟的結果，同時還假定人們處處具有已經完全確定了的建立在個人收益與社會收益一致基礎上的最大化效用函數而實現激勵相容。

計劃經濟的基本矛盾和悖論是計劃者的有限理性能力與社會經濟生活發展對其理性能力的多元無限需求之間的矛盾。具體説來，計劃者的理性能力達到技術變遷實際水準和生產可能性邊界，並持續具有與產業進化、制度創新相適應的理性擴張能力；社會一體化程度極高且各類生產經營中潛在的邊際成本與邊際收益趨於均衡狀態；相互分離的經濟組織之間因資訊極其暢通、精確和充分或利益高度一致，經營活動存在無摩擦交易條件；所有經濟活動的參與者其個人利益與社會利益完全重合，以及個人對團體或社會利益有足夠的職業操守和道德忠誠。

在工業化初期，這些假定中的某些條件或許是能夠具備的。當時，從無到有的產業創新和需求明晰的勞動分工，計劃者的有限理性或可基本達到技術變遷與生產可能性邊界；社會分工的不發達、產業聯繫的簡單性和區域協作的直觀化，大大精簡了信息量，使計劃者有可能把握最基本的資訊變量；由戰時軍事體制轉化而來的指令性計劃體制，在特定時限內有可能藉助於行為慣性和社會認同心理，保持較高的經濟動員能力、一定的集權效率和某種職業道德操守，以及趕超目標所促成的向心力，使人們在計劃經濟建制初期仍或帶有英雄時代的獻身情結等。計劃體制當初藉助於這些特定條件，曾經取得了可資稱道的經濟績效。

但是，技術變遷與產業進化一經發展，日趨複雜的勞動分工和千變萬化的產業聯繫，便迅速突破了計劃者的有限理性邊界。資訊增量與計劃者理性伸張能力之間的不對稱，註定了後者不足以將全部經濟社會生活納入自己的制度操作過程之內。組織實體的規模越大，它的有限理性就越不適應，越易造成日趨嚴重的低效率。意識形態所界定的計劃者的名義道義責任和社會成員由此產生的對福利函數的過高期望值或利益偏好，與社會實際發生的福利函數或計劃者利益偏好之間的差異，以及社會成員彼此之間利益偏好的不同，最終必然促成離心於計劃體制的新的利益主體及其觀念形態。利益的分化和差別的出現，使機會主義和道德風險等相關交易費用或監督成本急劇增加。這種體制維繫的時間越長，或抵制市場化變革的力度越強，其反作用力和社會風險也隨之加大。治理性改革或制度性變革或遲或早地發生，是自計劃經濟建制之日起，就由其內在矛盾和運行邏輯所決定了的不以人的意志為轉移的客觀規律。

計劃體制的內在矛盾除表現為資訊約束及理性局限外，還有激勵扭曲或不相容問題。但不排除它在傳統體制與市場新制之間存在遊刃的餘地或生存的空間。其成立條件是，在正式制度安排中，強化集權機制與統配規則，以及適應平均主義傾向來降低交易摩擦和社會風險；在非正式約束中，藉助於民族根性中的傳統心理，不斷增加意識形態投資和倫理規範教育，培育社會成員對制度模式和計劃者的理性能力的認同與高估以及自下而上的道德忠誠。因此，計劃體制中的「大鍋飯」分配機制、「抓革命、促生產」的運動—生產模式和「運動羣眾」「運動官員」的「繼續革命」，不僅是國民意識或文化傳統中價值優先的具體體現，同時也是依據這種價值傾向所構造起來的計劃經濟體制得以運行的必要條件。我國經濟市場化變革與建制，不僅需要經濟領域中正式規則的持續性改革促進資訊對稱和激勵相容，而且還需要像歷史上曾經發生的治理性改革那樣，以更為久長的時間完成傳統文化和制度理論的創造性轉型，全面建立適應社會主義市場經濟的價值信念體系和社會意識形態。

（二）計劃經濟的市場轉型困境

自然經濟和計劃經濟轉向市場經濟，表面上看似乎是一個近似的過程，但由於分工性質、要素特徵、制度結構、利益格局以及價值取向等方面的原因，較之於傳統自然經濟，計劃經濟的市場化轉型要艱難複雜得多。

首先，自然經濟和計劃經濟固然都有「計劃性」、排斥商品或市場關係，但自然經濟主要是囿於生理自然分工和地域自然分工所決定的生產力水準或衣食所憂因素，其「經濟計劃」一般限於家庭內部。在社會範圍內，一旦自給有餘，農戶之間乃至地域之間，總是力圖通過市場滿足多方面的需求直至富裕階層的奢侈性需求，其經濟主體無論是作為生產者還是消費者，都具有一定的經濟獨立性以及相應的自主行為條件。並且，在特定場合和環境下，地域自然分工本身甚至也是突破家庭自然分工的條件。計劃經濟則是以無所不包的「經濟計劃」覆蓋全部經濟社會生活，強制性地排斥社會分工，將全社會的生產和消費納入經濟計劃而變成「家務」活動。包括企業在內的社會成員不僅不具備自主地配置資源、從事生產的條件，而且由於生產效率低下、基本生存品供給不足而喪失消費選擇性，其典型現象是各類消費品票證滿天飛。結果是，在自然經濟生活中，「小生產是經常地、每日每時地、自發地和大批地產生着資本主義和資產階級的。」[①] 計劃經濟則是體制性地排斥商品市場關係及其價值意義，不斷地「割資本主義尾巴」。即使經過數十年的市場化改革，長期喪失自主性的國有企業及其經營者真正成長為市場主體，通常也是一個艱難的過程。

其次，在經由家庭自然經濟到市場競爭關係的轉變過程中，自然經濟成員基於切身利益對於成本與收益、風險與回報，每日每時地「算計」與權衡，歷史地、大批地鍛造出具有風險擔當以及投機冒險精神的微觀市場主體，並通過經濟利益紐帶及可能的社會政治行為，漸進地推動上層建築領域的變革，提供諸如認可與保護財產權利、維護市場交易秩序、拓展生產經營空間

---

① 列寧．共產主義運動中的「左派」幼稚病 // 列寧．列寧選集：第 4 卷，北京：人民出版社，1995：135.

等市場經濟所必備的社會公共品服務。計劃經濟的市場化改革，面對的是被自身價值期許拉高了的或有性「福利函數」所普遍培育出的需要百般「父愛」的依附性、依賴性勞動者包括所謂經營者。企業家不僅是極其稀缺的要素，而且在既有體制中動輒得咎、難以有所作為。至於其他與市場經濟有關的社會公共品的提供，則既需要從市場微觀機制到宏觀經濟體制的重建過程，又需要應對錯綜複雜的國內國際環境，保障平等參與機會和經濟社會安全。

再次，自然經濟固然以衣食溫飽為首要選項，其中的絕大多數人沒有經濟剩餘及其資源配置條件，但商品貨幣關係及其價格信號的客觀存在，使社會成員對資源稀缺程度及其商機變化自始至終存在感性認知。依據市場供求關係和價格信號追利逐富成為一部分人的矢志願景，以致歷代王朝每每予以限制摧抑，稍予鬆懈便有氾濫之虞。計劃經濟中雖然也有「除惡」未盡的商品市場及其交換關係，但它通常體現的是計劃者的產品交換，而非市場決定價格的商品交換。並且，社會範圍內的資源配置和整個再生產過程，都是由經濟計劃安排而不是由市場過程決定。即使確定了市場化改革目標，也無從驟然放開市場價格或切斷要素供給鏈條。否則，勢必造成生產要素和消費品價格的劇烈變動以及生產和消費秩序的紊亂。因而需要較長時期的理順價格過程，以及相應的消費品市場和生產要素市場的重建過程。

又次，自然經濟生活中逐步產生商品貨幣、價值規律等市場經濟因素，是三次社會大分工的必然結果和一個類似自然史的過程。儘管它曾長期受到制約和摧抑，但畢竟經歷了千百年的歷史實踐，並且是千百萬人基於個人利益而普遍發生、共同活動的過程和趨勢，一旦「善者因之」、順其自然，並給予必要的規制與保護，市場經濟的蓬勃成長便成為人們已經看到的人類經濟史的經常性現象。至於形成市場先佔、獨佔等壟斷現象，則是十分晚近的事。計劃經濟的市場化改革，面對的則是經由較長時期從經濟活動、制度設定以及價值信念層面否定和排除市場經濟，經濟主體簡化為國有制至多包括集體制及其企業、公社形態，經濟生活由高度集權的計劃者集中安排，交換過程缺失市場決定的價格信號，社會成員因經濟體制的公共屬性及價值正當性而對其直接從屬依附，至少是部分地喪失了自主從事經濟活動、催生市場經濟元素的契機甚至意願，以及這種計劃經濟體系本身所形成的堅固、僵化、扭曲的利益格局及其維護機制。但凡對其進行市場化改革，其既得利益者尤其是具有行政、市場和自然壟斷性質的利益代表者，勢必反彈行為強烈、利益維護堅決。而經濟組織形式、體制架構特點、社會賦權性質以及價值意義預設，又使之訴求表達便捷、決策參與直接，天然地佔據公共利益和社會正義的「道義」制高點，並且還不能完全排除其在一定時期及場合真實地具有這種特定的社會角色。計劃經濟的市場化改革所要突破的利益格局、所要改變的傳統觀念、所要兼顧的各種訴求、所要適應的經濟技術規律，遠遠超出曾經源於自然經濟的市場化發展。其複雜程度和變革難度，幾乎是人類歷史上前所未有的。

最後，為了維護自然經濟秩序，歷代王朝雖然也奉行「重農抑商」政策，但更多是出於與民爭利和維持傳統社會秩序的需要，並沒有徹底否定商品貨幣及市場關係的存在意義和價值正當性，甚或「與民休息」時還會在一定階段放鬆工商業限制政策。由自然經濟向市場經濟轉軌過程中，新生經濟成分突破的是異己的傳統經濟藩籬。計劃經濟則不僅從體制上排斥市場經濟，而且確立其價值對立性、否定其價值正當意義。計劃經濟的市場化改革，首先必須解放思想、自我否定，「在靈魂深處爆發革命」，從體制正當性和價值正當性的雙重意義上突破既得利益格局，確立市場經濟理念與地位，完成體制重建和價值重建的雙重高難度重任，並且悉心維護已有意識形態和價值信念的主導地位。決策層的政治擔當、執行面的審勢作為、「草根」層的創新破題，利益上的艱難調整，以及從社會價值取向到大眾切身利益的挑戰，改革實踐的糾結和取捨難度與困境自在其中。計劃經濟的市場化變革，往往伴隨着迂迴曲折、漫長漸進甚至不無反覆的複雜過程。

（三）市場化敗績及其歷史教訓

「小生產」固然可以不同於計劃體制，能夠經常地、每日每時地、自發地和大批地產生資本主義和資產階級，推動農耕自然經濟向商品市場經濟發展，但也需要有相對適宜甚至極其嚴格的經濟社會環境。除經濟成長及產業進化外，還需要社會結構、政治建構、人文精神以及國際環境等一系列適當性條件包括歷史的機緣巧合。

中國曾經是具有小生產汪洋大海的自然經濟體，並且有過資本主義萌芽，但因經濟結構自身原因以及農耕王朝的治理性維護，與自然史過程的經濟市場化相去甚遠，歷史也未曾給予中國農耕自然經濟漸進地轉型為現代市場經濟的時間和機遇。19 世紀 40 年代西方列強打開國門後，無論是政權維繫需要還是救亡圖存壓力，從晚清政府到民國時期，都曾嘗試過實業興國，民族資本乃至市場經濟也有一定程度的發展。但中國經濟形態的整體性轉型最終與市場經濟及其制度形態擦肩而過，不得不經由轉型難度決不稍遜一些的計劃經濟的市場化改革重新起步。洞悉當年經濟市場化轉型的挫敗及其原因，對於當今時代的經濟市場化改革具有不可多得的啟迪作用和警示意義。

第一，自長期閉關鎖國、落伍於時代的清王朝敗北於外來列強起，傳統農耕結構便因外部衝擊開始解體。19 世紀 60 年代，境外洋紗洋布大量銷入中國市場。先是洋紗代替土紗，促成紡與織分離，後是洋布代替土布，導致耕與織分離，曾經緊密結合於農民家庭內部的種植業與棉紡織業從此走上解體之路。其他傳統手工業也在洋器洋貨的衝擊下風雨飄搖、紛紛破產。由外部生產鏈和暴力機制所強加於農耕結構的耕織解體或市場化轉型，摧毀了城鄉大眾的民生之本，使無產者即為失業者；家庭從業萎縮式「專業化」推動的商業性農業發展，卻成為嚴重依賴外部市場、僅僅提供廉價農產品的農業附庸，難以形成資本積累。遍佈中國大地的不是市場主體、產業工人而是喪失生存之本的赤貧者，當然也是期待摧毀舊秩序的乾柴、火種。其歷史教訓是，經濟市場化必須要有替代傳統經濟形態、保障基本民生需求的產業發展、就業創造和市場開拓。否則，必將面臨民生基礎的破壞和極大的社會風險。

第二，機器工業的舶來性質，使近代社會之初的晚清政府不可能遵循產業進化和經濟市場化的一般順序或規律，從關切民生需求的輕紡工業、勞動密集型行業起步，循序漸進地推進原始工業化進而近代機器工業的發展，而是迫於維繫國內統治和抵禦外來壓力需要，率先創辦資本技術密集型的政府軍事工業，繼而以政府及官僚壟斷形式官辦、官督商辦、官商合辦重工業，最後才是在其夾縫中艱難地成長出以輕工業為主體的私人資本主義工業。及至民國時期，因內部腐敗盛行與外來壓力驟增，官僚資本壟斷格局不僅沒有改觀，甚至藉助金融資本興起控制了整個國民經濟命脈。清末至民國，官僚資本過度膨脹、民間資本發展受阻、產業進化結構失序、社會民生殘破凋敝，資源要素錯配浪費，制度性痼疾一次又一次地為統治者鳴起喪鐘。歷史表明，經濟市場化需要遵循產業進化規律、順應民營經濟成長趨勢、防止壟斷資本蔓延膨脹、構建產業鏈體系和利益均衡機制。否則，經濟轉型建制有可能夭折甚至引起社會動盪。並且，即使在特定條件下以「趕超」方式推動產業進化和經濟發展階段跨越，也或遲或早地需要某些原始形態或初級階段的歷史補課。

第三，由於「治水社會」的「財產軟弱」根性，古往今來我國不乏公權侵蝕私產、政府削奪民利的案例。但經濟市場化和財產權利的發展，使政府不能再簡單地因循舊例以公權侵奪私產、民利。清代末年，官督商辦、官商合辦和民辦企業已有發展，因勢利導界定和保護各類產權、促進官僚資本轉型和市場平等交易既順乎經濟規律，也切合民心訴求。但清政府卻逆勢而為，對來自士紳、商人、地主和人數較多的農民等民間投資不做適當的經濟補償，便將已歸商辦的川漢、粵漢鐵路「收歸國有」，從而誘發了轟轟烈烈的「保路運動」以及隨之而來的顛覆清王朝的辛亥革命。「保路護權」的歷史證明，保護各類經濟主體的財產權利與發展機會，界定公權與私權、政府與市場的邊界，對市場經濟成長建制以及政治權力的穩定性和正當性都是重要的。

第四，漫長的自然經濟時代，人們務工經商、逐利市場的潛力固然被重農抑商政策長期約束在農耕結構之內，但經濟市場化發展中，如果只有「經濟人」行為的市場放任而沒有政府的制度性公共服務，其前景也是難以預期的。晚清時期有過「同治中興」，但始終走不出「官督商辦、官商勾結、壟斷取利、中飽私囊」的死胡同，民間資本終究不能成為經濟增長的主體力量；

民國時期出現過所謂「黃金十年」，但產業結構扭曲，市場七零八落，商業腐敗盛行，金融秩序混亂，內亂戰禍蜂起，以致落後捱打、經濟體系一觸即潰。經濟市場化的治理轉型，除需要經濟主體及其創業創新自由、現代商業倫理和勞動者職業精神的養成，也需要政府提供強力、有序的經濟與社會治理服務以及適時、足夠的規則、公平、安全等廣義社會公共品供給。①

第五，鴉片戰爭導致國門洞開後，中國經濟被動地捲入世界市場，逐步淪為外國資本的廉價原料生產者和工業品傾銷市場。因生產技術、市場供應鏈的對外依賴，艱難起步的近代工業既缺乏競爭能力又無穩定的國內市場。隨着一系列喪權辱國條約簽訂及大量戰爭賠款，外國資本對國內的財富掠奪和對財政金融、海關管理、對外貿易、重要產業的控制，以及後來外敵入侵、大部國土淪喪，中國政府喪失了對國內市場的基本保護能力與自主發展經濟的基礎，積貧積弱、被動捱打成為百年厄運。中國的境遇與先行的市場經濟體以產業技術優勢和炮艦鐵血強權從殖民地和落後地區攫取廉價農產品、工業原料和廣闊的銷售市場等，不啻天壤之別。經濟市場化的全球化性質，決定了一個國家的經濟市場化轉型既需要市場主體的發育成長、資源要素的適當配置、國內市場的形成與制度保障，又需要足夠的經濟、政治和軍事實力，確保獨立自主地發展經濟，循序漸進地開放市場，逐步培育市場經濟基礎和全球競爭能力。

第六，中國社會由來已久的商品市場關係，歷史上被中央王朝的「重農抑商」政策和士大夫階層的「重義輕利」教條所抑制。及至後來，因內生的

---

① 類此認識註定是易於引起爭論的問題。20 世紀早期哈耶克、米塞斯等人在對計劃經濟的批判中，曾將經濟自由推崇到無以復加的程度，認為只有以個人驅動和追求其自身利益為動力的自由市場，才能生成明智地協調社會行為所必需的信息，即自由是經濟繁榮的一個必要條件，計劃經濟作為一種經濟制度，註定是要失敗的。阿瑪蒂亞·森在其《以自由看待發展》一書的「導論」中開宗明義地提出，發展是擴展人們享有的真實自由的一個過程。他簡明而廣泛地闡述經濟發展就其本性而言是自由的增長。這些見解無論從歷史實踐還是價值標準看都得到了諸多認同，對經歷過計劃經濟之痛和經濟自由相對受限國度的國民來説或感受尤為深切。但當一個國家或民族面對內亂外患，連最基本的生存權利和自衛能力都不具備時，所謂個人經濟自由或為自由而發展只不過是美幻如夢，森的祖國未必沒有類似的感受。對自由發展條件與技術制度路徑的探究，其意義絕不遜於人類本性或價值判斷意義上的邏輯思維和理念描述。

商品貨幣關係發展和外來的資本主義入侵，傳統的「抑商」政策和「義利」教條遭遇嚴重挑戰而亟待改弦更張。但晚清時期佔據政治權力和「道義信念」高點的「中體西用」論，窒息和阻礙了與經濟市場化趨勢相適應的制度變革、理念轉型或「思想解放」直至政權破局，各種新生政治派別被推上了不約而同、幾無例外的極端反傳統之路。但因政治體制和經學傳統的長期束縛，國學武庫中已經根本找不到既與士大夫階層的精神寄託和社會大眾的世俗生活相適應，又能推動經濟市場化的價值理性與工具理性依據。最終只能全盤借力於外來成果——恰恰又是徹底否定商品、貨幣及市場關係的理論形態和制度模式。中國經濟的市場化之路，註定要經歷計劃體制及其變革的艱辛路途而具有「中國特色」。在經濟社會轉型的關鍵時期，如果沒有實事求是地解放思想，揚棄歷史上源於「聖賢經典」、政治威權和道統信念等背離經濟規律和時代要求的陳腐觀念、思維定式與體制偏好，就不可能成功地推動經濟市場化轉型與制度建設。

第三章

產權治理改革及市場主體成長

體制變革的必要意義雖然一直內在於計劃經濟的運行邏輯和社會大眾的普遍期待尤其是基層社會的生存壓力之中，但在「價值信念」和「意識形態」優先的背景下，並經周而復始的「政治掛帥」運動尤其是「文化大革命」極左思潮的強化，任何極小的治理性改革都有可能被上升到制度性變革的層面，引起政治正確與否的爭論、分歧，直至一事無成。合乎邏輯規律的體制改革只能歷史地肇始於意識形態約束得以鬆動的時期、計劃經濟的薄弱環節或邊緣地帶，以及釐清理論是非或「不爭論」的輿論環境之中。

一、農村治理改革及其制度溢出效應

1978年底召開的中共十一屆三中全會被公認為是中國改革開放的歷史標誌。1976年9月開國領袖毛澤東逝世後，「文革幫」與極左勢力迅速覆滅，極左政治及其意識形態的桎梏開始被衝破，歷次政治運動的不當受害者得到平反並成為經濟改革的中堅，現代化建設成為政治高層的關注焦點。而關於「真理標準」的大辯論，則是新中國成立以來前所未有的思想大解放，「實事求是」「實踐標準」成功地挑戰了傳統理論教條並成為改革開放的指導思想。與此同時，以中美建交、鄧小平訪美為標誌，中國與西方世界的關係趨於緩和，為改革開放贏得了相對有利的國際環境。一場發生於貧困鄉村、當初並不起眼但最終改變中國也震驚世界的波瀾壯闊的改革開放大潮洶湧澎湃而來。

（一）農業經營體制與地權制度變遷

經濟改革從農村率先突破有其歷史必然性。體制的弊病，「文革」的浩劫，導致農業、農村凋敝。1978年全國近40%的農民食不果腹，「吃飯」壓力形成改革動力。特定的制度環境決定了農村改革只能在治理層面尋求出路，不可以進行任何觸動土地集體公有制的制度性變革。

1. 產權深化型農戶承包制改革

農業生產中實行聯繫產量計算報酬即「聯產承包制」改革最初是由安徽

省少數縣的農民於1978年祕密進行的。結果是大旱之年全部大幅增產，繼而肥西縣、鳳陽縣等地分別開始試行「包產到戶」「包乾到戶」等家庭承包經營方式。中央決策由部分允許、肯定到全面認可、規範，使農村家庭承包經營普遍推廣開來。到1981年底，全國農村已有90%以上的生產隊實行了不同形式的生產責任制，並迅速由生產隊根據農業產量記工分，再按工分進行年終分配的「包產到戶」，發展到「交夠國家的，留足集體的，剩下全是自己的」「包乾到戶」，農民羣眾稱之為「大包乾」。到1983年底，全國實行「包乾到戶」的生產隊已達總數的97.8%。在家庭承包制的改革大潮中，1958年起倡辦的人民公社體制至1984年便徹底解體。農村家庭承包制改革，也帶動了國營農場進行「大包乾」、家庭農場等改革試驗，普遍建立起大農場套小農場、以家庭農場為農業基本生產單位的經營管理體制。

各地實行土地承包時，最初承包期一般為3年，1984年起延長至15年。1993年11月，耕地承包期再經延長至30年不變，並提倡承包期內實行「增人不增地，減人不減地」的辦法。在堅持土地集體所有和不改變土地用途前提下，經發包方同意，允許土地承包權依法有償轉讓。2008年10月，中共十七屆三中全會決定賦予農民更加充分而有保障的土地承包經營權，現有土地承包關係要保持穩定並長久不變。這些規定實際上將集體經濟的「成員權」轉化成了「土地股權」。隨着近些年農村土地權屬確認、登記、頒證甚至被稱為「確實權、頒鐵證」管理體系的建立，集體「成員權」便隨之硬化、固化成股權並落實到農民家庭。儘管農村土地仍屬集體所有，但離開有償轉讓和平等交易，集體經濟組織再也無權簡單地收回自己釋放出去的承包權或在其成員之間重新分配與調整。

由於經濟權利關係的變化，即使是農村集體自身，也不能再保持原來那種以自然村落為限的地緣邊界，而是朝着農業法人化組織、股份制集體經濟組織等模式演變並且已經取得了法律地位。2017年3月，《民法總則（草案）》重新修訂，設「特別法人」，給農村集體經濟組織、城鄉合作經濟組織、村委會和居委會等基層羣眾性自治組織等賦予特別法人資格，可以從事為履行職能所需要的民事活動，並規定「未設立村集體經濟組織的，村民委員會可以依法代行村集體經濟組織的職能」。村集體所有的資源、資產及其權益以及農民在村集體組織中的成員權益，從此由法律形式予以明確、規範、固化和保護。農村家庭承包制的治理性改革，經由承包權、土地股權、法人經濟組織等發生溢出效應或部分制度性變革。

當然，也不排除一些人依據傳統民法中用益物權派生於所有權而堅持以集體所有權限制農戶承包權來挑戰「承包制革命」。不過，以此為據不僅於事無補，甚或自落窠臼。因為歷史上的集體經濟組織是由合作化運動演變而來的，先有農戶地權，然後農民「自願」入社才形成集體地權，農民和集體之間的真實法律關係，是農民入社產生農村集體及集體土地所有權。儘管此後有人員和代際變化，但農民本身依然還是土地的原始主人這一自然身份及產權法律地位並沒有改變，農村集體應該是個體農民及其家庭的共有實體。即使恪守傳統民法中的用益物權理論，農民的土地承包經營權，是農民的自物權而不是他物權。在由農民自己組成的集體中，農民具有集體經濟成員的天然身份，作為所有權人享有自物權性質的土地承包權或用益物權，則是天經地義、不可侵奪的。①

因此，在農村地權制度改革中，人們不應當抱殘守缺、因循守舊地拘泥於某些僵化、過時的理論、法典或計劃體制標準，由異化的協力廠商即傳統意義上的所謂集體來繼續直接、簡單地充當土地的主人（實際上是銷蝕農民的土地權利），而應當按照農村土地的權利源泉、社會主義市場經濟規律和產權深化趨勢及保護要求，與時俱進、因勢利導地推進農地產權細化、深化改革，深化而不是泛化、明晰而不是模糊、強化而不是弱化、保護而不是侵蝕農民的土地權利。

農村集體組織將集體土地進行所有權與承包權的簡單析分，實行以家庭為單位的農業分散經營，雖然只是經營管理層面的治理性改革，形式上沒有

---

① 其實，在傳統民法中，土地所有權人和用益物權人也可以是兩個毫無關係的民事主體享有的權利，如傳統農耕社會的土地租佃關係中尤其是「永佃權」出現後的地主和佃戶之間的權利關係。

觸動土地集體所有制性質，但這種改革或治理模式創新及後來的「成員權」固化成土地股權，最大限度地適應了現階段農業生產力發展要求，符合自然力發揮較大作用、農作物種植培育細微多樣、隨機無序的農業產業特性和分散性、分散式經營管理要求，改變了長期背離農業特性的集體勞作方式和集中經營管理體制以及吃「大鍋飯」的平均主義分配方式。家庭農場這一適應農作特性、催化生產性努力、勞作與收入激勵相容的有效率的經濟組織，使農民家庭獲得了經營自主權、剩餘享有權和就業流動權，不僅極大地提高了農民勞動積極性和農業勞動生產率，幾乎在一夜之間解決了幾億人的吃飯問題，而且也符合農村經濟市場化發展趨勢，為細化土地產權、深化勞動分工、推動產業進化、促進創業創新創造了動力機制、模式示範和制度條件。

2.「統分結合」雙層經營與集體經濟市場化轉型

農村承包制改革使分散經營的農民家庭與變動不居的外部市場聯為一體。土地承包經營使農民開始突破集體經濟組織的行政界限，成為日益活躍的經營實體和市場主體。與之相適應的克服分散經營局限、抵禦自然災害和外部風險、從事農田水利維護建設、促進機械化耕作與農業科技成果應用等公共品生產和社會化服務也日益成為必要。超越個體農戶家庭經營和地域性集體經濟組織的專業性與綜合性服務組織、多種合作與聯合形式便應運而生，包括國營流通公司、農村供銷社、各類專業公司與農戶的聯合，國家設在農村的技術推廣單位和農墾企業與農戶的聯合，農村「能人」興辦的上聯市場、下聯農戶的仲介組織，以農村專業戶為主體的各種專業協會和專業公司等。這些組織與農戶之間，或以書面契約或以口頭協議規定相互之間的權、責、利關係，逐步在農村、農業中形成了以農戶家庭經營為基礎，與帶有較多集體經濟性質的專業化、社會化服務組織相結合即「統分結合」的雙層經營體制，並分別於 1993 年 7 月和 2002 年 8 月載入《農業法》和《農村土地承包法》，作為我國農村集體經濟的一項基本制度正式確立起來。

如果說農村家庭承包制以土地產權的細化與深化適應了農業特性、有助於提高農民生產積極性和農業勞動生產率的話，那麼，農業社會化服務組織的出現和「統分結合」的雙層經營體制的形成，則不僅會鞏固農村集體經濟和提高農民抵禦自然災害及市場風險的能力，而且會適應乃至促進農村勞動分工、產業進化、市場延伸、創業創新以及集體經濟的市場化轉型發展。在廣袤的農村社會，以家庭承包制為基礎，以市場化經營為導向，以社會化服務為紐帶，農產品產供銷、貿工農一體化協作、綜合性經營和專業化發展的民營企業和合作經濟組織蓬勃興起，推動了異軍突起的鄉鎮企業和農村工業化、城鎮化迅速發展。

3.「三權分置」改革與農地產權結構演變

農村集體土地由產權形態單一、集體統一經營通過產權析解，改制為所有權與經營權「兩權分離」的集體所有、農戶承包、「統分結合」的雙層經營體制，並賦予農戶長期而有保障的土地承包權，改變了農村的面貌，也推動了中國經濟轉型和體制變革。隨着工業化、城鎮化發展，農村勞動力從事非農產業、跨地域流動就業、進城就業創業成為經常、大量和普遍現象，農戶承包地流轉給他人經營以及相應的流轉市場也隨之興起。[①] 農地承包主體與經營主體分離，使農地承包經營權逐步分解為相對獨立的承包權和經營權。

順應農民就業創業要求和經濟市場化趨勢，各地試驗多年、分歧和爭論不斷的農地產權深化析解，終於在 2016 年 10 月以所有權、承包權和經營權的「三權分置」改革予以實施推廣。其核心內容是「探索農村土地集體所有制的有效實現形式，落實集體所有權，穩定農戶承包權，放活土地經營權，充分發揮『三權』的各自功能和整體效用，形成層次分明、結構合理、平等保護的格局」[②]。這是改革開放以來農村集體土地所有權的第二次權利析解、分

---

① 據農業部統計，截至 2015 年底，全國家庭承包經營耕地流轉面積 4.43 億畝，已達全部耕地面積的 1/3 左右。並且，工業化、城鎮化的發展，既排除了以傳統方式將農民固着於土地的可能，也為包括農民承包地在內的農村土地要素市場化流動提供了產業分工基礎和制度創新空間。

② 中共中央辦公廳、國務院辦公廳《關於完善農村土地所有權承包權經營權分置辦法的意見》（2016 年 10 月 30 日）。國家的農業補貼政策，也隨「三權分置」改革做了相應的調整。

離或地權治理性改革，進一步細分、深化和豐富了農村土地財產權利和產權形態。

農地「三權分置」改革，在堅持農村土地集體所有、激發「雙層經營」潛能、推動農地產權共享、規避「公地悲劇」[①]發生、強化農地承包權保護以及發揮農地保障功能、順應土地要素合理流轉、激勵農業規模經營、培育新型農業經營主體、保障農業經營者權益、提高農村土地市場化配置水準及全要素生產力等諸多方面，提供了市場基礎及制度條件。治理性改革的變動不居過程及制度性維護效應也是顯見的。農地「三權分置」改革，既創新了農村土地集體所有制的實現形式，又創造了各農業主體的深層潛能的發揮條件和市場化、持續性利益均衡機制，推動多元農業主體創新土地「三權」結合模式，組建農業產業化聯合體，給農村土地集體所有制的治理性改革留下常寫常新的歷史篇章。[②]

農地「三權分置」改革另一層理論與制度含義是，它在繼農地以所有權與承包權分離的產權深化與權利界定規避「公地悲劇」之後，再以承包權與

---

①「公地悲劇」理論源於英國學者哈丁（Garrett Hardin）1968 年在《科學》雜誌上發表的《公地的悲劇》（*Tragedy of the commons*）一文。「公地悲劇」的產生是由公地的產權特性所決定的。公地作為一項資源或財產有許多擁有者，他們中的每一個人都有使用權，而且沒有人有權阻止其他人使用，結果是資源被過度使用而導致最終枯竭。這種「公地悲劇」的案例還有很多，如過度砍伐的森林、過度捕撈的漁業資源、污染嚴重的空氣和河流以及計劃體制下國有企業職工和人民公社成員的外部性行為等。「公地悲劇」的破解之法便是界定資源或財產的產權關係。如我國在公共資源管理中有「湖長制」「河長制」等江河湖泊責任模式改革創新。

② 在改革實踐中，因各地土地資源稟賦、經濟發展水平、人地關係狀況等差異，經營主體多元化及其與土地「三權」的結合方式，呈現出不同路徑和形式的規模經營模式。如上海松江引導農戶將土地經營權流轉給村集體，統一整理後再發包給有經營能力的農戶實行家庭農場制；珠三角地區探索以土地承包經營權入股、集體統一經營的土地股份合作制；山東濟寧、河南商水等地探索土地經營權主體不變，農戶通過市場購買服務，委託專業服務組織、合作社全託管、半託管開展農業生產經營；湖北沙洋保持農戶承包權不變、協商交換經營權，實行小塊並大塊、「按戶連片」耕種制；四川崇州探索以土地經營權入股合作社，農戶、合作社、職業經理人和專業服務組織共同經營的「農業共營制」等，「三權分置」的實現形式多種多樣、豐富多彩。政府有關部門也出台了鼓勵和支持新型農業產業化聯合體發展的政策意見，如農業部、發展改革委、財政部、國土資源部、人民銀行、稅務總局聯合發佈《關於促進農業產業化聯合體發展的指導意見》（2017 年 10 月 13 日）。

經營權分置，深化、析解、界定產權歸屬與權利邊界，激勵公地資源有效配置，在全球「公地」範圍最為廣袤的國度，嘗試了規避「反公地悲劇」① 的「農地方案」。

農村家庭承包制改革後，農地產權界定使人民公社共有產權制度下農業經營中激勵不相容、生產勞作懈怠、侵蝕公共利益、「吃大鍋飯」等外部性行為充斥的局面得以改觀。隨着工業化、城鎮化的發展和就業創業機會的增多，農業與非農產業比較收入差距明顯，數以億計的農村青壯年勞動力紛紛離開土地，從事非農產業取得更高收入，留在農村的多是老弱婦孺，農業勞動生產率、農村發展動力以及家庭承包制的制度效應日益衰減，農業規模不經濟現象也十分突出。由於集體所有制的「公地」性質，即使是不願意或無能力耕作的承包農戶，也無權將承包地轉給集體經濟組織之外的其他成員耕種經營。並且，基於土地權利、生活退路等考慮，農戶一般不會輕易地更不會無償地放棄承包權而將土地轉交他人耕種。更普遍的是以較低的租金甚至零租金交由親屬近鄰代為耕種，或者乾脆撂荒不種，但也必須保留土地承包權。我國極其稀缺的農地資源，在經由農戶承包制規避「公地悲劇」之後，仍然由於「公地」性質而造成較為普遍的使用不足和閒置浪費現象，「反公地悲劇」大面積發生。

農地「三權分置」改革，在所有權與承包權分置基礎上所推進的承包權與經營權分置，既堅持了農村土地集體所有權和公有制性質不變，也保障了農民家庭的承包權，排解了農民的失地之憂，還以放活經營權的方式實現了農業經營主體的全方位擴圍，使得農地資源的稀缺性質重新顯現，相應的市場化配置和充分優化利用成為可能。農民家庭則因「發包經營權」而喚醒、

---

① 「反公地悲劇」理論源於美國密歇根大學教授黑勒（Michael · A. Heller）1998 年在《公地悲劇：從馬克思到市場化的產權變遷》（*The tragedy of the anticommons：property in the transition from Marx to markets*）一文中提出的「反公地悲劇」理論模型。他認為，儘管哈丁教授的「公地悲劇」說明了人們過度利用（overuse）公共資源的惡果，但他卻忽視了資源未被充分利用（underuse）的可能性。在公地內，存在着很多權利所有者。為了達到某種目的，每個當事人都有權阻止其他人使用該資源或相互設置使用障礙，而沒有人擁有有效的使用權，導致資源的閒置和使用不足，造成浪費，於是就發生了「反公地悲劇」。

強化乃至固化了產權意識以及在「二地主」意義上的所有權意識。因財產權利的不斷深化，農地制度的治理性改革漸進式地、潛移默化地硬化其制度效應。當然也符合社會主義市場經濟及其產權分工深化趨勢與財產權利的制度性保護要求。

農地「三權分置」改革也使產權關係及相關主體行為更加複雜多樣。

首先是農地「三權分置」所產生的土地股份合作制、土地合作社、土地託管代耕制和新型農業企業等多種土地經營權形態，使得與委託—代理模式有關的土地產權關係和市場交易制度的技術性、制度性環節大大增加，約束外部性行為變得更為必要、經常和繁雜。農地所有權、承包權之外的經營權、收益權、處置權、監督權等一系列相關權利界定包括細節安排的適當與否，以及農民、集體和國家三者及其相互之間的權、責、利關係的適當設定以及有效程度，成為能否避免「公地悲劇」再次發生的關鍵所在。

其次是農地「三權分置」派生出了所謂「新型租佃關係」，出現了業內所謂的「小二地主、大中佃農」現象，並且由於「地主」過多、地租偏高，致使單純從事農業經營利潤微薄甚或無利可圖、虧損退地，同樣潛藏着「反公地悲劇」的風險。在短期內，只能由租佃市場博弈決定租金水準，以及集體經濟組織的適當協調和政府的引導作用，保證足夠的經營權進入，防止農地撂荒和資源浪費。從長遠看，則有待農民進城生活穩定、收入格局變化、公共政策規制，由其根據包括所得稅調節在內的成本收益權衡，選擇繼續保留還是有償退出承包權而最終脫離農村，由市場機制決定和政策適應性調整，推動土地承包權的重新組合、優化配置和農地資源的充分合理利用。

最後，農地「三權分置」改革固然順應了農地產權分工深化趨勢，適應農地資源集約節約利用需要，也符合農民、集體和國家三者利益均衡原則，但傳統農耕社會中「農之子恆為農」的歷史條件已不復存在，不能期待 次「三權分置」改革即可一勞永逸地完善農村土地制度。我國正處在工業化、城市化發展的關鍵時期，農村居民就業非農化、流動異地化、居住城鎮化進程加快，農村土地使用的非農化、城鎮化和城鄉間統一配置的趨勢也日漸顯現。農地「三權分置」改革應當是一個與時俱進的趨勢和規律適應性過程，而不是簡單的、一成不變的穩定承包權安排。因此，從新制出台之日起，土地承包權流轉的市場制度建設就需要進入日程，對可能交替甚或同時發生的「公地悲劇」和「反公地悲劇」預作防範。與此同時，城鄉統一均衡的就業保障、要素市場、公共服務、社會管理制度建設，也變得極為必要、緊迫和不可迴避。

4.「三塊地」改革試驗與土地市場統一趨勢

農地產權深化及其制度建設，就近示範並直接影響着其他農村土地的使用方式和制度變革。隨着城鄉經濟發展和要素流動規模的擴大，尤其是市場經濟規律的作用，城鄉生產要素平等交換及其制度建設，成為統籌城市與農村、兼顧效率與公平的「共享經濟」發展條件和社會正義價值指標。

自 2015 年 2 月起，經中共中央決定、全國人大常委會授權，農村土地徵收、集體經營性建設用地和宅基地即「三塊地」改革在全國 33 個縣級行政區啟動試驗。農村土地產權細化深化、建設用地供求關係調整和城鄉土地平等交換制度建設進入更加廣闊的領域。截至 2018 年底，試點地區按新辦法實施徵地 1 275 宗 18 萬畝；集體經營性建設用地入市地塊 1 萬餘宗 9 萬餘畝，總價款約 257 億元，收取調節金 28.6 億元，辦理集體經營性建設用地抵押貸款 228 宗 38.6 億元；騰退出零星、閒置的宅基地約 14 萬戶 8.4 萬畝，辦理農房抵押貸款 5.8 萬宗 111 億元。[①] 改革試驗及制度創新也推動着相關法規建設。「三塊地」試驗中所形成並擬規範推廣的若干辦法，已經納入《土地管理法》《城市房地產管理法修正案（草案）》，擬進入立法程式。

土地徵收制度改革試驗。一是縮小土地徵收範圍。制定土地徵收目錄，界定公共用地範圍。試點地區大多採用概括與列舉相結合的方式制定土地徵收目錄，將土地利用總體規劃範圍內城市規劃建設用地界定為公共利益用

---

① 參見《國務院關於農村土地徵收、集體經營性建設用地入市、宅基地制度改革試點情況的總結報告》（2018 年 12 月 23 日）。

地，擬將政府組織實施的基礎設施建設、公共事業、成片開發建設等用地納入可徵收集體土地範圍。二是規範土地徵收程式。以多層次多形式的土地徵收民主協商機制，與被徵地的村集體經濟組織中絕大多數成員就補償標準等內容達成書面協議，徵地補償安置資金和社會保障費用落實後方可啟動土地徵收程式。個別難以達成協議的，申請徵地時據實説明，供審批機關決策參考。在徵地各環節建立風險評估、民主協商、補償安置、糾紛調處、後續監管機制。三是完善對被徵地農民的補償保障機制。包括確定土地徵收補償標準，支付土地補償費與安置補助費、地上附着物和青苗補償費、被徵地農民的社會保障費，確定徵收農民房屋的補償標準或保障條件。擬試驗由各地制定、公佈區片綜合地價作為徵收農用地的土地補償費、安置補助費標準，農民住房不再作為地上附着物而是作為住房財產權給予公平合理補償，將被徵收土地的農民納入相應的養老、醫療等城鎮社會保障體系以保障其長遠生計等。

集體經營性建設用地入市試驗。一是明確入市的條件和範圍。在存量農村集體建設用地中，土地利用總體規劃和城鄉規劃確定為工礦倉儲、商服等經營性用途的土地，以符合規劃、用途管制和依法取得為基礎，可以出讓、租賃、入股。擬試驗新增集體建設用地按試行辦法入市，對土地利用總體規劃等法定規劃確定為工業、商業等經營性用途，並經依法登記的集體建設用地，允許土地所有權人通過出讓、出租等方式交由單位元或者個人使用。二是明確集體經營性建設用地入市規則和監管措施。試點地區普遍參照國有建設用地交易制度，建立集體經營性建設用地入市後的管理措施。旨在通過試驗逐步統一國有建設用地與農村集體經營性建設用地市場交易規則，建立農村集體經營性建設用地公開交易的平台和制度。擬參照同類用途的國有建設用地，規定集體建設用地使用權人嚴格按照十地利用總體規劃等法定規劃確定的用途使用土地和集體經營性建設用地使用權的最高年限、登記管理等。

宅基地管理制度改革。一是試驗宅基地權益分類保障方式。在傳統農區，實行「一戶一宅」；在城鎮建設用地規模範圍內，建設新型農村社區、農民公寓和新型住宅小區保障農民「一戶一房」。擬對人均土地少、不能保障一戶一宅的農區，允許縣級政府在尊重村民意願的基礎上試行「戶有所居」。二是改革宅基地審批制度。使用存量建設用地的，下放至鄉級政府審批；使用新增建設用地的，下放至縣級政府審批，並將相關環節全部納入便民服務體系。三是試驗宅基地有償使用和自願有償退出機制。對因歷史原因超標準佔用宅基地和一戶多宅的，以及非本集體經濟組織成員通過繼承房屋等佔有的宅基地，由農村集體經濟組織試行有償使用方式。允許進城落戶農民在本集體經濟組織內部自願有償退出或轉讓宅基地，並鼓勵其依法自願有償退出宅基地。此外，少數試點縣市按照新近出台的改革政策，探索宅基地所有權、資格權、使用權「三權分置」模式。[①] 但當前對宅基地權利性質和邊界等還有認識分歧，試驗也才剛剛起步。

「三塊地」改革試驗，實際上潛在着城鄉、地區以及國家、集體、農民間土地利益關係的重大調整。改革開放以來，我國農村從農地家庭承包制改革到「三權分置」改革、從非農勞動力市場開放到城鄉統一勞動力市場建設、從城鄉二元結構到「城鄉要素平等交換、公共資源均衡配置」改革目標的提出，展現了由易到難、由淺入深、漸入佳境的要素產權改革場景。從治權改革起步的農村「三塊地」試驗，開始觸及城鄉土地市場的基礎制度和核心利益關係，其關鍵點是如何將各類土地要素和地產權利統一於市場，由市場在全國城鄉土地資源的配置上發揮決定作用以及使政府發揮更好作用。

集體經營性建設用地同權同價、同等入市和農村宅基地改革試驗，在統一城鄉土地市場方面破題試水，但徵地制度改革仍有因循守舊、窠臼難脱之嫌。為深化「三塊地」改革試驗、促進制度成型，政府首先應當遏制包括徵地制度本身內在的「擴圍衝動」和「暴力」「暴利」並存現象，打破土地一級市場壟斷，為集體經營性建設用地增量改革拓展空間，並從擬制定、公佈區片綜合地價以模擬市場盡快過渡到建設城鄉統一市場、由市場發現土地

---

① 《中共中央國務院關於實施鄉村振興戰略的意見》（2018 年 1 月 2 日）提出，完善農民閒置宅基地和閒置農房政策，探索宅基地所有權、資格權、使用權「三權分置」，落實宅基地集體所有權，保障宅基地農戶資格權和農民房屋財產權，適度放活宅基地和農民房屋使用權。

價格。政府的「更好作用」則主要是規範市場制度、交易秩序，合理調節國家、集體、農民之間的土地利益分配關係，包括對「土地發展權」[1]的適當安排。其次是健全跨市縣乃至省際農用地佔補平衡機制，促進城鄉建設用地供給與需求均衡，體現建設用地的資源稀缺價值以集約節約用地，推動土地資源在全國範圍內的優化、均衡配置。再次是充分考慮因歷史原因造成的地區間政策非均衡供給、經濟非均衡發展以及相應的集體經營性建設用地佔有數量和要素收入差別，建立健全縱向、橫向土地利益調節或轉移支付機制。又次是探索以「三權分置」方式適當硬化農村宅基地產權關係，賦予農民適當而足夠的財產權利，建立和完善市場定價及交易制度，防止集體經濟組織為擴大集體經營性建設用地或追求土地增值收入而侵蝕農民的宅基地權屬及利益。最後是毫不動搖地推動城鄉互聯互通、雙向流動的統一的全要素市場建設，促進城市工商資本、金融資本、人力資本下鄉，並使農村生產要素因市場化、資本化和城鄉一體化而獲得持續增值潛力、創業創新條件和發展致富能力，加快改造傳統農業農村，實現城鄉經濟和社會的結構性轉型和均衡式發展。

（二）鄉村工業化模式及制度變革

農村集體土地的產權析解、深化和家庭承包制的生產性激勵，尤其是人民公社制度的解體，推動了勞動分工深化和產業進化，使原本被束縛在集體經濟組織中的剩餘勞動力逐步游離出來，為城鄉工業首先是鄉鎮企業的發展，準備了數以億計的亟須獲得就業機會的自由勞動者或「產業後備軍」。農村非農產業、鄉鎮企業及其他勞動密集型產業異軍突起，不僅緩解了當時輕工產品和其他生活必需品極為緊張的市場供求關係，而且在廣袤的中國農

---

① 「土地發展權」最早起源於英國，後來美國也引進該制度。它是在土地利用現狀基礎上深化開發土地的權利，是一種可以與土地所有權分離而單獨處分、具有獨立意義和地位的權利，亦即變更土地使用權性質的權利。土地用途管制促成了土地發展權的產生。其權利的設立，有利於土地用途管制的實施以及對土地發展利益的界定與保障。

村大地啟動了一場類似於歐洲工業革命前夕的「原始工業化」的進程[①]，部分地矯正了此前優先發展重工業所造成的產業結構與經濟結構的失衡狀況。

因計劃體制遺產和改革路徑依賴，鄉村工業化及其企業制度創新也產生了相應的典型發展模式如眾所周知的「蘇南模式」和「溫州模式」。解析其發生演變軌跡，可以折射、透視中國工業化和市場建制的治理改革路徑與制度性變革機理。

1. 由社隊企業起步的「蘇南模式」及其轉型

人民公社時期，農民或公社社員固着於集體土地，不擁有生產資料，社員個人及家庭不得經營染指非農產業，只能以集體副業發展社隊企業，實行所謂「四就地」即就地用人、就地取材、就地加工、就地銷售。勞動分工和社會分工被牢牢地限制在人民公社地域範圍內，近乎是放大了的現代耕織結合體。人民公社解體後，社隊企業轉化為鄉鎮集體企業。解放了的勞動力和其他生產要素，以市場為導向進行勞動組合和產業分工，迅速突破了原有的經營限制和地域管制，成為生機勃勃的市場主體和企業組織。其典型形式是以人民公社的社隊企業為基礎發展而來的「蘇南模式」[②]。

人民公社時期，蘇州、無錫、常州和南通等蘇南各地在集體副業基礎上辦起了一批社隊企業，主要為本地農民提供簡單的生產資料和生活資料。改革開放初期，大量的上海技術工人節假日到蘇州、無錫等地擔任「星期日工程師」，給蘇南帶來了資訊、技術和管理經驗。20 世紀 80 年代中期的市場供求狀況和信用擴張，為企業發展提供了產品銷路和部分金融支援，當地鄉鎮企業進而農村工業化快速發展。至 90 年代初，蘇南鄉鎮企業創造的產值已佔

① 文一在其《偉大的中國工業革命》一書中，曾闢節論述「通過鄉鎮企業實現原始工業化」。更早的研究則將中國當代的工業化過程區分為由政府主導的以重工業優先發展為取向的「初次工業化」過程和由市場化改革所推動的以鄉鎮企業異軍突起為標誌的「二次工業化」過程，由此對「初次工業化」與「二次工業化」以及中國的「二次工業化」與歐洲的「原始工業化」之間的共同點尤其是差別進行了較為詳細的分析（參見孔涇源：《手工業與中國經濟變遷》）。

② 我國著名社會學家費孝通教授 1984 年提出「蘇南模式」這一概念，意指江蘇省南部的蘇州、無錫、常州和南通等地大體相同的經濟發展背景和發展方式。

當地農村社會總產值的 2/3 左右，一時間成為經濟高速增長的標誌性現象，創造了治理性改革推動產業進化和市場經濟因素發育成長的鮮活案例。

蘇南鄉鎮企業雖然是在人民公社時代社隊企業基礎上發展起來的鄉、村兩級工業企業，沒有改變其集體所有制性質，但由於非農產業、工業企業的發展壯大以及對社會閒散資金的廣泛吸收，推動了產權關係的細化、深化與強化，改變了長期以來由於農產品統購統銷價格管制和非農產業發展限制，農村集體所有制經濟片面向城市輸送農業剩餘的不利地位。快速發展的鄉鎮企業開始與城市國營企業分庭抗禮、同台競爭。在普通工商業領域，由於體制機制靈活而具有競爭優勢，逐步在公有制經濟內部真正生長出國營企業與鄉鎮企業地位平等、公平競爭的市場關係。

蘇南鄉鎮企業固然以鄉鎮政府為主組織土地、資本和勞動力等生產要素興辦企業，指派能人擔任企業負責人，幾乎完全是行政性配置生產要素，但這種資源配置方式或帶有「供給主導型」[①] 色彩的治理改革，已經突破了集體經濟的「家務」活動或自給自足需要，推動着社會閒散資本與當地能人（企業家）的生產性結合，按照外部市場需求組織工業品生產和銷售活動，使原本具有計劃經濟性質和自然經濟色彩的農村集體經濟，開始進行資本原始積累、發展商品貨幣關係，推動了農村工業化、市場化進程。

蘇南鄉鎮企業雖然也有要素依賴和地域特色，但蘇南地區人地關係緊張，可供加工生產的農副產品不多。與其他地區的「四就地」生產和銷售性質不同，蘇南鄉鎮企業較早地突破了就地取材、加工、銷售的產業和地域限制，開始吸收城市下放知青、幹部及「星期日工程師」等技術和管理人才，與城市大企業和科研機構建立合作關係，為城市經濟配套，也形成相對穩定的銷售管道，進而促成生產與市場範圍的擴大和城鄉一體化發展，並作為成功案例在改革開放初期起到示範作用，引領其他地區鄉鎮工業創業與快速成長。

---

① 「供給主導型」制度變遷，是我國學界對市場取向改革的一種解讀。主要是在權力中心的組織與領導下，通過行政命令和法律法規自上而下強制推進的，因而這種制度變遷方式又被稱為「強制性制度變遷」。顯然，這裏的「供給主導性」改革雖然微觀、具體，但其或許包括了制度變遷的諸多含義。

蘇南鄉鎮企業最初只是配置集體經濟組織內部的現有生產要素，原始積累來自農業，企業員工大多是當地村民，並且多數是兼業農民，企業建設用地直接利用農村集體土地，企業也大多建在當地，企業家多是從本鄉本土的農民中選擇的能人，但較之城市國營企業，具有明顯的比較成本優勢，尤其是在土地、勞動力和環境成本等方面更為突出，使之有能力以小博大、以弱鬥強、拾遺補缺，以市場為導向推動非農產業發展並取得相對競爭優勢。

蘇南鄉鎮企業最初固然在產權性質、組織結構和治理方式上類似於國營企業，但它有其自身的比較體制優勢。鄉鎮企業的生產要素不由國家計劃供給，而是就地取材或通過市場購買；生產的品類和數量不由國家計劃決定，而是取決於市場需求；產品銷售不實行計劃價格、統購包銷，而是由市場定價、由供求關係調整；企業規模小、市場競爭壓力大以及集體經濟性質，使其產品生產銷售、企業經營管理和激勵約束機制相對靈活有效。這些體制上的比較優勢，使之在當初計劃經濟的汪洋大海中得以發展壯大，孕育着公有制與市場制結合的某種初始形態。

但是，隨着經濟發展和市場發育，蘇南模式的內在矛盾日益暴露出來。政企一體、管辦不分的「政府公司主義」[①]和「政府信用模式」，與經濟市場化趨勢產生了激勵不相容或負激勵效應；較之於城市國有企業，社區集體產權對鄉鎮企業經營管理的激勵和約束機制固然相對有效一些，但政府超強干預、平均分配傾向與能人治理企業之間的機制衝突，導致激勵與約束力衰減、經營管理懈怠和企業競爭力下降；政企、管辦不分的鄉鎮集體企業比國有企業更易於變成經營管理「家務化」的「類自然經濟體」，企業的相當一部分利潤被用來承擔鄉鎮政府職能和社區公共服務，如興辦教育和養老機

---

① 美國斯坦福大學教授戴慕珍（Jean C. Oi）研究認為，中國鄉村經濟迅速起飛的主要原因是當地政府「公司化」（corporatism），也是列寧主義體系轉型過程中阻力最小的一條途徑。她認為，20 世紀 80 年代以前，中國地方政府與鄉鎮企業之間普遍形成了一種「地方性的國家公司主義」結構。在鄉鎮企業的發展中，政府的經濟角色十分明顯，它不僅提供行政服務，也不僅僅參與投資決策，而且還同企業一起負擔風險並分享企業的收益（Jean C. Oi. The Role of the State in China's Transitional Economy. The China Quarterly，1995:1132）。自「地方政府公司化」一說產生後，國內學界也做了較多的類似研究。

構等，企業發展後勁受到嚴重影響；粗放增長模式造成的資源要素浪費、產品質量不佳和生態環境影響，廣受社會詬病，自身也難以為繼；隨着曾經支持蘇南鄉鎮企業強勁發展的特殊商機的減弱和消退，以及宏觀經濟環境的變化，蘇南經濟增長趨緩甚至滑坡，人們對蘇南模式開始提出了疑問，蘇南模式也開始向所謂「新蘇南模式」轉型建制。

20 世紀 90 年代後，我國經濟市場化改革提速，蘇南模式相對於其他市場化改革進展較快的地區已無優勢可言，甚至出現模式固化、抱殘守缺現象，一度喪失先發優勢，錯過快速發展機遇。直到 90 年代中後期，蘇南模式才不得不隨勢應變，加快鄉鎮企業改革和市場建制。改變產權不明、政企不分的企業體制，建立產權多元化的現代企業制度，推動企業聯合重組轉制，興辦個體私營企業，發展股份制、股份合作制和民營經濟；適應競爭加劇及市場供求變化，調整優化產業結構和經濟結構，改變地區內產業同構、重複競爭和「小、低、散、弱」現象，推進技術進步、產業轉型和開發區建設。經濟轉型和體制轉軌，使蘇南模式重新獲得了發展的動力、活力和競爭力，蘇南地區也再次成為生機勃勃的經濟發達地區。

蘇南模式從社隊企業、鄉鎮企業、民營經濟、股份經濟、開放型經濟一路走來，既是農村工業化、鄉村城鎮化和城鄉一體化發展的產業進化過程，又是計劃經濟市場化改革、集體所有制治理性改革、單一公有制向多種所有制轉軌的制度變遷過程，自然也會以其時間雖然短暫但產業與制度變遷既深刻劇烈又生動鮮活的歷史活劇，在中國改革開放的絢麗畫卷中留下濃墨重彩的一頁。歷史還表明，即使同樣是公有制和計劃經濟，自然經濟色彩更為濃厚一些的所謂體制外的集體制經濟，較之成熟的國有計劃經濟，發展商品市場關係也相對便捷一些，並且只有與時俱進地推動市場化改革，發揮市場決定作用和政府引導作用，促進多種所有制經濟混合協調、共同發展，蘇南模式和其他各種模式以及經濟社會發展才真正具有潛力、動力、活力和持久的生命力。

2.「溫州模式」與現代家庭企業制度

農村工業發展和市場要素成長的另一種制度源泉，是千百年來即已存在的家庭手工業和農村工商業，典型形式是所謂「溫州模式」。

溫州模式是指浙江省東南部以溫州地區為代表的家庭工業、專業化市場發育成長為小商品、大市場格局的個體私營經濟發展類型。在其發育初期，與蘇南模式的集體經濟性質、基層政府介入管理較多不同，當地政府主要採取「無為而治」的態度。

溫州農村非農產業和鄉鎮企業發展以家庭、聯戶企業為主。最初主要經營日用小商品，後來逐步發展起交通運輸、飲食服務、消費品市場和生產資料、民間信貸、勞務與技術服務等區域性民間市場體系。為取得市場資訊、獲取交通運輸便利和社會化服務等外部經濟效益，家庭企業逐步向小城鎮及周邊地區聚集，形成專業化分工與社會化協作的企業羣體。溫州家庭工業的興起和農村城鎮化發展，近乎呈現出一幅類似於歐洲工業化早期的「原始工業化」圖景，開始部分地矯正因重工業、大城市長期優先發展所造成的城鄉二元結構。

蘇南模式當初突破人民公社近乎自給自足的「准自然經濟」狀態，固然孕育和發展起商品市場經濟要素，但在企業制度和經濟性質上仍然是公有制集體經濟。即使在經營方式和管理體制方面有所變化，也只是集體所有制經濟的內部調整或治理性改革，並且也較少發生制度性爭議。溫州模式則與之不同，它是以個體私營經濟為主體的非公有制經濟，幾乎是傳統家庭手工業的現代版本。無論按照經典理論定義，還是依據法律制度界定，以及農村家庭承包制改革實踐，這種經濟形態都具有「離經叛道」的體制外制度性變革性質，在當時的政治經濟環境下帶有極大的政治風險。也正是這種風險式、制度性變革性質，使溫州模式雖然曾經帶有「原始野蠻」發展色彩、經歷盛衰起落變化，但其制度變遷方式及性質註定會在中國改革開放的滄桑巨變中留下深深的歷史印痕。

改革開放初期，允許非公有制經濟發展是對傳統經濟理論、體制、政策的全方位挑戰。溫州模式以體制外、邊緣性、增量式發展的家庭工業或個體私營經濟，突破了「左」傾思想束縛和計劃體制限制，在治理性改革環境下石破天驚般地推動了培育市場主體、發展民營經濟等「叛逆式」制度性創新。

思想理論界和意識形態領域中形而上的思想解放運動，在計劃體制和集體經濟相對薄弱、具有悠久家庭手工業傳統及商業精神較為深厚的邊遠地區，開始迅速轉化成千百萬人民羣眾的家庭私營經濟和市場逐利行為。當地黨組織和基層政府也因解放思想而長出了「善者因之」的膽氣，「睜隻眼、閉隻眼」任由其發展。需求誘致型[①]和供給主導性制度變遷以這種方式得到了某種既迂迴曲折又微妙高超的結合與相互推動。一種外在於甚至被一些人認為「對立」於公有制經濟的個體私營經濟，在浙南地區繼而全國範圍內以其蓬勃生機發育成長，迅速形成不可逆轉的趨勢，最終推動了市場經濟的發展和社會主義基本經濟制度的轉型。

溫州模式以其分工深化、產業進化、市場細化和產權清晰化的制度創新實踐，揭示了中國社會內在的市場經濟發展的深厚潛力和巨大動能、市場機制較之於計劃體制的強大優勢以及市場經濟發展建制的迫切需求。改革開放前，溫州地區處在農村人多地少、城市工業基礎薄弱、集體工副業很少、國家投資微不足道的要素極端稀缺、體制嚴重制約、經濟發展遲滯不前的環境之中。但計劃體制一經鬆動，要素由市場配置，在短短四五年間，溫州市便有 30 萬以上的農民離開土地，轉向經營家庭工商業、交通運輸業和其他服務業，推動了勞動分工和產業進化，緩解了當時極為緊迫的社會就業和民生困境，形成了以家庭工業為基礎，以各類專業市場和要素市場為依託，外部市場迅速拓展、城鄉經濟或「原始工業化」蓬勃發展的溫州模式及其市場體制內核。

溫州模式的家庭工業和專業市場的興起與發展，一方面以某種「原始工業化」形態迅速彌補了「趕超戰略」長期主導、重工業優先發展所造成的三次產業發展失衡、生產生活必需品短缺和就業矛盾尖銳等重大結構性失衡；另一方面，以產業進化的漸進成長過程，創造出了細小分散農民家庭亦即市場經濟主體及其產權制度自然發育成長的機制與路徑，將宏觀層面的計劃經

① 需求誘致型制度變遷（demand-derivative institutional changes）：新制度主義經濟學概念。通常是指人們為爭取獲利機會自發倡導和組織實施對現行制度安排的變更或替代，人們在追求由制度不均衡所引致的獲利機會、進行新的制度安排時，促成了自發性制度變遷。

濟向市場經濟轉軌的極為艱難的體制改革和制度創新過程，轉化成農民家庭微觀層面至多是地區局部範圍內的農耕自然經濟發展商品市場經濟的相對自發簡易的漸變過程，還以較之於國有經濟和集體經濟，其邊界更為清晰的財產權利或民本產權形態，滿足了「西方世界的興起」或市場經濟發育成長的「諾斯條件」，並以其原始甚或「野蠻」形態，為我國後來社會主義市場經濟發展建制進行了前期預演和歷史準備。溫州個體私營經濟與其他類似模式一起，先為「必要補充」，最終成為「重要組成部分」，百川歸海般地匯融於社會主義基本經濟制度的汪洋大海之中。

溫州模式的快速興起和曲折發展經歷，揭示了一個既粗淺顯見又往往因意識形態等因素而易被人們忽視甚至無視的基本問題，即市場經濟的發育與成長，可以是一個漸進自發的歷史現象，但絕不是一個「純自然史」的自由發展過程，它還需要與之相適應的一系列社會公共品生產。溫州模式的實踐表明，不僅市場經濟因素的初始發生需要產權清晰、主體平等、交易自由、秩序安全以及理念上的破舊立新等傳統社會極其稀缺、個人也難以提供的基礎性社會公共品，而且市場經濟的發展壯大，還需要甚至更需要在此基礎上提供由國內進而國際規則界定、產權保護、競爭公平、信用秩序、平等准入、環境安全、市場監管等廣義社會公共品。當然也不排除若干先行或發達市場經濟體早期以其弱肉強食的殖民政策，當今以單邊主義、霸凌主義等以鄰為壑的政策，將其市場公共品生產推向極端。由於規則秩序和市場監管滯後，溫州地區也曾因人們的急功近利行為，坑蒙拐騙活動氾濫，假冒偽劣產品充斥，「地下錢莊」活躍無序，生態環境破壞嚴重，血緣地緣紐帶盤繞。但因市場喪失和環境風險暴露，當地黨委、政府由「無為而治」轉向規範市場行為、強化市場監管等制度公共品生產，以及宏觀層面社會主義市場經濟秩序的發育與健全，當初帶有自發性質的溫州民間市場經濟，最終走向健康發展道路。進入新世紀後，「新溫州模式」隨着資本要素跨區域流動、家族企業股份制改造、私營企業國際化經營，民營企業家自律化發展、市場體系規範化建設已經成其為標誌性特點。

此外，溫州模式還展示了當地以及我國民間商業文化的深厚底蘊和古典商業精神現代化的可能與實踐，只要理念與制度變革適當跟進，尤其是處理好政府與市場的關係，社會主義市場經濟發展建制有其源遠流長的「文化自信」根基以及廣義的「制度自信」基礎。本來，在中國傳統農耕社會，由於自然稟賦差異尤其是勞動與社會分工的發展，工商業及市場經濟關係一直具有強烈的發展動因和訴求，並且形成了如同司馬遷在《史記．貨殖列傳》中所揭示的追求財富的自然本性觀、喜好商賈的民俗同一性、致富成仁的「富無經業」說、「變化有概」的生產經營論、善因無為的制度環境觀。但這些民間商業倫理精神長期被與之尖銳對立的官方正統商業觀尤其是經濟管制制度所壓抑直至扼殺，諸如重農抑商的基本國策、與民爭利的禁榷制度、超越市場的官工與土貢制度、扼要有為的經濟干涉政策等。社會主義市場經濟的發育與成長，既需要現代市場制度，也需要與之相適應的商業理性精神，猶如資本主義市場經濟發育早期需要馬克斯．韋伯所說上的「資本主義精神」[①]一樣。溫州模式的興起，以其「原始」形態突破了與自然經濟體形似甚至在某些領域神似的計劃經濟的「官方商業倫理」和制度約束，將民間古典商業精神發揮得淋漓盡致，展現出頑強的生命力、巨大的活力與創造力以及理性化趨勢。當然，其理性化、現代化的真正實現，還必須依賴於社會主義市場經濟體制的建立與完善。[②]

---

① 現代商業理性或韋伯的所謂資本主義精神，如同商品經濟生活中所通行的等價交換原則是「資產階級權利」而不是資產階級的權利一樣，它是現代市場經濟生活所必備的倫理原則和理性精神，並非狹隘的階級倫理。但對於不同的國家和民族來說，歷史源泉、形成條件、倫理機制、約束方式、作用限界及理性化、現代化過程自然會各不相同。社會主義市場經濟意識形態的形成與發展，也需要歷史地、具體地從本民族的世俗商業倫理及其演進形態中發現其思想源泉，創造性地轉化為現代商業精神，並重點打破那些長期抑制民間商業精神現代化的思想觀念和制度結構，而不能簡單地比附「韋伯命題」或陶醉於「祖宗闊過」式的阿Q心理，長期陷於於事無補的清議闊論以及歷史虛無主義或簡單拿來主義的極端狀態。

② 中國民間商業倫理的約束特徵界定了它的理性形式的取得，不能簡單地期待某種帶有心理約束色彩的「思想覺悟」，而只能主要依賴於那種超越傳統人際倫理關係的以產權制度為中心的市場秩序理性化的法律制度及其形式化的實施手段，即通過制度理性來促成人們的行為理性。如同加里．貝克爾所說，理性的市場存在時，非理性的經濟單元經常被迫做出理性的反應。

(三) 股份合作經濟及其制度含義

繼家庭承包制突破人民公社制度後，自20世紀80年代中期起，一種「股份合作經濟」形態在廣袤的農村大地上悄然興起並逐步在城鄉普及開來。這種制度形態，既蘊含着農村社會市場因素發育中極端迫切的制度需求和極其複雜的利益博弈，又包含着我國治理性改革所限定的特殊制度供給條件，並且也張揚着人民大眾尤其是農民羣眾創造及維護切身利益的艱辛努力和制度創新精神。

1. 股份合作經濟創制源泉及基本類型

農村股份合作經濟的興起，實際上是適應經濟市場化改革趨勢，在我國產權發育的特殊環境下制度供給與需求的迂迴曲折的調整、適應與變遷過程。

經濟制度及其變遷，歷來是經濟學家關注的重要論題，從亞當・斯密到卡爾・馬克思，直至當代制度學派和公共選擇理論，已經積累了大量的思想財富。一般説來，制度變遷最初總是源於制度需求。但制度供給未必總是與制度需求同步，除了所謂「搭便車」問題外，它還面對着許多不同的約束條件。任何制度供給都是在既定的制度遺產、結構或環境中實現的，不僅受到正式制度約束而且也有非正式制度約束的影響。在現實生活中，制度供給的重要變量包括憲法秩序在內的現存制度安排、制度知識積累、制度設計及預期實施成本、社會價值認知、公眾態度與行為方式以及有關決策者的預期淨收益等。當制度供求失衡時，自發的制度變遷通常只能是依據成本最小原則，由一種制度安排循序漸進地傳遞到其他制度安排上去。這種極易引致社會問題的制度供給不足或滯後，如果幸運的話，則是由政府行為或所謂「供給主導型」制度變遷來彌足的。

農村股份合作經濟的生長發育和制度變遷，除經濟成長和制度供給的一般性約束條件外，還包括我國長期形成的特殊的制度資源或遺產。歷史上的家庭經濟結構，集權制度強勢和私人產權的軟弱，以及現實存在着的集體經濟制度、平均主義分配方式等，都是我國的正式制度約束條件；而價值理想和信念倫理的優先，佔支配地位的意識形態，對國家權力的敬畏以及源遠流長的等級均衡傾向等，則是非正式約束的主要遺產。農村股份合作經濟，既深深地植根於一般制度變遷要素和中華民族的特殊制度遺產或歷史土壤之中，又是與這些約束條件矛盾、衝突直至發生對傳統制度模式的扭曲、改變甚至突破其樊籬的制度創新。

股份合作經濟的制度資源固然可以作較為久遠的理論探源和歷史追溯，但最直接的影響主要還是來自新中國成立後的合作社和人民公社的制度遺產。早在合作化時期，股份合作經濟已經初露端倪。50 年代初期，農村普遍建立的初級農業生產合作社，就是以土地、牲畜、資金等要素入股分紅與勞動者的按勞分配相結合為特徵的。農村信用合作社和供銷合作社也是採用吸收農民資金入股的方式建立起來的。後來在基於價值信念的「一大二公」思想影響下，很快由初級社過渡到高級社，模糊甚至取消了合作社內部成員在財產佔有上的差別。到 70 年代末，那種承認農民私有財產佔有差別及相應的收益權利、帶有某些股份合作經濟特徵的經濟組織形式已經完全變形。人民公社制度最終演變成一種純粹的共有產權形式。

人民公社制度雖然後來退回到「三級所有、隊為基礎」，其集體共有產權的參與者也可以使用其資源為自己服務或獲得利益，但他無權聲稱這種資源乃至其中的某個部分或多少比例是屬於他自己的財產。這種財產屬於整個社團共有，但不對象化在各個成員身上。社隊成員的個人行為乃至「集體行動」過程中因外部性而產生的邊際成本，總是以平均數的形式最終分攤到每個成員身上，共有產權內部委託人與代理人的目標函數的差異，尤其是因共有產權的性質而產生的代理人權利的硬化，造成二者之間責、權、利關係的不對稱以及後者對委託人權利的侵蝕與越界擴張直至替代其權利。強有力的國家權力對集體經濟組織的滲透，使社隊「代理人」的權利源泉更多地來自上級權力機關而不是它的經濟成員。在國家與集體的利益關係上，社區組織的「代理人」的利益權衡更多地偏重於甚至從屬於國家，而不是代表社區共有產權的原始所有者或「委託人」即社隊農民的利益。

農村承包制改革和人民公社的解體，使農民家庭成為最基本的勞動組織和生產單位，農民個人成為獨立的經濟行為主體，產生了勞動價值提高、就業創業機會和流動遷徙自由需要以及相應的制度需求。包乾制下農民除依據有關法規上繳國家稅收和集體提留外，包括新增的收入流在內的其餘勞動產品或農業剩餘歸生產者即農戶所有，農業剩餘增多、農戶資本積累、農民分工細化和農村產業分化以及相應的財產權利需求，必將是一個或遲或早會推進的過程，儘管其間還會存在較為明顯的地區差異。

與制度遺產及變革機制相聯繫，農村股份合作經濟主要分為企業型股份合作制和社區型股份合作制，其中以企業型股份合作制為主要形態。企業型股份合作制是以原有的社隊工業、鄉鎮企業為基礎改造而來，或由原來的個體、私營企業轉化而成，還包括新建的股份合作企業。由於價值取向的影響，人們往往也把一些很少帶有合作企業色彩的私營合夥企業或純粹的股份制企業稱為股份合作企業。社區型股份合作制則是將股份制的某些制度機理引入社區性集體經濟之中，或將原來的村社集體經濟組織改組成股份合作制，其中又分為以行政村為單位和以自然村、聯村為單位等幾種股份合作制形式。

無論是企業型還是社區型股份合作經濟，都是建立在農村土地集體所有、實行家庭承包制經營這一基本制度基礎之上。股份合作社章程普遍確立了集體經濟原則。鑒於我國市場化改革的性質和政策環境，農民在政治風險和經濟利益的邊際上，創造出了一種既不同於經典合作制或傳統集體制，又不同於規範的股份制的混合型體制即股份合作制，在當時的制度約束條件下最大限度地伸展自己的利益邊界並相應地減少政治風險。而宏觀制度約束及其特性與農民羣眾的「經濟人」理性行為之間的博弈，決定着股份合作經濟中的合作製成分與股份制因素之間的邊界移動或邊際替代關係。無論是企業型股份合作制改造，還是社區型股份合作制的建立，制度需求因素和供給條件十分近似。其基本點是既要擺脱共有產權形式所造成的企業運作困境和外部性行為，又不能否定和改變公有制性質，只有盡可能地在股份制和合作制的混合形態中，或者更準確地説在二者的邊際上及其替代關係中求得某種均衡，不能在價值信念層面或產權形式意義上作制度形態規範與否的簡單化理解。

由於股份合作制終究承認了參與者的個人利益及其邊際伸展機理，因而迅速引起人們的關注、模仿或移植，政府決策部門也開始進行股份合作制改革試驗，力圖使其規範化。1987 年 6 月和 1988 年 4 月，山東省淄博市周村區分別被山東省政府和國務院批准為全省和全國農村改革試驗區，進行股份合作制規範化試驗。《周村區鄉鎮股份合作制企業暫行管理辦法》規定，鄉鎮企業實行股份合作制必須「堅持生產資料公有制、保證集體經濟的主導地位、確保公有制經濟不受損失的原則；堅持按勞分配為主、按股份紅為輔的原則」等，既反映了需求導向型制度變遷趨勢，又界定了政府部門的制度供給傾向以及股份合作經濟的成長空間。

2. 股份合作經濟產權結構及形成方式

股份合作制因其類型差別，股權結構也有明顯不同。作為制度試驗的周村區股份合作制企業，按其財產來源設置有鄉（鎮）村集體股、社團法人股、個人股和國家股四種股份。其中鄉（鎮）村集體股，一部分是由社區合作經濟組織佔有的股份，主要包括鄉（鎮）、村集體對企業的原始投入和歷年追加的投入以及集體股份增值部分等；另一部分是企業股，即由企業積累的自有資金形成的股份，允許企業根據本企業職工的工齡、基本工資級別和崗位職務等標準，將其中一部分折股量化到人，參與企業的分紅，享受收益權，但沒有所有權和處置權，不准買賣、轉讓和繼承。社團法人股是指科研單位、大專院校、企業等社團法人向企業投入有形資產和無形資產所形成的股份。個人股是指企業內部職工和企業之外的自然人向企業投入各種生產要素而形成的股份。國家股由國家減免稅形成的財產和企業稅前還貸形成的財產兩部分組成，在企業存續期間國家股不轉移、不抽走，歸企業無限期使用，但不能折股量化到人。

集體企業明晰產權的一般做法是，將企業的全部資產通過評估，折為鄉村集體股，同時再向職工、村民或社團法人等招股，形成股份合作制；或將企業資產淨值的 60% 以上劃為鄉村集體股，40% 左右折股量化到創辦該企業的職工作為基本股，形成股份合作企業。凡享有基本股者，須同時購買適當比例的個人股，否則不得享有基本股。此外，企業之間還可互相轉讓或買賣資產權屬，形成企業集團或股份公司。

民間自發性的股份合作企業，其產權結構、規則界定與政府的改革試驗區有較為明顯的差別。浙江省溫州市農村股份合作企業的投資主體是從土地上分離出來的從事商品生產經營的農民，投資入股的既是勞動者又是經營者，既是勞動的合作又是資金的聯合。其形式一是全員股份合作制，即企業全部職工都集資參股，以投入資金是否等額區分為均等股份合作制和非均等股份合作制，但全員股份合作制企業只佔少數。二是股東經營型股份合作制，這類企業股東按一定份額投股，合股經營，企業職工多數不持有股份。此類股份合作制佔多數。三是混合型股份合作制，即由國家、集體和個人互相參股形成的股份合作企業，這類企業佔全市股份合作企業總數的 10% 左右。四是總廠—分廠式股份合作制，總廠對分廠實行統分結合的雙層經營，這是農業上的雙層經營形式在工商業中的運用和發展。其中分廠自主經營，獨立核算，自負盈虧；總廠實行統一領導和管理，統一產品標準，統一檢測發證，統一銀行賬號，統一定價開票，統一交納稅金，統一提取公共積累；總廠對分廠實行有償服務，或分廠按自己的生產銷售情況，繳納一定比例的管理服務費；總廠的收入在支付各項費用後，稅後利潤年終按股本比例在各廠之間進行分配，其中 50% 作為總廠發展基金用於擴大再生產，25% 作為股息分紅，15% 作為公共積累，10% 作為總廠職工的福利和獎勵基金。

社區型股份合作制最初是村級農民集體在政府的默許下自發組織起來的。在廣州市天河區，1987 年 4 月至 1988 年底，先後有 12 個行政村進行了股份合作制試驗，各村的具體做法也不盡一致。社區型股份合作社的股權包括集體積累股、社員分配股和現金股。集體積累股主要是清產核資而來，一般佔 60% 以上，高者可達 80% 左右。保持較高的集體積累股，目的在於保證股份合作社的社會主義集體經濟性質。但也有一些村將全部資產折成股份分給社員。社員分配股或股東分配股，是由原來的集體資產清產核資後拆分給社員的股份，各村比例不盡相同，通常保持在 15% ~ 40%。這種較低的社員分配股比例，目的同樣是要保證股份合作社的集體經濟性質。這種股權是一種封閉式的有限股權，多數村規定其持有者只有分配權即分紅權，不能抽資退股，不能轉讓、抵押、買賣，持股人壽終，其所持股權自然消失。但也有一些村規定可以繼承，或每股繳納十至數十元不等的入股基金繼承股權。

1991 年 9 月，天河區委、區政府在總結 12 個行政村股份合作經濟實踐經驗的基礎上，制定了《關於建立和完善股份合作經濟的意見》，規定：(1) 全區統一股份合作經濟組織的名稱和機構設置，行政村一級稱股份合作經濟聯社，設董事會，自然村一級稱股份合作經濟社，設理事會，並進行登記註冊、公證，賦予其法人資格。(2) 在股權構成上，明確要求股份合作經濟（聯）社由集體積累股、社員分配股和現金股構成，並確認集體積累股的持股者是股份合作經濟（聯）社，而不是村委會。(3) 在分配方面，規定股份合作經濟組織的初次分配和個人計股分配，要充分體現按勞分配的原則，保證用於擴大再生產和集體福利事業的資金佔本經濟實體純收入的 60% 以上；分配股紅時，要與股東義務如計劃生育、遵守國家法規等聯繫起來；徵地費不得納入分紅；支委會、村委會開支要提交董（理）事會討論、審核，並經股東大會通過。(4) 明確股份合作組織與當地政府、村委會、黨支部、承包經營農戶的關係，理順政企關係以及集體統一經營與農民家庭經營兩個層次的關係。

由於人民公社的制度遺產，集體企業最初發展於鄉鎮（公社）、行政村（大隊）和自然村（生產隊或小隊）等不同層級上，這類企業的股份合作制改造，相應地採取了所謂「三級股份合作制」形式。深圳市寶安縣橫崗鎮的股份合作經濟即屬於這種類型。

自然村股份合作社由當地村民組成。凡自然村的常住人員即戶籍、生產勞動、承擔義務及行政管理在本村的村民均有股東資格。原戶籍在本村的現役軍人（軍官和志願兵除外）和在校讀書的大中專學生也有股東資格。違反計劃生育政策者除按政策處罰外，夫妻及超生子女在一定期限內被排斥在股東範圍之外。違法亂紀者則取消股東資格。自然村股份合作社資產按現值清產核資並折成股份，全勞力分配一股，半勞力分配半股，年終（或季度）按股進行分紅。股份依據村民人數增減和其他變化，原則上每年調整一次。

行政村股份合作社的資產按現值清產核資折成股份後，其中部分股份(一般50%以上）留歸行政村，餘下的分配給自然村。每個自然村獲得多少份額，主要由各自然村常住人口數決定並兩年調整一次。在分給自然村的股份中，包括一定比例的土地股，即自然村被行政村徵用的土地按一定標準折成股份。扣除土地股後，其餘部分依據全勞力全股、半勞力半股的原則按常住人口數分配到自然村，行政村的村民委員會和自然村村民小組為全部股份的股東。

鎮級股份合作制企業，主要是鎮股份投資有限公司。它是將各行政村和鎮級企業投資的集體股作為公司的初始資金，同時吸收本鎮居民的閒散資金，發展第二、三產業。鎮級股份公司的集體股金主要用於開發市場波動較大、經營周期較長、管理複雜且有一定風險但又是改善投資環境、提高人民生活質量所必需的項目。鎮級股份公司實行統一管理、統一經營，開發項目獨立建賬，獨立核算，專項分紅。從投產之日起按季分紅，年終全部兑現。投資者一般享有30~40年的股東分紅權，股權消失後，資產所有權歸股份公司。在股權有效期內，投資者有權參與管理，其股份可在本鎮範圍內轉讓、繼承。

實行三級股份合作制後所形成的股份合作社、股份合作聯社和鎮級投資有限公司三級經濟組織，已經超越了原有的人民公社的制度結構，儘管其股東的財產權利依然具有「軟弱」特徵，但各級股份合作組織都是法律地位平等的獨立法人，不存在行政隸屬關係，只存在經濟上的股權關係，並且下級組織均為上一級組織的股東。

3. 股份合作制利益均衡機理

股份合作經濟的產權結構，包含着參與者們極為複雜的協商、談判、建制以及制度需求者與供給者之間的利益博弈和均衡過程。並且，較之於那些股份合作制自發成長的地區，在集體企業股份合作制改造、社區政府及其基層組織起較多作用的場合，其談判協商或博弈交易過程就更為複雜甚至艱難一些。

浙江溫州地區的股份合作經濟，由於其自發過程，原始資本主要來源於民間積累，地方政府的政策規範[1]內容主要集中在其組織形式、管理方式和分配制度上，不需要規定所謂股權結構或集體股比例，其合作制性質主要體現在按勞分配為主和一定比例的公共積累、集體福利、職工獎勵基金、企業擴大再生產基金以及對國家法律、法規和政策的遵守等方面。溫州市政府將多種形式的合股經營企業界定為「一種新型的合作經濟組織」，對制度現狀做出正式認可。與其他地區集體企業的股份合作制改造不同，它的原始產權在多數情況下原本就不是集體資產，因而沒有似乎也不太可能劃分出一定比例的集體股出來堅持公有制性質，政策規定中也未曾提及這一原則。即使當地有國家、集體和個人共同參股的混合型股份合作制以及全員股份合作制企業，其資本也是從社會募集而來，一清二楚，而不是由原來不甚明晰的集體產權經過清產核資、重新界定而來。較為清晰的原始產權，使得合股企業的股東可以轉讓股權甚至退股，儘管需要事先徵得合股者的同意以及其他合股者有優先購買的權利。後來，隨着股份合作經濟的逐步穩定和規則化，重新規定入股者不准退股，但股權可以繼承、買賣、轉讓、饋贈，即財產權利日臻健全。

集體企業的股份合作制改造，則與自發性質的民間資本積累及其產權創制方式不同，它所面對的是將已經積累起來的集體資產分解開來形成明晰產權，因而不僅需要保留一定份額的「集體股」，以避侵吞或瓜分公有財產之嫌，而且那些分解給集體組織成員的部分股份，也因其產權源泉的公共性質而遵循着它所特有的制度規則。

在山東省淄博市周村區的企業型股份合作制改造中，老企業的資產評估一般是以企業存量資產的重置價格為基礎，參照折舊程度、技術性能等因素確定現值。在股權的分配上，一般是把企業資產淨值按照「三七」比例劃分為職工基本股和鄉村集體股。其中佔 30% 的職工基本股按照職工的工齡、工資級別和崗位職務等條件量化到人。由於是由集體產權分解而來，具有「軟

---

① 參見《溫州市人民政府關於農村股份合作企業若干問題的暫行規定》（1987 年 11 月 7 日）。

弱」性格，不像溫州地區那樣屬於完全產權，個人只享有按股份紅的收益權而沒有所有權，不准買賣、轉讓和繼承。職工個人在獲得企業基本股時，還必須向企業投入相同數額的風險股。

在職工基本股的分配中，鄉村幹部因崗位職務而享有一定的優惠或處於較為有利的談判地位，並且還因集體股的存在和提留收入而掌握着相當一部分共有資源，其身份依然是集體資產的代理人。在當地，企業實行股份合作制後，為保證鄉村提留不減少，企業稅前利潤須上交10%的社會性補助費，稅後利潤一般按「5∶4∶1」或「6∶3∶1」的比例分配，即50%（或60%）用於擴大再生產，40%（或30%）按股份紅，10%作為職工福利和獎勵基金。此外，還有企業積累的最低限和按股份紅的最高限規定，即企業積累的最低限不准低於稅後利潤的50%，按股份紅的最高限不准超過股本金的20%。凡有超過部分不能作為當年的紅利分配，可作為原有股份的增值進行擴股。類似的利益機制，在南方一些原社隊工業發展較早、企業資產較為雄厚、鄉村幹部的人力資本和組織資源相對豐裕的地區表現得更為充分。那裏的基層幹部通常堅持只售不分的股權重構方式，以便以鄉村合作基金等形式繼續保留並控制原來的公有資產。

在社區型股份合作制建構過程中，集體資產的分解採取了與農地家庭承包制相對有所區別的方式。與農地資源的自然稟賦性格相聯繫，社區農地承包權主要是按人口均分耕地。與非農資產的可重置屬性及由勞動積累而來的特徵相適應，其股權分配所依據的則主要是勞動能力或工作貢獻及其差別，儘管這種依據的成立仍然是以社區成員的天然身份甚至平等身份為前提的。如天河區登峰村第一期（1987年4月底以前）和第二期（1987年5月至1991年12月底以前）村集體固定資產總值的股份分類和計股方法，就充分考慮了資本來源以及與之相關的村民的勞動級別和工（農）齡長短，以確定配股級別。[①] 並且規定，凡由本村聘請來的外來勞動者，工齡不滿5年的，按

① 村民分配股每股金額為650元，第一期1～4級為6股，4.5～6級為12股，6.5～8.5級為24股，9～11級為36股；第2期1～4級為4股，4.5～6級為7股，6.5～8.5級13股，9～11級為19股。

同類股數的 1/3 計股，工齡在 5 ~ 10 年的，按同類股數的 2/3 計股，凡工作 10 年以上者，享受同類全股待遇。

在股權分配中，儘管社區成員因共有產權下的天然身份和平等地位而存在着股權平均化傾向或訴求，但普通村民和鄉村幹部以及集體企業的經營管理者之間的談判地位是不同的。鄉村幹部和經營管理者由於自身產業技術創新和原始積累時期的關鍵性作用，以及具備勞動技能尤其是經營管理能力和熟悉甚至掌控產供銷各環節及資訊網絡等原因，在股權重構時處於優勢地位。反映其利益訴求、增加其股權份額或設立貢獻股要求，不僅被當地居民認為可以接受乃至不得不接受，而且也為上級管理部門所默認、同意和支援，以承認、照顧其既得利益並增加其利益權數和收入流的方式，為其提供股份合作制改造的制度創新激勵。[1] 多年組織經濟活動和從事行政管理的實踐和經驗，也使農村基層幹部成為農民羣眾中的能人，他們持有較多股份，可以相對有效地保障自己以及全體參與者的經濟利益，降低了集體行動的風險與成本。

集體經濟的股份合作制改造，一方面需要將企業轉變成排除行政干預、真正自主經營的經濟組織；另一方面，由於股份合作制企業是由原來的集體企業脱胎而來，帶有集體經濟的深刻印痕，原企業組織和社區行政機構因制度創新中的特殊作用，並沒有完全退出股份合作企業的經營管理過程。這種情形在社區型股份合作制中表現得尤為突出，得到了管理部門的認同直至規則化。廣州市天河區委、區政府《關於推行和完善農村股份合作經濟的意見》規定，股份合作經濟（聯）社在重要建設項目立項、經濟發展規劃、大筆資金貸款、重要部門人事安排、年度財務計劃和分配計劃等重大經濟決策方面，要向支委會、村委會請示後交股東（代表）大會審議，同時也要求支委

---

① 如登峰村對現職擔任正副部長、正副車間主任級以上幹部，在其按工資級別享受「分配股」的同時，按三個類別增配「貢獻股」:（1）正副部長、正副車間主任增配 6 股；（2）店正副經理、正副廠長、正副場級增配 12 股；（3）正副公司經理、村幹部級增配 18 股。享受各個級別待遇的其他幹部，按相應的級別增加其股份。退休幹部按同級同類股權享受 50% 的「增配股」。

會和村委會不應干預股份合作經濟組織正常的、具體的經營業務，讓股份合作經濟組織擁有充分的自主權和經營權。

由集體企業改制而來的股份合作企業，其內部最高決策權雖然也同股份制企業一樣，屬於股東代表大會，但多數地區實行一人一票制，而不是按股配票制，並將其稱為股份合作制企業實行民主管理、保持公有制主導地位和集體或合作經濟性質的重要標誌。其實，這種制度安排，是傳統公社制遺產與新生的產權需求之間某種邊際上的巧妙結合，並且是實現成員個人產權需求的有效方式。因為在決策權上的按股配票制，對由集體企業改制而來、集體股佔優勢的股份合作制企業來説，經營決策權仍將集中於社區集體經濟組織及其代理人手中，個人股東則處於無權或無足輕重地位而喪失其改制效應。況且，「一人一票制」也正是有限責任公司的決策規則。這種殊途同歸效果，包含着農民大眾、社區基層組織和地方政府的制度創新智慧，或許也體現了傳統文化中「中庸之道」的哲學機理。從現實發生的過程看，則既表現為原有集體經濟成員的天然平等身份和平均主義分配傾向的制度慣性，又包括消減政治風險的安全性努力以及「不識廬山真面目」之類的制度誤解。另外，在自發式的以及某些集體企業改制式的股份合作企業中，雖然沒有類似「一人一票制」的有關規則或明確規定，但實際上企業管理往往也採取類似做法，但不排除一些原始產權來源於民間個人積累的股份合作企業採行「按股配票制」原則。

在股份合作制的創新過程中，由於目標函數的差異和「委託—代理」關係的不同，地方政府、基層社區組織、股份合作社及其成員之間，表現出種種耐人尋味的互動過程與競爭合作關係。

關於股權結構的規定，廣州市天河區委、區政府從全區範圍出發，規定集體企業的股份合作制改造時，個人分配股不得超過 40%，而且只有分配權沒有所有權，不得轉讓、饋贈、抵押和繼承，並在作為制度示範的登峰村股份合作聯社的章程中充分貫徹了這一原則，以便在政治上保持相對安全的狀態。當地主政官員在實施制度創新努力時，不僅堅持超過社員分配股比例的集體積累股，還努力從經典作家關於「生產資料共同佔有的基礎上重建勞動者個人所有制」的論述中尋找理論依據，力爭作「成功的而不是悲壯的」改革家。但一些村社在建制過程中對這些原則採取了「機會主義」態度，不僅將集體資產全部量化給村民形成股東，而且紅利分配以社員分配股為主，股權也可以繼承。至於集體積累股及其份額要求，「上有政策，下有對策」地做出沒有任何約束力的象徵性規定[①]，以試探性越軌或機會主義行為，盡可能地伸展個人利益邊界。另外一些村社雖然作了符合上級原則的規定，但附加條文如「每年董事會根據本聯社（東圃鎮吉山村）當年收支的具體情況，確定股紅分配方案」等，來加大彈性範圍和自由裁量空間，以期待外部制度約束條件鬆動而隨時調整或移動股份合作社中個人與集體利益的邊界。這自然也是對日益積累起來的集體資產的利益分享要求和產權明晰、硬化趨勢及制度需求壓力的回應。當然，也不乏保險係數更高、有利於代理人或管理者的制度安排。[②]

4. 股份合作經濟治理模式與創制潛力

股份合作經濟的制度結構特性，決定了它的治理結構既不同於以往的合作制經濟或集體制經濟，也不同於普通的股份制企業，在更大程度上，兼有兩種制度形態的若干特徵。但從制度安排的基本特徵、需求結構和變動趨勢看，則較多地具有或傾向於股份制的運行規則。

股份合作制企業或股份合作（聯）社的治理結構，基本上仿傚股份制企業的治理結構，其最高權力機構是股東（代表）大會。關於股東享有的權利，各地的規定雖有出入，但基本權利包括：享有投入企業股份的所有權、收益

---

① 如林和村將截至 1988 年 12 月 31 日的所有集體資產 1 600 萬元折成 9 701 股，全部分給村民形成股東，該社的集體積累股則是指股份聯社當年創收純利潤提留部分形成的股權。該社的社員分配股不僅像其他聯社一樣享受分配權，而且允許繼承，只是不得抽資退股、轉讓買賣和用作抵押。在當年創收的純利潤的分配比例上，集體積累佔 40%，股東分紅佔 60%。為回應有關規定，其章程中關於「隨着經濟的不斷發展和壯大，集體積累股將逐步調整到當年創收的純利潤的 60% 以上」的條文，幾無任何確切意義上的界定和約束力。

② 如東圃鎮珠村股份合作經濟聯社將其盈利性資產的 85% 折為集體積累股，15% 作為社員分配股，當年紅利分配也按照這一比例進行。但其基層經濟實體即股份經濟合作社（生產隊），紅利分配則可按集體積累股 60%、社員分配股 40% 的比例進行分配。

權和處分權；有參加股東大會、決定企業經營範圍和發展方向等重大問題的民主權利；有選舉和被選舉為企業股東代表或董事的權利；有對董事會工作和企業的生產經營進行監督的權利。有的企業還規定股東有認購新股的優先權。股東應承擔的義務包括：遵守企業章程，執行股東（代表）大會決議；在所持股份的限額內承擔企業的經營風險，以及關心企業的生產經營，維護企業利益等。

股份合作制企業每年至少召開一次股東（代表）大會，遇有特殊情況，經半數以上股東同意可以隨時召開。股東（代表）大會的職權是：決定或修改企業章程；選舉產生董事會，改選或罷免董事；審查批准董事會的工作報告，決定企業的發展方向、收益分配方案等重大問題。董事會是企業的經營決策機構，向股東（代表）大會負責。其職權包括：籌備召開股東（代表）大會；執行股東（代表）大會決議；聘任廠長（經理）；代表股東與廠長（經理）簽訂承包經營責任制合同；審議批准企業的年度計劃、財務預決算方案和生產經營及發展中的重大事宜；監督經營者正確行使職權等。企業實行董事會領導下的廠長（經理）負責制。廠長（經理）對企業的生產經營全面負責，即有權決定設置企業的管理機構，有權聘任、解聘副廠長以下管理人員，有權決定企業的計酬方式和獎勵辦法；有權行使企業章程規定的其他職權等。

社區型股份合作（聯）社的內部治理原則與企業型股份合作制十分接近。只是由於其社區特徵，對股東的權利和義務作了一些特殊界定。如登峰村聯社《章程》規定，該社股東除執行黨和國家的方針、政策和法令外，還必須遵守本村制訂的各項規章制度和村規民約；愛護集體，關心集體，為發展本村經濟和各項事業盡職盡責；積極參加集體組織的各項社會公益活動等，明顯將股東的經濟權益和國家尤其是村社的社會職能結合在一起，這是社區型股份合作經濟的制度性回應。由此也形成社區政府或村社行政組織對社區股份合作經濟組織較強的制約能力。

從基本制度特徵層面看，股份合作經濟居然能夠在數十年的集體所有制基礎上和具有特定價值信念的宏觀制度框架內，將股份制及其治理結構這一市場經濟微觀基礎建設以「股份合作制」的形式或名義推向極致，其利益博弈智慧、治理性改革路徑和制度變遷機理令人歎為觀止，其制度創新潛力和變革趨勢也值得人們深思。

不同類型的股份合作制，是與制度需求及其供給條件的特殊性相聯繫的，但其滿足方式和利益機制又是相同的。這些制度安排最基本的意義在於，它適應了個人對財產權利的需求。

共有產權最大的制度悖論是參與者名義上人人所有，但實際上不能將產權對象化或具體化到他們身上，即所謂「既是所有者又不是所有者」，由此派生出種種外部效應和機會主義行為。而個別成員的外部性成本，又總是由全體成員所分攤，從而進一步加大了外部性激勵，並引致極其高昂且日益增加的監督成本。這種怪圈式的循環，降低了集體經濟效率，最終也損及其全體經濟成員的切身利益。通過股份合作制改造尤其是股份制因素的引入，終於將所有者權益部分地具體化或對象化到經濟組織的參與者身上，使個人收益與其勞動效果和資產份額直接相關，提供了資產保值增值的內在激勵，促使他們相互監督乃至產生對經營管理層實施監督的強烈要求。股份合作經濟組織成員的平等權利和他們對企業經營活動的參與、接近或熟悉，使管理和監督變得極為經常和具體。個人產權的引入，緩解了至少是部分緩解了共有產權範圍內因個人收益與社會收益的差異、現實生產能力與潛在生產能力以及實際收入與潛在收入的差異所引致的外部效應，降低了交易費用，增進了生產性努力。

類似的制度機理，對其他民營企業乃至國營企業也是適用的。當然，集資考慮是相當一批集體企業進行股份合作制改造的初衷，而股份制因素的引入，也確實在很大程度上解決了經濟成長中的資金不足和融資管道不暢等難題。在國民收入分配結構改變、農民以及社會其他階層已經擁有大量閒散資金之後，股份制的發展無疑成為資本供給與經濟成長的重要因素，這種制度性功能已經被各地股份合作制經濟的發展所證實。

股份合作制的發育，對於農村社區組織功能的轉變也是極其重要的。自合作化運動之後，農村社區組織基本上是一個以地緣關係為紐帶、以行政強制為基本調節方式的集政治功能與經濟職能於一體的村社共同體。但這種功能複合性的組織結構，解決不了其內在的目標函數的歧異性。經濟組織運行低效，行政組織缺乏民主管理，社區組織主要對上級行政機關負責，往往忽視對成員利益的關心。社區共有產權幾乎成了一種獨立於其成員利益之外的經濟實體。股份合作制將部分共有產權以特定的方式對象化、具體化到集體經濟成員身上，對於自由產權主體的發育成長無疑作用巨大，並由此推動社區行政組織職能轉換與功能轉型，儘管在一些地區尤其是社區型股份合作經濟中，還或多或少地存在着行政組織的負責人兼任股份合作社負責人的現象。

股份合作制的產生，標誌着中國農村社區已經開始發生一些走出歷史傳統的制度創新過程。即在農民家庭經營制度之外，形成了社區共有的農業服務體系和在一定程度上與現代企業制度相聯繫的第二、三產業，構成了獨立於家庭與國家、超越歷史格局的社區性經濟社會主體。這種利益主體及其行為方式，不僅突破了以往那種分配上的平均主義傾向，以較高的非農產業收入補貼了市場經濟環境中農業因產品需求彈性低所引致的「弱質成本」，而且還以股份合作制的形式構造了具有豐富歷史蘊涵和現實依據的新的產權形式，改變了國家大於「社會」或社區集體組織僅僅是中央權力的神經末梢的傳統根性。在這種過程中，農民大眾也逐步走出狹隘的家庭範圍，培育起自願聯合的習慣與經驗，以及對自己的社區組織、經濟活動的參與和認同意識。

經濟成長及其收入流的不斷釋放與積累，既提高了農村社會的人的經濟價值，又使人們逐漸認識到並極為關注自身的經濟與社會利益，不再滿足於原來社區共有產權的模糊性質和個人產權的軟弱性格，而需要像可分解的土地承包權那樣，將在物質技術和資產專用屬性上不可分解的非農資本，以股份制等產權界限較為清晰的形式對象化在他們自己身上。在制度供給的特殊約束條件下，以治理性改革保留部分公有經濟成分的方式，盡可能地保障或延展個人利益空間並將其制度化。20 世紀 80 年代以來，農村社會固定資產投資增長很快。1987 年以後每年都達到千億元以上。很難想像，增長如此之快、數額如此巨大的集體以及個人投資，能夠以共有財產之類的模糊產權或其他軟弱性產權形式長期存在下去，相應的制度需求與供給將勢不可免。形式多樣、迅速發展的農村股份合作制，正是這種資產資本及其收入流劇增在特定約束條件下的治理性創新和制度性反饋。

改革開放初期的中國農村社會，基本上處在「准自然經濟」狀態。較之於技術變遷較早進行、計劃體制早已成型、利益格局較為堅固的城市社會，市場經濟的創製成本要相對低廉得多。不僅家庭承包制能夠順利形成，股份合作制也較早發育起來。這種最初滋生於農村共有產權領域中的股份合作制形式，迅速在廣義的農業領域，如林木業、養殖業、菜蔬瓜果種植業中移植與傳播，隨後也廣泛地滲透到城市集體乃至國有企業。儘管其間還包含着極其複雜的治理變革和利益調整過程，以及為此而付出的制度創新成本。[①]

但是，股份合作制內在的制度要素的差異，決定了這種制度形式的矛盾性質，以及有關當事人在經濟利益與政治風險的邊際上的活躍性格及機會主義行為。股份合作組織中的集體產權要素仍然是一種共有產權，其參與者對這種產權依然存在着異己心理；分配權也僅僅只是一種集體福利享受，而不是權利關係相對完備的產權形式；股份合作經濟成員往往更注重每年的紅利分配，對股本整體增值的關切度並不很高，他們既是私人股東，又是共同財產的所有者，其中一部分人還是經營者，內部經營管理理念分歧及利益分配矛盾勢所難免。一些社區型股份合作組織內，行政組織還在行使企業管理職能，與市場經濟組織原則相悖。股份合作制還易於變成某種封閉性產權形式，因為任何新成員的加入，都會過分享受歷年集體積累資產的公共服務而過多獲益；社區型股份合作社易於造成人口擴張或產權擁擠，社區戶口決定股權分配導致人們決不輕易遷出戶口而喪失一份「天賦股權」及其利益，踴躍招郎入室、不願招工招幹等便成為必然現象。股份合作社對社員分配股的轉讓權和繼承權的排除，替代不了人們對相關權利的強烈需求，以致發生形形色色超越規則的變通辦法或機會主義行為，並造成合理的甚至極為必要的

① 如《北京市股份合作制企業暫行辦法》（北京市人民政府 1994 年 7 月 25 日頒佈）第 13、14、15、28 條規定，國有企業可以改建為股份合作制企業。其中國營企業的存量資產歸國家所有，但原屬於職工個人的獎金節餘、工資準備基金，可以轉入改制後的股份合作制企業，繼續用於支付職工的獎金和工資，或劃歸職工個人所有，並折成個人股份投入到企業。集體企業歷年公共積累形成的資產，其產權歸勞動者集體共有，另吸收個人入股。集體共有股的紅利，可拿出一定比例分給現職職工，其分配比例及標準由各主管部門自行決定。

社區乃至社會利益的流失，以及有關當事人對公共利益的侵蝕和過度分享。

股份合作經濟的制度機理和治理困境，表明這種制度安排不僅有產權深化的潛力，而且也有產權深化的必要。產權制度派生自市場經濟活動中的外部效應。人們通過競爭與合作關係克服外部性的努力，將私人產權或其他明晰性產權形式的邊界逐步推延至一切可以辨析、分割、界定、實施、保護且收益大於成本的佔有對象上；不具有排他性的全社會可以普遍享有的產權形式，只存在於極少數純公共品生產與服務之中；在純粹性共有產權和私人產權的競爭過程中以及由此及彼的邊際上，分佈着各種次級共有產權及其他眾多的混合產權形式。由於交易費用的權衡，無論是私人產權、共有產權或其他混合產權形式，還會派生出極其複雜的產權分解、細化形式和委託—代理關係，現實生活中的產權種類，遠遠超過理論上的分門別類。

股份合作制，正是農民大眾在經濟市場化變革中，基於現有的制度資源和約束條件，以治理性改革方式，在經濟利益和政治風險及其相關的交易費用之間做出的某種邊際性制度選擇，儘管其間也的確包含着社區公共資源和公共品生產性質所決定的產權要素。可以預料，隨着有關約束條件的改變和市場經濟的漸次成熟，股份合作制中的股份制因素尤其是對象化在其所有者身上的股權，將會逐步發育成完備健全的財產權利，它在股份合作經濟中的比重也會逐步加大。而集體股之類的共有產權，則會最終退縮到由交易費用的性質所決定的社區公共品生產的真實需要範圍之內，由此才可以真正解脫股份合作經濟的制度運行困境並充分發揮其經濟激勵和創制潛力。同時，國家應當基於公平、安全和競爭有序的考慮進行相應的制度建設。①

① 自股份合作制問世數十年來，從國家有關部門到地方各級政府，先後出台的方針政策、部門規章、地方性法規、規範性文件，其犖犖大端者比比皆是，各部門和地方政府的規則、做法差異也較大。但國家層面至今沒有關於股份合作制的統一立法，調整市場經濟主體的基礎性法律《中華人民共和國公司法》也未對股份合作制企業做出任何規定。其中的重要原因或許正是股份合作經濟的特殊制度性質及其錯綜複雜、邊際游離的產權演變形態、過渡性質與發展趨勢。

二、國有企業治理改革和制度變革

國有企業曾經是經濟體制改革的重點，也是制度形態和價值信念的聚焦點。經過幾十年的改革，國營企業雖然普遍改制為國有企業或控股企業，但在其存在與發展、地位與作用、結構與比例等基本問題上，至今依然爭論不休、極為敏感但也不意外。作為公有制經濟的古典或經典企業形式，對其進行權屬性質的重大改革是一種制度性變革。耐人尋味的是，國營企業改革最初也是從治理性改革探路、逐步進入制度性變革深水區的。

(一) 承包經營制及其局限性

改革開放以前的國營企業，實行高度集中的計劃管理，資本歸國家所有，企業為國營形態，國營企業的計劃、投資、財務、物資、就業、工資等都由國家制定、審批及管制。這種計劃體制和企業模式，對初始工業化發展和現代工業體系形成發揮過特殊作用，但對生產效率與發展活力的阻礙也是顯見的。簡政放權、減税讓利、承包經營等啟動企業發展活力與動力的治理性改革，歷史地構成國營企業改革的邏輯起點。

1978 年 10 月，國務院批准四川省 6 家國營企業進行「擴大企業自主權」試點，主要是逐一核定企業的利潤指標，允許完成年度計劃後，提留少量利潤作為企業基金，並發給員工少量獎金。讓利雖小但作用巨大，激發了企業發展的內在潛力，成為國營企業改革起步的歷史標誌。中央決策層及時總結經驗，分別於 1979 年 7 月、1984 年 5 月發佈擴大國營企業自主權的相關規定，在計劃、銷售、價格等十個方面繼續擴大企業自主權，企業發展動力、活力和經濟效益顯著提高，國家財政狀況也由此好轉。但是，當時企業的各項計劃指標只能在上年實際完成數的基礎上「討價還價」逐一確定，「鞭打快牛」「苦樂不均」便成為突出問題。

創造公平競爭環境、理順國家與企業之間的權責利關係，一時間成為企業擴權後的普遍訴求，分兩步走的「利改税」措施應運出台。1983 年 1 月開始試行的第一步利改稅，主要採用稅、利兩種形式上繳企業利潤。即按照基數法確定企業所得額，此外的企業利潤，採取遞增包乾上繳、固定比例上繳、定額包乾上繳或繳納調節稅等辦法上繳國庫。這種辦法雖然公開透明、有「法」可依，企業有一定積極性，財政收入也相對穩定，但利潤上繳規則不一、企業競爭環境不公依然如故。1984 年 9 月開始推進第二步利改稅，國家對國營企業利潤分別徵收所得稅和調節稅，企業稅後利潤由企業自行安排使用。兩步利改稅雖然在所得稅層面實現了企業利潤分配公平一致，但與千差萬別的企業相對應的「一戶一率」的差別性利潤調節稅，本身就缺乏客觀依據和規範透明性，企業之間公平競爭環境的創造只能期待改革的深入。

以 1984 年 10 月中共十二屆三中全會通過《中共中央關於經濟體制改革的決定》為標誌，經濟體制改革重點開始由農村轉向城市。國營企業改革聚焦於理順國家與企業、企業與職工之間的關係以增強企業活力。按照農村改革模式，以不觸動全民所有制性質、所有權與經營權相分離原則，推進政企分開和承包經營責任制，使企業成為獨立經營、自負盈虧的商品生產者和經營者。承包經營責任制主要是通過簽訂承包合同，確定國家與企業之間的權責利關係。其基本形式是所謂「兩保一掛」：企業保證完成承包合同規定的上繳利潤指標，保證完成國家規定的技術改造任務，工資總額與實現利潤掛鉤。包括上繳利潤遞增包乾、基數包乾超收分成，微利企業上繳利潤定額包乾，虧損企業減虧包乾等形式。承包經營責任制在首都鋼鐵公司、第一汽車製造廠、第二汽車製造廠等大中型國營企業率先試點。以此為經驗，國務院先後出台推廣承包經營責任制的相關規定和暫行條例。[①] 至 1988 年底，實行承包經營的國營工業企業達到 95%。承包經營責任制通過包死基數、確保上繳、超收多留、欠收自補等形式，將國營企業一步步地推向市場，並在一定時期內促成企業活力增強、利潤明顯提升等積極效果。

但是，承包經營責任制面臨的體制困境是根本性的也是註定沒有出路

① 參見國務院《關於深化企業改革增強企業活力的若干規定》（1986 年 12 月）、《全民所有制工業企業承包經營責任制暫行條例》（1988 年 3 月）。

的。就企業本身而言，承包經營包盈不包虧，分配向個人傾斜；重生產、輕投資，重短期利益、輕長期發展；經營承包一戶一策、一對一談判，競爭不公、苦樂不均嚴重；競爭性企業與壟斷性企業一併承包，二者之間的定價能力與盈利潛力差距巨大；等等。在市場環境方面，供求關係變化、價格調整改革以及國際市場波動等各種因素，隨時有可能突破承包經營的約定條件。在宏觀政策層面，國家計劃調整對產銷數量及價格水準的影響，社會總供求關係變動、貨幣供應量變化及其市場價格效應，新增生產能力的形成對原有產業結構及商品供需狀況的衝擊，對外開放中國家進出口政策調整帶來的外部經濟、市場環境的變化等，都不是承包企業在微觀層面所能左右的。與近似於自然經濟狀態下的農村家庭承包制主要受制於自然力的作用不同，走向市場的國營企業，對市場經濟發展所必需的廣義的社會公共品的極度依賴，註定了國營企業承包經營責任制是沒有出路的。企業內部的治理性改革，必須而且開始走向市場適應性的制度性變革，儘管當時還可能處在自發性、探索性甚至盲目性階段。

20 世紀 80 年代初，一些城市的小型國營和集體企業開始發行股票、試行股份制。1984—1986 年間，北京、廣州、上海等城市選擇少數大中型國營企業進行股份制試點。[①] 國務院也明確「各地可以選擇少數有條件的全民所有制大中型企業，進行股份制試點」[②]。越來越多的企業包括一些大型國營企業紛紛參與試點，公開或半公開發行股票，股票一級市場開始出現。其後上海證券交易所、深圳證券交易所的開業運營，推動了一部分大中型國有企業的股份制改造。

（二）企業治理結構的制度性變革

中共十四大確立社會主義市場經濟體制的經濟改革目標，國有企業改革

① 1984 年向社會公開發行 3 年定期股票的北京天橋百貨公司，成為首家進行股份制改造的國有企業。

②《國務院關於深化企業改革增強企業活力的若干規定》（1986 年 12 月 5 日）。

重點開始轉向重塑市場經濟微觀基礎，建立「產權清晰、權責明確、政企分開、管理科學」的現代企業制度的新階段[①]，由治理性改革步步逼近制度性變革的邊緣直至核心領域。

1994 年起，中央選擇 100 戶國有企業進行建立現代企業制度試點，各地區、各部門也開始選擇部分企業進行類似試點，推進企業政企分開，實行投資主體多元化，建立法人治理結構，以市場為導向從事生產經營。到 1997 年底，參與試點的企業達到 2 500 多戶，國有企業建立現代企業制度的改革試驗在全國範圍內逐步普及開來。這場企業微觀層面的制度性變革所體現的政治決心、做出的改革努力、付出的成本代價、面臨的轉制風險是極其巨大甚至驚心動魄的。

一是從根本上調整政府與企業的關係。1998 年開始，政府機構進行重大改革，10 多個對企業實行計劃管理的政府部門被裁併，200 多項職能交由企業、仲介組織或地方承擔。軍隊、武警、政法機關所辦的以盈利為目的的經營性企業全部移交地方，黨政機關與所辦經濟實體一律脱鈎。通過政企分開，為國有企業建立現代企業制度、成為市場主體創造條件。

二是對企業與職工或資本與勞動的關係進行重大調整。1992 年初，以徐州國有企業改革為發端，啟動了一場以「破三鐵」為標誌的國有企業內部改革。[②] 打破「鐵飯碗」，建立能進能出的勞動用工制度；打破「鐵工資」，建立企業自負盈虧機制和能高能低的分配制度；打破「鐵交椅」，建立能上能下的幹部管理制度等。以企業勞動人事、工資分配和社會保險制度等內部改革或治理性改革形式，迂迴地實現了某種制度性變革，推動國營企業轉型為市場主體；將國營企業與員工的關係調整為國有資本與普通勞動者的關係，相當一部分企業員工以「工齡補貼」「買斷工齡」等形式轉變身份走向勞動力市場。

---

① 參見 1993 年 11 月 14 日中共十四屆三中全會通過的《中共中央關於建立社會主義市場經濟體制若干重大問題的決定》。

② 所謂「三鐵」，是對國營企業勞動、工資和人事制度特點的形象概括：勞動用工制度的計劃化和固定化，形成了「鐵飯碗」；工資分配制度的統一化和剛性化，形成了「鐵工資」；企業人事制度的資歷化和終身化，形成了「鐵交椅」。「三鐵」的弊病集中表現為不能調動企業員工積極性，企業缺乏生機與活力。

三是立足於整體搞活國有經濟實施國有企業戰略性重組。在競爭加劇的市場化改革中，相當一批國有企業難以適應，經營困難、虧損嚴重。[①] 國家一方面確定重點抓好一批在各個行業和領域起主導作用的大型企業，包括借力資本市場優化企業股權結構。[②] 對量大面廣的小型國有企業，分別採取改組、聯合、兼併、租賃、承包經營、股份合作制和轉讓出售等多種形式推向市場，促進優勝劣汰。另一方面，通過債轉股、國債技改貼息等方式，改善國有企業經營條件；通過增加銀行核銷呆壞賬準備金方式，推動企業兼併破產、關閉資源枯竭礦山[③]；通過設立資產管理公司，集中處置和管理國有企業長期遺留在國有商業銀行和開發銀行的不良貸款[④]；通過建立社會保險制度和再就業服務中心，保障下崗職工基本生活，幫助其實現再就業。[⑤]

四是超越經濟市場化基本次序強力推進股權多元化和資本市場化。因價格發現需要，產品的市場化通常也必須優先於資本的市場化。為加快國有企業股權多元化改革，在相關產品價格和利率匯率進行政府管制、市場定價機制遠未形成的情況下，曾經先於產品的市場化，將一部分國有壟斷性企業和大型商業銀行，以引進戰略投資者或公開上市的方式推向資本市場。這類股權改革在資產估價、資本溢價、盈利支持、紅利支出等方面，可以說是「學費」高昂。以不無代價的治理改革起步的國有企業的戰略性重組，實現了企業資本構成的多元化乃至資本的市場化、國際化。

五是成立特設機構專事國有企業監管。國務院設立國有資產監督管理委

---

① 到 1997 年底，全國國有及國有控股的 16 874 大中型工業企業，虧損 6 599 戶，虧損面近 40%。

② 1996 年國家確定重點抓好 300 戶大企業，1997 年又擴大到 512 戶，在信貸、技改、股票上市等方面，對這些企業予以優先考慮。在獨立核算的國有工業企業中，這些企業雖然戶數不到 1%，但銷售收入佔 61%，實現利稅佔 85%。

③ 1998—2000 年三年間，全國共安排企業兼併破產和關閉項目 2 334 戶，核銷銀行呆壞賬準備金 1 486.61 億元。

④ 1999 年 10 月，國家成立信達、華融、長城和東方等四家國有資產管理公司，分別收購、經營、處置來自建、工、農、中四大國有商業銀行及國家開發銀行約 1.4 萬億元不良資產。

⑤ 為推進國有企業改革，加快建立包括下崗職工基本生活保障、失業人員失業保障金、城鎮居民最低生活費三條保障線在內的社會保障體系；普遍建立再就業服務中心，共幫助 1 400 多萬下崗職工實現再就業。

員會履行出資人職責，包括指導推進國有企業改革重組，監管所屬企業國有資產保值增值，推進國有企業現代企業制度建設，推動國有經濟結構和佈局戰略性調整，指導和監督地方國有資產管理等。

國有企業的治理改革及其制度性變革時間之短促、規模之巨大、變革之深刻幾無前例。這場改革部分地以犧牲公平為代價，取得了驕人的效率成果，包括亞洲金融風暴後中國經濟的「一枝獨秀」以及後來的快速發展。但也不免屢屢受到來自經濟上、政治上的並非完全屬於主觀臆斷的種種責難，諸如「國有資產流失」「國有企業私有化」「工人階級喪失主人翁地位」，等等。

(三)「管資本為主」分類改革國有企業

經過大規模的體制改革和戰略性調整，國有企業收縮了範圍，提高了效益，但範圍過廣、門類過多以及對其他經濟成分的擠出效應依然存在。自2013年起，新一輪國有企業改革正式啟動，將國有企業區分為商業類和公益類，實行分類改革和監管。[①]

主業處於充分競爭行業和領域的商業類國有企業，實行公司制股份制改革，引入其他國有資本或各類非國有資本實現股權多元化，國有資本可以絕對控股、相對控股，也可以參股，並着力推進整體上市。主業處於關係國家安全、國民經濟命脈的重要行業和關鍵領域，主要承擔重大專項任務的商業類國有企業，保持國有資本控股地位，支持非國有資本參股。對自然壟斷行業，實行以政企分開、政資分開、特許經營、政府監管為主要內容的改革，根據不同行業特點實行網運分開、放開競爭性業務，促進公共資源配置市場化；對需要實行國有全資的企業，引入其他國有資本實行股權多元化；對特殊業務和競爭性業務實行業務板塊相互分離，獨立運營核算。

這一輪國有企業改革，使一些以往通常以行政壟斷方式經營管理的領域如食鹽專營、國防科技工業等得到了不同程度的市場化改革。鹽業改革根據

① 參見《中共中央國務院關於深化國有企業改革的指導意見》(2015年8月24日)。

食鹽產銷供需特性，採取了政企管辦分開、資質合格准入、產銷一體經營、市場適度競爭等基本符合市場中性原則的改革政策。[①] 但仍有人為限定企業經營區域、沿襲食鹽專營制度之嫌，對內名實背離、市場參與不暢，對外授人以柄、國際競爭受阻。經此改革，仍然具有行政壟斷或「專營」性質的領域，實際上幾乎僅剩煙草行業一家。國防科技工業改革和軍民融合發展，重點是擴大軍工開放協作與企業股份制改造，加強軍民資源共享和協同創新，促進軍民技術相互支撐、有效轉化，推動軍工服務國民經濟發展，推進武器裝備動員和核應急安全建設，完善軍民融合發展法規政策體系等。[②]

國有企業監管由企業為主調整為監管資本為主，設立國有資本投資和運營公司，強化企業資本屬性及其對國有資本投資方向、運營收益與風險的監管，建立以資本收益為目標的國有資產監管機制。通過監管理念與職能調整，深化政企、政資分開和所有權與經營權分離，推動國有企業公司制股份制改革、國有經濟結構佈局優化和國有資本運營效率的提高。

但新一輪國有企業改革也有分歧和爭論。重點依然集中在企業治理方式與《公司法》的衝突、國有企業的市場角色及其性質、國有企業與非國有企業的關係等重大問題上。其中對國有企業過度的社會、政治乃至價值性賦能，或多或少地扭曲了企業的治理模式和經營行為，尤其是作為市場主體發育成長所必須的激勵約束機制和體制動能條件。國有企業何時、能否真正轉型為各種所有制經濟平等競爭、共同發展的社會主義市場經濟微觀主體，不免引起社會的諸多疑慮當然也包括某種期待。

三、民營經濟成長及體制環境營造

新中國成立以來，個體私營等非公有制經濟經歷了兩次戲劇性的變革歷

① 參見 2016 年國務院印發的《鹽業體制改革方案》。

② 參見《國務院辦公廳關於推動國防科技工業軍民融合深度發展的意見》（2017 年 11 月 23 日）。

程。新中國成立初期，以限制、改造和逐步消滅為目標，建立了公有制經濟居獨佔地位的計劃經濟體制。改革開放以來，黨和國家依據「解放思想、實事求是」的思想認識路線、中國經濟社會發展階段尤其是社會主義市場經濟規律，積極支援、鼓勵和引導非公有制經濟發展，使之逐步成長為社會主義基本經濟制度的重要組成部分。

(一) 民營經濟興起與政策演變

非公有制經濟的重新興起與發展，一是源於農村改革後隨生產要素市場化配置而逐步發展起來的個體私營經濟；二是由國有企業尤其是中小型國有企業和城鄉集體企業改制而來；廣義的非公有制經濟還包括台港澳企業和外商投資企業。非公有制經濟從無都有、由小到大、從「補充」成分到「重要作用」、由體制「異己」因素到「重要組成部分」，伴隨着我國經濟的市場化改革，走過了一段複雜曲折的成長之路。

1. 個體私營經濟自發成長與「被動認可」

農村家庭承包制的普遍推行和隨後的人民公社解體，使農民獲得了自主生產經營、自由流動從業等權利，為勞動分工深化、產業形態進化、個體私營經濟成長創造了有利的要素供給條件。決策層面也順應規律，逐步放鬆管制，積極主動地為之創造制度條件。

中共十一屆三中全會提出，社員自留地、家庭副業和集市貿易是社會主義經濟的必要補充，應當允許其發展。隨着農村家庭承包制的推行，這種細小的個體經濟及個體勞動者獲得了就業創業自由和廣闊的發展空間。1979 年底，全國個體從業人員由一年前的 14 萬人發展到 31 萬人。1980 年，國家提出城鎮就業「實行勞動部門介紹就業、自願組織起來就業和自謀職業相結合的方針」，城鎮個體經濟開始加快發展。1981 年 7 月，國務院發佈《關於城鎮非農業個體經濟若干政策性規定》，首次以行政法規明確個體經濟發展方針和管理政策，並將發展個體經濟作為緩解城鎮就業壓力的一項戰略決策，提出對個體工商戶，應當允許經營者請兩個以內的幫手，有特殊技藝的可以帶五個以內的學徒。[①] 當年底，全國城鎮個體經濟發展到 183 萬戶，從業人員 227 萬人。

個體經濟發展到「僱工」、形成私營企業和私營經濟，在當時的體制環境和制度理念下曾引起較大分歧，對是否賦予其合法地位，決策層採取「看一看」方針。但個體經濟獲得了憲法上的合法性：「在法律規定範圍內的城鄉勞動者個體經濟，是社會主義公有制經濟的補充。國家保護個體經濟的合法的權利和利益」。對農村個體工商戶超過規定僱請較多幫手的，則採取「不宜提倡，不要公開宣傳，也不要急於取締，而應因勢利導，使之向不同形式的合作經濟發展」的政策。1984 年 10 月，中共十二屆三中全會通過《中共中央關於經濟體制改革的決定》，提出堅持多種經濟形式和經營方式共同發展的長期方針，要求「為個體經濟的發展掃除障礙，創造條件，並給予法律保護」。到 1986 年底，短短數年間全國個體工商戶發展到 1 211.1 萬戶，從業人員達到 1 845.9 萬人。

個體工商戶發展及一定數量的「僱工」，使「私營企業」「私營經濟」呼之欲出。1986 年 9 月，中央文件首次提出「發展多種經濟成分」。[②] 國務院隨後從科技領域破題，「支援和鼓勵部分科技人員以調離、停薪留職、辭職等方式……到農村和城鎮承包、承租全民所有制中小企業，承包或領辦集體鄉鎮企業，興辦經營各種所有制形式的技術開發、技術服務、技術貿易機構，創辦各類中小型合資企業、股份公司等，允許他們在為社會創造財富的同時取得合法收入，技術入股者按股份紅」[③]。政策激勵促成科技人員「下海」創業，形成中國第一次「下海潮」，後來一些知名的民營科技企業便是由此起步發

---

①《中共中央、國務院關於廣開就業門路，搞活經濟，解決城鎮就業問題的若干決定》（1981 年 10 月 17 日）。相關文件中雖然迴避了「僱工」一詞，但也突破了此前的有關規定。後來僱工 8 人以上稱為「私營企業」便是由此而來。

② 中共十二屆六中全會通過的《關於社會主義精神文明建設指導方針的決議》（1986 年 9 月 28 日）提出「在公有制為主體的前提下發展多種經濟成分，在共同富裕的目標下鼓勵一部分人先富裕起來」。

③《國務院關於進一步推進科技體制改革的若干規定》（1987 年 1 月 20 日）。

展的。但此時「私營企業」還沒有合法地位，也無從註冊登記，多數冠以集體企業的「紅帽子」或掛靠國有企事業單位，或仍以個體經濟名義登記。由此也折射出我國制度變革趨勢和必須改變的約束條件。

1987 年 10 月，中共十三大報告首次論述了我國私營經濟地位和黨的方針政策，提出對於城鄉合作經濟、個體經濟和私營經濟，都要繼續鼓勵它們發展；並明確在不同的經濟領域、不同的地區，各種所有制經濟所佔的比重應當有所不同，為私營經濟的發展，也為公有制企業的民營化改革拓展了空間。1988 年 4 月，七屆人大一次會議通過憲法修正案，規定「國家允許私營經濟在法律規定範圍內存在和發展。私營經濟是社會主義公有制經濟的補充。國家保護私營經濟的合法的權利和利益，對私營經濟實行引導、監督和管理」。同年 6 月，國務院發佈《中華人民共和國私營企業暫行條例》，相關稅收法規也隨之出台。

私營經濟法律地位的取得，使較長時間以隱蔽形式存在的「妾身不明」「名不副實」問題得以解決。以不觸動制度信念或「公有制經濟地位」的漸進式治理改革淡化法規衝突，並最終在改革創新與依法治國的辯證過程中，創造新型市場主體發育成長的制度條件，為我國經濟社會發展帶來了巨大的活力與動力，也為隨後建立社會主義市場經濟體制進行了微觀基礎的前期準備或必需的部分制度性變革，推動着我國經濟體制向公有制為主體、多種所有制經濟共同發展的新的基本經濟制度邁進。

2.「制度自覺」與非公有制經濟依法平等發展

1989—1991 年經濟治理整頓期間，個體私營經濟處於徘徊狀態，個別年份還有明顯下降。直至 1992 年鄧小平南方談話和中共十四大確立社會主義市場經濟改革目標，我國個體私營經濟才由「被動認可」、自發成長階段轉向「制度自覺」、依法平等發展階段。

中共十四大報告提出，在所有制結構上，以公有制包括全民所有制和集體所有制為主體，個體經濟、私營經濟、外資經濟為補充，多種經濟成分長期共同發展。一批維護市場秩序，保護經營者合法權益，健全市場行為的法律規範密集出台。[①]1997 年 9 月，中共十五大報告提出，公有制為主體、多種所有制經濟共同發展，是我國社會主義初級階段的一項基本經濟制度。1999 年 3 月，九屆全國人大二次會議通過憲法修正案，規定「在法律規定範圍內的個體經濟、私營經濟等非公有制經濟，是社會主義市場經濟的重要組成部分」。個體私營經濟從此由「補充」成分上升到「重要組成部分」。[②]

為創造各種所有制經濟平等發展的體制環境，黨和國家進行了一系列法規建設和重大政策調整。2002 年 11 月，中共十六大報告提出，必須毫不動搖地鞏固和發展公有制經濟。必須毫不動搖地鼓勵、支持和引導非公有制經濟發展。堅持公有制為主體，促進非公有制經濟發展，統一於社會主義現代化建設的進程中，不能把這兩者對立起來。明確要求「完善保護私人財產的法律制度」。次年 10 月通過的《中共中央關於完善社會主義市場經濟體制若干問題的決定》，提出大力發展混合所有制經濟，實現投資主體多元化，使股份製成為公有制的主要實現形式；大力發展和積極引導非公有制經濟，允許非公有資本進入法律法規未禁入的基礎設施、公用事業等行業和領域；非公有制企業在投融資、稅收、土地使用和對外貿易等方面，與其他企業享受同等待遇。2004 年 3 月，十屆全國人大二次會議通過憲法修正案，確認鼓勵、支持和引導非公有制經濟的發展；明確「公民的合法的私有財產不受侵犯」「國家依照法律規定保護公民的私有財產權和繼承權」。國務院及有關部門從貫徹平等准入原則，改進財稅金融服務，維護企業及職工合法權益，規範市場監管行為等方面，出台了一系列重大政策，健全非公有制經濟發展的政策與體制環境。

此後，中共十七大重申堅持基本經濟制度和「兩個毫不動搖」，堅持平等保護物權，形成各種所有制經濟平等競爭、相互促進的新格局。中共十八大報告正式將非公有制經濟發展的體制改革目標明確為保證各種所有制經濟

---

① 1993 年 2 月至 12 月不到一年時間裏，《產品質量法》《反不正當競爭法》《消費者權益保護法》《公司法》相繼出台。

② 1999 年 8 月，九屆全國人大常委會第十一次會議通過《個人獨資企業法》，從法律上確認個人投資創業及其平等地位。

依法平等使用生產要素、公平參與市場競爭、同等受到法律保護。黨和國家及地方政府支持民營經濟和中小企業發展的各類具體政策也相繼出台。此後的國有企業混合所有制改革，也推動民營資本逐步進入國民經濟和社會發展的重要行業和關鍵領域。

3. 發展績效與制度變革效應

經過改革開放 40 餘年的經濟發展和制度創新，民營企業已經成為我國經濟和社會發展中最具活力的重要力量，其經濟表現眾所周知。[①] 而不能由經濟數據簡單體現的，還有已經顯現出來的或者還潛在着的制度建設和思想文化成果。

民營經濟以勞動分工細化適用、產業進化循序漸進、要素配置市場導向的漸進嬗變或類似於「原始工業化」的蓬勃發展，彌補了中國工業化進程中的階段跨越及其缺陷，迅速化解了一度「壓力山大」的就業崗位和生產生活基本品短缺矛盾。

民營經濟在體制外異軍突起，營造市場競爭環境、創造比較績效優勢，形成日益增長、無從迴避的「制度同構」[②] 壓力，倒逼體制內企業尤其是競爭性行業中的國有企業和集體企業加快改革，以及進行體制機制上的模仿性同構、規範性同構甚或強制性同構。

民營經濟以發展紅利也是改革的紅利「富國裕民」，既促進改革開放正當性認知的形成，也緩解了體制變革的轉軌成本壓力，並較多地成為國有中小企業和集體企業大面積迅速改制退出的「接盤俠」。

民營經濟以財產權利從啟蒙、覺醒到自覺、硬化的漸進過程，促成了社

---

① 截至 2017 年底，民營企業數量超過 2700 萬家，個體工商戶超過 6500 萬戶，註冊資本超過 165 萬億元。民營經濟被認為貢獻了 50% 以上的稅收，60% 以上的國內生產總值，70% 以上的技術創新成果，80% 以上的城鎮勞動就業，90% 以上的企業數量。

②「制度同構理論」(institutional isomorphism) 是制度主義社會學的核心理論之一。美國學者保羅・迪馬喬 (Paul Dimaggio) 和沃爾特・鮑威爾 (Walter W. Powell) 1983 年在《重臨鐵籠理論：組織領域中的制度同構與集體理性》一文中首次提出這一概念。意指在面臨同樣的環境條件時，有一種力量或「制約性過程」(constraining process) 促使某一單元與其他單元變得日益相似直至「同構」。

會主義市場經濟發育成長的各類產權明晰界定與公平交易法則，創造了類似於「諾斯條件」甚或被認為優於「西方世界興起」的「中華民族復興」的體制環境，推動經濟發展直至塑造制度自信。

民營經濟以私有經濟與公有經濟混合、市場制與公有制結合，共同發展中國特色社會主義，尤其是與蘇聯在「全盤國有制」下亡黨亡國、中國在「混合所有制」下繁榮發展的強烈對比中，增添了理論自信和道路自信。

民營經濟以古典商業精神在改革開放和社會主義市場經濟的發展建制中的復興、弘揚和理性化轉變，逐步促成類似於韋伯意義上的現代商業倫理、企業家精神[①]和潛能巨大的創業創新活力與動力；以民營經濟發展速度與當地經濟發達程度以及國民經濟綜合實力的高度正相關關係，鍛造出商業文化乃至國家與民族的文化自信，產生「周雖舊邦，其命維新」（《詩經．大雅．文王》）式的精神家園的回望和豪氣。

計劃經濟的治理性、漸進式、市場化改革，使曾經作為公有制經濟「異己因素」的民營經濟，經由「被動認可」到「制度自覺」的因勢利導的制度變遷，逐步成長為我國經濟制度的內在要素。與公有制經濟的治理性改革一起，「統一於社會主義現代化建設的進程中」，共同推動了傳統計劃經濟向現代市場經濟，單一公有制經濟向公有制為主體、多種所有制經濟共同發展的偉大歷史轉變，創造了舉世矚目的經濟奇跡。

（二）經濟管制放鬆與民營資本成長

改革開放促成了計劃經濟體制向社會主義市場經濟體制的歷史性轉變。但作為其歷史出發點的集權式計劃體制及公有制經濟，一直具有價值信念色彩乃至政治是非判斷，至今也未必完全走出這種傳統窠臼或歷史局限，因而對民營經濟發展和企業家精神的養成，其影響是全面、深刻和長遠的。

---

①「企業家」這一概念由法國經濟學家理查德．坎蒂隆（Richard Cantillon）提出，其主要含義是指企業家能使經濟資源的配置效率實現由低轉高的轉化；「企業家精神」則是企業家包括精神和技巧在內的特殊技能的集合。

當年無論是農村農民私底下簽署的承包經營合同之類的「手印血盟」，還是政治領袖做出的諸如「資本主義有計劃」「社會主義有市場」「計劃和市場都是手段、工具」等判斷甚至「不爭論」的決斷，不管是出於自發直覺還是理性自覺，其思想解放和改革實踐，促成了適應市場經濟發展要求的自由個體或市場主體的萌芽，以及政府經濟管制政策的放鬆，直至建立社會主義市場經濟體制。問題的簡化處理有其效率，提供了經濟發展和市場建制的歷史空間，但也留下了時至今日仍然爭論不休的輿論聚焦點以及市場建制及其主體成長的歷史局限。較之於人類經濟史上類似於自然史過程的市場經濟的自發成長，管制放鬆型市場發育及其中的民營經濟的成長，具有獨特的性質和體制困境。

特定的體制環境塑造特定的市場主體性格。市場經濟的漸進成長，多以細小經濟實體、低端邊緣產業經由長期發育才進入「重要領域」和「關鍵環節」，至於形成壟斷或獨佔乃至左右時政則是十分晚近的事情。自然成長的市場經濟最初萌芽於分散細小的自然經濟環境，因生長環境和社會條件影響，其市場細胞往往較多地帶有早期研究者所謂的「真正個人主義」[①] 特徵，以至將自由競爭崇尚到「人類天性」的程度。由計劃管制放鬆所孕育出的民營經濟主體，從一開始就只能在那些具有價值正當性和「重要領域」「關鍵環節」先佔優勢，並且已經「做大做強」了的體制內經濟成分的夾縫中生存，無論是自然人還是法人形態，除孜孜以求「自主權」外，不可避免地帶有較強的「社會個人主義」色彩。[②] 當代學者或以「行為個人主義」和「規則個人主義」[③] 相區分，究其行為方式而言，或者是在二者之間進行「機會主義」性

---

① 羅馬法中的人格概念。這種人格概念，構成了當今私法學界有關人格理論研究的話語平台。對這個概念的界定，形成了法律主體資格説和權利主體資格説兩種不同的表述。在羅馬法中，人格是「法律資格」的表達更符合歷史和法律認知水平；「權利主體資格」以權利概念的產生為前提條件，在當時的羅馬社會，還不具備建立在「真正個人主義」觀念基礎上的權利觀，權利概念的正式形成要等到 18 世紀的康德哲學。

② 英國經濟學家弗里德里希・哈耶克（Friedrich August von Hayek）在其首版於 1948 年的《個人主義與經濟秩序》（*Individualism and Economic Order*）一書中曾經區分過「個人主義」的「真與偽」，認為英國的個人主義是「真正的個人主義」，法國的「社會個人主義」是虛假的個人主義。參見鄧正來譯《個人主義與經濟秩序》（生活・讀書・新知三聯書店，2003）相關章節。

③ 范伯格．經濟學中的規則和選擇．史世偉，鍾誠，譯．西安：陝西人民出版社，2011.

質的選擇。民營經濟成分儘管在政策法規層面逐步獲得了從「必要補充」成分到「重要組成部分」的市場地位，但它們仍然或多或少地在對現有體制的重重疑慮中籌劃着自己的營利行為。一隻眼盯着市場動態，小心翼翼同時也決不放過任何抓住機遇的可能，力求利益最大化；另一隻眼盯着市長臉色，時時關注規則、政策及其變動，既擔心樹大招風、越界得咎，又擔心「膽子太小」、錯失機遇。

市場要素無論其起始點差異多大，一經發展，或遲或早地會挑戰非市場性質的傳統規則及體制架構，甚至需要進行顛覆性變革。區別在於漸進發展的市場經濟所實現的規則、規制改變，多數時候是一個「溫水煮青蛙」的漫長過程，但當引致上層建築的質態變革時，或許「養虎成患」、勢不可逆。計劃體制轉軌中發育的市場要素，本身帶有傳統體制主動地釋放自身異己成分性質，雖然也在期待市場細胞成長，但不同經濟成分及其利益訴求的差異，甚至一些場合的對立與衝突，使得「紮緊籬笆」「做牢籠子」之類的範圍限定努力，經常是管制者自覺或不自覺並且也有力量做到的慣性行為。

市場主體發育環境與後天體制規則的差異，決定了具有更多自發生長、自由競爭基因的市場細胞，將無限地擴張自身經濟活動範圍視為理所當然乃至「天賦人權」。其自由經濟發展和市場體制形成，派生出某種帶有文化優越感的「演化（或進化）個人主義」①，並且「系統地選擇出合適的規則」。而計劃體制轉軌中生長的市場細胞，儘管已經有了發展經濟和市場建制的政策空間，但由於舊秩序的擠壓包括對成長環境的恐懼，至少其中一部分甚至一大部分民營經濟成員，具有較強的機會主義特徵。在市場發育建制時期，他們無時不在捕捉機遇，一旦政策鬆動，即刻一哄而上，盡快撈上一把。極端情況下，甚至敢於置規則、秩序於不顧。由此也產生了其揮之不去的「原罪」恐懼和隨時準備脱離險境的潛在需求。一旦政策層面出現任何風吹草動，他們便潛伏觀望或轉向止損、關張了結乃至「跑路」，向海外轉移資本及自身。類此行為也發生在某些具有類似「原罪」恐懼的其他人羣身上。

---

① 范伯格．經濟學中的規則和選擇．史世偉，鍾誠，譯．西安：陝西人民出版社，2011.

漸進成長的市場主體，本身具有長期市場建制和法治建設提供給社會經濟成員和企業的財產權利的平等地位。計劃體制轉軌中，原有體制內企業改制成現代企業制度，不僅過程複雜甚至時而反覆，而且一時間也難以放棄其「長子」角色乃至特殊地位，國有企業所享有、被方方面面詬病的政策優惠等超市場規則現象，便是其典型表徵。在原有體制外成長的民營經濟成分，儘管重大決策中一再強調為其創造平等發展的體制環境，並且出台一系列鼓勵、支持和引導政策，直至提高到「毫不動搖」的程度，但這種「重要組成部分」，並非心甘情願地長期充當配角而不想獲得「主人翁」地位。

漸進成長的市場經濟，其原始細胞曾經是相對純粹的「個體私營經濟」或私有制經濟，經由漫長的發展過程，其內在的生產社會化與生產資料私人佔有之間的矛盾變得不可調和，並以經濟周期的惡性循環而變得難以為繼。劫後餘生的制度創新如合夥制、合股制直至現代股份公司的設立等，使之走出了原始市場經濟內在矛盾頻繁爆發的歷史約束，以市場充分競爭釋放出技術創新和管理創新潛力，其中的佼佼者甚至以跨國公司的形式富可敵國並咄咄逼人地走向世界。計劃管制放鬆型市場經濟也把股份制等制度模式作為「公有制的有效實現形式」加以推廣，但國有企業負有擴大影響力、控制力的特殊任務，行政性壟斷尚未完全破除，並或具有資源網絡類自然壟斷性質以及市場先佔或獨佔性質。司空見慣的是因准入限制和效率低下導致資本供給與形成緊缺艱難，或因關聯服務、自我強化等，推高經濟槓桿、資產泡沫以至脱實向虛甚至形成所謂「僵屍企業」。開始以股份制形式建立現代企業制度的個體私營經濟，則由於市場准入和容量約束致使投資無門或惡性競爭，一遇經濟波動便風雨飄搖，「重點領域」和「關鍵環節」或「侯門如海」、可望而不可即，或「高山仰止」、使人望而卻步。市場主體發育與競爭機制的扭曲，不僅使各類企業的動力、活力受到制約，而且影響市場經濟建制、宏觀經濟質量和社會公平正義。

市場經濟自然成長初期，企業的產權形式、組織結構、技術類型是一個彼此適應、循序漸進的歷史過程。地區之間乃至國家之間，作為市場競爭基礎的勞動分工和工藝技能還處在可模仿複製、可由勞動強度調整的階段。

直到後來，產業革命的捷足先登者才獲得了世界市場優勢和全球霸權地位。計劃體制進行市場化改造時，一打開國門便面對着列強環伺的經濟全球化環境，不僅要由弱到強培育國內市場要素，而且在一定時期內還需要利用國有企業的地位和作用保證國家經濟安全。隨着時間的推移，發展壯大起來的民間資本對「天花板」約束的不安以至不滿，以及對公平營商環境及安全的顧慮，使其不能從根本上解決經濟國民性和體制認同問題，極端表現是民間資本加速外流甚或外逃。

此外，市場經濟微觀主體的經營逐利行為，雖然都會受到政府規制，但在計劃經濟的市場化改革中，管制層對要素控制的規模和強度，既超過自然經濟時代也遠遠高過一般市場經濟國家。至少在一定階段上，與自發成長的市場因素不同，計劃體制市場化轉軌中的民營資本及其經營領域，往往需要得到管制者許可或市場准入開放，對經濟管理層的「公關」和「遊說」就顯得尤為重要，甚至不擇手段。因市場秩序和民主法治建設滯後，部分體制外經濟成分因「公關」「遊說」相對得法，或「近水樓台先得月」，甚至訴諸其他「灰色」乃至違法行為，加上少數體制內成員的利益輸送、假公濟私、化公為私等，部分人及其利益關聯者迅速暴富，腐蝕市場主體和社會機體。在這種不無某種悖論的「管制」與「放鬆」的困境中走走停停的漸進式改革，國有資產有可能在一定範圍內演化成內部人控制的「官吏資本」，部分人憑藉人脈資源可能獲得較為便利的准入條件、較為廉價的稀缺資源、較為優勢的市場先佔甚至壟斷地位，演化出社會廣為詬病的國有資產流失或「權貴資本」，形成改革的過程性利益格局，以及相關的既得利益者及其利益維護需要。這是經濟腐敗案件大面積發生、「改革攻堅」久攻不下、市場建制久拖不決以致產生改革正當性、道義性危機的重要原因。

（三）產權保護制度與商業理性精神

社會主義市場經濟的發育成長，使民營企業及其商業精神終於以制度變遷的不可逆轉的趨勢，獲得了復興發展、理性化或現代化的必要意義和制度條件。但是，民營經濟初始發展所依據的傳統民間商業倫理畢竟並非現代商業理性，超越其自然本性限界而會通於後者，顯然不可能再依賴韋伯式的宗教機制性心理媒介，也不能長期處於體制轉軌中的扭曲狀態，而只能更多地依賴於那種通常囿於難以突破的既得利益格局和諸如「搭便車」之類的機會主義行為而相對滯後的市場制度建設，以及以此為基礎的傳統商業倫理的理性化轉型和企業家精神的成長過程。

1. 民營經濟發展與市場規制原則

民營經濟快速成長和民間商業精神的「野蠻式」釋放，日益與市場建制及制度理性化過程產生「時差」與矛盾，民營企業作為個體理性意義上的「經濟人」，其最大化行為往往越出原有的制度約束常規，但又缺乏新的有效性制度約束，從而產生許多良莠摻雜的行為方式及極端化形式，甚至一時間無從規範民營企業行為以及推動民間商業倫理向現代商業理性的轉型與昇華。遍地開花的作坊商鋪，經商「下海」的陣陣熱潮，急功近利的盲目投資，技術成果的「山寨」應用，產權變形的企業組織，市場競爭的無序「紅海」，當然也包括創業創新的潛在熱忱等，其實都是民間資本基於傳統商業倫理，在現有的制度約束條件或相對寬鬆的改革開放環境中盡力地揮灑自己的「經濟人」本能或伸展個體利益邊界。

體制轉軌中的民營經濟主體特徵與「機會主義」性質的「經濟人」行為，是尚未理性化的民間商業精神或世俗商業倫理的現代複製品，以及民間資本在「體制疑慮」等特定條件下逾淮而枳之類的社會性反饋。市場建制和理性化過程滯後，使得這種行為不僅極易導致市場紊亂和社會問題，而且還有可能在價值信念和意識形態層面引致一些人或管制部門對民營經濟發展以及市場變革本身的「黃牌警告」甚至「紅牌處罰」。社會上時常出現的對民營經濟發展及其局限性的諸多微詞和不休爭論，實際上與民間商業倫理所引致的民營企業的粗放性「原始野蠻」逐利行為也不無關係。

現代市場經濟的發育成長，固然需要精神因素，但它終究是從產權明晰界定和市場公平交易等制度建設起步的。市場的最為廣義、簡潔也最為適當的定義是「自願交換的場所」，只有當經濟交易建立在自願契約的基礎上時，市場才會存在。為使市場存在並在資源配置中發揮決定作用，人們就必須有效實施某些規則，尤其是那些與保護產權和契約自由有關的規則。但是，無論歷史上還是今天，既不存在真正個人主義的原始場所，也不會天然地產生自願交換的契約規則。市場的產生及其運行，不僅取決於市場的參與方及其參與程度和互動深度，還取決於嵌入其中的由社會契約及政府供給的制度法則及其規制性質。市場與制度的供需互動和形成機理，決定着相關經濟體的面貌與前途。

因此，促進民營經濟乃至整個國民經濟健康發展、鍛造現代商業精神和社會秩序，進而促進社會主義市場經濟制度成熟與定型，繞不過的改革路徑是，建立健全各類產權平等保護制度，貫徹市場競爭、政府規制中性原則以及培育企業家精神。

2. 建立各類產權平等保護制度

經過數十年多種所有制經濟共同發展和對非公有制經濟的長期疑慮與爭論之後，黨和政府開始推進以平等為核心原則的產權保護制度建設，全社會對社會主義基本經濟制度的最大公約數正在求新與昇華。

2016 年 11 月，《中共中央國務院關於完善產權保護制度　依法保護產權的意見》提出，加強各種所有制經濟產權的平等保護，創造各種所有制經濟依法平等發展的體制環境；完善平等保護產權的法律制度，加快編纂民法典，完善物權、合同、知識產權相關法律制度，清理有違公平的法律法規條款；妥善處理歷史形成的產權案件，遵循罪刑法定、不咎既往、在新舊法之間從舊兼從輕等原則，甄別糾正社會反應強烈的產權糾紛申訴案件；規範涉案財產處置的法律程式，細化處置規則，慎用強制措施；審慎把握處理產權和經濟糾紛的司法政策，嚴格區分經濟糾紛與經濟犯罪的界限，防範刑事執法介入經濟糾紛和選擇性司法；以及建立政府守信踐諾機制，完善財產徵收徵用制度，加強知識產權保護，健全城鄉居民財產性收入制度，營造全社會重視和支持產權保護的良好環境等。

按照平等保護產權重大政治決策和上位法修改、廢止情況，國家對已有相關政策法規實施清理，應改盡改、應廢盡廢[①]，新的各類產權平等保護的政策法規陸續出台。2017 年 8 月，最高人民法院發佈《關於為改善營商環境提供司法保障的若干意見》，按照各類市場主體法律地位平等、權利保護平等和發展機會平等的原則，保障各類市場主體的合法權益，推動完善社會主義市場經濟主體法律制度。同年 11 月，最高人民檢察院、公安部聯合修訂印發《關於公安機關辦理經濟犯罪案件的若干規定》，從案件管轄、立案撤案、強制措施、偵查取證、涉案財物的控制和處置、辦案協作、保障訴訟參與人合法權益、執法監督等方面，規範和細化執法辦案程式，維護程式性價值與懲治犯罪的實體價值間平衡，平等保護各所有制產權。2018 年 1 月和 12 月，最高人民法院分兩批發佈人民法院依法保護產權和企業家合法權益的典型案例。產權平等保護制度建設，推動了各種所有制經濟深化產權改革、完善財產權利制度。[②] 在經過多年積累、法律法規已成體系的知識產權保護領域，制度建設也有新的進展。[③]

3. 培育現代商業倫理和企業家精神

各類產權的平等保護和市場制度的發育成長，有助於非正式約束層面的「有恆產者有恆心」式的企業家精神的形成和民間商業精神的理性化轉型。由「倒逼式」市場誘導和「規制型」政府供給共同促成的現代商業倫理，則會從利益取捨、行為方式、職業信念和心理結構等多維度推動民營經濟主體形

---

① 參見《國務院辦公廳關於開展涉及產權保護的規章、規範性文件清理工作的通知》（2018 年 5 月 5 日）。

② 參見《中共中央國務院關於穩步推進農村集體產權制度改革的意見》（2016 年 12 月 26 日）；國土資源部、發展改革委等八部門《關於擴大國有土地有償使用範圍的意見》（2016 年 12 月 31 日）；《國務院關於印發礦產資源權益金制度改革方案的通知》（2017 年 4 月 13 日）；中辦、國辦《礦業權出讓制度改革方案》（2017 年 6 月 16 日）。

③ 參見國家認監委、國家知識產權局《知識產權認證管理辦法》（2018 年 2 月 11 日）；中辦、國辦《關於加強知識產權審判領域改革創新若干問題的意見》（2018 年 2 月 27 發佈）；最高人民法院《關於審查知識產權糾紛行為保全案件適用法律若干問題的規定》（2019 年 1 月 1 日起施行）。

成企業家精神，認可市場秩序、敬畏市場規律、遵循市場機制、信守市場原則，進而自覺地堅持和鞏固社會主義市場經濟制度。

以市場主導、政策引導等方式，推動市場基礎性制度建設，營造企業家健康成長環境，培育企業家精神或現代商業倫理。[①] 重要政策包括依法保護企業家的財產權、創新權益和自主經營權，營造依法保護企業家合法權益的法治環境；強化公平競爭權益保障，健全誠信經營激勵約束機制，提高監管的公平性、規範性、簡約性，營造企業家公平競爭、誠信經營的市場環境；構建「親」「清」新型政商關係，堅持正向激勵和積極向上導向，營造尊重和激勵企業家幹事創業的社會氛圍；引導企業家樹立崇高理想信念，強化自覺遵紀守法意識，保持艱苦奮鬥精神風貌，弘揚愛國敬業、遵紀守法、艱苦奮鬥精神；支持創新發展，弘揚工匠精神，喚起企業家創業創新、專注品質、追求卓越的精神；引導企業家積極幹事擔當，履行社會責任，投身國家戰略，弘揚企業家擔當盡責、服務社會的精神；以市場主體需求為導向深化政府管理與服務改革，健全企業家參與涉企政策制定和政策資訊公開機制，為企業家提供優質高效務實服務；加強政府規劃引領、企業家教育培訓、優秀企業家隊伍建設和示範帶動作用。構建政策支持體系，促進新型農業經營主體培育與成長的相關政策也隨之出台。[②]

塑造市場法治環境、培育企業家精神及時得到了法規回應和司法響應。最高人民檢察院、最高人民法院推動各級檢察機關和人民法院充分發揮檢察和審判職能，準確把握法律政策界限，依法保護企業家合法權益和正常經濟活動；嚴格把握罪與非罪的界限，對企業生產、經營、融資等經濟行為，除法律、行政法規明確禁止外，不得以違法犯罪處理；堅持罪刑法定、寬嚴相濟刑事政策，對涉嫌行賄犯罪的，區分個人犯罪和單位元犯罪，從起因目的、行賄數額、次數、時間、對象、謀利性質及用途等方面綜合考慮其社會

① 參見《中共中央國務院關於營造企業家健康成長環境　弘揚優秀企業家精神　更好發揮企業家作用的意見》（2017 年 9 月 8 日）。

② 參見中辦、國辦《關於加快構建政策體系培育新型農業經營主體的意見》（2017 年 5 月 31 日）。

危害性。在執法層面，從被侵害和涉案兩個維度，加強對企業家合法權益的保障。既加大懲治侵犯產權犯罪力度，維護企業家財產權、經營自主權和創新權益等合法權益，又強化刑事訴訟監督，促進公正司法，從立案、偵查、採取強制措施、審判和執行等各個環節，依法保障涉案企業家的合法權益。以檢查、審判職能及其良法善治努力，營造企業家人身財富安全感法治環境，增強和激勵企業家創業創新信心。①

4. 確立產權、競爭和規制中性原則

傳統計劃經濟經過數十年以產權細化深化為基礎的治理性、市場化改革，多種所有制經濟共同發展、各類產權平等保護、各種市場主體公平競爭，民間商業倫理逐步理性化為現代企業家精神，社會主義市場經濟制度基本建立起來。制度建構的法理邏輯自然應當是，依據市場經濟規律調整法律結構和民法關係，確認競爭中性和規制中性的市場原則，確保各類產權與合法財產不可侵犯的神聖權利和「負面清單」外的各種經濟成分無差別的平等發展地位。

「競爭中性」（competitive neutrality）因曾被一些西方政要和發達經濟體作為經濟外交大棒打壓市場競爭機制尚不健全的新興市場經濟體而被非議與排斥。其實，競爭中性是市場經濟的內在法則，近來已為國內各界所認知和認可。「市場決定作用」的具體實現，就是各類市場主體法律地位的平等和競爭過程的公平，亦即競爭中性；政府的「更好作用」則主要體現在有效維護這種市場地位和競爭機制的平等與公平，或可稱為「規制中性」（regulation neutrality）。競爭中性與規制中性雖然是一體兩面，但沒有政府的規制中性就不可能有市場的競爭中性。各種所有制經濟平等發展，既要貫徹競爭中性原則，更要推進規制中性改革，破除某些經濟成分所享有卻被方方面面所詬病的公共補貼、信貸優惠、隱性擔保、披露豁免、壟斷經營、先佔優勢、軟性

---

① 參見《最高人民檢察院關於充分發揮職能作用營造保護企業家合法權益的法治環境支持企業家創新創業的通知》（2017 年 10 月 26 日）；《最高人民法院關於充分發揮審判職能作用為企業家創新創業營造良好法治環境的通知》（2018 年 1 月 2 日）。

約束、破產例外、資訊強勢、職能美化等超市場規則待遇，充分發揮政府在市場規制方面的公平維護者作用。

國內市場上較長時期大量存在的過剩產能、過多庫存、過高槓桿，以及「僵屍」企業等，其成因固然較為複雜，但競爭與規制非中性是最深層的體制原因，其直接表現就是這類問題主要發生在難以出清的體制內企業。如果不進行較為徹底的競爭與規制中性化改革，推進「去產能、去槓桿、去庫存」和清理「僵屍」企業不僅會面臨巨大困難，其本身也會成為一種「經濟瘧疾」，周期性反覆發生，極大地浪費社會資源，造成長期、嚴重的資產資源錯配和經濟結構扭曲與僵化。這已是我國當代經濟史所反覆證明並且還在發生的經濟與體制痼疾。平等保護各類產權和實行負面清單管理制度，邁出了競爭與規制中性的關鍵步伐。只有徹底貫徹競爭和規制中性原則，我國各類企業與資本的經濟發展潛力、市場競爭能力和體制認可程度才會大大提高，經濟轉型升級、動能科技創新才能成為必然的過程。

但是，經過 40 餘年改革開放和市場建制，國有經濟與民營經濟的關係、民營經濟的地位和作用及體制環境這些已成定論的制度與法律界定，在全黨全社會紀念改革開放 40 周年之際，竟然一時間引起廣泛疑慮並影響「穩增長」目標。決策層也不得不再次重申民營經濟政策，給民營經濟月台補位、「吃定心丸」。社會主義市場經濟中的公有制經濟和非公有制經濟在實踐上的成分交叉性和邊界游離性，與經濟性質上的體制傾向性和價值敏感性之間的二元分離及其衝突，使得將改革開放界定為不越雷池的純治理性改革的歷史局限性暴露無遺。如果全球第二大經濟體及其領導與成就這一偉大壯舉的執政黨，在自己的所謂「正統理論」面前如此脆弱不堪，經不起任何經濟性質的審視、質疑和檢驗，那麼受到「鼓勵、支持和引導」的非公有制經濟，無論法律地位如何，都擺脱不了其深刻的身份異己感、地位脆弱感和規制恐懼感。

實踐證明，治理改革和市場建制進入全面深化改革階段，迫切需要繼續解放思想、堅持實踐標準，深化對社會主義基本經濟制度的理論認知和實踐創新，按照平等保護各類產權的制度原則和社會主義市場經濟規律，鞏固和深化治理性改革已經確立的競爭中性、規制中性和產權中性原則，保障各種所有制經濟完全平等地位，發揮各自在市場競爭中的體制適應性優勢，並以此為基礎構建社會主義基本經濟制度及其民法體系。在思想理論和價值取向層面，徹底破除單一所有制偏好和迷信，客觀汲取中國因多種所有制經濟共同發展而繁榮昌盛，蘇聯在「全盤國有制」下體制僵化、活力退化、民心喪盡、亡黨亡國的正反兩個方面的經驗教訓，勇於正視、確認治理性改革所取得的制度性變革成果，繼續完善與昇華社會主義基本經濟制度，構建真正符合國情規律的中國特色社會主義制度形態和理論體系。

四、混合所有制改革及其市場建制意義

如果説農村改革、國有企業建立現代企業制度和民營經濟的興起形成了社會範圍內的混合所有制經濟的話，那麼，混合所有制改革則從企業微觀層面明確無誤地提出了國有經濟與其他經濟成分相互結合、內在相容、一體發展的建制要求，並且從權能結構、運營機制到利益關係和價值理念，都面臨着全新的治理改革乃至制度創新需求。

(一) 改革動因及其客觀性質

問題導向無疑是國有企業混合所有制改革的現實出發點。無論是治理革新還是體制變革，政策目標都是為了所謂「提高國有資本配置和運行效率，優化國有經濟佈局，增強國有經濟活力、控制力、影響力和抗風險能力」，「實現各種所有制資本取長補短、相互促進、共同發展」。[①] 效率驅動是混合所有制改革的優先選擇。

市場失靈以及效率與公平的矛盾，曾使許多國家因處理不當而引起嚴重

① 參見《國務院關於國有企業發展混合所有制經濟的意見》(2015 年 9 月 23 日)。

的貧富分化、階級對立和政權顛覆。一個理性的政府無論是運用行政手段直接進行市場規制，還是通過國有企業介入經濟活動進行間接管制，其法理意義或根本價值依據，是要應對市場失靈和求得效率與公平之間的某種平衡。推進混合所有制改革的價值取向，則是既要提高國有企業市場效率，又要履行其社會責任。最佳狀態或許是，將這類直接規制、間接管制和國有企業的社會責任，限定在應對市場失靈的必要範圍之內，在效率與公平之間達到某種邊際均衡。但在改革實踐中，這種最佳狀態未必總是能被人們清楚認識並認可、接受，形成理論自覺、制度理念，進而成為改革目標和具體政策。

此外，多年來，正統馬克思主義經濟學和正統資產階級經濟學可謂針鋒相對、水火不容。但關於公有制與市場經濟之間互不相容則是其「高度共識」。問題的解決，前者以生產資料的公有制或社會共同佔有制與計劃經濟相結合，力圖徹底掃蕩商品、貨幣、市場、交換等一切市場經濟要素乃至其價值意義上的正當性。而蘇聯模式的敗北，則使得正統馬克思主義經濟學面臨嚴峻挑戰。並且，即使在蘇聯模式或計劃經濟中，也從來沒有根除商品、貨幣、交換、私有經濟成分或市場要素。後者則訴諸生產資料私有制與市場經濟的天然聯姻，從根本上排除公有制，其當代形態如「華盛頓共識」。但市場失靈或經濟危機的周期性爆發，將正統資產階級經濟學一次又一次地逼到牆角。並且，在現實的西方經濟生活中，始終或多或少地存在「國有」「公有」經濟成分以及經濟上的「計劃」。所謂資本主義有「計劃」，社會主義也有「市場」。

20世紀早期，蘭格與米塞斯、哈耶克等人進行過理論上的論戰，後來東歐改革理論家如布魯斯、科爾奈等人也進行過理論探索但最終退卻。這類論戰或探索，多是在抽象層面爭論、辨析是私有制還是公有制與市場經濟具有相容性，以及公有制有無與市場經濟結合的可能。從全球範圍看，這些理論爭論不管有否意識形態層面的勝負，在社會實踐上都不可能最終勝出。無論正統理論形態或經典作家著述以及後來的理論論戰勝負如何，東西方的現實經濟生活表明，混合所有制經濟有其客觀必然性和規律決定性，只是因市場經濟的歷史起源和制度環境的不同而具有結構特徵性以及結構優勢性標準。①

（二）混合制改革範圍與政策限界

國有企業混合所有制改革，不再像以往那樣限於一般競爭性行業，而是逐步進入那些帶有一定壟斷性質的重要領域和關鍵環節。國有企業的效率目標、社會責任和政府的管制目標，都在改革政策中有所體現並交織在一起。

主業處於充分競爭行業和領域的國有企業，按照市場化、國際化要求，以提高經濟效益和創新商業模式為導向，運用整體上市等方式引入其他國有資本或各類非國有資本實現股權多元化，以資本為紐帶完善混合所有制企業治理結構和管理方式，使其成為真正的市場主體。主業處於關係國家安全和國民經濟命脈的重要行業與關鍵領域、主要承擔重大專項任務的商業類國有企業，保持國有資本控股地位，支持非國有資本參股。

對自然壟斷行業，實行以政企分開、政資分開、特許經營、政府監管為主要內容的改革，根據不同行業特點實行網運分開、放開競爭性業務，促進公共資源配置市場化，規範盈利模式，推進分類依法監管，並以負面清單形式分別列出需要實行國有獨資、絕對控股或相對控股的重要行業和領域。

主業屬於公益類如水電氣熱、公共交通、公共設施等提供公共產品和服務的國有企業，通過購買服務、特許經營、委託代理等方式，鼓勵非國有企業參與經營。根據業務特點分類推進具備條件的企業投資主體多元化。對成本控制、營運效率、價格水準、服務質量、資訊披露、安全標準、保障能力等進行分類監管，並引入社會評價機制。

政策鼓勵和支持非國有資本參與混合所有制改革。一是鼓勵非公有資本

① 一些西方學者在論述市場經濟中國家的作用時也認為，「世界上並不存在所謂『純粹的』市場經濟 —— 一種所有的經濟決策都由自由市場作出的經濟。所有的市場經濟都是混合經濟。因為在現代社會中，國家 —— 作為公共利益的代表 —— 都要扮演一種重要的角色。雖然一般來講，市場經濟的成員較之計劃經濟的成員享有大得多的行動自由，但國家也必須保證一個適當的制度框架的存在。」（A.J. 伊薩克森，C.B. 漢密爾頓，T. 吉爾法松 . 理解市場經濟 . 張勝紀，肖巖，譯 . 北京：商務印書館，1996：6.）

通過股權、債權等多種方式，參與國有企業改制重組或國有控股上市公司增資擴股以及企業經營管理。企業國有股權轉讓時，除國家另有規定外，一般不在意向受讓人資質條件方面對民間投資主體單獨設置附加條件。二是允許經確權認定的集體資本、資產和其他生產要素作價入股，參與國有企業混合所有制改革。三是引入外資參與國有企業改制重組、合資合作，鼓勵通過海外併購、投融資合作、離岸金融等方式，利用國際市場、技術、人才等資源和要素，發展混合所有制經濟，深度參與國際競爭和全球產業分工。四是推廣政府和社會資本合作（PPP）模式，鼓勵社會資本投資或參股基礎設施、公用事業、公共服務等領域項目，使投資者在平等競爭中獲取合理收益。五是試行混合所有制企業員工持股，主要採取增資擴股、出資新設等方式，優先支援人才資本和技術要素貢獻佔比較高的科研院所、高新技術企業和科技服務型企業開展試點，支持對企業經營業績和持續發展有直接或較大貢獻的科研人員、經營管理人員和業務骨幹等持股。

政策鼓勵國有資本在混合所有制改革中拓展發展空間，實現合理權益和保障一定的管控能力。一是鼓勵國有資本在公共服務、高新技術、生態環境保護和戰略性產業等重點領域，以市場為基礎，以資本為紐帶，利用國有資本投資、運營公司的資本運作平台，對發展潛力大、成長性強的非國有企業進行股權投資。二是鼓勵國有企業通過投資入股、聯合投資、併購重組等方式，與非國有企業進行股權融合、戰略合作和資源整合。三是支持國有資本與非國有資本共同設立股權投資基金，參與企業改制重組。四是在國有資本參股非國有企業或國有企業引入非國有資本時，允許將部分國有資本轉化為優先股。五是在少數特定領域探索建立國家特殊管理股制度，依照相關法律法規和公司章程，行使特定事項否決權，保證國有資本在特定領域的控制力。對混合所有制改革中國有產權保護和員工利益維護也有相應的政策規範。

（三）產權混合經濟的創制意義

混合所有制改革，在一定意義上是國有企業的自我革命。改革政策既涉及制度理念、產權安排、權利保護、市場建制，也關乎准入管理、規制監管、法律規章等諸多方面。混合所有制經濟如何定位於社會主義市場經濟制度，如何促成公有制與市場經濟內在相容，是一項在理論上與東西方「經典」「正統」理論大相徑庭，在實踐中有太多原創性或不確定性的世界性創新，需要政策、體制、法規以及理論上的開放性探索和創新。

第一，建立企業產權結構優化與權能利益均衡機制。

混合所有制改革意味着多元產權進入企業內部，並以其資本份額行使權利、實現收益。如同勞動分工的發展會完善工藝技術、提高生產效率一樣，企業形態的發展則逐步促進了產權功能的分工。先是有企業所有權與經營權的分工。隨着公司制的創立，在所有權層面，出現了自然人產權與法人產權的分工、委託與代理的權能分工。在公司治理中，又有決策權與經營權的分工，以及子孫公司的分設、分立，董事層與經理層的社會化選聘，產權持有錯綜交叉，委託與代理權能更加複雜。

在國有資本控股的混合所有制企業中，其他社會資本參與某種產權分工已經細化、產權功能相對複雜的「有組織的行動」，意味着它們必須放棄單獨掌控自有資本的權利。個人作為投資方向公司投資，公司契約所界定的產權形式、權能結構和行使方式，決定了他們參與其中的具體樣式和利益實現方式，包括投資者向公司貢獻的資源、公司資源如何使用的決策方式以及投資者如何分享共同努力所獲得的利益等。混合所有制企業的類此約定，作為市場經濟契約主義意義上的遊戲規則，面對不同性質的投資者，更需要保證各類產權分工合理、結構優化，產權功能邊界清晰、均衡有效，公司權益共同分享、公平合規。無論委託與代理關係如何複雜，混合所有制企業的產權分工及其權能均衡與否是判別其是非成敗的依據。既要防止一股獨大引起權能及利益傾斜，又要防止委託與代理關係中的所謂「經理革命」產生的內部人控制，還要防止借「職工利益」「社會責任」之名，故意違反或隨意改變契約規則。混合所有制企業的產權分工優化、權能結構均衡和利益關係調適等，是其發展潛力釋放、競爭優勢形成的關鍵所在。

以資本為紐帶的混合所有制引入後，產權結構和權能關係的變化深刻影響着國有企業的管理者和勞工層的權利關係。在當初的國有企業中，管理者和勞工層都是國家的主人，只有分工不同，沒有高低貴賤之分，他們的管理權能和勞動權利，在邏輯和法律上既是經濟權利也是社會權利，並且是無差別意義上的權利。經由混合所有制改革，尤其在國有資本放棄控股權的公司中，其管理者只是與其資本份額相對應的出資人代表，不再具有公司的掌控權；企業職工也由主人翁轉變為相對於資方的普通勞動者，其原有的經濟社會權利受到了侵蝕而必須處理好相應的職工利益保護等問題。企業管理層為保障自身特定利益或達到內部人控制，在國有企業改制中，往往以「照顧職工利益」「職工持股、經營者持大股」等方式或名義迂迴地實現其目的，當然也不乏一些人膽大妄為、利用權勢直接推動由公有到私有的產權顛覆類「改革」案例。這也是國有企業改革過程中屢屢受到詬病的常見現象。混合所有制企業的結構性矛盾以及由此派生的管理權差異和參與性顧慮，需要相應的企業產權的清晰界定和權能安排的均衡合理以及勞資關係的適當處理，來保障所有投資者與之投入相適應的正當權益和混合所有制經濟的活力、動力與持久的生命力。

第二，促成國有資本效率目標與社會責任的邊際優化。

混合所有制企業資本構成的變化，使其效率追求較之於以往的國有企業更為明確。但政府總是或多或少地期待國有資本尤其是控股類國有企業承擔部分社會責任。混合所有制企業中的效率目標與社會責任之間的內在矛盾與衝突，在社會範圍內的混合所有制經濟乃至基本經濟制度中也是存在的。深層次上看，這種矛盾與衝突也是力圖將公有制與市場經濟結合起來的世界性創新的固有矛盾與困境。只有從體制機制上解決了這類矛盾和衝突，前無古人的高難度創新才有出路。任何模糊性處理、緣木求魚式訴求甚或南轅北轍式努力，只能將這場本來就極為艱難的制度創新，誤導至傳統主義的泥沼、迷途甚至歸途。

在微觀層面，一般競爭性、商業類混合所有制企業，無論其資本結構如何，是國有資本還是非國有資本控股，不考慮重大災難救助、戰時經濟環境等例外情況，其企業目標只能是通過技術進步、管理創新等，在公平競爭、優勝劣汰的市場環境中依法合規地追求效率最大化，而不能簡單地賦予其社會責任。對於需要國有資本絕對或相對控股、屬於自然壟斷性質及其他需要政府管制的重大安全領域的混合所有制企業，應以商業模式和盈利方式創新，形成非國有資本參股混制的盈利預期和投資激勵。所謂「優先股」的設立，或許更適合這類企業中的非國有資本參股混改，以免國有資本履行社會責任時侵蝕其他投資者的資本權益。除非國有資本旨在放棄控股權或行使超經濟權力，否則，混合所有制企業中設立國有資本「優先股」等，在一般競爭性領域因共擔風險而沒有必要；在國有資本絕對或相對控股的重點關鍵企業中，則屬於畫蛇添足、節外生枝。

在社會範圍內，混合所有制經濟中的國有經濟成分，畢竟有應對市場失靈、保障普遍服務、維護公平競爭等非營利目標或社會責任。這也是社會主義市場經濟或基本經濟制度中保有國有經濟成分的依據也是界限所在。在經濟轉軌過程中，因利益相關方的極力維護，國有經濟成分會在較長的時間內超出其必要範圍。但國有企業混合所有制改革，已經在主動收縮國有經濟的範圍和邊界。其中的一些改革措施，如購買服務、PPP 模式等，將過去通常由國有企業以自然壟斷、市場壟斷甚至行政壟斷方式所獨佔、先佔或佔優勢的行業和領域，部分地推向市場或利用市場機制，提供更有效率、更高質量的商品和服務。隨着市場深化、體制創新和經濟發展，國有資本直接參與一般經濟活動的必要性將會進一步降低，應當收縮邊界或進行戰略性調整，集中力量應對市場失靈，履行社會責任，提高抗風險能力。混合所有制改革中對國有企業進行業績分類考核，也正是在一定意義上適應這種要求和趨勢。更廣義地看，在由市場決定的經濟效率與政府需要的社會責任之間，國有經濟有必要主動、動態地調整其經營範圍和比例，形成某種邊際運動機制或邊際均衡狀態，以發揮「市場決定作用」基礎上的「政府更好作用」。國有經濟的這種自覺性、自製力及其定力，從根本上說，也是公有制與市場經濟之間有機結合、內在相容的世界性創新能否成立，帶有治理性改革和制度性變革雙重性質的「中國故事」有無普遍意義以及混合所有制經濟或社會主義市場經濟能否具有競爭優勢和制度自信的關鍵所在。[①]

第三，分立自然壟斷環節與收縮經濟管制邊界。

國有企業混合所有制改革已經進展到以絕對控股或相對控股的方式，將一批長期界定為重要領域、關鍵環節、自然壟斷以及政府嚴格管制的行業向社會資本開放。這些領域的改革，需要從市場經濟規律、技術經濟規律、政府規制規律的有機結合等諸多方面，為公有制與市場經濟相容結合這個「世界性難題」探索出一條新路。

分期分批推出的試點企業涉及配售電、電力裝備、高速鐵路、鐵路裝備、航空物流、民航資訊服務、基礎電信、國防軍工、重要商品、金融服務、石油天然氣等重點領域，這些企業都是本行業的代表性領軍企業，至少具有「大」的典型性。其混合制試點模式，既包括民企入股國企、國企入股民企，也包括中央企業與地方國企混合、國企與外資混合、政府和社會資本合作（PPP）等。

先期納入混合所有制改革的國有企業，有行政管制或行業壟斷類企業，如國防軍工、航空物流、民航資訊服務、鐵路裝備、重要商品、金融服務等。其中除少部分重要工藝環節需要保密管制的國防軍工企業外，其他大部分是一般競爭性企業，因其地位重要並具有先佔甚至獨佔優勢，長期行業壟斷排他、政府管制過度，其經濟效率和社會福利損失是顯而易見的。另有一部分企業涉及資源、網絡類自然壟斷領域，如配售電網、交通路網、市政管網、基礎電信、稀有礦藏以及石油天然氣及其輸送管網等。歷史上這些領域通常由眾多關聯企業和產業形成縱橫向一體化的「巨無霸」國有企業。其混合所有制改革，關鍵在於兼顧技術規律和市場規律，將企業的自然壟斷業務

① 當然，「混合經濟中已蘊含資本主義市場和協同共享兩種元素，兩者既相輔相成，又存在不可避免的競爭。有時，兩者能夠通過互利的方式反哺自身。但更多時候，其競爭的本質促使兩者相互吞並或取代對方」。「市場資本主義與協同共享兩種經濟模式之間將是一場歷史彌久的鏖戰。」（傑里米．里夫金．零邊際成本社會：一個物聯網、合作共贏的新經濟時代．賽迪研究院專家組，譯．北京：中信出版集團，2017.）由此可見，政府依據體制適應性對不同經濟成分進行適時有效規制與平等中性規制一樣是極其必要的。

與競爭性業務分開，對生產鏈上下游各環節進行結構性分拆。其中競爭性業務一律推向市場、開放競爭，其他資源、網絡類領域分類規制與專業化監管。

改革路徑的清晰並不表徵改革目標的實現。其間利益關係的調整與改革阻力之大甚至難以估量。與改革路線圖相對應的改革時間表，也許只有時間才可以回答。這些領域已經或正在出現與混合所有制及市場化改革趨勢相悖的改制行為。如部分電網企業將本來有利於網絡規模適度化、輸配電體制優化的縣市以下的配售電網子公司，加快改制為具有縱向一體化性質的分公司，進而擴張電力網絡的壟斷範圍、規模和程度。部分油氣企業利用先佔優勢和勘探開採權「跑馬圈地」，將大面積的油氣資源潛在儲藏掌控在自己手中而又無力勘探開發。類此現象既表明改革的艱難性與複雜性，也表明改革的緊迫性和必要性。

第四，順應產權、競爭、規制及市場中性規律。

數十年的改革開放和社會主義市場經濟發展建制，已經確立產權平等保護、市場公平競爭和規制一視同仁即產權中性、競爭中性和規制中性原則。國有企業混合所有制改革和混合所有制企業的建立，不僅將社會範圍內的外在性產權、競爭和規制中性需求轉化成企業內部各個投資主體的內在需求，而且改變了所有制的存在形態，公有制和私有制既有其外部分立形式也有其內部融合狀態，可以隨時隨地交叉轉換，產權、競爭和規制中性催化成了市場中性趨勢乃至規律[①]，進而將正統資產階級經濟學認為不可能結合共生的公有制與市場制的抽象對立，轉變成了經常發生、自然融合的現實經濟活動。公有制與市場經濟相互結合、內在相容的「世界性難題」或創新，終於講出了中國故事、走出了中國道路。「善者因之」、順應趨勢與規律確立市場中性原則，也就成為社會主義基本經濟制度完善昇華、成熟定型的歷史選擇和邏

---

① 學界有依據傳統的經濟性質標準提出所有制中性之説，其間有大同小異之處。但市場中性有其更深層次的含義，包括避免像早期社會主義者那樣，採取將「孩子」和「髒水」一起潑掉的極端方式，既徹底否定資本主義制度，又試圖根除市場經濟及其所有發展條件和價值意義。當代中國以社會主義性質重建區別於資本主義性質的市場經濟，本身就意味着市場是中性的。確立產權、競爭和規制中性基礎上的市場中性原則，原本就是題中應有之義。

輯規律。

循此趨勢與規律，自然是創造競爭中性的體制環境發揮「市場決定作用」，通過規制中性體現「政府更好作用」。長期以來，儘管宏觀層面早已做出具有規制中性性質的產權中性和競爭中性類政治決策，但國有企業的地位和作用以及其存在依據，還是自覺不自覺、或多或少地賦予其超經濟角色和超市場地位，對其進行即便是治理變革的利益調整，也有可能受到來自不同側面的批評責難直至政治攻訐。其中有出自天下公心者，但也不排除部門、行業以及個人的利益維護。沒有產權中性和規制中性的政策法規平等保護各類資本及其相應的權能，混合所有制改革就有可能「跑題走偏」、不得其所，其政策空間和發展潛力也會受到極大的限制。在社會範圍內，如不確立市場中性原則，破除包括境外資本在內的所有經濟成分的超經濟權利、超市場地位或超國民待遇，就不可能創立各種所有制經濟競爭中性、平等發展的體制基礎和安全環境。因此，除極少數需要特定激勵或負面清單管制的領域外，其他領域必須一律遵循產權中性、競爭中性、規制中性原則並順應市場中性發展的趨勢與規律。

第五，創立多元產權的平等保護及良法善治環境。

微觀層面的國有企業混合所有制改革，是以宏觀體制意義上的混合所有制經濟為基礎的。「國有資本、集體資本、非公有資本等交叉持股、相互融合的混合所有制經濟，是基本經濟制度的重要實現形式。」[①] 在這種制度結構中，社會上不僅廣泛存在着不同性質、相互獨立的所有制主體，而且經過混合所有制改革之後，不同性質的資本及其所有者開始進入同一企業內部，並依據股權份額實現權益。與獨資企業中的產權所有與企業經營一體化不同的是，在混合所有制企業中，經營的一體化要求與產權的多元化構成，即使不存在委託—代理關係，也依然不能保證其股東之間總是能夠達成意見一致的合意安排。

公有資本與非公資本的混合，是通過平等的契約形式來實現的，雙方都

---

① 參見《國務院關於國有企業發展混合所有制經濟的意見》(2015 年 9 月 23 日)。

不能有履約預期疑慮尤其是履約地位的差異。國有企業的強勢角色或控股地位，以及經濟轉軌中成長起來的非公資本的先天不足和相對弱勢地位，使得非公資本對處於主體地位方的履約誠信及履約平等尤為擔心。而改革政策層面做大做強國有經濟、提高其控制力和影響力的目標期待，無論是價值信念意義上的決策初衷，還是求得改革正當性的策略性表述，或者是管制放鬆型市場化改革的現實出發點，給非公資本也給社會的直接觀感是，混合所有制改革依然存在十分濃厚的國有企業本位性和主導型色彩。至於國有企業參股民營企業，以及「管資本為主」的國有資本投資公司和運營公司設立後利用資本市場及其便利性，不僅國有資本有向民營企業和競爭性領域延伸之嫌、之便，而且國有企業影響力和控制力的擴大，必然增加市場疑慮和政策誤解，未必符合混合所有制改革的初衷。

因此，在混合所有制經濟中夯實微觀基礎的取長補短、相互促進、共同發展，既需要構建企業命運共同體來約束那種在市場建制中新生的非公資本的個人主義性格和機會主義行為，更需要在社會範圍內保障不同所有制經濟之間資源配置的開放競爭和市場決定的體制環境，以及在混合所有制企業中保證所有投資者的產權平等安全、依規行使，尤其是主體方對功能責任的界定、控股方對履約守信承諾的堅守。考慮到我國市場建制特點，明確區分「破舊立新」初期及無法可依階段的經濟糾紛與經濟犯罪的界限，依據罪刑法定原則，以典型案例的適當處理，豁免民營資本成長早期的一些不規範經營行為，並探索經典判例入法，做到有法可依。以良法善治消除民營資本的「原罪」恐懼，增加其資本安全感和體制向心力。平等保護多元產權也不能長期徘徊於政策檔階段，應當按照產權中性、競爭中性、規制中性的市場中性原則，分別立、改、廢、釋所有涉及財產權利、市場競爭和政府規制的政策法規，形成良法善治的民法環境，最終以治理性改革和制度性變革辯證統一的成功實踐和混合所有制經濟蓬勃發展的中國故事，探索出符合國情規律的公有制與市場經濟內在相容、各種所有制經濟平等發展的社會主義市場經濟制度或中國特色社會主義道路。

第四章

壟斷領域改革及其市場適應性特徵

市場經濟較之於自然經濟，其發育成長需要更為廣泛有效的社會公共品生產和服務。經濟領域中的廣義公共品除規則、公平、安全等制度要素外，還包括資源、網絡等具有自然壟斷性質的生產要素。相對於競爭性領域的市場化改革，自然壟斷領域的市場適應性建制，既要符合市場公共品性質、遵循市場經濟規律，又要兼顧產業特性、技術規律和社會治理結構；既要進行錯綜複雜的體制改革創新和經濟利益調整，又要構建稀缺要素、網絡體系均衡配置機制和共享服務平台；既要對自然壟斷業務進行商務盈利模式創新，又要信守政府規制理念、政策和管理體制。加之歷史上這類行業政企、管辦不分，生產、流通和社會服務縱橫向一體，自然、行政、市場壟斷與技術經濟因素和行政化管理體制錯綜交織、彼此維繫，其體制架構之堅固、既得利益之豐厚、維權意願之強烈、遊說管道之便捷、改革博弈之強勢絕非普通商業類企業可比。相關改革走走停停、避重就輕乃至鎩羽折戟、成敗無常不難理解。

一、資源類企業改革及其艱難進程

資源類生產處於產業鏈的上游或前端。從製成品尤其是消費類製成品領域率先破題的市場化改革及經濟發展，迅速打破了計劃體制下原有的產業鏈與價值鏈的平衡狀態。其中能源供應鏈和價格體系失衡尤為迅速、突出。煤炭礦區和礦井接續緊張、採掘比例失調，油氣勘探投入欠帳、儲採比下降，電力建設滯後、多數地區供電緊張。能源政策調整和市場化改革也由此起步。

(一) 從政策支持到承包制試點

自 20 世紀 80 年代初起，國家開始對地方國營煤礦實行虧損補貼、降低工商税等政策;提出國家、集體、個人、大中小型煤礦齊上並建的辦礦方針，從資源劃分、產品運銷、技術服務等方面支持小煤礦發展；實行「電廠大家辦，電網國家管」的集資辦電政策；出台「自建、自管、自用」和「誰投資、誰所有、誰管理」的所謂「三自」「三誰」等鼓勵發展農村小水電的政策。①此外，如同其他國營企業改行「撥改貸」政策一樣，中央預算內能源基本建設投資由撥款改為貸款，國家基本建設計劃資金以貸款形式下達給國營企業或建設單位，形成國家與建設單位最初的資金借貸關係，激勵建設單位節約投資、提高效益。

---

① 1981 年 12 月，國務院批准原國家能源委員會《關於地方國營煤礦若干經濟政策的請示》；1983 年 4 月，國務院批准原煤炭部《關於加快發展小煤礦八項措施的報告》;1985 年 5 月，國務院批轉《關於鼓勵集資辦電和實行多種電價的暫行規定》。

與改革目標探索和認知局限性有關，改革之初，資源能源類企業效行農村包產包乾制改革，在油氣、煤炭等能源行業，開始實行各種類型的承包、包乾制度。

1981 年 6 月，國務院對原石油工業部做出一億噸石油產量總承包政策。石油行業超產、節約的原油可按國際價格銷售，高於國內油價的收入部分，85% 作為石油勘探開發基金，其餘 15% 用作職工福利和獎勵基金。1987 年 3 月，國家又對天然氣生產實行包乾辦法。超過包乾基數的天然氣產量由石油工業部自行定價，價差收益用作勘探開發基金。包乾政策使油氣定價由國家定價向國家定價為主、多種價格並存轉變，也啟動了油氣行業的發展潛能。到 1988 年，石油行業累計籌集勘探開發基金 294 億元，佔同期石油開發總投資的 80% 以上；原油產量提高了 3 500 萬噸，部分緩解了市場供應緊張狀況。從 1992 年起，中國石油天然氣總公司實行「四包、兩定、兩保、一掛鈎」承包經營責任制，即油氣田包新增探明石油和天然氣儲量、原油和天然氣產量及商品量，定投資規模和生產盈虧，總公司對油氣田保專用器材和油氣外輸銷售，油氣田工資總額與承包指標完成情況和經濟效益掛鈎。

煤炭行業試行產量、投資等包乾辦法。1983 年 2 月，原煤炭部開始在煤炭行業推行各類包乾制度。1985—1990 年間，先後分別在部分骨幹煤炭企業推行過一包數年（六年）的基本建設包建、噸煤工資包乾、產量和財務包乾等項包乾制度。其間，1984 年 9 月，為集中統一推行承包制管理，將山西、山東、河南、陝西等主要產煤省份的煤炭工業廳（局）、骨幹統配煤礦以及所屬主要地質、施工、設計、科研教育等單位劃歸煤炭部直屬管理。這種以計劃體制乃至強化計劃管理為基礎的承包制，其經濟激勵有效但也有限。1990 年與 1985 年相比，全國煤炭產量增長 23.8%，達到 10.8 億噸，但年均增速不及 5%，與其他製造業行業和整個國民經濟增速相形見絀，能源供給瓶頸依然如故甚至有所加劇。六年承包到期後，煤炭行業仍在延續承包制，重點轉向完善指標體系、落實盈虧包乾和安全指標等方面。

這一階段，國營企業管理體制和利稅、價格改革等也在資源能源領域推進並有所進展。經營管理方面，煤炭企業實行礦務局和煤礦兩級核算，加強成本管理；石油企業按油田進行核算；電力領域擴大電廠權限，由電力行業統收統支改為電網、省局、發電廠三級核算，電網內實行國家和地方兩種體制。陸續組建中國石油天然氣總公司、中國海洋石油總公司、中國統配煤炭總公司、東北內蒙古工業公司和核工業總公司。華東電網開展以「政企分開、省為實體、聯合電網」為主要內容的電力改革試點，保留華東電力管理局和省（市）電力工業局，另外分別成立華東電力聯合公司和上海、江蘇、浙江、安徽等省級電力公司，以「雙軌制」運行破題政企分開改革。1988年，國務院撤銷煤炭、石油、水利電力和核工業部，設立能源部，主要負責擬定行業發展規劃、產業政策、技術標準，市場監測分析，實施行業監督管理，不再直接管理企業。價格改革方面，統配煤礦包乾基礎內的產量執行國家調撥價格，每年遞增的包乾產量按國家調撥價格加價50%，再超產部分可由企業自行議價銷售；新建電廠實行「還本付息」電價。

(二) 能源企業股份制、公司制改革

中共十四大確立社會主義市場經濟改革目標，資源能源類企業改革指向、路徑得以廓清，進程也隨之加快。

1994年1月，國務院批准山東華能發電、華能國際電力、山東國際電源和北京大唐四家電力企業經過股份制改造作為首批海外上市預選企業，自當年起陸續在紐約和香港上市。電力體制全面改革啟動於新世紀初，主要是實行廠網分開、資產重組，組建電網及發電公司，建立競價上網電價形成機制等。[①] 相繼成立國家電力監督委員會，國家電網公司和南方電網公司兩大電網公司，華能、大唐、華電、國電和電力投資等五個發電集團，水電規劃設計院、電力規劃設計院、葛洲壩集團、水利水電建設總公司等四大輔業集團公司。廠網分開改革在國家層面基本完成。此外，政府通過上網優惠電價、擴大市場准入、引入競爭機制等政策支持和引導光伏發電、風能發電等並網技

---

① 2002年2月10日，國務院發佈《電力體制改革方案》。

術開發，我國可再生能源商業化進程啟動並形成一批骨幹企業。

煤炭行業改革由最初的煤炭生產、多種經營和後勤服務內部分離，推進到主業輔業分離、轉換企業機制，再推進到價格改革和企業戰略性重組。2004—2007年間，國家出台一系列政策，加快建設神東等13個大型煤炭基地，培育和發展若干個產能億噸級的大型煤炭企業集團；推行煤電價格聯動機制，改革煤炭訂貨辦法，鼓勵供需雙方直接商談價格、簽訂供煤合同；鼓勵能源企業以資產為紐帶，實施跨行業、跨地區、跨所有制戰略重組，煤炭企業利用資源優勢，與電力、鋼鐵、有色等企業合作發展非煤產業；新成立的幾家大型發電公司紛紛進軍主要煤炭礦區，獨資或合資開設煤礦，建設坑口電廠；在山西省開展煤炭工業可持續發展試點，完善資源有償使用制度、煤炭成本核算制度，建立煤炭開採補償和生態環境恢復機制、資源型企業和城市轉產發展機制。

1998年3月，國家組建中國石油天然氣集團公司（中石油）、中國石油化工集團公司（中石化），旨在建成政企分開、自主經營的法人實體。雖然改歷史上的「一家獨霸」為「兩家各大」格局，但仍然是上下游、供產銷、內外貿一體化經營。其中，中石油集團公司負責北方11個省區內的石油石化生產企業、原油成品油運輸管道和地方石油公司及其加油站；南方15個省的相應單位歸屬中石化集團公司。1999年下半年起，中石油、中石化、中海油總公司先後重組主業優質資產，設立中國石油股份公司、中國石油化工股份公司和中國海洋石油有限公司，分別於2000年4月、10月和2001年2月在紐約、香港、倫敦上市。

但石油天然氣行業一體化壟斷體制根深蒂固，體制改革長期遲滯不前。直到2017年，因全面深化改革的推動，才以活力、能力建設為中心，開始突破一體化體制。[①] 即分步放開油氣勘查開採體制，提升資源接續保障能力；完善油氣進出口管理體制，提升國際國內資源利用能力和市場風險防範能力；改革油氣管網運營機制，提升集約輸送和公平服務能力；深化下游競爭性環

① 2017年5月，中共中央、國務院印發《關於深化石油天然氣體制改革的若干意見》。

節改革，提升優質油氣產品生產供應能力；改革油氣產品定價機制，釋放競爭性環節市場活力；深化國有油氣企業改革，釋放骨幹油氣企業活力；完善油氣儲備體系，提升油氣戰略安全保障供應能力；建立健全油氣安全環保體系，提升全產業鏈安全清潔運營能力。

(三) 能源價格、礦業產權和油氣管網改革

石油價格由政府定價逐步過渡到參照國際市場價格，建立市場化調整機制。2013 年起，規範價格調控程式，取消調價幅度限制，價格調整周期縮短至十個工作日。隨後放開液化石油氣價格，簡化成品油調價操作方式，建立油價調控風險準備金制度，但恢復設定成品油價格調控下限。[①] 天然氣價格實行分級管理，國務院價格主管部門管理門站價格，地方價格部門管理門站以下銷售價格。2013—2015 年間，分類分步推進天然氣和電力價格改革。區分存量和增量，分三步實現非居民存量氣與增量氣價格並軌，建立與可替代能源價格掛鉤的動態調整機制；分步放開輸配以外的競爭性環節電價並向社會資本放開部分配售電業務等。[②]

礦業產權制度經歷了從無到有的市場建制過程。自 1986 年《礦產資源法》頒佈實施並幾經修訂以來，我國礦業權出讓制度經歷了從無償到有償、從申請批用方式到競爭性、市場化取得等變化。但出讓競爭和所有者權益實現不充分、部分大型企業集團壟斷礦產勘探開採等問題也一直存在。2017 年 6 月，國土資源部選取山西、福建、江西、湖北、貴州、新疆六個省（區）開展試點，2019 年在全國推廣實施。重點力推礦業權競爭性出讓，嚴格限制協議出讓；理順礦產資源稅費體系，調節礦產資源收入；調整礦業權審批權限，強化出讓監管服務。以維護和實現國家礦產資源基本權益為核心，建立

---

① 參見《國家發展改革委關於進一步完善成品油價格形成機制的通知》及《石油價格管理辦法（試行）》（2013 年 3 月 26 日）；《國家發展改革委關於進一步完善成品油價格形成機制有關問題的通知》及《石油價格管理辦法》（2016 年 1 月 13 日）。

② 參見《中共中央國務院關於進一步深化電力體制改革的若干意見》（2015 年 3 月 15 日）。

新型礦業權出讓制度和國家礦產資源權益金制度。

我國油氣管網大型幹線和支幹線工程主要由中石油、中石化、中海油三大石油公司投資建設，區域內支線也主要由三大石油公司和地方資本投資建設。其中，中石油佔管網總投資的70%。雖然管網及儲庫供給十分短缺，但社會資本仍然難以進入，其自身投資建設的質量效益不甚理想。儘管早在2014年就明確規定油氣管網等基礎設施向協力廠商平等開放，但中石油僅在有剩餘運輸能力時向協力廠商零星開放，中石化、中海油僅個別管道開展代輸業務，管網開放程度嚴重不足。壟斷業務與競爭性業務不分，輸配環節層級多，成本不透明，定價機制扭曲。據有關能源諮詢機構的典型調查，近年來一些省份的工業天然氣銷售價格構成中，氣源成本比例不到40%，國網、省網及城市配氣網的管輸費佔比超過60%，管輸價格明顯偏高。

分離管網主業壟斷業務和輔業競爭性業務，開放協力廠商平等接入和多元投資參與，完善市場決定和政府規制相結合的管網服務價格形成機制和盈利模式等，既是優化油氣管網體制、提速管網建設、促進生產性普遍服務的方向與路徑，也是降低經濟發展和人民生活成本、兼顧經濟效率與社會公平的制度建設。為打破三大石油公司的油氣管網壟斷，政府監管部門從管控規制價格、促進無歧視開放、剝離壟斷環節以及訴諸公眾意見等多維度艱難破題。

從2014年起，國家有關部門就擬將中石油、中石化、中海油三家石油公司下轄的天然氣管網資產剝離，對油氣行業的一體化體制進行勘探開採、石油煉製、管道輸送、市場營銷的結構性分拆，推動油氣管網等基礎設施向協力廠商無歧視開放。但因得不到三家石油公司的支持而被擱置，轉而重點加強對油氣管道輸送價格監管和成本監審的精細化、制度化建設。[①]時隔四年之後，國家有關部門以油氣管網設施公平開放為切入點，漸進式地推進管網體制改革，並就擬議中的監管辦法公開向社會徵求意見，也有對沖既得利益方

① 參見國家能源局《油氣管網設施公平開放監管辦法（試行）》（2014年2月13日）；國家發展改革委《天然氣管道運輸價格管理辦法（試行）》和《天然氣管道運輸定價成本監審辦法（試行）》（2016年10月9日）。

的反對意見之意味。經過長期的利益博弈和改革準備，最高決策層終於下定政治決心，組建國有資本控股、投資主體多元化的石油天然氣管網公司，實質性地推動石油天然氣行業的管網分離改革[①]，《油氣管網設施公平開放監管辦法》最終得以出台，鼓勵和支持各類資本參與投資建設納入統一規劃的油氣管網設施，提升油氣供應保障能力。[②] 油氣管網建制的產權多元、規模適度、接入公平、價格合理、服務優質、管理精良和監督有效等，已經引起社會的矚目與期待。

此外，經濟市場化變革也推動了資源能源監管體制幾經變化。到 2003 年，國土資源部承擔煤炭、油氣等能源資源勘探規劃、資源配置等監管職能；國家能源局負責能源戰略規劃、產業政策、行業標準等監管職責；能源價格、財稅等分別由國家有關部門負責管理。中央和省級國有資產監督管理委員會負責監管所屬國有能源企業。自 2018 年起，新組建的自然資源部統一行使全民所有自然資源資產所有者監管職責。資源、能源法規建設也各有進展。

二、基礎網絡類企業改革及其條件

基礎網絡類壟斷領域，包括輸電配電網、公路鐵路路網、航空水運航線、市政路網管網等。其生產與服務企業，具有網絡壟斷性、結構一體性和資產專用性，在計劃體制下還賦予其行政壟斷和市場獨佔地位。網絡類企業改革，不僅要遵循市場經濟規律，而且要適應網絡技術規律要求以及政府規制方式創新，數十年來推進艱難、進展遲緩，至今離改革目標還相去甚遠。

---

① 2019 年 3 月 19 日，中央全面深化改革委員會第七次會議審議通過了包括《石油天然氣管網運營機制改革實施意見》在內的有關文件，提出堅持深化市場化改革、擴大高水平開放，推動石油天然氣管網運營機制改革，組建國有資本控股、投資主體多元化的石油天然氣管網公司。

② 參見《國家發展改革委關於就〈油氣管網設施公平開放監管辦法〉公開徵求意見的公告》（2018 年 8 月 3 日）；國家發展改革委、國家能源局、住房城鄉建設部、市場監管總局《關於印發〈油氣管網設施公平開放監管辦法〉的通知》（2019 年 5 月 24 日）。

(一) 輸配電網體制改革

經過 20 世紀八九十年代尤其是 21 世紀前十年的努力，電力體制初步實現了政企分開、廠網分開和主輔分開，開始進入電網體制改革的攻堅階段。

1. 電力體制改革及其焦點難點

電力體制改革，最初是要打破電力領域集行政壟斷、市場壟斷和自然壟斷於一體的行業超級壟斷，矯正競爭性業務與壟斷性業務混合、主營業務與輔業業務不分、企業責任與社會責任交叉、市場規律與技術規律作用扭曲、資源配置與政府管制失序等，包括緩解當時近乎無限的需求與捉襟見肘的供給之間的矛盾。

隨後需要重點理順政府與企業、中央與地方乃至地方各級政府的涉電關係，電網自然壟斷業務與競爭性業務的關係，輸配電網企業發展機制及網際之間的關係，發電、輸配電、售電各環節間的關係，電網主業與網輔行業之間的關係，輸配電價規制與網絡營利模式的關係，以及電網企業平等競爭與代行行業公權的國網公司間的關係等。

適應市場經濟發展建制，電網改革還需要兼顧網絡一體化、規模適度性與產權多元化、市場競爭性的關係，電網企業投資運營與普遍服務責任間的關係，分散式智能電網和特高壓輸電網建設中的技術創新與制度創新的關係，傳統電力輸配體制與清潔環保型電力輸配模式間的關係，電網體制改革創新與電力法律規範及監管體系建設間的關係等。

即便是輸配電網內部改革，也還取決於工業化、城市化發展階段對配電網所必需的規模經濟支持，電力基礎網絡完善程度尤其是配電長尾網絡覆蓋水準，網絡普遍服務由企業與政府間責任不分、權力不清的交叉補貼方式向制度化、長效化機制的轉變及其進展，以及輸配電網的網絡一體性、規模適度化與投資准入、營運參與多元化相適應的市場機制和政府規制建設等。

2. 廠網分開改革與電網模式調整

自 2002 年起，電力體制改革重點推進廠網分開，重組發電企業和電網資產；實行政企、管辦分開，推動政府監管體系建設；制定發電排放環境保護標準，形成清潔電源發展的激勵機制；開展發電企業向大用戶直接供電試點以及推進農村電力體制改革等。①

實行廠網分開改革，將國家電力公司管理的資產按照發電和電網兩類業務劃分，分別進行資產、財務和人員的重組，組建若干獨立發電企業，實現電力行業的主要競爭性業務與具有自然壟斷性質的電力網絡的分離。為防止形成新的壟斷，規定發電資產重組綜合考慮電廠的資產質量和所在地域條件等，每個發電企業在其電力市場中的資產份額原則上不超過 20%。

重組電網資產，以原國家電力公司管理的電網資產設立國有獨資形式的國家電網公司；設立華北（含山東）、東北（含內蒙古東部）、西北、華東（含福建）、華中（含重慶、四川）等區域電網有限責任公司或股份有限公司；設立南方電網公司，以資產比重較大的地方電網公司為控股方組建有限責任公司或股份有限公司②，各方按現有電網淨資產比例成立董事會負責經營管理，經營範圍為雲南、貴州、廣西、廣東和海南等省區；各區域內的省級電力公司改組為區域電網公司的分公司或子公司，負責經營當地相應的輸配電業務。

授權國家電網公司代行行業管理職能，負責各區域電網之間的電力交易和調度，處理區域電網公司日常生產中的網間協調問題；參與投資、建設和經營相關的跨區域輸變電和聯網工程，負責三峽輸變電網絡工程的建設管理；協助國家有關部門制定全國電網發展規劃；代管西藏電力企業。區域電網公司經營管理電網，保證供電安全，規劃區域電網發展，培育區域電力市場，管理電力調度交易中心，按市場規則進行電力調度。電網企業暫不進行

---

① 政策要點參見 2002 年 2 月 10 日國務院印發的《電力體制改革方案》。

② 由電網資產比重較大的國家電網公司負責組建，各地方以其所擁有的電網淨資產比例為基礎參股。

輸配分開重組，對配電業務逐步實行內部財務獨立核算。縣域範圍內營業區交叉的多家供電企業，以各方現有配電網資產比例為基礎，組建縣供電有限責任公司或股份有限公司。

廠網分開和電網改革推動建立新的電價形成機制。首先是通過市場交易調度形成發電競價上網機制。在區域電網公司經營範圍內，根據各地電網結構、負荷分佈特點及地區電價水準，設置一個或數個電力調度交易中心，實行市場開放，由區域電網公司負責管理。其次是調整電價形成機制。將電價劃分為上網電價、輸電電價、配電電價和終端銷售電價。上網電價由國家制定的容量電價和市場競價產生的電量電價組成；輸配電價由政府確定定價原則；銷售電價以輸配電價為基礎形成，建立與上網電價聯動的機制。最後，政府按效率原則、激勵機制、投資需求並考慮社會承受能力，對各個環節的價格進行調控和監管。在具備條件的地區，開展發電企業向較高電壓等級或較大用電量的用戶和配電網直接供電試點，直供電量的價格由發電企業與用戶協商確定，並執行國家規定的輸配電價。此外，2011 年 9 月，中國電力建設集團有限公司、中國能源建設集團有限公司兩大輔業集團成立，標誌着電網企業主輔分離改革基本完成。

新的電網體制一經運行，原有體制痼疾和新體制缺陷便顯現出來。一是交易機制缺陷制約電力公平交易。作為市場公共品的電力調度交易仍附屬於區域電網公司，難破電力上網交易的網絡壟斷格局；售電側有效競爭機制尚未建立，發電企業和用戶之間交易有限，市場的資源配置作用難以發揮。二是尚未形成市場化電力定價機制。電價管理仍以政府定價為主，電價調整往往滯後於成本變化，難以及時反映電力實際成本、市場供求狀況和環境保護支出。三是新能源和可再生能源開發利用面臨網絡瓶頸。清潔性可再生能源的發電無歧視、上網無障礙機制難以建立，節能環保機組不能充分利用，棄水、棄風、棄光現象時有發生，個別地區窩電和缺電並存。四是政府職能與企業管理權責不清、職能交叉。授權國網公司代行行業公權，負責區域電網間的電力交易調度和網間協調並協助制定電網發展規劃，其公正性、科學性存在市場疑慮。五是立法修法落後於電力體制改革創新。現有的一些電力法律、法規、政策、標準，多是計劃性壟斷體制的產物，亟待立、廢、修訂，為電力行業發展和改革創新提供法規政策依據。

3. 電網深化改革及其存留問題

針對電網體制的傳統痼疾和突出矛盾，新一輪電力體制改革於 2015 年重新啟動。其改革重點和路徑是在政企分開、廠網分開、主輔分開的基礎上，堅持管住中間、放開兩頭的體制架構；分步放開輸配以外的競爭性環節電價、公益性和調節性以外的發用電計劃以及向社會資本開放配售電業務；推進交易機構相對獨立、規範運行，強化電力安全可靠運營、電力統籌規劃和政府監管；繼續深化對區域電網建設以及適合國情的輸配電體制研究。[①]

推進電價形成機制改革。一是單獨核定輸配電價，政府定價範圍主要限定在重要公用事業、公益性服務和網絡自然壟斷環節。政府主要核定輸配電價，並逐步過渡到按「准許成本 + 合理收益」原則分電壓等級核定。二是分步由市場形成公益性以外的發售電價格。參與電力市場交易的發電企業的上網電價由用戶或售電主體與發電企業通過協商、市場競價等方式自主確定；其他沒有參與直接交易和競價交易的上網電量，以及居民、農業、重要公用事業和公益性服務用電，繼續執行政府定價。三是改革不同種類電價之間的交叉補貼。改革過渡期內，現有各類用戶間的電價交叉補貼數額，由電網企業申報，通過輸配電價回收。

推進電力市場化交易機制改革。一是規範市場主體准入標準。按照接入電壓等級、能耗水準、排放水準、產業政策以及區域差別化政策等確定並公佈可參與直接交易的發電企業、售電主體和用戶准入標準，實施動態化監管。二是引導市場主體開展多方直接交易。對符合准入標準的發電企業、售電主體和用戶賦予自主選擇權，自行確定交易對象、電量、價格和洽談合同，實現多方直接交易。三是鼓勵建立長期穩定的交易機制。直接交易雙方通過自主協商決定交易事項，依法依規簽訂電網企業參與的三方合同，構建

---

① 參見《中共中央國務院關於進一步深化電力體制改革的若干意見》（2015 年 3 月 15 日）。

體現市場主體意願、長期穩定的雙邊市場模式。四是建立輔助服務分擔共享機制。適應電網調峰、調頻、調壓和用戶可中斷負荷等輔助服務要求，完善並網發電企業輔助服務考核機制和補償機制。五是完善跨省跨區電力交易機制。按照國家能源戰略和經濟、節能、環保、安全的原則，採取中長期交易為主、臨時交易為補充的交易模式，推進跨省跨區電力市場化交易，促進電力資源在更大範圍優化配置。

建立相對獨立的電力交易機構。一是組建和規範運行電力交易機構。將原來由電網企業承擔的交易業務與其他業務分開，實現交易機構依照章程和規則相對獨立運行。二是完善電力交易機構的市場功能。電力交易機構主要負責交易平台建設和運營管理，包括組織市場交易、提供結算服務、匯總雙邊合同、管理註冊登記、發佈市場資訊等。三是改革和規範電網企業運營模式。電網企業按照政府核定的輸配電價收取過網費，不再以上網電價和銷售電價價差為收入來源，保障電網投資運營、資產管理效率和網絡系統安全，履行公平無歧視開放和電力普遍服務義務。

推進發用電市場化改革。一是分步縮減發用電計劃。根據市場發育程度，直接交易的電量和容量不再納入發用電計劃。鼓勵新增工業用戶和新核准的發電機組參與電力市場交易。二是完善政府公益性、調節性服務功能。政府保留必要的公益性、調節性發用電計劃，保障居民、農業、重要公用事業和公益性服務等用電，以及電網調峰調頻、安全運行和按規劃收購可再生能源發電。三是建立電能服務需求適時響應機制。運用現代資訊技術，精細化電力供需兩側管理和能效管理，保障電力供需總量平衡以及節能減排和老少邊窮地區電力供應。

向社會資本分步放開售電業務、推動售電側改革。一是鼓勵社會資本投資配電業務。逐步向符合條件的市場主體放開增量配電投資業務，鼓勵以混合所有制方式發展配電業務。二是建立市場主體准入和退出機制。界定符合技術、安全、環保、節能和社會責任要求的售電主體條件；明確售電主體的市場准入、退出和監管規則；保障電網企業無歧視和按約定履行保底供應商義務等。三是多途徑培育市場主體。允許符合條件的高新產業園區或經濟技術開發區、分散式電源用戶或微電網系統、城鎮供水供氣供熱等公共服務行業以及社會資本和發電企業等，組建售電主體和投資售電業務。四是賦予市場主體權責義務。各售電主體按規定從事購售電業務，相應地承擔電力基金、普遍服務及社會責任等義務。

以電網開放接入建立分散式電源發展機制。一是採用「自發自用、餘量上網、電網調節」運營模式和先進儲能技術、微電網及智能電網技術，發展分散式、清潔性電源。二是修訂完善電力入網技術標準、工程規範和管理辦法，以及新能源和可再生能源並網技術標準，建立可再生能源發電的無歧視、無障礙上網及保障性收購制度。三是規範自備電廠准入標準，推動其嚴格執行國家節能和環保排放標準，履行電網調峰義務和公平承擔社會責任。四是全面放開用戶側分散式電源市場，支持企業、機構、社區和家庭根據各自條件，因地制宜投資建設太陽能、風能、生物質能發電以及燃氣「熱電冷」聯產等各類分散式電源，准許接入各電壓等級的配電網絡和終端用電系統。

加強電力統籌規劃和市場監管。一是加強電源規劃與電網規劃、全國電力規劃與地方電力規劃之間的統籌協調，優化電源與電網佈局。二是完善電力監管組織體系和監管手段，推動電力交易調度、供電服務、電網投資運營、新能源並網接入和網絡安全等方面的有效監管。三是明確從業審核條件和服務標準，減少、簡化和規範行政審批及其程式。四是建立健全電力市場主體信用體系並納入統一的信用資訊平台，依法懲戒企業和個人的違法失信行為。五是修訂電力法及相關行政法規，推動依法治電。

建立獨立的輸配電價體系，從地方增量配電業務改革試點起步。繼 2014 年 10 月深圳市開展首個輸配電價改革試點之後，2015 年 6 月，內蒙古西部電網又啟動輸配電價改革試點。兩地試點方案基本一致：按照「准許成本 + 合理收益」原則和監管周期，對電網企業實行總收入監管，單獨核定分電壓等級輸配電價，電網企業盈利與購售電差價脱鈎，相應地建立對電網企業的激勵和約束機制。2018 年 4 月，改革試驗擴大至河北、陝西、內蒙古、遼寧、吉林等 20 個省區市 97 個項目，鼓勵和引導社會資本投資增量配電業務。其間出台了相應的交易規則和監管辦法，推動建立規範、透明、獨立的輸配電價形成機制和監管體系，規範各地電力中長期交易行為。[①]

新一輪電網體制改革也還有一些存留、存疑問題。售電競爭性業務可以與網絡業務直接分開但路徑迂迴、進展遲緩；電力交易機構雖然相對獨立於電網，但電力調度機構保留在電網體制之內，市場交易平等和電力平等並網尚存疑問；電力輸配分開能否推進及如何建制還有認知爭議，現實中一些電網企業將有利於輸配分開、專業化運營的內部母子公司制加速改為適合一體化管理的總分公司制，電網輸配體制改革諸多相關問題尚在未定之天；決策層在電網產權多元化、規模適度性趨勢與企業專業化擴張、網絡一體化訴求之間兼顧兩難、舉棋未定；電網企業對市場公共品的平等共享需求與國網公司的授權定位和行權性質並非沒有微詞；電力普遍服務需求與電網企業的社會責任間邊界模糊，電力法規建設長期滯後於電力改革創新的格局也亟待改變。

（二）交通路網與航運體制改革

具有自然壟斷性質的交通網絡包括公路鐵路路網、航空水運航線等。計劃經濟時代，我國交通運輸業實行政企、管辦合一體制，交通運輸管理部門既是行政主管機構，又直接從事經營管理；中央政府交通主管部門絕對主導全國交通投資和運輸管理，通過指令性計劃直接組織運輸企業生產；運輸企業是集自然壟斷、行政壟斷和行業壟斷於一體，網絡壟斷業務與普通運輸業務、運輸主業和各種輔業混合經營的行政附屬機構。

1. 簡政放權讓利與承包經營試驗

改革開放初期，交通運輸業與其他領域一樣，首先以簡政放權讓利、承包經營責任制等方式，推動部分行業和企業自主經營，交通網絡體制尚未進

---

① 2015—2016 年，國家發展改革委、國家能源局先後印發《輸配電定價成本監審辦法（試行）》《省級電網輸配電價定價辦法（試行）》《電力中長期交易基本規則（暫行）》等交易規則和監管辦法。

入改革議程。

鐵路運輸領域，1981—1983 年間，鐵道部下放部分管理權限，先後批准上海、廣州、齊齊哈爾、吉林鐵路局開展擴大企業自主權試點；組建廣深鐵路公司，實行「自主經營、自負盈虧、自我改造、自我發展」管理體制。1986 年 3 月，國務院對鐵道部實行投入產出、以路建路的大包乾式經營承包責任制，鐵道部除按章繳納營業税、城市建設税和教育附加費外，全部利潤留用於發展鐵路運輸、車輛設備製造和鐵路基本建設。

公路交通領域，自 80 年代起，交通部門逐步推進政企分開，將人、財、物及生產經營管理權下放給企業，不再直接干預企業經營。撤銷部分省級交通工業企業，下放給所在中心城市歸口管理①，運輸企業逐步普及承包經營責任制。1987 年 10 月《公路管理條例》確立了「條塊結合」的公路管理體制。全國公路實行統一領導、分級管理，國道、省道由省級公路主管部門負責修建、養護和管理；國道中跨省、自治區、直轄市的高速公路，由交通部批准的專門機構負責修建、養護和管理；縣鄉道路由縣鄉人民政府負責修建、養護和管理。

水運港口領域，以 1983 年長江航運實行港航分管、政企分開為標誌，推進港口管理體制改革。實行水運政企分開、所有權與經營權分離，擴大企業經營自主權。1984—1987 年，推行「中央和地方雙重領導、以地方政府為主」的港口管理體制改革，將秦皇島港以外的沿海和長江幹線的 37 個交通部直屬港口全部下放地方管理。

民航領域改革，始於 1980 年的軍轉民管理改革。自當年 3 月 15 日起，隸屬空軍的民用航空業劃歸國務院領導。1980—1986 年間，航空運輸企業和民航機場以經濟核算和勞動人事制度為核心，推進承包經營責任制。企業實現利潤按「倒一九」比例分成，支持民航業改革發展。1987—1992 年，民航業實施以政企分開，管理局、航空公司、機場分設為主要內容的體制改革，建立民航總局—地區管理局—省（區、市）局三級行政管理體制。其中紹

① 到 1986 年底，全國已撤銷 15 個省級運輸公司，將企業管理權限下放到中心城市。

大部分省級局與機場合一，實行企業化運營。組建中國國際、東方、南方、北方、西南和西北六大骨幹航空公司；改革航空運輸服務保障系統，分離民航各級管理機構的服務保障性業務，組建中國航空油料總公司、中國航空器材進出口總公司、計算機中心和中國航空結算中心等專業性企事業單位。1990—1994 年，將原設有飛機基地的部分民航省（區、市）局所從事的航空運輸和通用航空業務分離出來，組建航空公司的分（子）公司；在原地區管理局所在地成立北京首都、上海虹橋、廣州白雲、成都雙流、西安咸陽和瀋陽桃仙機場；將原各機構的航行管制、航行情報、通信導航、氣象保證等管理業務分立出來，組建相對獨立的民航空中交通管理系統；改革民航投資體制，允許地方政府、國內企業和民間資本投資民航企業和機場。[①] 推進民航業開放，允許外商投資航空公司、機場、飛機維修和民航相關企業。東方航空公司、南方航空公司、首都機場、中國航信等企業先後在香港、紐約等境外市場上市，一批外商投資的飛機維修公司和配餐公司在境內誕生。

2. 交通網絡改革及市場化限度

進入 90 年代，國民經濟各領域市場化改革進程加快。交通運輸各行業政企、政資分開，企業經營機制轉換和政府交通運輸管理體制改革也隨之提速，但因網絡特性及制約程度不同，行業之間市場深化程度、產業發展速度出現分化。

90 年代中期，公路交通領域確立「管養分離、事企分開」改革目標，啟動公路養護體制改革試點。[②]1998 年起，交通部與直屬企業全面脱鈎、實現政企分開，部分管理職能逐步轉移（委託）給行業組織承擔。各省也陸續將直接管理的企業予以剝離或轉移出去。2000 年以後，交通部將省際客運專線審批權下放到省級運輸管理部門。農村公路管理養護體制過渡到以縣為主管

---

① 部分省市政府、國內企業獨立投資或與民航總局、中央企業合資，組建了 20 餘家航空運輸公司和 20 餘家通用航空公司。

② 參見原交通部《關於全面加強公路養護管理工作的意見》（［1995］853 號文）。

理，實行管養分離和公路養護市場化。[①] 公路建設投資多元化格局形成，既有中央和地方政府預算投資及預算外養路費投資，也有國內、國際金融機構貸款和資本市場融資，還有其他各類企業與法人機構投資，以及形式多樣的各種投資、建設和運營管理模式。收費路段也遍地開花。

自 1992 年起，部分省市開始試行航道管理事企分開，引進市場機制養護航道。上海海運（集團）公司所屬上海海興輪船公司進行股份制改造，於 1994 年在香港發行 H 股並在全球配售，成為我國首家境外上市的海運交通企業。1995 年起，交通部、省、自治區、直轄市、計劃單列市先後在 48 家企業試點建立現代企業制度。1998—1999 年，交通部合併船舶檢驗局和安全監督局，組建海事局；界定中央和地方管理水域和職責分工，整合水監管理機構，建立全國水上安全監督管理體制。隨後，航運港口實行所在城市屬地化管理，將秦皇島港以及中央與地方政府雙重領導的港口全部下放地方，由省級或港口所在城市剝離港口企業的行政職能，實行統一的行政管理。[②] 長江入海口的航道規劃投資、建設管理、科研維護等，仍由交通部所設事業單位即長江口航道管理局負責。近年來，政府監管部門對涉港收費、營運監管等提出了規範管理辦法，並部分放鬆航運管制、優化港口營商環境。[③]

民用航空領域經過市場化改革全面向社會開放。1994 年，上海虹橋機場下放給上海市管理，試點民航機場下放地方管理和投資建設。2002—2004 年，民航業以航空運輸企業聯合重組、機場屬地化管理為重點推動民航體

---

① 2005 年 9 月 29 日，國務院辦公廳印發《農村公路管理養護體制改革方案》。

② 參見國務院辦公廳轉發交通部、國家計委、國家經貿委、財政部、中央企業工委《關於深化中央直屬和雙重領導港口管理體制改革的意見》（2001 年 11 月 23 日）。

③ 2015 年 12 月 29 日，交通運輸部、國家發展改革委印發《港口收費計費辦法》，2016 年 3 月 1 日起施行。對貨物港務費、港口設施保安費、國內客運和旅遊船舶港口作業費、引航（移泊）費、拖輪費、停泊費、駁船取送費、特殊平艙費和圍油欄使用費、港口作業包乾費、堆存保管費和庫場使用費、船舶供應服務費等規範計費收費辦法。2019 年 3 月 13 日修訂，合併部分收費項目，降低部分政府定價收費標準。其中，將貨物港務費、港口設施保安費、引航（移泊）費、航行國內航線船舶拖輪費的收費標準分別降低 15%、20%、10% 和 5%；對進出沿海港口的 80 米及以下內貿船舶（化學品船、液化氣體船除外）、進出長江幹線港口的 150 米及以下內貿船舶，由船方根據安全等實際情況自主決定是否使用拖輪。放鬆收費及營運管制，優化口岸營商環境。

制改革。對原民航總局直屬主管企業實行政企分開、改革重組和市場化運營，由國務院國資委負責監督管理。除首都機場和西藏區內機場外，原民航總局直屬機場全部移交地方政府管理。民航管理機構也由三級行政管理調整為民航總局—地區管理局兩級管理。近年來，民航業市場化改革全面提速。一是放寬市場准入、價格管制和空域限制。放鬆國內航線准入、航班安排和設置運營基地的限制；分類配置管理國際航權資源，一類國際航線不限定指定承運人數量、航線表、運營班次及運力安排，二類遠程客運國際航線及遠程、非遠程貨運國際航線不限制承運人數量，逐步引入競爭機制。放鬆價格管制，航空公司在政府基準價及浮動幅度內自主確定價格，對旅遊航線、短途航線以及競爭性環節運輸價格和收費等，完全由市場決定。擴大低空空域開放，培育通用航空市場。二是鼓勵社會資本投資建設運營民用機場，凡符合民用航空業發展規劃的運輸機場項目全部向社會資本開放，減少國有或國有控股的運輸機場數量；放開運輸機場對公共航空運輸企業和服務保障企業的投資限制；全面放開通用機場建設，對投資主體不作限制。三是放開民航仲介服務市場，符合資質要求的國有、民營、外商投資、混合所有制企業以及其他投資經營主體，可單獨或組成項目聯合體全面參與民用機場諮詢、設計、建設、運營、維護等業務；社會資本可通過特許經營、經營權轉讓、股權出讓、委託運營、整合改制、專項信託計劃、認購股權投資基金等方式，參與民用機場及其服務配套設施項目的建設運營，或綜合開發民用機場周邊用地及臨空經濟區範圍內的土地、物業、商業、廣告等資源。①

受網絡制約較深的鐵路領域，其體制改革較長時間徘徊在調整隸屬管理、推進承包經營階段，只有極少數輔業企業開始進行公司制改革試點，市場化改革相對遲緩、初淺。但迫於鐵路建設資金短缺，國家也開始推動地方

① 參見中國民用航空總局《國內投資民用航空業規定》（2005 年 7 月 15 日）；中國民航局《推進民航運輸價格和收費機制改革的實施意見》（2015 年 12 月 22 日）；國務院辦公廳《關於促進通用航空業發展的指導意見》（2016 年 5 月 13 日）；中國民航局《關於鼓勵社會資本投資建設運營民用機場的意見》（2016 年 11 月 3 日）、《國際航權資源配置與使用管理辦法》（2018 年 5 月 2 日）。

政府參與投資鐵路建設。[①] 廣州鐵路（集團）公司、大連鐵道有限責任公司分別於 1993 年 2 月和 1995 年 12 月掛牌成立，開始探索國家鐵路企業公司化、集團化經營改革。1996 年 5 月，廣深鐵路股份有限公司發行的 H 股和美國存託股份（ADS）分別在香港聯合交易有限公司和美國紐約股票交易所掛牌交易，成為首家境外上市的中國鐵路運輸企業。但直到 20 世紀 90 年代末，鐵路領域資產經營責任制仍是主流。1998 年，鐵道部在昆明、呼和浩特、南昌、柳州 4 個鐵路局和廣州鐵路（集團）公司及部屬非運輸企業中開展資產經營責任制試點，並於次年在 14 個鐵路局（集團公司）全面推開。2000 年 4 月，鐵道部開始與中國鐵路工程總公司、中國鐵路建築總公司、中國鐵路機車車輛總公司、中國鐵路通信信號總公司和中國土木工程集團公司實行政企分開。2003 年 12 月起，在鐵路行業內部推進主輔分離改革，成立中鐵集裝箱運輸、中鐵特貨運輸、中鐵行包快遞三個專業運輸有限責任公司。次年成立中國鐵路建設投資公司，履行大中型鐵路建設項目出資人代表職能。2005 年 3 月，鐵道部全面實行鐵路局直接管理站段體制，撤銷所有 43 個鐵路分局（公司），並對全路運力佈局進行調整。直到近年才逐步推進市場化相關改革，放開鐵路客票價格，部分擴大鐵路運輸企業准入範圍。[②]

(三) 市政公用事業及管網改革

市政管網設施和公用事業具有自然壟斷及准公共產品特性，通常由城市政府組織實施和運營，建設行政主管部門進行行業管理。具體領域包括城市供水、供氣、供熱、公共交通等城市公用事業；城市道路、排水、污水處理、防洪、照明等市政工程；城市市容、公共場所和公共廁所保潔、垃圾和糞便

---

① 參見國務院批轉國家計委、鐵道部《關於發展中央和地方合資建設鐵路的意見》（1992 年 8 月 11 日）。

② 參見國家發展改革委《鐵路普通旅客列車運輸定價成本監審辦法（試行）》（2017 年 2 月 28 日）；國家鐵路局《鐵路運輸企業准入許可實施細則》（2015 年 5 月 8 日發佈，2018 年 1 月 29 日修訂）。

清運處理等市容環境衛生事業；城市園林、綠化等園林綠化業。較之於一般競爭性領域，市政公用事業和管網設施因其准公共產品特徵或自然壟斷特性，市場化改革起步較晚，難度也相對較大。

1. 市政公用事業與管網設施改革開放

改革開放以來，城鎮化的快速發展使市政公用事業等基礎設施供求矛盾日漸突出；經濟市場化改革將市政公用企業運營效率和服務質量低劣問題暴露無遺；長期對市政公用事業採取低價格、高補貼政策，使城市政府財政負擔加重、難以為繼；人民生活水準提高對增加市政公共品供給、提高服務質量效益的呼聲日盛一日。加快體制改革、促進市政公用事業發展及網絡設施建設，成為社會的普遍期待。

市政公用企業初期改革主要是探索經營方式變革。以承包責任制為主推動用工制度、人事制度和分配制度等項改革，建立企業內部激勵和約束機制。1985 年起，「以國營為主，發展集體和個體經營」，市政公用企業「可以實行全民所有制下的個人承包」[①]。進入 90 年代，國家開始引導和鼓勵企業、集體、個人投資建設市政公用設施，並在經濟特區、沿海開放城市和沿海經濟開放區允許外商投資開發經營成片土地及其中的公用設施建設。[②] 一些城市也開始利用世界銀行、亞洲開發銀行等國際金融組織和日本、法國、德國等發達國家提供的中長期優惠貸款建設城市供水項目。繼 1992 年中法水務進入中國投資建設並經營管理供水企業後 [③]，法國通用水務、英國泰晤士水務等國際供水集團紛紛進入我國，參與水廠的投資建設和經營管理。1993 年 12 月，廣州市首開城市公共交通利用境外資本先例，由廣州電車公司與澳門新福利巴士公司合作成立廣州新福利巴士服務有限公司，賦予其 26 條公交線路經營

---

① 參見國務院轉發原城鄉建設環境保護部《關於改革城市公共交通工作報告的通知》（1985 年 4 月 19 日）。

② 1990 年 5 月 19 日，國務院發佈《外商投資開發土地管理辦法》。

③ 中法水務投資有限公司（簡稱中法水務，Sino French Water）由法國蘇伊士環境和中國香港新創建集團有限公司合資組成。1992 年 11 月，投資建設並經營管理我國第一家境外全資供水企業 —— 中山坦洲自來水有限公司。

權。一批市政公用企業開始進行公司制改組改制。1994—1996年間，深圳市取消供水企業行政主管部門，成立國有獨資的有限責任公司。由國有資產經營公司對供水企業進行產權管理，市水務局負責行業監督管理。國家有關部門也出台了城市供水價格管理辦法，對供水成本、利潤率和價格構成做出規定，公用事業價格形成機制逐步走向規範化、法制化。[①]

進入新世紀，國家鼓勵和引導社會資金、外國資本採取多種形式參與市政公用設施建設。允許跨地區、跨行業參與市政公用企業經營；工程設計、施工和監理、設備生產和供應等從市政公用行業主業中剝離出來，統一實行市場公開招投標。按經營性和非經營性項目對市政公用設施實行分類管理。推進經營類項目投資建設主體多元化、方式多樣化、運營市場化以及特許經營制度，非經營性項目的建設和維護實行競爭招標制度。民間資本的投資領域逐步擴大到交通、水、電、氣、道路、園林綠化、垃圾處理等幾乎全部市政公用領域。在外商投資指導目錄中，將城市供水廠、封閉型道路、城市地鐵及輕軌（中方控股）、污水和垃圾處理、危險廢物處理處置（焚燒廠、填埋場）及環境污染治理設施的建設和經營均列為鼓勵項目，並以中方控股形式開放外商投資燃氣、熱力、供排水等城市管網。

2. 深化市政管網市場適應性改革

市政公用事業改革和網絡監管體制創新，打破了政府統包統攬格局，國有資本和各類非國有資本廣泛參與、相互融合，多種所有制投融資體制和經營機制形成；市政公用設施投資快速增長，公共服務設施種類和數量大幅增加，長期困擾城市運行的水、氣供應及公交服務等瓶頸和財政補貼壓力得到根本性緩解；符合市政公用事業和網絡設施特性的價格形成機制和企業盈利模式基本成型，市場公平競爭格局初現，公用企業經濟效益與服務質量提高；政企政事分開、管辦分離基本完成，政府職能實現了從管辦公用企事業向依法合規監管市場的重大轉變。

---

① 參見國家計委、建設部《城市供水價格管理辦法》（1998年9月23日）。

但是，市政公用事業及網絡服務中政府管辦責任界限不清、參與干預過多現象仍然存在，各地區、各行業市場化改革進程差異也較大；民間資本投資市政公用事業尤其是管網建設運營，仍有諸多體制限制，供需缺口較大，市縣鄉鎮市政設施供求矛盾尤為突出；市政公用事業特許經營在准入條件、責任邊界、資產評估與收費定價等方面人為因素多，簽約履約規範性、約束力差，信用違約風險及成本較高；市政公共品的普遍服務責任模糊，政府對公共服務成本的不當轉嫁，往往加重市政公用事業經營主體負擔或引起矛盾與糾紛；「市場決定作用」與「政府更好作用」，還不足以體現市政公用產品與服務的基礎公益性、均等普惠性的公平特性以及有效規制管網自然壟斷和區域行政壟斷以實現其質量效益性目標；體現技術規律、市場規律、公用事業與市政管網運營規律的政府監管體系及法規建設，還處在需要兼顧改革創新與依法治理的放鬆管制與重塑規制的起步階段。

因此，市政公用事業及管網改革，還需要繼續深化政事政企分開、管辦分離和企業改制，將市政公用企業真正改造成自主經營、自負盈虧、優勝劣汰的市場主體；開放准入社會資金、外國資本參與供水、供氣、供熱、污水處理、垃圾處理等經營性市政公用設施建設運營，增強城市綜合承載能力和可持續發展能力；打破地區經營壟斷，開放跨地區、跨行業參與市政公用企業經營，以市場競爭機制提高市政設施建設運營的質量與效益；分離市政公共服務中的壟斷業務與競爭性業務，創新普遍服務提供方式和管網等自然壟斷企業的服務價格形成機制和盈利模式，以「市場決定作用」為基礎發揮政府的「更好作用」；兼顧網絡一體性、規模適度性和產權多元性、質量效益性，健全市政公用事業及網絡投資運營等政府管理政策和專業法規制度，增強市場行為的依法合規性和政府規制的公信力及有效性。

（四）壟斷程度與市場適應性難度

具有自然壟斷業務的經濟領域，歷史上集行政、自然和經營壟斷於一體，壟斷性業務與商業性業務相互交織。網絡企業有可能甚至必然會利用自然壟斷因素盡可能地維繫其縱向、橫向一體化的行業壟斷地位，利用先佔獨佔優勢排斥同業競爭及社會資本參與，利用議價定價能力侵蝕其他生產企業或消費者權益，利用資訊不對稱與政府監管部門討價還價，並且還會由於壟斷紅利或暴利而放鬆經營努力、阻礙技術進步、忽視服務質量與效益，弱化企業自身發展乃至整個國民經濟發展的動力活力和國際競爭能力，當然也包括形成改革阻力。

鐵路領域是網絡壟斷強度與改革開放難度高度關聯的典型案例。相對於公路交通、水運港口、民用航空以及市政公用網絡，鐵路網絡技術關聯性強、一體化程度高、行業利益鏈條堅固。鐵路系統利用其網絡結構的技術規律特性，削弱市場規律作用、遲滯改革進展曾廣受社會詬病。在鐵路交通領域，無論是政府行政職能與企業經營及資本運營職能分離、網絡自然壟斷業務與企業競爭性業務分離，還是鐵路網絡主業與運輸服務輔業、企業經濟職能與科教文衞及公檢法司等社會職能的分離，相對於其他行業甚至部分網絡壟斷領域，都要艱難、遲緩得多，對其發展潛力與活力的制約也是顯而易見的。

鐵路行政主管部門長期政企、管辦一體。1994 年市場經濟建制目標確立後，鐵道部仍然兼負政府和企業雙重職能。其後十多年間，鐵道部只是在行業內部試行政企分開、社會職能與企業經營分離。進行了建立「鐵道部—鐵路局—站段」三級管理體制，提出「網運合一、區域競爭」主輔業混業經營模式和剝離鐵路社會職能等改制探索。直到 2013 年才撤銷鐵道部，鐵路行政職能由交通運輸部及所轄國家鐵路局承擔，組建中國鐵路總公司承擔原鐵道部的企業職責，啟動鐵路運輸業政企分開改革。

中國鐵路總公司為國有獨資企業，以鐵路客貨運輸服務為主業，實行多元化經營，由財政部代表國務院履行出資人職責。2017 年起，中國鐵路總公司將全國 18 個鐵路局改制為集團有限公司；理清總公司和鐵路局集團公司的管理關係、確立鐵路局集團公司的市場主體地位；推進中國鐵路建設投資公司等非運輸類企業公司化改制重組和勞動人事、收入分配制度改革，探索實施分類分層建設模式，以優勢項目吸引社會投資、推進混合所有制改革。2018 年 12 月，中國鐵路總公司更名為「中國國家鐵路集團有限公司」（中國鐵路）並於次年6月正式掛牌。

經過改制的中國鐵路，既以先佔優勢甚或獨佔地位經營客貨運輸主業和近乎無所不包的鐵路運輸輔業，又擔負着廣泛的行業管理、普遍服務、特殊保障等公共管理和社會公益職能。包括負責鐵路運輸統一調度指揮，統籌安排路網性運力資源配置，承擔國家規定的公益性運輸任務，負責鐵路行業運輸收入清算和收入進款管理，擬訂國家鐵路投資建設計劃和路網建設籌資方案建議，以及負責國家鐵路運輸安全等。中國鐵路本質上仍然是企業經營與行業管理合一、網絡運業不分、主業輔業交叉、縱向橫向一體、市場議價與政府定價邊界模糊、盈利模式與政府規制糾結不清、自然壟斷與市場壟斷互為表裏的經濟社會職能聯合體。鐵路運輸業市場化改革雖已起步，但路徑、目標仍然若明若暗。

鐵路業市場化改革的遲滯，無論對國計民生還是對鐵路行業自身發展都代價不菲。毋庸置疑，鐵路行業及其員工為經濟發展和人民生活付出了極大努力，創造了以高難度線路和高鐵為標誌的「中國品牌」等許多可為稱道的壯舉，但由於長期的體制束縛，鐵路建設幾乎一直是瓶頸行業，其增速明顯滯後於同類行業乃至國民經濟增長速度。

國家統計局數據顯示，1978—2017年間，國民經濟年均以9.5%的速度增長，同期我國鐵路營業總里程也由5.17萬公里增加到12.70萬公里，增長145.6%，但年均增速僅為2.3%，與同為交通網絡的高速公路投資建設和質量效益相形見絀。儘管政府傾心盡力，鐵路運輸業在政府投資中一直佔比較高，鐵路行業自身也債台高築甚至有引發債務危機的擔憂，但由於體制制約、社會投資受限，鐵路投資在社會投融資總量中的比重一直呈下降趨勢，以致可以忽略不計。長期資本投入不足、服務供不應求以及多重壟斷相互糾結，社會對鐵路業服務質量和經濟效益微詞甚多，生產服務中的「鐵老大」形象和生活服務中的「節日式擁擠」「春運式恐怖」至今揮之不去。業務混綁、體制僵化，使鐵路商業性業務「搭便車」於路網壟斷、缺乏競爭機制進而質量效益，較之其他網絡類企業乃至許多一般競爭性行業，鐵路員工平均收入增長緩慢或苦樂不均，而最為便利、似是而非的責任劃分方式則是歸咎於政府的價格規制。政企、管辦不分的體制模式，行政、網絡與市場的集成壟斷，競爭性業務與壟斷性業務的交叉混合，橫向、縱向一體化的全功能「巨無霸」結構，以及較長時期集經濟、社會和政府職能於一體的「治理便利」、制度慣性或強勢地位，使鐵路管理層有意願和力量遲滯改革進程、扭曲改制導向，並且因資訊不對稱，在運輸成本價格、服務質量效益、普遍服務責任以及政府規制約束和鐵路自主運營等方面，與政府部門間糾結不清，產生無窮無盡的爭議與博弈，以及彼此指責和推卸、規避責任的現象。

較之一般競爭性行業，自然壟斷領域固然因其資源稀缺性、網絡一體性和經濟規模性等特徵，市場適應性改革相對艱難一些，但只是特點不同，而決不是無路徑可循。

徹底破除行政壟斷和市場獨佔，以技術創新、產權深化、規模適度、專業監管等，規制稀缺資源配置和自然壟斷業務。國內成品油煉油環節 80% 以上的油源來自中石油、中石化、中海油三家公司，造成市場競爭和價格形成機制扭曲，煤炭市場也存在寡頭壟斷、操縱煤價問題。打破油源、煤炭等資源壟斷既有必要並且也沒有技術性障礙。輸配電網高度集中，競價上網困難重重，電網改革切入點在於兼顧網絡一體化，創新輸配電網盈利模式，推進產權多元化、規模適度化以及分散式智慧電網建設，建立相容服務競爭與政府規制的市場適應性機制。鐵路運輸業政企分開後仍然是中國鐵路獨家先佔。客貨運競爭業務與網絡類壟斷業務分開，企業市場化運營與公益性服務責任界定，中國鐵路、國家電網及其他掌握行業公權及資源網絡優勢地位的壟斷企業的公權分離和網絡公平服務體制改革等，都有待破題起步。

政府對無法通過市場充分競爭形成產品和服務價格、保障服務質量與效益的自然壟斷環節進行規制和監管是國際通例。近些年來，以「準確核定成本、科學確定利潤、嚴格進行監管」為特色的壟斷行業產品與服務定價方式改革已經啟動。其要點以成本監審為基礎，建立以「准許成本 + 合理收益」為核心、約束與激勵相結合的定價制度。包括嚴格監審成本、健全定價機制、規範定價程式、推進資訊公開、強化定價執行等。針對輸配電價格、天然氣管道運輸價格、鐵路普通旅客列車運輸價格、居民供水供氣供熱價格、壟斷行業經營服務性收費等，建立成本監審辦法和價格形成機制，從細從嚴監審成本和管理定價與收費。[①]

兼顧技術規律和市場規律，推進自然壟斷領域的市場適應性改革。將競爭性業務與壟斷業務徹底分開，如電網的輸配電業務與售電業務、鐵路的客貨運服務業與路網業務、其他網絡類企業的各種輔業與網絡主業等，將其競爭性業務推向市場、開放競爭；遵循網絡技術規律，適應市場競爭規律，推動網絡一體化基礎上的產權多元化、規模適度化改革，引導社會資本參與、防止「巨無霸」傾向；以「必要成本 + 合理利潤」的價格形成方式或行業盈利模式，穩定投資效益及市場預期，為全社會提供平等參與、適度競爭、公平共享的投資機會和服務平台。

自然壟斷領域的市場適應性改革，不僅有助於發揮市場決定作用，縮小政府管制範圍，而且也是自然壟斷企業提高質量效益、持續快速發展的制度利好。目前，一方面鐵路行業債台高築、電網改造捉襟見肘、資源勘探朝不保夕，另一方面一般商業領域產能過剩、惡性競爭，民間資本投資無門、競相外流。自然壟斷領域的企業制度和體制模式阻礙了資本供給與需求的適時、對稱配置，資源錯配損失難以估量。自然壟斷領域的市場適應性改革，將使其資本供給源源不斷，發展潛力不可限量。

三、資訊網絡企業改革及其特性

資訊網絡類壟斷企業，包括傳統電信企業和現代互聯網企業。傳統電信業體制經歷了從計劃經濟下國家對電信業的完全壟斷到後來放鬆管制、引入競爭的電信市場化改革，再經歷現代資訊產業發展，到今天仍在探索、進展艱難的電信網、廣播電視網和互聯網的「三網融合」改革，電信業及其網絡體制幾經變遷，其產業組織、市場結構和經濟績效發生了巨大變化。

---

① 國家發展改革委《關於進一步加強壟斷行業價格監管的意見》（2017 年 8 月 23 日）。

(一) 電信體制及網絡融合改革

新中國郵政和電信業發展起步始於1949年11月郵電部成立。自次年7月起，郵電部改此前郵政和電信分營舊制，實行郵政電信合一、統一垂直管理的電信業體制。郵電部所轄電信總局和郵政總局，分別經營管理電信業和郵政業並各自垂直管理下屬企業。自1952年起，實行中央集中統一領導、郵電部「郵電合一」和地方政府共同參與郵電通信建設的雙重管理體制，投資計劃管制，財務統收統支，資費價格等由政府確定。過低的計劃價格以及與利潤脱鈎的郵電企業運營，使電信行業無從形成自身發展激勵和外部競爭壓力，發展速度遲緩、服務質量低劣和供求關係緊張是其必然結果。

改革開放初，國家對電信業的投資、財税和收費政策進行了一系列調整，緩解了電信業發展遲滯和供求緊張關係。1982年和1986年，投資政策上實行「統籌規劃、條塊結合、分層負責、聯合建設」，擴充資金管道；收費政策上實行收取市話初裝費、郵電附加費等，增加電信業資金來源；財税政策上確定「向國家上交所得税10%、上交非貿易外匯收入10%、償還預算內撥改貸資金本息10%，保留相應的三個90%」，即所謂「三個倒一九」政策，一直延續到1994年，推動電信業積累發展。

憑藉特殊優惠政策和壟斷經營優勢，在全社會探索市場化改革之際，電信業仍然滯留於計劃體制之內、延續傳統發展模式，只是在壟斷經營和優惠政策前提下進行一些內部管理層面的調整。1980年起，電信業陸續推行財務大包乾及經濟核算制、承包經營責任制、分配與收入掛鈎等項改革。類此「改革」既缺乏行業間競爭發展的公平性基礎，也扭曲自身發展環境、背離市場化改革取向。整個電信業政企一體、管辦不分，「條塊」分割、雙重管理權責利不清，以致形成隸屬於不同政府部門的幾十個部門專用網和數千個地區專用網。網絡設備標準各異、互聯互通極其困難，「政府失靈」與「市場失靈」同時發生，電信業建設成本急劇上升和服務質量極其低劣相互激盪。

針對網絡及市場亂象，80年代中期起，國家有關部門開始跟進出台電信業發展政策措施，推進公網、專網協調發展，增強國家通信網絡的整體效能；加強通信業務市場管理，整頓郵政通信市場和集郵市場，對開放經營的電信業務實行經營許可證和申報制度；發展新型電信主體及服務、調整電信網絡組織，成立中國速遞服務公司（EMS），恢復辦理郵政儲蓄服務，推動長途電話網由四級網向兩級網過渡；推動電信業法規制度建設，《中華人民共和國郵政法》頒佈實施，郵電部隨後發佈了一批加強通信業行業管理、整頓電信業務市場秩序等的政策意見和規章辦法，地方政府也出台了一系列地方性通信行政管理法規。

市場經濟發展建制，開始推動電信業突破傳統壟斷格局。1993 年起向社會開放無線尋呼、國內 VSAT 通信、電話資訊服務等 9 種電信業務經營。[①] 次年，郵電體制實行政企職責分開改革，將郵電總局、電信總局分別改為單獨核算的企業局，統一經營全國公用郵政、電信通信和郵電基本業務，並承擔普遍服務義務，其原有的政府職能轉移至郵電部有關職能司局；成立中國聯合通信有限公司，經營移動通信業務和部分地區的固定通信業務，通信業開始打破一家壟斷格局。1997 年起，郵政、電信分營改革在重慶和海南先行試點；次年組建國家郵政局和中國電信集團公司，郵電、電信各自成為面向市場、自主經營的經濟實體。[②] 至 2000 年，全國省郵政局和市縣郵政局、電信局相繼組建完畢，郵、電分營改革基本完成。國家及有關部門相繼頒佈了一批法律、規章，強化電信業技術規範和監管制度。[③] 但國家郵政局既負責郵政行政管理，又實行企業化管理，負責全國通信網絡建設與經營服務，仍然是政企合一的公共服務部門。

公用電信業政企合一、壟斷經營的體制痼疾和利益格局，使電信體制經歷了艱難曲折的改革之路。由原電力部、電子工業部和鐵道部共同組建、掛靠國家經貿委的中國聯合通信有限公司（中國聯通），是各方利益博弈的結果。其進入公用電信業的方式是，對鐵道部、電力部的專用通信網進行改造，用富餘能力向社會提供長話服務，在公用市話網覆蓋不到或公用市話能

① 參見 1993 年 8 月 3 日國務院批轉郵電部《關於進一步加強電信業務市場管理意見的通知》。
② 參見信息產業部《郵電分營工作指導意見》（1998 年 4 月 30 日）。
③ 如《電信條例》《電信網碼號資源管理辦法》《電信業務分類目錄》等。

力嚴重不足的地方開展市話業務，以及經營無線移動通信業務和電信增值業務等。中國聯通的成立，標誌着我國電信業市場結束獨家壟斷、進入雙寡頭競爭時代。但網絡自然壟斷特性和市場先佔企業優勢，又註定了雙寡頭間的非對稱競爭條件與性質。

進入市場後的中國聯通，雖然獲得了相關電信業務，但由於沒有自己的基礎網絡，發展長途和固定電話業務需要接入和租用中國電信的基礎網絡，在接入和租費上受到價格歧視而毫無競爭力可言。即使是當時發展獲利能力最強、進入成本最低的移動通信業務，面對中國移動的巨大市場支配力量，中國聯通也根本無法與之形成有效競爭。中國移動通過「接入限制」「網間資費」「資源分配」等各種壁壘阻礙中國聯通的發展。「雙寡頭壟斷競爭」因網絡壟斷造成非對稱性失衡而難以達成電信業改革與發展的普遍市場預期。

破除網絡業務壟斷、促進市場公平競爭，成為重組電信企業的市場推動力。1999 年 2 月，國務院通過中國電信重組方案，將原「中國郵電電信總局」按業務性質進行結構性分拆，分別組建中國電信集團公司、中國移動集團公司、中國衛星通信集團公司和國信尋呼通信公司。國家對中國聯通採取了一系列扶持政策，增加國家資本金，擴大其業務範圍，將國信尋呼併入中國聯通，授予聯通 CDMA 網絡經營權，鐵通通信業務注入聯通，允許聯通提供低價服務等。吉通、網通、鐵通也相繼進入電信市場。到新世紀初，電信市場初步呈現多家運營商競爭格局。但長期形成的中國電信「一家獨大」，尤其在固話、長途電話和互聯網市場所佔據的絕對優勢並未改變。

為打破固定通信領域的壟斷局面，優化電信資源配置，2001 年 12 月，國務院批准對中國電信進行橫向分拆重組，將中國電信按區域拆分為南、北兩個部分。其中，華北、東北地區和河南、山東共 10 個省份歸屬中國電信北方部分，長江以南和西北地區共 21 個省份歸屬中國電信南方部分。北方部分和原中國網通、中國吉通重組為新的中國網絡通信集團公司，南方部分重組為中國電信企業集團公司。2003 年 2 月，兩家公司實現網絡、業務和用戶的相互交接及獨立運營。這次拆分重組，改變了電信市場上中國電信一家獨大格局，各電信企業力量大體上趨於均衡。

由於電信企業拆分之前分業經營，中國電信橫向分拆所形成的企業力量均衡，只是暫時的區域性、規模性均衡，企業電信業務並沒有實質性競爭。在本地固定電話業務上，其實是把全國性壟斷變為南、北區域性壟斷，未形成本地電話市場上的競爭局面。在移動通信市場上，由於對全球電信技術發展態勢和國內移動通信技術侵蝕固定電話業務的能力預判不足，在尚未解決中國電信分拆後的區域性壟斷之際，中國移動迅速成長為新的更強有力的壟斷寡頭，電信業壟斷痼疾依舊、新患再生。

破除市場壟斷、促進公平競爭、優化資源配置等方面的訴求，推動了新一輪電信產業重組。國家有關部門順勢而為，給出業界所謂的「五合三」重組模式，[1] 即發放三張 3G 牌照，形成三家擁有全國性網絡資源、實力與規模相對接近、具有全業務經營能力的市場競爭主體。其中，中國電信收購中國聯通 CDMA 網，中國聯通與中國網通合併，中國衛通的基礎電信業務併入中國電信，中國鐵通併入中國移動。由五家企業合併而成的三家電信運營商都擁有全業務經營資格與牌照。中國移動參照我國自主知識產權的 TD-SCDMA 技術標準，中國聯通參照 WCDMA 技術標準，中國電信參照 CDMA2000 技術標準建設新網絡。儘管三家電信企業在市場先機、技術標準、網絡基礎、客戶規模等方面會有差異並影響其未來前景，但我國基礎電信運營商自此進入全業務運營與競爭發展時代則是符合市場期待的。

電信體制改革推動和加速了電信業對外開放。我國採取引進、消化、吸收國外先進電信技術設備及生產線並推動自主研製開發和國際合資、合作，加快改造傳統電信業。適應加入世界貿易組織的新形勢，國家出台外商投資管理規定，開始受理外商投資電信企業業務。[2] 國內通信企業也採取境外上市、開拓境外電信服務等方式走向國際市場。2002 年 8 月，中國電信（美國）

① 參見工業與信息化部、國家發展和改革委員會、財政部《關於深化電信體制改革的通告》（2008 年 5 月 22 日）。

② 參見國務院 2001 年 12 月 11 日發佈的《外商投資經營電信企業管理規定》（2002 年 1 月 1 日起實施）及《國務院關於修改〈外商投資電信企業管理規定〉的決定》（2008 年 9 月 10 日第一次修訂；根據《國務院關於修改部分行政法規的決定》2016 年 2 月 6 日第二次修訂）。

公司和中國網通（控股）公司先後在美國取得國際電信業務經營許可證。中國電信（美國）公司開通了中美間「新視通」多媒體通信系統，電信業跨國經營邁出重要一步。至 2003 年底，中國移動、中國聯通、中國電信三家電信公司均已在海外上市。這一時期，三家電信公司以及中國網通陸續在香港設立子公司，提供電信服務。改革開放也加速了中國電信業技術進步。在較短的時間內，電話交換跨越縱橫制階段實現程式控制化，長途傳輸跨越同軸電纜階段實現光纜數字化，電信網絡的技術、規模、業態和能力實現了質的飛躍，支援和適應着國民經濟快速發展與人民生活逐步提高的電信服務需要。

「數網融合、混業經營」已經成為國際電信業發展的潮流。我國因資訊網絡及業務分割，人為地增加了網絡服務價格和制度性運營成本。遵循技術規律、市場規律及信息網絡發展規律，推動「數網融合」改革和相關法律法規建設成為市場期待和建制趨勢。自 2010 年起，北京等 12 個地區和城市率先試點「三網融合」改革。根據試點經驗，國家在全國範圍推廣廣電、電信業務雙向進入，部署各省（區、市）和電信、廣電行業主管部門推動 IPTV 集成播控平台與 IPTV 傳輸系統對接；統籌規劃電信傳輸網和廣播電視傳輸網建設及升級改造，加快建設下一代廣播電視網、電信寬帶網絡；強化技術管理系統、網絡資訊安全和文化安全監管體系；促進關鍵信息技術產品研發製造和標準體系建設；營造適應「三網融合」新興業務發展的市場環境。[①]

（二）互聯網發展與監管創新

進入新世紀以來，我國互聯網資訊產業迅速發展並滲透到生產生活和公共服務各個領域。但政府對互聯網市場的普遍服務功能建設及監督管理相對

① 參見國務院辦公廳印發《三網融合推廣方案》（2015 年 8 月 25 日）。2015 年 9 月 23 日，工業和信息化部發佈《關於進一步擴大寬帶接入網業務開放試點範圍的通告》，落實「三網融合」推廣方案，將天津、石家莊等 44 個城市納入寬帶接入網業務開放試點範圍。民營企業可向試點城市所在省（自治區、直轄市）通信管理局提出開展寬帶接入網業務的申請。

滯後，屢屢出現規制底線被動破堤問題。同步推動資訊化與工業化及經濟社會生活深度融合和建設資訊網絡產業監管制度，同時成為產業發展與市場建制需要。[①]

新千年伊始，國家便着手創建互聯網基礎管理制度。十多年來，出台一系列法規政策，規制與監管互聯網資訊服務。包括健全互聯網資訊服務市場秩序，加強互聯網上網服務營業場所管理，規範經營者經營行為和網絡商品交易服務行為，完善非經營性互聯網資訊服務備案管理，保護消費者、經營者和其他組織的合法權益，加強和規範互聯網安全技術防範措施，保障網絡安全和資訊安全，維護國家公共利益和社會公眾利益等。[②]《網絡安全法》的發佈實施，則為國內建設、運營、維護、使用網絡和網絡安全監督管理提供了法律依據，也是保障國家網絡安全、維護網絡空間主權的法律基礎。

規範互聯網新聞業態。資訊網絡技術的發展，最先影響並深刻改變了新聞資訊傳播的途徑和形態。國家新聞管理部門發佈相關規定和辦法，規範互聯網新聞信息服務活動，加強互聯網新聞信息服務單位元、相關人員和內容管理。包括治理一些組織和個人通過新媒體方式肆意篡改、嫁接、虛構新聞資訊等問題，促進互聯網新聞資訊服務和直播行業健康有序發展，保護公民、法人和其他組織的合法權益，維護國家安全和公眾利益。針對互聯網新聞資訊發展的新技術、新業態、新模式和網絡空間治理中的新問題，加強對

---

① 參見《中國製造 2025》（國務院 2015 年 5 月 19 日發佈）；《國務院關於大力發展電子商務加快培育經濟新動力的意見》（2015 年 5 月 7 日）；《國務院關於深化製造業與互聯網融合發展的指導意見》（2016 年 5 月 20 日發佈）；《國務院關於深化「互聯網＋先進製造業」發展工業互聯網的指導意見》（2017 年 11 月 27 日發佈）等。

② 2000 年 9 月 25 日，國務院發佈《互聯網信息服務管理辦法》；2000 年 12 月 28 日，九屆全國人大常委會第十九次會議通過《關於維護互聯網安全的決定》；2002 年 9 月 29 日，國務院發佈《互聯網上網服務營業場所管理條例》（後經 2011 年 1 月 8 日、2016 年 2 月 6 日、2019 年 3 月 24 日修訂）；2005 年 2 月 8 日，信息產業部發佈《非經營性互聯網信息服務備案管理辦法》；2011 年 12 月 29 日，工業和信息化部發佈《規範互聯網信息服務市場秩序若干規定》；2014 年 1 月 26 日，國家工商行政管理總局發佈《網絡交易管理辦法》（同時廢止 2010 年 5 月 31 日發佈的《網絡商品交易及有關服務行為管理暫行辦法》）；2005 年 12 月 13 日，公安部發佈《互聯網安全保護技術措施規定》，次年 3 月 1 日起施行；2016 年 11 月 7 日，《中華人民共和國網絡安全法》發佈，次年 6 月 1 日起施行。

互聯網新聞信息服務單位元從事信息服務和相關業務從業人員的管理。[①]

加強互聯網資訊工具管理。互聯網資訊工具、應用程式、網絡功能變數名稱、公眾賬號以及區塊鏈技術等日新月異，國家互聯網資訊管理部門陸續出台各類規定，規範互聯網資訊搜索服務；加強對移動互聯網應用程式（APP）資訊服務管理；參照國際準則規範互聯網功能變數名稱服務，保障互聯網功能變數名稱系統安全可靠運行和用戶合法權益；強化互聯網用戶公眾賬號資訊服務提供者及使用者主體責任和區塊鏈資訊服務提供者的資訊安全管理責任等。[②]

全面完善互聯網監管法規。由於互聯網應用的公眾性和普及化，網絡監管法律法規也逐步覆蓋到經濟社會生活的各個領域。在經濟管理領域，如互聯網金融資訊服務、保險業務監管、政府和社會資本合作（PPP）綜合資訊平台管理等；在技術管理層面，如電子認證服務、互聯網 IP 地址備案管理等；在網絡傳播權及其保護方面，如廣播電影電視類節目管理、網絡遊戲發展和管理、資訊網絡傳播視聽節目管理、互聯網電子公告服務管理、互聯網站從事登載新聞業務管理、資訊網絡傳播權保護等；在文教衛生領域，如互聯網文化管理、互聯網出版管理、互聯網著作權保護、教育網站和網校管理、互聯網藥品資訊服務管理、互聯網醫療衛生資訊服務管理、藥品電子商務試點監督管理等；在互聯網自律規制方面，如互聯網行業自律公約、互聯網網絡版權自律公約、公眾多媒體資訊服務管理、互聯網站禁止傳播淫穢色情等不良資訊自律規範等；在網絡國際接入上，如計算機資訊網絡國際聯網保密管

---

① 2005 年 9 月 25 日，國務院新聞辦公室、信息產業部發佈實施《互聯網新聞信息服務管理規定》；2016 年 11 月 4 日、2017 年 5 月 2 日和 10 月 30 日，國家互聯網信息辦公室分別發佈《互聯網直播服務管理規定》《互聯網新聞信息服務管理規定（修訂版》）《互聯網新聞信息服務單位內容管理從業人員管理辦法》。

② 2016 年 6 月 25 日和 28 日，國家互聯網信息辦公室分別發佈《互聯網信息搜索服務管理規定》《移動互聯網應用程序信息服務管理規定》；2017 年 8 月 16 日，工業和信息化部發佈《互聯網域名管理辦法》（原信息產業部 2004 年 11 月 5 日公佈的《中國互聯網絡域名管理辦法》同時廢止）；2017 年 9 月 7 日和 2019 年 1 月 10 日，國家互聯網信息辦公室分別印發《互聯網用戶公眾賬號信息服務管理規定》《互聯網羣組信息服務管理規定》及《區塊鏈信息服務管理規定》。

理、計算機資訊網絡國際聯網出入口通道管理、公用計算機互聯網國際聯網管理、計算機資訊網絡國際聯網管理等。可以預料，隨着資訊化、互聯網與國民經濟和社會管理的深度融合及不斷發展，政府規制和市場監管法律法規也會與時俱進、日益豐富。

（三）電信網絡規制及互聯網監管難點

傳統電信業改革和現代互聯網發展，從不同側面向市場建制、政府監管提出了新的挑戰。因技術手段、網絡特性和產業形態的差異，電信網絡規制和互聯網監管的特點和難點各異，相應的規制與監管重點也有所不同。

經過數十年的電信改革和以打破、削弱壟斷為目的的企業重組，我國電信業政企、管辦分開和企業主體地位、市場競爭性格局基本形成，電信業發展也成就斐然，但仍然存在諸多痼疾、新症。如電信企業股權結構失衡導致產權約束不力，一家獨大扭曲市場競爭，因專業管理對技術進步及其影響缺乏前瞻性預判而使資源配置調控進退失據，政府規制缺位錯位以致留下企業不正當競爭或侵蝕消費者權益隱患，監管部門對微觀經營干預過多，資訊網絡及業務分割增加網絡服務價格和制度性運營成本，以及電信服務質量與效益等方面的問題。

在市場准入、業務分工、網絡服務、模式創新、監督管理等方面，電信業改革至少還需要處理好網絡關聯性與產權多元化、網絡專業化發展與綜合資訊及網絡融合性服務、網絡自然壟斷性質與公共平台屬性或普遍服務責任、資費定價方式與網絡盈利模式、網絡便利安全服務與技術質量標準、技術創新促進機制與制度創新適應能力、行業自律性經營管理與大眾性社會監督機制、市場適度開放競爭與法規制度建設及合法依規性政府規制等一系列重大關係。電信網絡體制的成熟程度，取決於這些重大關係的適當處理及其速度。而資訊網絡技術進步也為突破傳統電信業的自然壟斷創造了條件。如因移動通信技術發展，極大地削弱了電信業的基礎網絡壟斷，使一度因網絡自然壟斷因素而極為艱難的「三網融合」類改革，聚焦在或簡化為打破集成播控權的行政壟斷，包括界定集成播控權的共享與管控、網絡技術創新與安全管理邊界，競爭合作秩序與行業適度規制，以及通信網絡監管理念和模式創新等政府行為。

資訊互聯網作為新興產業出現及快速發展，是前所未有的新業態，也是新挑戰。政府對互聯網的規制與監管，迄今頗有救急治亂、忙於應對的色彩，但也不難理解。

在經濟活動方面，信息互聯網既可以推動分散式商業模式創新、個性化創業從業與自由發展，又可能需要更加廣泛與經常的市場聯繫、競爭合作、平台共享和相對完備的規則約束，二者之間經常會出現非對稱性所造成的摩擦與衝突；既可以推動數據公開共享和資訊交流平衡對稱，又可能放大資訊失衡因素，人為造成新的資訊不對稱及惡意操控達成特定目的；既可以通過資訊便利、物聯優勢及「長尾服務」等方式打破原有市場先佔優勢，又可能因資訊網絡平台及線上線下技術模式整合、市場臨界規模形成新的先佔優勢，操縱市場縱橫整合，損害競爭公平和經濟效率；既可以突破市場分割、政府管制等傳統壟斷、提高資源配置和生產服務的質量與效益，又可能因技術、模式和業態創新、資本加持、服務補貼和跨越市場臨界點後的規模經濟效應以及正外部性推動，促成「幾網坐大」甚至「一網獨霸」「強者恆強」，有能力補貼競爭產品、強制綑綁「服務」、支配市場交易、操縱價格形成，直至進行扼殺性惡意併購，重塑行業進入門檻，掌控規則標準制定等，構成「贏者通吃」的新的壟斷格局。[①]

---

① 即梅特卡夫定律（Metcalfe Law）。該定律以網絡外部性為基礎，闡釋網絡價值與網絡技術、網絡規模之間關係。其主要內容是：一個網絡的價值等於該網絡內的節點數的平方，而且該網絡的價值與聯網用戶數的平方成正比，一個網絡的用戶數目越多，那麼整個網絡和該網絡內的每台計算機的價值也就越大。互聯網經濟的一個典型特徵是網絡外部性，即當一個既定規模的網絡客戶羣中，因新客戶加入使原有客戶得以「搭便車」、免費獲得更多價值即形成網絡外部性。一旦網絡企業因客戶羣擴大、突破臨界市場規模，供給側邊際成本迅速下降直至趨近於零、推動生產規模效益遞增，需求側則因網絡正外部性不斷產生邊際效益遞增效應，供求雙向推動企業步入自我強化的良性發展通道。這種客羣層面的正外部性，還會由於網絡行業進入壁壘下降、市場競爭加劇和壟斷難度加大，不斷創新技術和服務模式、創造市場需求以維持市場份額而得到強化、推動社會效益與福利增進。在市場供給與需求、社會效益與福利改善等多重正外部性推動下，部分自我強化、良性發展的網絡企業便形成「強者恆強」直至「贏者通吃」的市場壟斷能力。但當新的市場壁壘形成後，當初的技術結構性壟斷便會轉化為企業行為型壟斷，企業或盡可能地以壟斷方式獲取高額利潤。

在社會生活領域，資訊互聯網既可以助推各類資訊真實適時披露、個人信用操守透明公開，又可能滋生網絡欺詐、濫用用戶數據、逃避平台責任、傳播乃至編造虛假資訊，侵害公眾權益、誤導社會輿論；既可以運用自媒體方式推動個人意願、訴求自由表達，又可能產生特定資訊強勢和網絡暴力，損害他人自由和權益；既可以促成資訊表達便利、傳播快捷，弘揚社會正氣，又可能誇大陰暗消極因素和敗德不良資訊，導致去偽存真、驅邪立正艱難；既可以特立獨行、張揚個性空間，又可能極大地降低「集體行動」的資訊、「共識」和組織成本，促成乃至誤導大規模公眾行為。

在國家治理和國際交往中，資訊互聯網既可以促進經濟社會管理和國家治理資訊化，提高政府治理效率與能力，又可能壟斷數據資源、刻意影響政府決策和運行、危及國家和公眾的資訊安全及正當權益；既可以運用數據採集的簡明化、泛在性與數據使用的便捷化、多維性，提升公共管理和國家治理的公開性及透明度，維護社會公平正義與權力正當行使、吏治清正廉明，又可能誘惑部分網絡平台及用戶利用特定資訊「獵頭」於商界獲取不正當競爭優勢，「俘獲」公職人員左右政府公共決策實現監管套利；既可以利用資訊網絡工具和平台交流，便捷反映社情民意、公眾訴求以提高政府治理的民主化、公平性和便民化程度，又可能因公共資訊平台的全息化、通用性，模糊或超越公權私權界限，公權不適當侵蝕私權邊界，導致經濟管制或社會治理的集中程度提高；既可以便於國際經濟、科技、文化、資訊、公眾等各方面交流與合作，又可能因外來惡意資訊滲透，危害國家安全和國民利益，以及國內民粹主義和國際偏執意識形態影響、扭曲乃至綁架國家內外部政策和國際交往。

由於資訊互聯網的多重作用和「雙刃」特質，市場監管和政府規制經常面臨兩難或顧此失彼。但資訊技術與經濟社會發展的深度融合是國家治理現代化的內嵌因素，不能因其兩面特質或負面因素而因噎廢食，應當順應發展趨勢，完善專業規制和市場監管以興利除弊。通過反壟斷、反不正當競爭綜合執法，重點規制和監管網絡技術安全隱患、資訊失衡及數據壟斷操控、網絡平台先佔優勢、競爭抑制類激勵、強制性綑綁銷售、交易支配和價格操縱、排他性共謀及協議、扼殺性惡意併購、網絡霸權與網絡暴力、虛假陰暗信息傳播、極端偏執情緒氾濫、公共安全及權益危害因素，以及危及國家安全利益的外來敵意資訊滲透及網絡挑戰等。

此外，社會共享類公用網絡、資訊平台、基礎數據及頻譜資源等，屬於社會基本公共產品和服務範疇，應當通過制度安排、網絡投資、技術改造、市場作用、規制監管等，改變因公共政策遲滯缺位元造成的部分網絡企業越俎代庖、侵蝕國家與公眾權益、影響公平也減損效率的局面，健全公權私權及其資訊權利保護制度，適當規制網絡技術、模式、業態性壟斷以及相應的企業行為型壟斷，實現公共基礎網絡及其數據支持工具的開放性、中立性、共享性、公平性、安全性以及效率性等經濟社會綜合目標。

第五章

商品價格改革和要素市場建制

市場基礎功能是通過競爭機制反映價值規律和供求關係，形成商品和要素價格，為資源配置和生產消費提供價格信號與調節機制。計劃價格體制與政府定價管制，使商品和要素價格既不體現價值規律也不反映供求關係，造成企業經營扭曲變形和社會資源長期錯配。商品價格改革及要素市場建制，成為經濟市場化變革的基礎性領域。

一、商品與服務價格改革及次序

通過計劃定價壓低農產品價格和其他部分工業生產資料價格，抑制勞動力成本和部分工業生產成本上升，相對抬高工業製成品價格，曾經是國家為促進資本積累、實現工業化趕超目標進行價格管制的政策理念和基本做法，商品、要素價格改革也循此破題。

(一) 計劃價格弊端與「調放結合」改革

計劃價格扭曲價值規律和資源配置的直觀、典型現象，一是通過價格管制形成工農業產品交換價格剪刀差。據測算，改革開放初，農產品價格通常偏低25%~30%，工業品價格高估15%~20%。畸形的價格關係挫傷了農民的生產積極性和農業發展，糧棉油等農產品供應不足，長期憑證定量供應。二是工業品比價關係人為扭曲。部分生產資料企業成本構成不完整，因定價偏低而長期虧損，依賴財政補貼維持簡單再生產；一些工業消費品雖然價高利大，但生產資料短缺也導致無從擴大生產。三是僵化統一的進銷差、批零差作價辦法阻礙了流通企業和商品市場的發展。主要工業生產資料按「以收抵支、收支平衡」作價，流通企業無利可圖或利潤微薄；城市糧油購銷價格倒掛，由財政補貼維持經營；漠視商品季節差價、品質差價，喪失供求調節機制和企業商機；國內外價格長期脫節，對外經濟貿易處於停滯狀態。計劃價格體制對生產消費活動、市場供求關係和資源配置方式的負面影響日盛一日，積重待返。

初始階段的價格改革，是在原有購銷體制、市場聯繫和定價方式下進行的。20 世紀 80 年代前半期，價格改革以「調放結合、以調為主」方式進行。大幅提高農副產品價格，逐步延伸至部分工業生產資料和製成品價格。先後進行了六次較大規模的價格調整，其中包括提高糧食、棉花、油料、糖料等 18 種農副產品收購價格和豬肉、雞蛋等 8 種主副食品零售價格；提高統配煤廠銷售價格和焦炭、鋼材、化肥等工農業生產資料價格；提高煙酒廠銷價格和鐵路貨運價格；調整紡織品價格，降低國產機械手錶等耐用消費品價格；分步放開小商品價格和部分農業土特產品價格；對部分電子產品和機械產品試行浮動價格，部分機械新產品試銷價格定價權由中央下放到地方直至企業。

80 年代中後期，價格改革由「調放結合、以調為主」轉向「放調結合、以放為主」的價格形成機制創新。放開了大部分農產品價格和多種工業消費品價格，糧食及工業生產資料價格實行「雙軌制」。[①] 從 1985 年起，放開除國家定購的糧食、棉花、油料、糖料等少數品種以外的絕大多數農副產品購銷價格，擴大工業生產資料價格「雙軌制」範圍並取消對超產自銷的生產資料加價幅度的限制。以 1986 年放開名牌自行車、電冰箱、洗衣機等 7 種耐用消費品價格為標誌，放開大部分工業消費品價格。調整、理順價格結構，繼續提高糧食、棉花等農產品的國家定購價格，以及煤炭、交通運輸等產品和服務價格。改革進出口商品作價機制，將原來比照國內同類商品定價改為外貿企業代理制，進口商品按照到岸價格加稅金和國內相關費用作價，出口商品按照企業或工貿雙方協定的價格交易，使國內進出口價格與國際市場價格關聯起來。這一階段也因市場供給緊張和貨幣投放增加，一度出現了通貨膨脹乃至一些城市的搶購風潮。對其治理整頓期間，仍然調整了 5 大類 20 多個系列的產品價格。包括提高國家定價偏低的糧食、棉花、糖料收購價格，兩

① 「價格雙軌制」是指同種商品國家統一定價和市場調節價並存的價格管理制度，主要涉及糧食價格及生產資料價格。糧食收購制度改為合同定購後，國家規定按「倒三七」比例價格收購，即三成按原統購價、七成按原超購價收購，屬於國家定價；合同定購以外的糧食，由農民和糧食部門協商制定價格，屬於市場調節價。生產資料作為商品進入市場後，屬於計劃調撥或計劃統一分配的，由國家統一定價，繼續實行指令性計劃價格，而把計劃內生產的一定比例允許自銷及超產部分的生產資料價格放開，實行市場調節價格。

次提高統配煤價格和鐵路貨運價格，三次提高原油價格，適度提高鐵路、水路、航空客運票價和多年未作調整的糧油統銷價格，以及建立價格水準監測與調控機制。

價格改革實際上是商品市場關係的重建過程。由政府調放價格到市場決定價格，既體現為政府與市場關係的重大調整、管制經濟的逐步放鬆和計劃體制的漸進市場化改革過程，也伴隨着市場主體的發育成長、計劃價格體制矛盾激化，以及改革主導者適應市場供求規律、經濟發展要求和內外部環境變化而進行的經驗和教訓都十分豐富的「問題導向型」應對應急式治理性改革努力。

價格改革初期，在時序上以大幅度提高農副產品價格為起點，不是政府決策者的主觀意願或隨心所欲的結果。當時，由於長期利用價格管制過多地徵取農產品和農業剩餘，農村簡單再生產難以為繼，生存溫飽壓力日漸沉重。農民甘冒風險對集體耕作制進行家庭承包制改革，其實是迫於生存危機而無奈選擇的結果。值得慶倖的是，農民的生存追求與決策層的放鬆管制以「搞活經濟」進而推進改革開放的政治決策歷史地交匯碰撞在一起，相互促進和激勵，開啟了當時社會大眾包括中外觀察家都未曾預料到的會對中國面貌以及世界格局產生深遠影響的改革開放的歷史大幕。

在價格「調放結合」改革階段，政府一方面允許、擴大直至鼓勵農村家庭承包經營發展，提高農民生產積極性和農產品供給能力；另一方面，多次較大幅度地提高農副產品收購價格，增加了農業剩餘和農民收入，並以此示範城市改革，增加日用工業品供給能力和城鎮居民收入。儘管城鄉經濟的公有制性質沒有發生變化，但經營方式或治理層面的改革，推動了工農業生產能力、居民收入水準和政府財政收入的提高，為多次大幅調整提高農副產品和部分工業品價格提供了物質基礎和支付能力。並且，人民公社集體勞作制的解體和農民自由從業機會的獲得，推動了社隊工業繼而鄉鎮企業和個體私營經濟異軍突起，促成了 80 年代前中期農民轉移就業、農村非農產業、鄉鎮企業和城鄉非公有制經濟的興起和發展。

改革開放之初，市場經濟元素儘管還只是在作為公有制經濟必要補充或商品經濟意義上理解和發展，但計劃體制的逐步鬆動、公有制治理層面的改革，以及由此推動的市場主體發育和價值規律作用，使經過國營與集體制長期束縛、十年動亂反覆折騰後國民經濟瀕臨崩潰邊緣的一把「爛牌」，幾乎在一夜之間打成了近乎帕累托改進或普惠性增長的一手「好牌」。市場建制目標在當時或許還不甚清楚，至多是若明若暗狀態，但由經濟快速發展、人民生活改善所鍛造的改革自信由此形成。此後的改革進程固然曲折、艱辛，甚至出現局部反覆，但其早期改革績效所促成的改革認同和制度取向，則是改革開放持久推進、市場建制不可逆轉的動力、定力和偉力所在。

如同其他改革一樣，價格改革並非一帆風順，甚至直接伴隨着風險暴露。隨着微觀經濟層面改革、市場主體發育、商品交易與要素配置活躍，推動價格信號真實化，「價格體系的改革是整個經濟體制改革成敗的關鍵」[①]。早期的價格「雙軌制」，雖然對突破傳統體制的生產計劃和價格管制、推動市場發現價格並漸進式地釋放計劃經濟的隱性通脹壓力發揮過積極作用，在計劃經濟市場化改革早期具有客觀性質和破題作用，但雙軌價格並存必然會助長兩種經濟運行機制的對撞摩擦、計劃內外的倒買倒賣和權力尋租，以及腐敗蔓延和社會的強烈反彈。經濟發展需要、體制運行壓力、「雙軌制」弊端凸顯、社會廣泛期待以及前期成效的改革自信，促成了 1988 年的「物價闖關」改革決策。

但是，「物價闖關」很快便面臨嚴峻複雜的局面。當時，經濟高速增長主要依賴銀行貸款拉動投資，經濟過熱與貨幣超發相互推動，社會總需求超過總供給，通貨膨脹壓力很大。當年密集出台的價格改革政策，又使長期潛在的隱性通脹壓力驟然釋放，物價上漲成為公眾普遍的心理預期，搶購風潮一觸成勢乃至出現極端現象，加之價格「雙軌制」所導致的企業與個人利益分配失衡、苦樂不均，以及大面積滋生的權力尋租和腐敗現象引致社會的廣泛不滿，甚至部分地成為接踵而至的「政治風波」的經濟成因。隨後三年的治理整頓期間，實行財政和信貸雙緊政策，壓縮財政支出，管住貨幣發行，控制信貸總規模；壓縮基建投資規模，調整投資結構；控制居民收入過快增

① 《中共中央關於經濟體制改革的決定》（1984 年 10 月 20 日）。

長，抑制過旺的消費需求。通貨膨脹終於得到抑制，全國零售物價上漲指數由 1989 年的 17.8% 降為 1990 年的 2.1% 和 1991 年的 2.9%。

治理整頓使經濟發展和體制改革付出了較大代價，許多市場調節政策被取消，一些下放的管制權力重新收回，鄉鎮企業發展受到抑制，民營經濟發展停滯，大批基本建設項目下馬，國內生產總值增速由 1988 年的 11.3% 下降到 1989 年的 4.1%、1990 年的 3.8%。但「無意插柳柳成蔭」。經濟增速下行改變了市場供求關係，經濟環境趨於寬鬆，為價格調整和改革騰出了空間。1989—1991 年，國家集中調整了棉花收購價、鹽和鹽化工產品價格及客運、石油、鋼材、有色金屬等價格，調價總額達 500 多億元。1992 年市場建制目標漸出，價格改革也加快步伐。國家物價局重新修訂和頒佈中央價格管理目錄，大幅減少價格管制項目。重工業生產資料價格和交通運輸價格由上年的 737 種減少為 89 種；輕工商品價格由 41 種減少為 22 種；農產品價格由 40 種減少為 9 種，並利用各地庫存糧食較多、供求基本平衡的有利時機，於年底前原以為會驚心動魄但實際上卻波瀾不驚地在全國 844 個縣（市）放開糧食價格。到 1993 年，社會零售商品總額的 95%、農副產品收購總額的 90%、生產資料銷售額的 85% 已經由市場定價，政府管制價格的比重已經低於一些西方市場經濟國家。價格改革闖關終於涉險成功，為社會主義市場經濟建制發展做了基礎性市場準備。

(二) 全面建立市場形成價格機制

20 世紀 90 年代後，價格改革的主要任務是建立由市場形成價格的新機制。即「在保持價格總水準相對穩定的前提下，放開競爭性商品和服務的價格，調順少數由政府定價的商品和服務的價格；盡快取消生產資料價格雙軌制；加速生產要素價格市場化進程；建立和完善少數關係國計民生的重要商品的儲備制度，平抑市場價格」。[①]

---

① 《中共中央關於建立社會主義市場經濟體制若干問題的決定》（1993 年 11 月 14 日）。

由於市場供求關係的變化，「雙軌價」中計劃價格和市場價格之間的差額已經大大縮小，少數產品還出現市場價格低於計劃價格的現象。1993 年，鋼鐵產品價格和大多數機械產品價格實現了價格並軌；1994 年，陸上原油價格和煤炭價格也實現了價格並軌；絕大部分產品計劃價格放開由市場調節。至此，價格「雙軌制」基本取消，並軌完成。1992—1997 年間，政府管制價格進行了大幅度的結構調整。三次較大幅度提高糧食定購價格，五次提高原油出廠價格，四次大幅度提高鐵路貨運價格，五次提高電力價格。1998 年，汽油、柴油零售價格由政府定價改為政府指導價，原油價格與國際市場接軌；放開棉花購銷價格，發佈收購指導性價格信息；取消螺紋鋼、圓鋼、線材等 10 種鋼材指導價格，完全由市場定價；化肥出廠價格由政府定價改為政府指導價，放開化肥零售價格。各地也擇機疏導城市公共交通、民用燃料、自來水、房租、教育、醫療價格等，多年積累的基礎產業和公共產品價格偏低狀況得以改觀並助推相關領域改革與發展。

進入新千年後，價格改革開始向重要商品、壟斷業務、民生服務等關鍵領域延伸。這一時期的價格改革，既深化市場定價機制、開放競爭，又兼顧產業特性、技術規律、公眾利益和貫徹綠色發展理念。改革重點集中在農產品價格、資源品價格以及運輸物流價格、仲介服務價格和環保收費等方面。按照加入世貿組織相關承諾，中央管理的定價項目由 1992 年的 141 種（類）減少到 2001 年的 13 種（類），政府對市場的干預範圍大大縮小。放開糧食收購和煙葉收購價格，對重點糧食品種實行最低收購價格政策。建立綜合反映國際石油價格變化和國內生產成本、供求關係、社會承受能力等因素的石油價格形成機制，建立天然氣價格與可替代能源價格掛鈎調整機制；實行差別電價、脱硫加價和可再生能源發電加價等促進節能減排的電價政策，明確市場形成上網電價和銷售電價、政府調控輸電配電價格的改革目標；建立包括水資源費、供水價格和污水處理費在內的全成本水資源價格形成機制，實施工商業用水同價政策，對高耗水行業制定特種用水價格；放開電煤價格，實施煤電、煤熱價格聯動；推行兼顧資源生產成本、居民負擔能力和節能環保要求的城鎮居民用水用電用氣階梯價格制度；推動城市供熱由按面積計價向按熱值計價轉變，促進節約用熱和供熱事業發展；採行城鄉用電同網同價和電信資費同價政策。

全面深化改革推動了重要商品和要素價格改革，以及價格監管和反壟斷執法，價格形成機制和市場競爭環境得以健全和優化。

深化重要民生產品及服務價格改革。以差別化支持政策完善稻穀、小麥最低收購價政策；試點棉花、大豆目標價格改革，據實監測市場、制定目標價格，建立「市場化收購＋補貼」價格形成機制；放開煙葉、蠶繭等產品的收購價格，建立市場決定價格機制；廢除油菜籽臨儲政策，由市場決定購銷價格；取消食鹽市場准入限制和所有價格管制，由市場決定鹽產品價格；放開非公立醫療機構醫療服務價格；分類管理公立醫療機構醫療服務項目價格，對市場競爭比較充分、個性化需求較強的醫療服務項目實行市場調節價格；擴大按病種收費範圍，取消公立醫療機構除中藥飲片以外的所有藥品加成。①

推進資源、能源價格形成機制或使用收費改革。2013—2016 年，政府有關部門密集出台政策意見，推進水資源費、水土保持費、污水處理費等項收費改革和農業水價綜合改革、水利工程供水價格改革；區分存量和增量，分三步推進天然氣價格改革，實現非居民存量氣與增量氣價格並軌，建立天然氣與可替代能源價格掛鉤及動態調整機制，構建天然氣管道運輸價格監管體系；參照國際油價調節國內成品油價格，放開液化石油氣價格，建立油價調控風險準備金制度；分步放開輸配電以外的競爭性環節電價，推動建立規範透明的輸配電價監管體系，規範電力中長期市場交易行為。

放寬交通運輸業市場形成價格範圍。建立民航國內航線旅客運輸燃油附加與航空煤油價格聯動機制；完善港口收費、郵政資費和機動車停放服務收費政策；放開鐵路客票價格和鐵路散貨快運、鐵路包裹運輸價格，放開社會資本投資控股新建鐵路的貨物運價、客運專線旅客票價等具備競爭條件的鐵路運

---

① 參見國務院印發《鹽業體制改革方案》（2017 年 5 月 5 日）；國家發展改革委等部門印發《關於非公立醫療機構醫療服務實行市場調節價有關問題的通知》（2014 年 3 月 25 日）、《推進醫療服務價格改革的意見》（2016 年 7 月 1 日）、《關於推進按病種收費工作的通知》（2017 年 1 月 10 日）。

輸價格；放開國內民航貨運價格和部分民航客運價格；放開港口競爭性服務收費；將省級行政區域內執行的短途管道運輸價格管理權限下放到省級管理。[①]

推進服務業收費及價格改革。2014 年以後，逐步放開代辦外國領事認證簽證、證件密鑰服務、海關統計資料及數據開發、商標註冊等認證、涉外（台）經濟貿易爭議調解、土地價格評估、房地產價格評估等 7 項專業服務收費；放開鐵路客貨運輸延伸服務、郵政延伸服務、會計師服務、稅務師服務、資產評估服務、房地產經紀服務、非保障性住房物業服務、住宅小區停車服務、部分律師服務等 9 項服務價格。繼 2000 年將 1 500 種國家基本醫療保險藥品和醫療服務價格由政府定價改為政府指導價後，持續推進藥品價格改革，調整醫療服務價格及比價關係。明確經濟適用住房價格以及廉租住房租金的構成、定價及管理原則。

壓縮中央定價目錄，健全壟斷領域價格監管制度。中央定價種類由 13 種（類）減少到 7 種（類），具體定價項目由 100 項左右減少到 20 項，地方定價目錄約 20 類。保留項目主要限定在重要公用事業、公益性服務和網絡型自然壟斷環節，並以定價目錄制度實行清單化管理。建立以「准許成本 + 合理收益」為核心、約束與激勵相結合的壟斷行業定價制度，構建自然壟斷行業和公共服務價格監管制度框架。[②] 據測算，2016 年中國價格市場化程度上升至 97.01%，政府管理價格的比重已不足 3%。其中中央和地方政府管理價格的比重分別為 1.45% 和 1.54%，較 2012 年分別下降了 1.91 和 0.77 個百分點，由市場決定價格的機制已經基本形成。

伴隨着市場決定價格機制的逐步建立，價格調控體系和法規建設也循序推進。建立居民基本生活必需品和服務價格、重要生產資料交易價格監測網絡，發現、警示市場價格異常波動；建立糧食、棉花、食糖、石油等重要

---

① 參見中國民航局《推進民航運輸價格和收費機制改革的實施意見》（2015 年 12 月 22 日）；交通運輸部、國家發展改革委《港口收費計費辦法》（2015 年 12 月 29 日發佈，2019 年 3 月 13 日修訂）；國家發展改革委《鐵路普通旅客列車運輸定價成本監審辦法（試行）》（2017 年 2 月 28 日）。

② 參見國家發改委《中央定價目錄》（2015 年 10 月 21 日修訂版）、《關於進一步加強壟斷行業價格監管的意見》（2017 年 8 月 23 日）。

商品物資儲備制度，適時吞吐儲備平抑市場價格；建立具有國情特色的「米袋子」省長負責制和「菜籃子」市長負責制，保證基本農產品供求平衡和價格穩定；大部分省市建立重要商品價格調節金制度，應對區域性價格波動。其價格調控效果也是顯而易見的，既迅速抑制了 80 年代後期和 90 年代前期價格總水準過快上漲，也有效治理了繼其之後而來的通貨緊縮，在經濟快速增長、結構劇烈變動和改革持續推進環境下，保持了價格總水準長期基本穩定。價格法規建設伴隨着整個價格改革過程。截至 2015 年底，我國共有全國性價格法律 2 部，行政法規 3 部，規章 23 個，規範性檔 858 個，形成了以《價格法》《反壟斷法》為核心的價格法律法規體系。

二、勞動力市場特性與制度建設

計劃體制排除了市場決定商品價格、引導資源配置的機制，甚至否定勞動力、土地、資本等生產要素的商品性質、市場配置和價值正當性。計劃體制對價格的扭曲和資源的錯配及其嚴重性質今天已為人們所廣泛認知。但即使在治理或「工具」層面，生產要素尤其是勞動力的商品化及其市場化配置也面臨諸多困境。勞動力市場建設不僅需要重塑利益格局和體制形態，有技術性難度，而且還與信念意識和社會性質密切相關，有價值性挑戰。勞動力市場建制的速度與深度，取決於解放思想、直面挑戰的勇氣和力度及創制環境的完備程度。

(一) 勞動力市場重建及初始發展

自由勞動者固然是一個較為久遠的歷史現象，但整個社會或國家建立自由勞動力市場，在人類發展史上還是相對晚近的經濟現象。正是由於自由勞動力市場的存在，經濟主體、交易活動、競爭合作、創業創新等一切與市場經濟及其制度形態有關的人類行為和行為結果才得以產生。生產要素的市場化不簡單地等同於生產要素的市場交易，勞動力市場的形成當然也不能簡單地等於存在可供交易的勞動力，而是需要通過理性複雜的市場安排，使勞動者個人自主自由地擇業從業，使社會以此為基礎實現勞動力體力與智力資源的優化配置。一個社會乃至國家間的經濟活力、競爭能力和創新潛力的發揮程度及其差距，與自由勞動力市場的存在與否和有效程度密切相關。

公有制經濟性質及其法律、價值形態，決定了國有企業職工和集體經濟成員既是僱員也是自己的僱主，經濟組織的管理者與普通從業者都是無身份差別的勞動者。在國有企業和部分城鎮集體企業中，勞動力配置實行集中計劃管理和統包統配的招工就業制度。勞動者不僅就業生活與企業或單位融為一體，其生老病死直至家屬、子女也都高度依賴所在單位。除安排生產經營活動外，企業或單位也在從事其他社會事務或「家務」活動。離開了企業或單位，勞動者幾乎喪失所有生產生活條件，相應地也賦予企業或單位元部分社會職能和員工的就業依賴及隱性福利預期。在這類企業或單位率先進行就業制度改革或勞動力市場重建，成本無疑要高昂得多，主客觀阻力也是十分巨大的。在農村人民公社中，由於集體經濟性質和農業耕作特性，國家不負責其就業管理。無論人口如何增長變化，只能在集體經濟組織內部從事農業生產，至多有如後來若有若無的自我服務型「社隊工業」。就業擁擠、隱性失業或勞動力資源嚴重浪費是普遍現象。

傳統就業制度的改革破題，發生在矛盾集中點和體制薄弱處。改革開放初期，我國勞動力增長處於高峰期。由於十年動亂的影響，國民經濟和社會就業增長緩慢。面對歷年積累的下鄉知識青年大量集中返城，城鎮就業壓力巨大，幾成社會問題，政府統包統配的就業制度難以為繼，不得不出台「另類」政策，廣開門路搞活經濟，緩解城鎮就業壓力。[①] 即在國家統籌規劃和指導下，實行政府勞動部門介紹就業、自願組織起來就業和自謀職業相結合，使就業制度由過去主要依靠國有單位安排就業轉變為國有、集體、個體私營

① 《中共中央、國務院關於廣開門路，搞活經濟，解決城鎮就業問題的若干決定》（中發〔1981〕42號）。

和外商投資企業共同擴大就業；由過去主要依靠發展工業特別是重工業吸收勞動力轉變為通過發展輕工業、服務業等勞動密集型產業擴大就業；由過去依賴國家招工安置就業轉變為鼓勵勞動者積極自主擇業；由過去單純依靠政府調配手段管理就業轉變為運用行政、經濟和社會服務相結合的手段促進和擴大就業。

就業制度的改革，突破了傳統就業觀念，推動了城鎮個體私營經濟發展，非公有制經濟以解決社會突出的就業矛盾為突破口和切入點，找到了其生存發展的契機和空間。適應生產經營和產業發展需要，部分民營、外資和中小企業通過兼職、聯營等形式，從國有單位或大中城市引進科技人才，打破了長期以來的人員流動單一計劃調配體制，勞動力市場建設開始萌芽起步。而農村勞動力轉移就業發揮了助推市場發展的特殊作用。家庭承包制改革解放了農村生產力，農民獲得了自由擇業的權利。當時鄉鎮企業和「三來一補」加工貿易的發展，使數以億計的農村富餘勞動力獲得了非農就業機會，迅速形成中國式「農民工」羣體。農民工包括農民企業家猶如自然經濟主體，他們不存在也未曾期待那種被計劃體制拉高了的國有企業員工的福利預期以及就業與生活依賴，以其勞動技能和經營能力從業、創業，尋求自己的生活門路也推動了城鄉經濟發展和勞動力市場化配置及其結構變化。

經濟改革重心由農村轉入城市後，國有企業改革成為中心環節。增強企業活力必然面對勞動用工制度改革，國有企業的固定工制度成為最突出的問題。從 80 年代中期開始，在新招職工中推行勞動合同制，實行增量改革。其標誌是 1986 年國務院頒佈以實施勞動合同制度為核心內容的「四個暫行規定」，在勞動力資源配置中引入市場機制。[①] 勞動用工制度改革對於強化新招職工管理、提高勞動效率發揮了積極作用，但一個企業兩種用工制度，激勵約束機制不一，勞動努力迥異，各種「優化組合」作用不大。進入 90 年代，開始試行全員合同制。國家賦予全民所有制工業企業用人自主權，不再下達

① 即《國營企業實行勞動合同制暫行規定》《國營企業招用工人暫行規定》《國營企業辭退違紀職工暫行規定》和《國營企業職工待業保險暫行規定》。

用人計劃，企業用人的數量、條件、方式及招用時間完全由企業自主決定，開始在國有企業勞動者與用工單位之間建立雙向選擇機制。[①] 在城鎮新增勞動力和進城務工的農村勞動力等就業羣體中，市場機制取得主導地位。社會主義市場經濟建制目標首次正式提出建立勞動力市場，全國人大頒佈《勞動法》，以法律形式將勞動合同制度推廣到所有企業職工。企業勞動關係從此完成了僱主與僱員關係的法律定位和根本性轉變，勞動力市場建設取得了相應的法治基礎。[②]

（二）勞動關係變革與市場結構性特徵

企業勞動關係的根本性轉變，使數千萬國有企業職工從理念到生活都受到前所未有的挑戰。數十年來，他們的就業、生活及各種隱性保障直接依賴於企業。勞動關係的調整及其配套改革的時滯，幾乎一夜間打斷了國有企業員工尤其是中老年職工的就業和生活鏈條，將其推向前途渺茫的勞動力市場。歷史對改革成本的承擔者和新制度的建設者應當保持同等的理解和尊重。

90 年代中後期，因市場競爭加劇和結構調整壓力，中小型國有企業集中改制以及大面積退出，數以千萬計的國有企業職工下崗失業，其生活保障和重新就業問題突出、矛盾集中。政府勞動管理部門普遍成立了就業公共服務機構，所屬公共職業介紹所、公共就業訓練中心、失業保險機構及就業服務指導機構逐步向街道、社區、鄉鎮延伸，建立就業保障公共服務平台，承擔公益性崗位開發、勞動力資源管理、就業政策落實和困難羣體就業援助等職能，形成了比較完整的各級各類就業公共服務體系。

在此期間，針對國有企業員工下崗分流、失業壓力集中問題，從中央到

---

① 《全民所有制工業企業轉換經營機制條例》（國務院第 103 號令，1992 年 7 月 23 日發佈；2011 年 1 月 8 日，根據《國務院關於廢止和修改部分行政法規的決定》修訂）。

② 《中共中央關於建立社會主義市場經濟若干問題的決定》（中共中央十四屆三中全會 1993 年 11 月 14 日通過）；《中華人民共和國勞動法》（1994 年 7 月 5 日八屆全國人大常委會第八次會議通過，後經 2009 年 8 月 27 日十一屆全國人大常委會第十次會議修訂、2018 年 12 月 29 日十三屆全國人大會常委會第七次會議修訂）。

地方採取就業促進政策，幫助下崗人員重新就業，創新勞動保障體制機制，分離企業社會職能等，實現了勞動力市場建設的重大轉機。[①] 其具體政策從建立再就業服務中心、實施「再就業工程」「四〇五〇工程」[②] 到實行「基本生活保障—失業保險—城市低保制度」「三條保障線」，從下崗分流與解聘失業「雙軌」並存到「並軌」運行管理，國有企業減員最終通過終止、解除勞動合同，納入失業保險體系，實行社會化管理。在當時經濟環境並不寬鬆、社會保障體系尚不完善的條件下，成功地實現了或許是人類經濟史上數量最大、時間最為集中的企業富餘人員離崗分流的「軟着陸」，建立起全社會市場就業機制並保持了社會基本穩定。

城鄉勞動力市場的普遍建立，大大提高了我國勞動力配置效率、企業經營活力和國民經濟發展動力，但由計劃體制延續而來的結構性矛盾依然存在並呈現出新的特徵。農村勞動力大規模向非農領域、大中城市尤其是東部沿海地區轉移、流動就業，從體制外推動了勞動力市場發育以及非公有制經濟的發展。農村勞動力中的第一代「農民工」雖然未曾獲得穩定進入城市就業生活的制度保障，但其勞動收入明顯高於農作收入的比較收益和家庭承包地的某種保障作用，形成了城鎮就業的持久引力和近乎無限供給，既為經濟高速增長提供了源源不斷的廉價勞動力，也為經濟波動時調整勞動力市場供求關係、緩解城鎮就業或失業壓力保留了「減壓閥」和「蓄水池」。

具有中國特色的二元勞動力市場，一方面為城鎮固定工在一定時期內保持相對穩定的工作崗位和福利、逐步適應市場化改革提供了適應期、過渡期，以獲得就業體制改革的認同和社會穩定；另一方面，農民工進城所形成的就業競爭，倒逼國有企業改革就業制度，提高勞動效率和企業競爭力，推動了勞動力市場建設。更重要的是，數量巨大的廉價勞動力長期充分供給，

---

① 改革期間，中共中央和國務院召開了一系列會議、發佈若干政策文件推動相關工作。如 1998 年 6 月發佈《中共中央國務院關於切實做好國有企業下崗職工基本生活保障和再就業工作的通知》；2002 年 11 月發佈《中共中央國務院關於進一步做好下崗失業人員再就業工作的通知》；2008 年 2 月，國務院發佈《關於做好促進就業工作的通知》；2007 年 8 月，全國人大審議通過並頒佈《就業促進法》，從法律上確立就業政策體系和制度保障機制。

② 即採取特殊的就業扶持政策，幫助年齡在 40 歲、50 歲以上的下崗員工重新獲得就業崗位。

不僅為中外投資企業提供了成本比較優勢、企業競爭和資本盈利能力（對重新成長的個體私營經濟加速資本原始積累尤為有利），而且也因農民工比較成本優勢的存在，相應地抑制了城鎮國有企業尤其是勞動力選擇較為便利的競爭性行業的職工工資福利水準或增長速度，在較長時期內形成社會範圍內的工資福利抑制或成本抑制現象，在很大程度上降低了傳統就業和工資福利制度的改革成本以及新型勞動力市場的建設成本。

數量足夠、成本低廉的農民工羣體的形成、擴大和長期存在，是農村原始工業興起、城鎮中低端製造業發展、海外資本進入以及中國工業化最終得以完成的基本要素條件和重要「祕密」所在。正是這一漸成勞工主體、在世人眼中衣履樸素且收入綿薄的農民工階層，譜寫了當代中國工業革命的壯麗史詩。時至今日，這個勞工羣體仍然是中國工業化、城鎮化持續發展的動力所在。許多國際廠商的品牌乃至名牌產品，都是由中國農民工在生產線上代工製作而成。隨着產業科創發展、居民收入增長和政府引導得當，以及本土產品文化自信的成長，「消費替代」進而「品牌替代」或許是一個自然發展的過程。中國產業和消費升級以及商品附加值提高的可能和趨勢，已經內生於勞動力市場潛力乃至現實生產過程之中。

（三）勞動力市場並軌及制度建設

效率的獲得有其公平的代價。勞動力市場的二元結構及其持久化，必然制約經濟社會的轉型升級。以二元結構和價格扭曲形式重建勞動力市場實現競爭優勢、體制變革並創造經濟奇跡，或有路徑依賴、歷史作用和改制機理，但其派生的公平損失及從長期看也會有損效率的負面影響，也是不容忽視的。

農民工的就業模式和流動方式，直接影響其穩定就業、專注於技術及精深工藝和敬業精神的鍛造。隨着工業化、資訊化深入發展，生產過程對專業技術和工作專注程度需求日深，缺乏培育職業理念、工匠精神和現代商業倫理的就業創業環境，企業和勞動者個人都有可能成為日趨激烈的市場競爭的落敗者。

勞動力市場二元結構及其價格扭曲，可能會由經濟問題導致社會矛盾。

較之於城鎮固定工，農民工因其就業機會不公、工資福利差別、勞工成本不完整或更為艱辛的勞作與生活，自然會產生不平、屈辱和挫敗感以及不同的表達形式。對那些較多地進行就業和收入縱向比較的第一代農民工來說，還處於「可以接受」階段，但對於已經長期在城鎮學習、工作和生活並且不可避免地進行橫向比較的第二代、第三代農民工來說，可能變得越來越「不可接受」。

勞動力市場的二元分割，制約了城市二、三產業平衡增長、結構優化和可持續發展的能力。農民工的漂移式就業或「四海為家」，使其「掙錢不易、花錢更難」，往往盡可能地將個人支出限制在最為必需的衣食溫飽範圍，以及相應的城鎮常住人口迅速增加但戶籍人口增長緩慢，第二產業快速增長但第三產業發展長期滯後，就業結構改善但產業結構進而經濟結構失衡等，大中城市的綜合承載能力和社會治理能力嚴重不足。

長期低估農民工成本或價格，固然使廠商、企業有低成本競爭優勢，但勞動剩餘過多地向資本集中，過早地導致體制性的「短缺型過剩」。即在農民工和城鄉居民收入普遍不高、基本需求還很緊張的背景下，便出現大量產品滯銷、市場供過於求問題。這種矛盾現象 20 世紀 90 年代即已產生，只是由於加入世界貿易組織、產能對外釋放而有所緩解，但投資比重過大、外貿依存度偏高、國際市場波動直接乃至嚴重影響國內經濟增長則積重難返。

增長趨緩、代際更替和老年社會來臨，使勞動力市場二元結構衝突加劇、難以為繼。進入新世紀後，我國勞動年齡人口增速趨緩直至呈下降趨勢，所謂「劉易斯拐點」① 到來；第一代農民工「告老還鄉」、無力農作，但養老、醫療等基本保障缺乏或不足；勞動力供求關係的變化和農民工家庭負擔驟增，推動農民工工資上漲，部分地區出現「招工難」問題。推動勞動力成本真實化、統一城鄉勞動力市場和社會保障制度成為建制必然趨勢。

---

① 諾貝爾經濟學獎獲得者、發展經濟學家威廉·阿瑟·劉易斯（W. Arthur Lewis）於 1954 年和 1972 年先後發表《勞動無限供給條件下的經濟發展》《對無限勞動力的反思》等論文，提出了「二元經濟」發展模式，認為經濟發展過程是現代工業部門相對傳統農業部門的擴張過程，這一擴張過程將持續到把沉積在傳統農業部門中的剩餘勞動力全部轉移完畢，即「劉易斯拐點」，直至出現一個城鄉一體化的勞動力市場時為止，即「劉易斯第二拐點」，此後勞動力工資轉變為市場決定的或新古典主義的均衡實際工資。

勞動力市場結構的重大變化，使得繼續背離市場統一公平、起決定作用的勞動力價格扭曲行為代價巨大、難以承受。進入新世紀以來，因高等教育的大眾化，城鎮新增勞動力中高校畢業生逐步佔主要地位。由於先進製造業發展相對遲緩、高端服務業及公共服務體制改革滯後，出現了高校生就業難於農民工、中低端勞動力供給短缺現象，繼續維繫勞動力市場二元結構或延宕服務業體制改革都將是作繭自縛。鼓勵創業創新、拓展人才市場等，同樣需要統一勞動力市場並發揮其工資價格決定作用。①

針對勞動力市場二元結構尤其是農民工相關問題，21 世紀伊始，政府開始推動勞動力市場綜合性改革。以健全農民工工資支付、勞動合同管理、就業服務和技能培訓、社會保障與公共服務、進城落戶與子女教育、土地承包權益為重點，清理和取消針對農民進城就業和管理服務等方面的歧視性規定，制定和推行農民工養老、醫療、工傷等社會保險政策，開展統籌城鄉就業試點，逐步縮小勞動者城鄉就業差別，直至完善全社會平等就業制度。陸續出台了一批加快農業轉移人口市民化的公共政策及相關法規，推進以人為核心的新型城鎮化發展，促進和保障數以億計的農民工在就業、生活、居住、遷移、社會保障、公共服務等各方面的平等權利。②

經過 40 餘年的就業體制改革和勞動力市場建設，就業模式、規模結構、管理體制發生了根本性變化。勞動者自主擇業、市場導向就業、社會多元就業、政府促進就業的體制機制已經建立起來。到 2016 年，全國從業總人數為 77 603 萬人，國有單位就業為 6 169.8 萬人，佔 7.95%；就業結構明顯優化，一、二、三次產業就業比重由 1997 年的 70.5%、17.3% 和 12.2% 分別調整為 27.7%、28.8% 和 43.5%。城鎮失業率一直保持在 5% 左右的相對較低水準。

① 中組部、人事部《加快培育和發展我國人才市場的意見》（1994 年 8 月 30 日）；國務院辦公廳《關於發展眾創空間推進大眾創新創業的指導意見》（2015 年 3 月 11 日）；國務院辦公廳《關於加快眾創空間發展 服務實體經濟轉型升級的指導意見》（2016 年 2 月 18 日）。

② 參見《國務院關於解決農民工問題的若干意見》（2006 年 1 月 31 日）。此外，國務院於 2015 年 11 月 26 日發佈、2016 年 1 月 1 日起實行《居住證暫行條例》；2016 年 7 月 27 日，國務院發佈《關於實施支持農業轉移人口市民化若干財政政策的通知》；2016 年 9 月 30 日，國務院辦公廳發佈《推動 1 億非戶籍人口在城市落戶方案》。

以《勞動法》為基礎，《勞動合同法》《就業促進法》《勞動爭議調解仲裁法》為主幹的就業相關法律法規規章陸續出台，批准了數十部國際勞工公約。勞動力市場公共服務和法律體系基本建立起來。

在社會人口與日俱增、計劃就業剛性依賴和國有企業職工規模巨大的背景下，中國在較短時間內完成了就業體制改革和勞動力市場重建，實現了勞動關係的根本性變革，同時支撐經濟社會快速穩定發展，有特殊條件也有邏輯規律。人固然是生產力中最活躍的因素，中國人口規模或人力資源居世界首位，但計劃體制的統包統配就業制度，曾經使人們最基本的就業和生活也難以為繼。當初以勞動部門介紹就業、自願組織起來就業和自謀職業就業的「三結合」就業方式，打破統包統配就業體制依賴，鼓勵返城知青自謀職業，開啟市場引導就業、政府促進就業進程，既解決了1700餘萬返城知青的就業難題，又使人們看到了順應市場需求配置勞動力資源的巨大潛力和廣闊前景，為就業理念轉變、就業體制改革和勞動力市場建設先行試水，積累了經驗和信心。

順應經濟市場化改革及其規律，變革僵化落後的計劃就業體制，直接觸動數千萬國有企業職工的切身利益。面對如潮而來的失業大軍及對就業體制改革的質疑與反對之聲，既需要改革者從決策層到執行面對市場化改革的堅定決心、清晰理念及政治擔當，也需要因時應勢的經驗示範、策略採選、路徑創新和制度建設。改革初期的固定工「老人老辦法」與合同工「新人新制度」的二元就業體制，雖然有就業羣體間的公平代價，但也有減輕阻力、降低成本的改革效率，以新的就業羣體不斷壯大、市場就業體制日益成長以及經濟穩定增長，促進、倒逼、支撐就業體制改革，包括勞動者所承擔的改革陣痛和部分轉製成本，諸如待業失業、下崗分流、買斷工齡等不一而足的具體辦法，直至最終形成全新、統一的勞動力市場。

宏觀層面的市場深化、經濟發展和就業促進相互推動的政府作為，尤其是鼓勵鄉鎮企業、私營企業、外資企業發展的改革開放政策和各級政府的再就業政策，不僅在世紀之交的十餘年內幫助2 500多萬國有、集體企業下崗人員實現再就業，而且數十年來，每年平均創造1 000多萬個城鎮就業崗位，解決了城鎮新增勞動力以及後期佔多數的高校畢業生就業，吸納了2億以上農村富餘勞動力轉移就業、進城務工經商。在市場主導就業基礎上，政府的經濟發展政策與積極就業政策適應市場深化、結構變化，從早期經濟增長優先、主要是勞動密集型行業快速發展，到就業優先的經濟增長政策，再到後來創業創新政策的密集推出，直至統一城鄉勞動力市場及其法規制度建設，近乎適應勞動力數量增長和結構變化，與時俱進地推進政策調整和市場建制。這究竟是偶然因素的機緣巧合、時勢使然的因勢利導，還是邏輯規律的洞察遵循抑或兼而有之的創制努力？研究者見仁見智，或可得出「經驗」，統一勞動力市場的任務也仍然艱巨，但中國就業體制改革和勞動力市場重建，就是以此歷史過程呈現其邏輯關聯的。

三、土地產權市場化及其遲滯性質

土地和勞動力都是創造財富或使用價值的生產要素。商品是使用價值與交換價值的統一，土地參與財富創造繼而商品具有交換價值，其自身也就成為不可或缺的生產條件乃至稀缺要素。儘管經濟學家就土地對財富生產、價值創造和經濟增長的作用各持己見[①]，但包括土地在內的生產要素按貢獻參與

---

① 與農耕時代或工業化早期土地的特殊作用相聯繫，早期經濟學家普遍重視土地要素。威廉·配第關於「勞動是財富之父，土地是財富之母」的著名論斷世人皆知；亞當·斯密把土地、勞動和資本作為三個基本的生產要素；大衛·李嘉圖甚至擔憂土地、資本與勞動的邊際報酬遞減會導致一國的經濟增長停滯；馬歇爾指認農業技術遲滯導致土地耕作的邊際報酬遞減；以馬克思為代表的勞動價值論者儘管認為其有「庸俗」成分，但從未否定土地參與財富或使用價值的創造。隨着工業革命完成及科技進步，「邊際革命」的代表人物如門格爾、傑文斯、瓦爾拉等人不再重視土地的作用，認為土地可以被資本替代，技術進步足以抵消固定不變的土地所帶來的不利影響；包括發展經濟學家在內的新古典經濟學家如柯布—道格拉斯、哈羅德—多馬、索洛、阿羅等人在構建其理論模型時，土地要素便淡出視野而忽略不計；羅默和盧卡斯等人認為，免除土地報酬遞減的困擾後，經濟增長理論可以將主要精力用於探究物質資本的增長與配置效率、技術進步、人力資本、創新和研發投入在經濟增長中的重要性。舒爾茨給出了有代表性的理由，認為土地作為生產要素的經濟重要性一直在下降。土地的重要性從舉足輕重到被輕視忽略，體現的是經濟學家所處經濟時代以及生產要素貢獻率的變化，包括他們的理論認知與現實世界的落差。深受勞動價值論影響的一些國家，即使在市場化變革時，也往往忽視土地要素對於經濟增長的功能，甚至錯失利用其土地要素潛力發展經濟的機會。

分配，則自市場經濟發展建制之日起，便成為社會通行的收入分配原則。土地資源的優化配置和集約節約利用，也有賴於土地市場及其價格信號反映土地的資源稀缺性質、市場供求關係和生態修復成本。我國土地要素也是從治理改革起步，進入市場交易並最終形成土地市場的。

（一）土地產權析解與使用權市場交易

我國土地分為城鎮國有土地和農村集體土地兩類不同所有制性質的土地。城鎮基礎設施建設、工商業發展及其他非農用地，主要通過土地徵用制度將農村集體土地變性為國有土地。計劃體制下，國有土地實行行政性劃撥、無償性獲取、無限期使用、無流動配置的供地使用制度，土地浪費嚴重、利用效率低下，國有土地所有權也得不到經濟上的實現。市場化改革顯現出要素稀缺性質，人們開始從理論研討、體制構想到試點探索，改行政劃撥供地制度為市場配置土地資源，土地產權制度改革逐步浮出水面，並產生了當初人們完全沒有預料到的利益新局和體制變局，當然也包括改革困局。

農村家庭承包制中農地所有權與使用權分離的治理改革實踐及其認可、推廣和制度化，為國有建設用地制度改革提供了借鑒和示範，國有土地也開始按照所有權與使用權分離，通過收取城鎮土地使用費和試行土地使用權出讓兩種主要形式逐步開展相關制度改革。

改革開放伊始，外商即陸續進入中國市場，國家開始對外資企業和中外合資企業用地徵收土地使用費。無論是新徵用土地，還是使用原有企業場地，一律計收場地使用費。[①]1981—1984年間，深圳特區率先起步，合肥、撫順、廣州等城市也相繼徵收土地使用費，從此改變了國有土地無償使用制度，拉開了城鎮土地使用制度改革的序幕。

土地使用費的收費實踐，雖然打破了傳統的土地無償使用制度，但收費

① 參見《中外合資經營企業法》（1979年7月1日五屆全國人大二次會議通過，後經全國人大及其常委會1990年4月4日、2001年3月15日、2016年9月3日三次修訂）；《國務院關於中外合營企業建設用地的暫行規定》（1980年7月26日）。

標準低、範圍小，未形成反映土地稀缺性質和供求關係、促進土地集約節約利用的市場信號，國有土地權益過多地流入開發企業。城鎮工商業發展和市政基礎設施建設也受到行政劃撥供地制度的嚴重制約。順應市場需求，1987 年 11 月，國務院決定在深圳、上海、天津、廣州、廈門、福州進行土地使用制度改革試點，將原有無償、無期限、無流動的行政劃撥供地制度，改革為有償、有期限、可流動的土地使用制度。深圳市首先破冰實踐，分別於 1987 年 9 月和 12 月，以協議、公開招標和公開拍賣方式出讓三宗國有土地使用權。1988 年 3 月，上海市也招標出讓了一宗國有土地使用權。

深圳市和上海市的改革實踐，突破了國有土地使用權不允許轉讓的法律禁區，開市場配置土地資源之先河。國有土地使用權改革儘管未曾觸動土地所有權性質，只是地權治理層面的改革，但仍然面臨「任何組織或者個人不得侵佔、買賣、出租或以其他形式非法轉讓土地」的法律瓶頸。順應市場化改革和經濟發展規律，辯證地處理「改革創新」與「依法治國」的關係，成為國有土地制度改革的決策選項和當務之急。此後《憲法》和《土地管理法》修法規定，國有土地和集體所有的土地的使用權可以依法轉讓；國家依法實行國有土地有償使用制度。[①] 國務院依據土地相關立法，以行政法規形式建立土地使用權交易流轉規則，確立城鎮國有土地使用權出讓、轉讓制度和土地使用權主體及其合法權益保護制度，規定土地使用權出讓、轉讓、出租、抵押和終止辦法，並對劃撥土地使用權處置做出安排。[②]

20 世紀 80—90 年代，城鎮國有土地使用雖然並行劃撥供地制度和有償使用制度，並以劃撥制度為主，有償使用也主要採取協議出讓方式，較少採

① 參見《中華人民共和國憲法》（1982 年 12 月 4 日全國人大通過）、《中華人民共和國土地管理法》（1986 年 6 月 25 日六屆全國人大常委會第十六次會議通過）；1988 年 4 月 12 日七屆全國人大一次會議通過的《憲法修正案》、1988 年 12 月 29 日七屆全國人大常委會第五次會議依據《憲法修正案》修訂的《土地管理法》。1994 年 7 月 5 日，八屆全國人大常委會第八次會議通過《城市房地產管理法》，進一步從法律上明確國有土地有償、有期限使用制度。

② 參見《城鎮國有土地使用權出讓和轉讓暫行條例》（1990 年 5 月 19 日）；《外商投資開發經營成片土地暫行管理辦法》（1990 年 5 月 19 日發佈，2008 年 1 月 15 日廢止）。

取招標、拍賣等公開競價形式，但計劃體制的土地行政劃撥供地制度的堅冰已經打破，有償、有期限、可流動的土地出讓制度及其法律基礎初步確立，深化土地使用制度改革、規範發展土地市場已是大勢所趨。

進入新世紀，國有土地使用制度改革，開始由有償使用向市場配置土地資源轉變。國家出台一系列法規政策，控制劃撥用地範圍，規範協議出讓行為，推動土地市場發展。推進土地使用權招標、拍賣制度，土地使用權在土地有形市場上公開、公平和公正交易；除涉及國家安全和保密要求外，國有建設用地供應一律向社會公開；工業、商業、旅遊、娛樂和商品住宅等經營性用地以公開招標、拍賣方式提供。經營性土地使用加快向市場配置方式轉變，土地使用權市場逐步建立起來。[①]

土地市場初創時期，一些地方一度出現非法佔地、非法入市、違規設立開發園區等問題。2003—2004 年，全國集中清理、整頓，規範開發園區設立、土地佔用及審批、耕地佔補平衡、徵地補償安置、新增建設用地有償使用費徵收與使用、經營性土地使用權招標拍賣掛牌出讓等，推動依法管地、供地、用地，促進土地集約節約利用，落實土地招標拍賣掛牌出讓制度，規範和調控土地市場秩序，調整土地管理體制，建立國家土地監察制度等。[②]

市場改革深化逐步推動國有土地有償使用範圍延伸至公共服務項目用地以及國有企事業單位改制時的建設用地資產處置政策，如土地使用權作價出資或者入股、授權經營管理和抵押管理等。建立國有農用地確權登記和使用管理制度，完善國有農牧場改革土地資產處置政策和土地等級價格體系。比照國有土地使用制度改革辦法，限制礦業權協議出讓，以招標拍賣掛牌方式

---

① 參見《國務院關於加強國有土地資產管理的通知》（2001 年 4 月 30 日）；國土資源部《劃撥用地目錄》《招標拍賣掛牌出讓國有土地使用權規定》《協議出讓國有土地使用權規定》《招標拍賣掛牌出讓國有土地使用權規範（試行）》《協議出讓國有土地使用權規範（試行）》《全國工業用地出讓最低價標準》《招標拍賣掛牌出讓國有建設用地使用權規定》；《中華人民共和國物權法》等。

② 2004—2008 年，國務院先後發佈《關於深化改革嚴格管理土地的決定》《關於加強土地調控有關問題的通知》《關於促進集約節約用地的通知》等。

為主推進礦業權競爭出讓，建立礦業權出讓制度。[①]

（二）土地產權交易的要素價值意義

經過數十年的土地市場化改革，我國以不改變土地國有制、集體制的公有制性質，從治理層面確立了以國有土地使用權為核心的土地產權制度，建立了以有償使用、公平交易、專業服務、行業監管、政府調控等為主要內容的土地使用權市場基本制度。土地資源也以其要素價值意義，深刻地影響着我國經濟發展和市場建制。

國有土地使用制度改革，使新中國成立以來規模巨大的城鎮存量土地進入市場、實現價值，為國家基礎設施投資、城市市政設施建設及其他經濟發展需要提供了豐厚的資金或資本來源，其中一部分也用於支付改革成本。並且，我國土地制度的性質及其類別管制和法律界定，決定了各級政府能以土地徵用方式源源不斷地、廉價地從農村集體經濟組織獲得基礎設施建設、工商業發展及其他城市建設用地，並且將用途改變了的土地投入市場，獲得溢價巨大的財政收入、建設資本或「改革紅利」，所謂「土地財政」則是其典型表徵之一，當然也延伸到其他生產要素和公共資源領域。這種土地要素市場化過程中的價值實現意義、原始積累方式、資本積累規模和要素集聚效率在世界上是絕無僅有的。

受市場化改革節奏與結構因素影響，在一定時期內，要素價格管制明顯，金融壓抑曠日持久，區域間相互競爭以及國際經貿利益權衡，使我國的土地、勞動力、資本等主要生產要素價格普遍受到抑制。但其另一重效果是為計劃體制下一直優先發展的物質生產部門即製造業尤其是中低端製造業創造了獨一無二的比較成本優勢和市場競爭能力。加之經濟發展和國內市場的擴大、加入世界貿易組織後國際市場的開拓，在較短的時間內，成就了中國

---

① 參見國土資源部、發展改革委等八個部門《關於擴大國有土地有償使用範圍的意見》（2016年12月31日）；中辦、國辦《礦業權出讓制度改革方案》（2017年6月16日）。

製造業大國的地位和經濟快速增長的奇跡。

其他一些曾經與我國有過類似體制的轉軌國家及新興市場經濟體，或由於徹底放棄公有制，回到相對細小的生產要素私有制的原始市場經濟的歷史起點，由此也喪失了包括土地要素在內的傳統制度遺產的部分要素價值潛力；或本來就長期受到傳統私有制對社會化大生產及產業結構變動的束縛，生產要素市場配置成本居高不下。其中許多國家在激烈的市場競爭中，尤其是在與明顯具有資本、技術和市場先佔優勢的發達國家的競爭中，幾無優勢可言而表現平平。中國土地產權的析解方式或治理性改革所釋放的要素潛力及其價值意義，以及內在的歷史基因、路徑軌跡和邏輯規律，或許才真正是其他經濟體市場化變革所無從複製的「國情特色」。

(三) 地權市場利益及其非均衡性質

國有土地使用制度改革，支持了經濟發展、市場建制和製造業競爭優勢的形成，但也深刻地影響着國家與農民、城市與鄉村以及不同產業之間的要素佔有關係和利益分配格局。市場發展建制中效率與公平的矛盾暴露無遺並不時有衝突發生。

傳統社會的國民產權是所謂「軟弱的產權」，極易受到侵蝕和損害。公有制條件下的國有制和集體制產權，由於產權代表的虛化和利益實現的間接化，以及層次上的差異和地位上的高低，集體制產權相對於國有制產權也存在類似的「軟弱」性質。不僅集體經濟內部成員外化漠視，而且不斷地因國家利益、長遠大局需要不得不被動地進行利益輸送。

在制度層面，從當初的「價格槓桿」到今天仍在沿用的「徵地制度」，以及人力產權早期由於體制束縛而就業擁擠、收入低下，後來則由於市場分割而成本構成不完全，等等，較之改革開放初期，農村經濟雖有較大發展，但城鄉收入水準和發展能力方面的差距反而擴大。人們從產業特性、比較效益、市場彈性諸多方面做過分析、不乏有見地的研究，而對其制度原因所引致的長期困境，則往往淺嘗輒止、游離迴避，政策層面則不免隔靴搔癢甚或南轅北轍。退而言之，即便是徵地及土地使用本身，雖然不乏公有、公益、國有性質，但也不排除因市場資訊不對稱、交易競爭不充分、掌控者的違法違規行為而發生利益流失，以及由於徵地價格與市場價格的巨大差異所誘發的各類灰色交易與敗德（moral hazard）行為，引致農民不時地為保障自身合法土地權益而採取激烈甚至極端行為。

其實，各級政府通過徵地制度和對土地一級市場的壟斷，為城鎮建設尤其是大中城市建設提供了數額巨大、源源不斷的土地供給和原始資本，但也扭曲了城鄉要素分配關係，侵蝕了農村集體經濟組織和農民的利益，使那些適應市場剛性需求、較多利用及獲得土地要素、方便轉移土地成本直至暴利溢價的產業，易於獲得市場支撐、融資條件和暴富機會。這種情形在行政劃撥或協議出讓土地、因徵地成本過低而抑制市場出讓價格時期尤為突出或嚴重。結果造成城市各行業間發展機會和盈利空間的苦樂不均，在一定時期內，某些行業易於「做大做強」，富豪也較多地集中於這些行業（如房地產業）。由此扭曲的利益鏈條和要素分配關係，包括政府對「土地財政」的依賴，使得房地產業的泡沫化傾向得以持久維繫、拒斥改革或積重難返。

在城鄉土地關係中，政府通常是通過徵地制度以極其低廉的成本將農村集體土地徵歸國有，用作城鎮建設用地。即使在城鎮國有土地使用制度經過幾十年的改革之後，這種徵地體制也未發生實質性變化，土地增值收益或市場溢價幾乎全部流入城市，形成鄉村向城鎮的長期性、體制性利益輸送。集體土地只能用於農村集體建設，無論在農村內部還是在城鄉之間，都不可以通過市場機制配置土地資源，由此帶來的土地粗放使用和經濟社會矛盾日甚一日，探索建立城鄉要素平等交換的體制機制，成為深化土地管理制度改革的攻堅任務。

城鄉經營性建設用地同權同價、同等入市改革試驗，向建立城鄉統一的土地要素市場邁進了一步，但改革任務十分艱巨。這場改革試驗，不僅需要探索建立城鄉土地市場一體化發展的體制機制，調整城鄉土地利益關係，推動土地要素集約節約利用和優化高效配置，還需要研究和應對東中西部以及同一地區的不同區域之間建設用地佔用數量的失衡狀況。簡單局部地推行同權同價入市試驗及推廣經驗，勢必強化不同地區因發展不平衡造成的農村經營性建設用地規模、土地入市機會、交易價格級差、土地溢價能力等方面的苦樂不均，使地區之間本已拉大的發展及財力差距繼續擴大。推進城鄉經營性建設用地市場化改革，需要在宏觀層面建立國土資源均衡開發調節機制，以及國土開發強度的量化規制和成本補償機制，以土地收入的縱向、橫向轉移支付制度，推動地區間優化國土開發、加速產業轉移、調整經濟結構、實現平衡發展。相關制度的建立，對於土地開發強度過大地區的土地節約、結構優化、產業升級、生態保護和人居環境的改善也是重要的。

推進中的徵地制度改革試點，由於制度理念和頂層設計的模糊，仍然是傳統體制的某種延伸。尤其在價格決定上，不是遵循市場規律，發揮其決定作用，而是人為地確定某種無法避免簡單博弈、廣受爭議甚至後患無窮的所謂「補償標準」。「為民做主」式的改革試驗成功與否，依然面臨複雜局面甚或功虧一簣。符合市場規律、體現政府作為的徵地制度，應當是以國土規劃為基礎，建立城鄉統一的土地要素市場。具體來説，在土地價格的形成上，堅持以城鄉統一的市場機制為基礎；在土地收入的分配上，兼顧國家、集體、農民三者利益關係；在公益性社會成本的分擔上，由所有受益相關方共同分擔，而不是簡單地通過低價徵地方式轉嫁到部分集體經濟組織及其成員身上；在公共政策理念上，以市場決定土地收入初次分配為基礎，縮小城鄉間土地增值收入差距，改變土地收入長期片面向城市尤其是大中城市集中的趨勢。

改革徵地制度、統一城鄉土地要素市場，入微細處都是如何發揮市場的決定作用和政府的更好作用。關鍵是要建立起市場決定土地價格、政府合理調節土地收入的新型土地市場制度。無論是公益性建設用地還是商業性經營用地，徵地價格一律由市場決定，而不由地方政府與集體經濟組織及其成員間進行市場機制之外的雙邊博弈。離開了市場決定價格，所謂「縮小徵地範圍、提高補償標準」等「為民做主」的努力，既缺乏客觀標準，又很難得到被徵地者的真正認同。政府的「更好作用」則更多地體現在維護土地交易規則及過程的公平，保障土地用途適當和土地利益的合理分配，在受益範圍內或全社會公平分擔公益用地成本等。集體經濟組織及其成員即使對土地收入分配有不完全認同之處，至多只能與政府在市場決定價格的基礎上進行討價還價之類的「文鬥」，而不是對整個土地徵收制度心存否定、時常發生持械「武鬥」。徵地制度改革試驗，對試驗地區和決策當局的制度認知能力、政策研判水準和利益調整決心，都將是一場嚴峻的考驗。

四、資本市場建設及其次序和得失

伴隨着經濟市場化改革，我國的資本市場重新經歷了一個從無到有、從小到大、逐步規範化和國際化的發展過程以及交易規則、監管體系、法規制度的重建過程。

（一）股票、債券發行與證券市場的創立

經濟改革催生了股份制的產生。20 世紀 80 年代初期，農村鄉鎮企業中出現了一批合股經營的股份制企業，城市一些小型國有和集體企業也開始發行股票，進行多種形式的股份制嘗試。1984—1986 年，北京、廣州、上海等城市選擇少數企業進行股份制試點。此後，包括全民所有制大中型企業在內的越來越多的企業開始發行股票、試行股份制。[①] 但在當時，股票主要是面向內部職工和當地公眾，按面值、保本、保息、保分紅，自辦發行、到期償還，具有某種債券性質。

同一時期，各類債券也陸續登場。1981 年 7 月，中國政府重新開始發行國債。自 1982 年起，少數企業自發地向社會或企業內部集資並支付利息，發行企業債。同年，中國國際信託投資公司首次在國際市場（日本東京證券交

① 1986 年 12 月，《國務院關於深化企業改革增強企業活力的若干規定》明確，「各地可以選擇少數有條件的全民所有制大中型企業，進行股份制試點」。

易所）發行外國金融債。1984 年，為應對當時貨幣緊縮政策下在建項目融資短缺，部分銀行開始發行金融債以支持在建項目融資。此後，金融債成為銀行的常規性融資工具。

由於當初沒有相應的法律法規或政府規制管理，部分企業開始自發地以內部集資或向社會發行債券等方式進行融資活動，存在債券信用風險。因經濟過熱和國有企業預算軟約束，當時債券融資需求強烈。發行的債券有中央和地方企業債券、國家和地方投資公司債券以及其他國家投資債券、重點企業債券、住宅建設債券等不一而足。發債企業既存在市場風險也包含道德風險和發行管理漏洞，企業債券市場償債風險及債券信用違約增加，一度影響投資者信心。由於計劃經濟特性和發行主體範圍，國家當時對企業債券進行的規範管理，實際上是在金融創新領域再次複製計劃體制，對企業發行債券實行集中管理、分級審批制度。企業債券年度發行規模實行計劃管理，債券發行計劃根據全社會固定資產投資計劃確定，由人民銀行會同國家計委、財政部制定全國企業債券發行的年度控制額度，下達給省級政府和計劃單列市執行。①

儘管如此，我國證券市場因股票、國債、金融債和企業債的發行而逐步豐富起來。股票、債券等證券發行及其投資者增多，證券流通需求日甚一日。其間雖然不無波動、周折，但也催生了我國證券一級市場的產生與發展，股票和債券的櫃枱交易陸續在全國各地出現。1986 年 8 月，瀋陽市信託投資公司率先開辦代客買賣股票和債券及企業債券抵押融資業務。同年 9 月，中國工商銀行上海市信託投資公司靜安證券業務部率先對其代理的公司股票開展櫃枱掛牌交易。1988 年 4 月起，國家批准瀋陽、上海、深圳、廣州、武漢、重慶、哈爾濱 7 個城市開展個人持有國債的轉讓業務。當年 6 月延伸至 54 個大中城市，到年底國債轉讓市場普及到全國範圍。至此，股票、債券二級市場雛形已成，建立專業性交易機構勢所必然。1990 年 12 月，上

① 參見 1987 年 3 月 27 日國務院頒佈實施的《企業債券管理暫行條例》。1993 年 8 月 2 日國務院發佈《企業債券管理條例》，原《暫行條例》同時廢止。

海證券交易所和深圳證券交易所先後設立並開始營業。

證券一、二級市場的初步形成，推動了證券經營機構的誕生。1987 年 9 月，中國第一家專業證券公司 —— 深圳特區證券公司成立；次年，中國人民銀行在各省（區、市）組建了 33 家證券公司，財政系統也成立了一批主要從事國債經營的證券公司。此外，期貨交易也浮出市場。1990 年 10 月，鄭州商品交易所引入糧食期貨交易；1992 年 10 月，深圳有色金屬交易所推出特級鋁期貨標準合同。

（二）證券市場風險暴露與監管特徵

資本市場初創期，對於股票、債券及其交易，社會大眾由陌生到認知，供求關係由冷到熱，市場交易由場外到場內，股市風險由分散到集中，市場規制從無到有、由地方試行辦法到規範統一管理，經歷了一系列經驗和教訓同樣豐富的探索試驗。

1990 年底滬深兩市推出時，上海證券交易所只有 8 隻上市股票、25 家會員，深圳證券交易所只有 6 隻上市股票、15 家會員。交易所早期的會員主要為信託投資公司或其證券業務部和證券公司。有限的股票供給面對公眾參與交易後市場需求規模的擴大，股票市場極度緊張的供求關係和市場交易模式的變化，終於導致了深圳股市「8 ·10」事件的爆發。[①] 股市風波平息後，規範管理、統一監管體制應運而生。誕生於市場建制目標確立之前的監管體制，雖然推動了資本市場規範發展，也使資本市場較多地保留有計劃體制特徵。資本市場因次序變形、管制過度造成的供求關係扭曲，「高大上洋」式技術治理「創新」以及監管規制的錯位、缺位、越位等問題，融資功能游離不定，股市價格跌宕起伏，市場前景撲朔迷離。

1992 年 10 月，國務院證券管理委員會和中國證券監督管理委員會成立

---

① 1992 年 8 月 10 日，深圳有關部門面臨股市需求壓力，發放新股認購申請表，因申請表供不應求及少數工作人員的舞弊行為，申購羣眾採取了過激的抗議行為。

之初，[1] 迅即實行集中統一監管，調整市場發展模式，建立資本市場法規制度。

第一，優先發展交易所市場。資本市場實行統一監管後，立足於滬深兩市主機板市場發展，密集出台相關法規制度，對股票發行、交易及上市公司收購等活動予以規範，確定上市公司資訊披露的內容和標準，對禁止性交易做出詳細規定，打擊違法交易行為。[2] 此後，監管機構還陸續出台一系列管理辦法，推動證券公司業務和證券投資基金規範發展。[3] 一系列法規制度出台，遏制了股市分散發展、監管不力的早期亂象，企業上市集中於滬深兩市，主機板市場優先發展、統一監管成制。此前一些地區未經批准設立的產權交易所（中心）、證券交易中心和證券交易自動報價系統等機構，逐步予以清理整頓直至關閉。[4] 滬深兩市交易品種也逐步由單純的股票擴大到國債、權證、企業債、可轉債、封閉式基金、證券化產品等。[5] 但在較長一個時期，我國資本市場層次單一，主機板市場一枝獨秀，企業發行上市門檻偏高、管制過嚴，難以適應處於不同階段、不同類型企業的融資需求和投資者不同的風險

---

① 國務院證券委員會成立於 1992 年 10 月，1998 年 4 月撤銷。其全部職能及中國人民銀行對證券經營機構的監管職能劃歸中國證監會。中國證監會在全國設立 36 個派出機構，實行跨區域集中監管體制。2004 年，中國證監會改變跨區域監管體制，實行按行政區域設立監管局加強與地方政府協作監管，實施「屬地監管、職責明確、責任到人、相互配合」的轄區監管責任制和綜合協作監管體系。

② 1993 年 4 月頒佈《股票發行與交易管理暫行條例》，6 月頒佈《公開發行股票公司信息披露實施細則》，8 月發佈《禁止證券欺詐行為暫行辦法》以及後來發佈的《關於嚴禁操縱證券市場行為的通知》。

③ 參見中國證監會《證券經營機構股票承銷業務管理辦法》（1996 年 6 月 17 日）、《證券經營機構證券自營業務管理辦法》（1996 年 10 月 24 日）；國務院證券管理委員會《證券投資基金管理暫行辦法》（1997 年 11 月 14 日），後被《證券投資基金管理公司管理辦法（2012 修訂）》廢止。

④ 具體辦法見 1998 年 3 月 25 日國務院辦公廳轉發中國證監會《清理整頓場外非法股票交易方案》、1998 年 9 月 30 日國務院辦公廳轉發中國證監會《清理整頓證券交易中心方案》。

⑤ 上海、深圳證券交易所逐步採用無紙化交易平台，按照價格優先、時間優先原則，實行集中競價交易、電腦配對、集中過戶，在市場透明度和信息披露方面，明顯優於以往的黑市和區域性櫃台交易，交易成本和風險大大降低。滬深交易所的登記結算公司分別建立了無紙化存託管制度和自動化電子運行系統。為管控價格波動，從 1996 年 12 月起，上交所、深交所實行 10% 的漲停板制度。進入新世紀後，陸續推出了可轉換公司債券、銀行信貸資產證券化產品、住房抵押貸款證券化產品、企業資產證券化產品、銀行不良資產證券化產品、企業或證券公司集合收益計劃產品，以及權證等新品種，以適應投資者的不同需求。

偏好。一直到新世紀之初，才開始逐步探索建立創業板、中小企業板等多層次資本市場[①]，但在管理模式和監管體制上與主機板市場並無二致。

第二，建立股票審批發行制度。在股票發行數量上，針對市場初創期參與者認識模糊與入市擁擠、地方爭奪商機一哄而上以及股票發行的投資效應，監管當局採取了嚴格的額度指標管理的審批制度。國務院證券委確定當年發行總額度並分配到各省級行政區與主要行業，由省級政府或行業主管部門在其指標限額內推薦企業，再經由上海、深圳證券交易所報中國證監會審核、批准發行股票。[②] 在發行方式上，汲取深圳股市「8 ·10」事件的教訓，自 1993 年起，上海、深圳股市相繼採取了無限量發行申購表、銀行專項存款抽籤[③]和申購保證金配號抽籤[④]等方式，向社會公眾公開發行股票。在發行價格上，早期股票多按面值發行，無定規可循。交易所市場形成後，因當時發行者、投資者和仲介機構以及相應的定價機制都不成熟，新股發行基本上根據每股稅後利潤乘以人為制定的或相對固定的市盈率來確定發行價格。

第三，實行企業股權分置制度。資本市場創立之初，國有資產股權化、市場化仍有「國有資產流失」疑慮，國有股份制企業上市，採取了國有股以及類似於國有股的法人股暫時不上市流通的方案，即所謂「非流通股」，約佔上市企業總股份的 2/3，其中法人股佔 1/5 左右。另外一部分股份上市流

---

① 在國外並沒有與「多層次資本市場」對應的概念，也沒有形成一套多層次資本市場理論。中國資本市場是由市場化改革尤其是人為改變或設定進程的體制建構而來的。因此，「多層次資本市場體系」實際上是一個服務於體制改革的理論表達。「建設多層次資本市場」則鮮明地體現了市場創制的建構理性主義色彩。在這個意義上，它是一個特色非常鮮明的中國化的概念。

② 當時額度分配的行政色彩極濃，有些幾乎與經濟運行毫無關係的黨政部門及社團組織也能分配到一定額度。但股票發行的社會總規模並不大。1993—1997 年間，年度股票發行額度為 50 億元至 300 億元人民幣不等。

③ 銀行專項存款分為專項存單和全額存單兩種方式。前者指投資者在銀行購買面值固定的專項存單，憑存單號碼抽籤，中籤者可購新股；後者指投資者根據申購股票的總價格在銀行辦理全額存單，按照存單號碼參加抽籤，中籤者的存款直接轉為認股款，未中籤者的存款轉為定額儲蓄。

④ 申購保證金抽籤是指投資者根據申購新股的數量在其保證金賬戶存入足額資金，證券交易所對有效申購進行網上連續配號，主承銷商根據股票發行量和有效申購量計算中籤率，並組織搖號抽籤，中籤者可購入新股。

通，主要成分為社會公眾股，即所謂「流通股」。同一上市公司的股份分為流通股和非流通股的股權分置制度，為中國內地證券市場所獨有。這種制度設定，當時降低了國有企業在內地及香港市場上市所遇到的思維觀念及利益分配方面的阻力，加快了中國資本市場的發展進程。但也有一系列嚴重的後遺症，包括加劇市場供需失衡、股東利益衝突及企業控制權僵化等問題。

第四，實施「緊供給、寬需求」的市場管理制度。股票審批發行制度，對初期市場秩序發揮過規範作用，但其審批發行模式必然導致資本市場「供給側」的緊張局面或緊縮效果。包括 A 股、B 股、H 股在內，上市公司從創市之初到 2000 年剛剛達到 1 088 家，2010 年滬深兩市上市公司 2 063 家，發生股災的 2015 年底為 2 827 家，2017 年底達到 3 485 家。或許數量本身不是主要因素，當時 GDP 總量約是我國三倍的美國，其上市公司數量 2017 底為 4 336 家，而日本 GDP 總量僅為我國 1/3 左右，其上市公司數量卻達到 3 598 家。[①] 但是，中國股市一方面由於發行審批制度造成上市公司數量偏少、增速較慢，並且在很長一段時間只有佔比很低的流通股可以上市流通，市場供給一度極其短缺；另一方面，在股市需求側，則幾乎從一開始就採取了開放准入以及不時刺激入市政策，形成數以千萬計、高峰時近億計的散戶股民為主的投資羣體。據上交所年鑒數據，2007—2016 年間，每年的交易額 80% 以上是由自然人投資者所貢獻。證券管理機構的所謂「制度創新」也主要集中在需求側，如場內外配資、融資融券以及海外投資者通過某些電子資訊系統或「新技術」闖關入市等。股市供求關係一直存在重大結構性失衡。加上現金分紅制度建設滯後及扭曲、宏觀面流動性充裕、散戶股民投資經驗及理性的缺失，不時地推動股市成為脱離上市公司經營業績的主觀博弈場所，出現與實體經濟基本面近乎沒有任何關聯的股價波動或超高市盈率及「妖股」，引發使股民乃至社會付出沉重代價的股價動盪、股市泡沫甚至股災。但也並不排除證券投資機構的快速發展，以及社會流動性不時地背離實體經濟而較多地向虛擬經濟聚集。

① 據標準普爾《全球股票市場手冊》和標準普爾增補數據。

第五，試水資本市場對外開放。基於外匯短缺和外匯管制背景，1991 年底，中國在境內上市外資股或人民幣特種股票（B 股）以吸引國際資本。B 股以人民幣標明面值，以美元或港元認購和交易，投資者為境外法人或自然人。[①] B 股的推出在一定時期內緩解了部分企業外匯資金短缺的矛盾，促進了 B 股公司按照國際慣例運作，推動中國資本市場在會計和法律制度以及交易結算等方面的改進與提高。此後，H 股、N 股、紅籌股 [②] 也陸續推出並逐步成為境外上市的主要形式。1993 年 6 月起，中國境內企業開始試點在境外上市。首先在香港，繼而在紐約、倫敦、新加坡等證券市場發行上市。[③] 在境外上市順序上，經歷了由製造業、基礎設施、紅籌股到後來的科技網絡類企業幾個階段。中國境內企業海外上市，拓寬了融資管道，有助於推動國有大型企業轉換經營機制、提高競爭力和國際知名度，促使中國證券界熟悉國際成熟資本市場的業務規則和運行機制，吸引海外投資銀行及其他投資者關注並投資中國市場。

股票審批發行制度及其額度管控、發行方式和人為定價辦法以及「緊供給、寬需求」的市場管理制度，在中國資本市場發展史上形成了一種極其罕見的獨特現象，即最為前沿的資本市場發展或市場化改革，卻採取了最為極端的計劃性治理，以及由此派生的股市供給側的嚴格管控和需求側的極度寬鬆。「市場」與「計劃」兩種體制矛盾地結合在一起的二元體制，在其制度創始點上或許有客觀需要及不得已性質，但由創制理念及其制度設定所造成的股市運行中的機制對立、供求衝突、利益扭曲，對資源配置、市場運行及公眾利益的負面影響，包括由體制性尋租空間所派生的內幕交易、敗德行為已為世人熟知。更為不堪的是，一旦某種制度創立，其路徑依賴、利益格局及

---

① 2000 年 10 月後 B 股市場暫停發行，2003 年一度恢復發行。其間 2001 年 2 月，中國允許境內居民以合法持有的外匯開立 B 股賬戶，交易 B 股股票。

② H 股是指在中國境內註冊的公司在香港上市的外資股，因香港的英文名稱是 Hong Kong，取其首字母名為 H 股；N 股是指在中國境內註冊在紐約（New York）上市的外資股，取其首字母名為 N 股；紅籌股是指由中資企業控股、在中國境外註冊、在香港上市的公司的股票。

③ 1995 年 12 月 25 日，國務院發佈實施《關於股份有限公司境外募集股份及上市的特別規定》。

維持剛性等，尤其是既關乎監管者的「政治正確」，又牽涉到當事人的「利益關切」，絕非研究面的洞見或改革層的意願所能輕易撼動的。而堵塞漏洞的行政規制和完善體制的技術性治理創新，則必將是一個高強度、密集型過程，當然也不排除見小失大、顧此失彼甚至南轅北轍的情形發生。矛盾的體制模式和人為造成的供求關係及其長期極度失衡，註定中國資本市場必然走出一條命運多舛的發展道路。

(三) 資本市場的市場化改革

資本市場的發展，近乎複製了一部新中國經濟史，經歷了由「計劃」到「市場」且至今仍處在「進行時」的制度建設過程。世紀之交，以《證券法》發佈實施為標誌，中國資本市場由早期的探索試驗階段，逐步轉向矯正前期缺陷、推進市場化改革以及依法規範發展階段。[①]

推進股權分置改革。股權分置作為中國資本市場培育過程中的歷史性缺陷，在多方面制約了資本市場規範發展和國有資產管理體制變革。隨着新股發行的不斷積累，流通股比重雖然有所提高，但股權分置的體制弊端和結構性矛盾日漸突出，國有股減持試驗也囿於市場條件而旋即暫停。截至 2004 年底，中國上市公司總股本 7 149 億股，其中非流通股份 4 543 億股，佔 64%，國有股份在非流通股份中佔 74%。基於資本市場改革開放和穩定發展需要，自 2005 年 4 月起，股權分置改革正式啟動。[②]

解決股權分置、實現機制轉換，消除主機板市場股份轉讓的制度性差異，既是市場規則統一、監管機制完善的過程，更是非流通股股東與流通股股東之間的利益調適過程。股權分置改革解除了上市公司招股合同對非流通

① 1998 年 12 月 29 日，九屆全國人大常委會第六次會議通過《中華人民共和國證券法》，自 1999 年 7 月 1 日起施行。後經全國人大常委會 2004 年 8 月 28 日、2005 年 10 月 27 日、2013 年 6 月 29 日三次修訂。

② 參見《國務院關於推進資本市場改革開放和穩定發展的若干意見》(2004 年 1 月 31 日)。其中確立了遵循市場規律解決股權分置問題的基本原則，推動了股權分置改革進程。

股份的流通限制，但根據《合同法》相關原則，非流通股股東改變暫不上市承諾，需要取得流通股股東的同意並做出相應的利益平衡安排。在改革過程中，非流通股股東與流通股股東之間採取對價方式平衡相互利益，非流通股股東向流通股股東讓渡其股份上市流通的部分收益。[①] 對價沒有統一標準，其對價水準的確定採取市場化的方式，由兩類股東根據上市公司具體情況平等協商、誠信互諒、自主決定，包括非流通股股東動議、各方協商修訂改革方案、全體股東和流通股股東分類投票表決等。改革方案需經參加表決的股東和流通股股東所各自持有的表決權的 2/3 以上同時通過時方可實施。這種改革方式，保護了各類股東利益博弈中中小投資者的利益。為應對市場異動，實施股權分置改革的上市公司還可以採行股價穩定措施，如控股股東增持股份、上市公司回購股份、預設原非流通股實際出售條件及回售價格、認沽權證等。

股權分置改革基本完成後，國有股、法人股和流通股的股權、價格、利益分置不復存在，各類股東享有相同的股份上市流通權和股價收益權，各類股票統一按市場機制定價，形成各類股東共同利益基礎，中國資本市場向擺脱行政管制、深化市場功能、優化資源配置的方向邁進了一大步，實現了市場基礎制度和運行機制的重要變革，克服了市場創建初期的體制性缺陷與結構性矛盾，市場交易基礎與國際資本市場不再有本質差別。

股票發行制度改革。資本市場發展的內在邏輯，需要其制度安排從「政府管制型」向「市場主導型」轉變，股票發行、定價與交易過程，主要由市場機制決定。股票發行審批制是具有中國特色的「新興加轉軌」資本市場的歷史起點也是改革難點。我國《證券法》在借鑒國際證券市場經驗基礎上，將股票發行審批制改為核准制，改變了證券市場初創時期由政府部門預先制定計劃額度、選擇和推薦企業、審批企業股票發行的行政本位式管制體制，確立了由主承銷商根據市場需要推薦企業，證監會進行合規性初審，發行審核委員會獨立審核表決的市場化原則。核准制的核心是監管機構健全股票發

① 在實際操作中，上市公司採取了送股、派發權證等對價方式，平均對價水平約為每 10 股送 3 股左右。

行的資訊披露標準和法規，對發行人進行資訊披露是否真實、準確、充分、完整等合規性審核，並建立相應的強制性資訊披露和事後追究的責任機制。[①]

適應《證券法》正式實施和股票發行審批制向核准制轉變，股票發行審核和推薦制度改革也相應起步。由中國證監會、其他有關部委和證券交易所代表及專業學者共 80 人組成股票發行審核委員會（發審委）。[②] 每次新股發行，「發審委」以名單保密方式抽選 9 人參加，採取無記名投票表決，2/3 多數通過即形成發審委審核意見。後將發審委委員人數由 80 人減至 25 人，其中 13 人為專職委員，主要來自中國證監會以及會計師事務所、資產評估機構和律師事務所的資深合夥人；兼職委員 12 人，主要由中國證監會、其他有關部委、科研機構、高等院校、證券交易所和仲介機構的專家組成。每次表決有七名委員參加，五名贊成即為通過。投票方式由無記名改為記名投票，建立發審委委員問責和監督機制，強化其審核責任。發審會前，中國證監會向社會公佈會議時間、參會委員和審核企業名單，會後公佈審核結果，提高發審透明度。[③] 隨後，股票發行上市也開始由通道限制 [④] 的主承銷商推薦制過渡到保薦制度，相應地建立了保薦機構和保薦代表人資質管理、盡職調查準則及約束問責機制。[⑤]

適應股權分置改革，監管當局出台了相應的證券發行管理辦法及配套規則，形成了股票全流通模式下的新股發行體制，初步建立起發行審核程式

---

① 2000 年 3 月 16 日，《中國證監會股票發行核准程序》發佈，標誌着我國股票發行體制開始由審批制轉向核准制。《證券法》發佈實施後，經國務院批准，中國證監會 2006 年 5 月 18 日廢止《中國證監會股票發行核准程序》。

② 依據《股票發行審核委員會條例》（1999 年 9 月 16 日）組成，正式取代 1993 年 6 月成立、屬於中國證監會內設審核機構的原股票發行審核委員會，成為對申請發行股票的公司資質進行審核的專業機構。

③ 中國證監會《股票發行審核委員會暫行辦法》（2003 年 12 月）。

④ 通道限制是指由證券市場監管部門確定各家綜合類證券公司擁有的發行數量，證券公司按照發行一家再上報一家的程序來推薦發股公司的制度。該制度旨在通過行政手段限制證券公司推薦發行公司數量，實現對准上市公司發行數量及擴容節奏的控制。2014 年 2 月實施保薦制度時，中國證監會做出保薦制與通道限制並行的過渡性安排，至 2015 年 1 月通道限制正式廢止。

⑤ 中國證監會《證券發行上市保薦制度暫行辦法》（2003 年 12 月 18 日發佈，2004 年 2 月起實施）。

化、標準化監管法規體系，包括證券發行上市與承銷管理辦法；[①] 引入上市公司市價增發機制和配股發行失敗機制[②]；嚴格保薦責任，取消一年輔導期強制要求；推出可分離交易的可轉換公司債券；實施新股詢價、向戰略投資者定向配售、境內境外市場同步發行上市、超額配售選擇權試點[③]、非公開發行和股本權證制度等。[④] 當然也包括加劇股市供求緊張關係的融資方式和工具創新。股票發行的市場約束有所加強，發行效率也相應提高，但股票發行制度的政府管制色彩依然較濃，與成熟資本市場股票發行普遍實行註冊制仍然相去甚遠。

機構投資者曲折成長。中國資本市場發展早期，投資者以散戶為主，少有機構投資者。隨着資本市場的發育成長，機構投資者逐步發展起來。

證券投資基金是一種利益共享、風險共擔的集合投資制度，即通過向社會公開發行一種憑證來籌集資金，並將資金用於證券投資。按其組織形式，投資基金可分為契約型基金和公司型基金；按基金受益憑證可否贖回和買賣方式，分為開放式基金和封閉式基金。我國投資基金起步於 1991 年，當初只有深圳南山風險投資基金和武漢證券投資基金兩家，規模為 9 000 萬元。隨着次年海南富島基金、深圳天驥基金、淄博鄉鎮企業投資基金等 37 家基金的

---

① 中國證監會《上市公司證券發行管理辦法》（2006 年 5 月 8 日起施行）、《首次公開發行股票並上市管理辦法》（2006 年 5 月 18 日起實施）、《證券發行與承銷管理辦法》（2006 年 9 月 17 日起實施，後經 2010 年 10 月 11 日、2012 年 5 月 18 日、2014 年 3 月 21 日修訂或更替）。

② 配股發行失敗機制下，控股股東不履行認配股份的承諾，或者代銷期限屆滿，原股東認購股票的數量未達到擬配售數量的 70%，發行人應當按照發行價並加算銀行同期存款利息返還已經認購股票的股東。

③ 超額配售選擇權制度，俗稱「綠鞋」機制，是指發行人授予主承銷商的一項選擇權，獲此授權的主承銷商按同一發行價格超額發售不超過包銷數額 15% 的股份，即按不超過包銷數額 115% 的股份向投資者發售。在當次包銷部分的股票上市之日起 30 天內，主承銷商有權根據市場狀況選擇從集中競價交易市場購買發行人股票，或者要求發行人增發股票，配售給對此超額發售部分提出認購申請的投資者。

④ 股本權證通常由上市公司自行發行，也可以通過證券中介機構發行，標的資產一般為上市公司或其子公司的股票。股本權證通常給予權證持有人在約定時間以約定價格購買上市公司股票的權利。目前絕大多數股本權證都是歐式認購權證。在約定時間到達時，若股票的市面價格高於權證的行權價格，權證持有人會要求從發行人處購買股票，而發行人則通過增發股票的形式滿足權證持有人的需求。

成立，投資基金規模開始擴大。到1994底，我國投資基金共有73家，其中有31家基金在滬、深兩地證交所以及一些區域性證券交易中心掛牌成為上市基金。

基金業發展初期，主要投資於證券、期貨、房地產等，統稱「老基金」。因當時資本市場投機氣氛濃厚，基金組織自身運營也不成熟，「交易黑幕」頻頻出現。包括基金組織買賣自身股票、從事「對倒」交易，同一家基金管理公司的兩隻基金通過事先約定價格、數量和時間進行「倒倉」交易，或交替使用「對倒」「倒倉」手段等，製造虛假成交量，拉抬基金股價，吸引、誤導其他投資者以獲取不正當利益。中國證監會以清理整頓「老基金」為契機，從2000年起，將「超常規發展機構投資者」作為改善資本市場投資者結構的重要舉措。2002年，基金審批制開始向核准制轉變進而啟動市場化改革，監管部門簡化審核程式，引入專家評審制度，推動基金產品審核過程透明化、專業化和規範化。2004年6月，《證券投資基金法》實施，基金募集審核逐步探索與國際通行的註冊制接軌。又經過十餘年的實踐，我國公募基金產品最終由核准制進入註冊制時代。[①]

基金制度的市場化改革，極大地釋放了行業發展潛能，公募基金資產規模大幅攀升。截至2018年3月31日，已成立且在運營的基金共有4 845隻，資產管理總規模已達123 815億元。其中普通股票型基金265隻，管理規模約2 589億元；指數型基金511隻（包括被動指數型基金和增強指數型基金），管理規模約4 935億元；混合型基金2 287隻，管理規模約18 996.9億元；債券型基金1 225隻，管理規模約16 614億元；QDII基金134隻，管理規模約846.3億元；另類投資基金29隻，管理規模約274億元；貨幣市場型基金共394隻，管理規模約79 853.8億元。我國境內共有基金管理公司116家。近些年來，市場格局變動不居，一些成立時間較久的老牌基金公司厚積薄發，仍居前十之列，也有不少新成立的基金公司後來居上，擠入規模排名前十位榜單。具有管道優勢的銀行系基金公司規模擴展迅速。天弘基金

---

① 參見中國證監會《公開募集證券投資基金運作管理辦法》（2014年7月7日）。

憑藉「餘額寶」的管理規模於 2013 年一舉躍居前列。

隨着全國性市場的形成和擴大，證券仲介機構也隨之增加。1992 年 10 月，依託中國工商銀行、中國農業銀行、中國建設銀行，華夏、南方、國泰三家全國性證券公司成立。此後，證券公司數量急劇增加，其股東背景基本上都是銀行、地方政府和有關部委，經營業務包括證券承銷、經紀、自營和實體投資等。商業銀行參與國債的承銷和自營，信託公司也都兼營證券業務。其他從事證券業務的服務機構如會計師事務所、律師事務所、資產評估機構等，也得到了相應的發展。

建立多層次資本市場。自 2001 年起，深圳證券交易所開始探索籌建創業板。同年，為解決 STAQ 系統和 NET 系統掛牌公司流通股轉讓問題，中國證券業協會設立代辦股份轉讓系統，承擔從上海、深圳證券交易所退市公司的股票流通轉讓功能。2005 年 5 月，深圳證券交易所設立中小企業板。2006 年 1 月，中關村高科技園區非上市股份制企業開始進入代辦轉讓系統掛牌交易，「新三板」市場隨之誕生。

與主機板市場的「緊供給、寬需求」不同的是，「新三板」市場實行「寬供給、緊需求」的市場管理制度。或許是汲取主機板市場的教訓，企業掛牌上市條件相對寬鬆，但對其投資者資質嚴加限制。其中機構投資者參與掛牌公司股票公開轉讓，必須是註冊資本 500 萬元人民幣以上的法人機構，或實繳出資總額 500 萬元人民幣以上的合夥企業。自然人投資者必須本人名下前一交易日日終證券類資產市值 500 萬元人民幣以上，並且具有兩年以上證券投資經驗，或具有會計、金融、投資、財經等相關專業背景與培訓經歷。類此制度安排，「新三板」市場缺乏流動性是必然的。監管層又「有針對性地」進行了一系列近乎「捨本求末」式的「制度創新」，包括進行基礎層、創新層的人為分層及對分層機制、發行制度、交易規則、資訊披露等進行差異化制度安排等。[①] 其初衷或許帶有降低資訊蒐集成本、提高投資分析效率、引導

① 如 2017 年 12 月中國證監會接連發佈《全國中小企業股份轉讓系統掛牌公司分層管理辦法》《全國中小企業股份轉讓系統股票轉讓細則》《全國中小企業股份轉讓系統掛牌公司信息披露細則》等。

投融資精準對接、增強市場流動性等良好願望，但背離供求平衡和公平競爭等市場規律的「制度完善」努力註定沒有出路，更解決不了科創投資的瓶頸制約。2019年初推出的「科創板」，雖說主要是基於科創企業的融資便利考慮，但也是對現有資本市場投融資功能失望或無奈的制度性回應。「科創板」入市門檻大大降低，交易條件較為寬鬆，股票發行試行註冊制，退市安排直接、果斷，市場起步即行開放。

長期受到抑制的私募股權市場，即主要服務於中小微企業的區域性股權市場，2017年以來開始鼓勵其發展。區域性股權市場運營機構對市場參與者實行自律管理，促使其遵守法律法規和證監會制定的業務及監管規則。但如同「新三板」市場一樣，也實行合格投資者制度，即在一定時期內擁有符合中國證監會規定的金融資產價值不低於人民幣50萬元，且具有兩年以上金融產品投資經歷或者兩年以上金融行業及相關工作經歷的自然人。其資訊系統須符合有關法律法規和證監會制定的資訊技術管理規範。區域性股權市場不得為所在省級行政區域外的企業私募證券或股權的融資、轉讓提供服務；市場監管由所在地省級人民政府負責，並承擔相應的風險處置責任。①

推進上市公司深化改革。2015年夏季股市的劇烈震盪，不僅暴露了我國資本市場管理體制的深層弊端，也將上市公司等市場主體的先天不足、機制扭曲等問題暴露無遺，監管當局開始規範矯正上市公司的經營行為。一是推進上市公司兼併重組。對市場化、規範化程度高的併購交易取消或簡化審批程式；創新支付工具和融資方式，推出上市公司定向可轉債；鼓勵證券公司、資產管理公司、股權投資基金和產業投資基金等參與上市公司兼併重組；鼓勵國有控股上市公司依託資本市場進行資源整合；推動商業銀行開展併購貸款業務，並對兼併重組後的上市公司實行綜合授信，通過併購貸款、境內外銀團貸款等方式支援上市公司實行跨國併購。二是建立健全上市公司現金分紅制度。鼓勵上市公司結合本公司所處行業特點、發展階段和盈利水準，增

---

① 參見國務院辦公廳《關於規範發展區域性股權市場的通知》（2017年1月20日）；中國證監會《區域性股權市場監督管理試行辦法》（2017年5月3日發佈，當年7月1日起施行）。

加現金分紅在利潤分配中的佔比及實施中期分紅；加強對上市公司現金分紅資訊披露的監管；完善長期持有上市公司股票的稅收政策，提高長期投資收益回報。三是支持上市公司回購股份。對股票價格低於每股淨資產，或者市盈率、市淨率低於同行業上市公司平均水準達到預設幅度的，可以主動回購本公司股份；支持上市公司通過發行優先股、債券等方式，為回購本公司股份籌集資金；督促上市公司回購股份遵守法律法規、履行內部決策程式和資訊披露義務，落實董事、監事和高級管理人員的依法合規責任，保護投資者特別是中小投資者的合法權益。[①]

推進資本市場開放與國際化。2001 年 12 月中國加入世界貿易組織後，資本市場對外開放步伐加快。按照中國證券業對外開放承諾，外國證券機構可以直接從事 B 股交易；外國證券機構駐華代表處可以成為所有中國證券交易所的特別會員[②]；允許外國證券業服務者設立合資公司，從事國內證券投資基金管理業務，外資比例不超過 33%，中國加入世界貿易組織三年內外資比例不超過 49%；在「入世」三年內，允許外國證券公司設立可以不通過中方仲介從事 A 股承銷，B 股、H 股及政府與公司債券的承銷和交易以及基金發起的合資公司，外資比例不超過 1/3。[③] 截至 2006 年底，證券業「入世」相關承諾得到全面履行。此後，資本市場繼續深化對外開放，推動國內企業和證券業加快國際化進程。[④] 國內大型企業集團擴大利用境外資本市場重組上市融

---

① 參見證監會等四部門《關於鼓勵上市公司兼併重組、現金分紅及回購股份的通知》(2015 年 8 月 31 日)。

② 中國證券交易所採取會員制，從事證券經紀業務的公司必須是交易所會員。外國券商可以申請成為特別會員，但與普通會員相比，特別會員的相關權限有一定限制。

③ 中國證監會據此於 2002 年發佈《外資參股證券公司設立規則》和《外資參股基金管理公司設立規則》，上海、深圳證券交易所也於同年分別發佈《境外特別會員管理暫行規定》。此外，銀河期貨經紀有限公司和荷蘭銀行於 2006 年合資成立了國內首家合資期貨公司，標誌着外資機構正式進入中國期貨市場。

④ 外經貿部、中國證監會 2001 年 10 月 8 日印發《關於上市公司涉及外商投資有關問題的若干意見》。此前，已經陸續批准一些中外合資公司在中國境內上市，如 1993 年 8 月上海耀華皮爾金頓股份有限公司等。2001 年 12 月 10 日，中國證監會、財政部、國家經貿委發佈《關於向外商轉讓上市公司國有股和法人股有關問題的通知》。商務部等五部委 2005 年 12 月 31 日聯合發佈、2006 年 1 月 31 日起實施《外國投資者對上市公司戰略投資管理辦法》。

資，H 股、紅籌股成為香港資本市場的重要組成部分；陸續允許符合條件的外國投資公司申請在中國境內上市，允許外資受讓上市公司國內股權和法人股權；允許外國投資者通過具有一定規模的中長期戰略性併購投資取得已經完成股權分置改革的上市公司的 A 股股份。

（四）資本市場資源配置效應

經過多年多輪努力，中國資本市場多層次體系形成，企業入市及交易秩序基本確立，規制監管及風險防控逐步成型，對外開放也取得一定進展。但由於創制方式局限及路徑制約，資本市場仍然存在諸多功能性、體制性缺陷和重大結構性失衡，對經濟發展以及資本市場自身的發展形成負面影響。

首先，資本市場結構性矛盾突出，主機板市場、場外市場及其供求關係失衡，發展次序、速度、比重、政策等存在重大體制性困境。

主機板市場「計劃化」優先發展，形成資本市場「倒三角」結構性矛盾，行政式審批制及後來的核准制自始至終都存在扭曲市場供求關係及其價格形成機制的內在邏輯。經過數十年的發展，中國資本市場上無論是參與者數量、市值總量還是社會流動性，都發生了巨大變化，沒變的是一以貫之的管制式准入。社會日益膨脹的流動性與管制體制下的有限供給，天然地具有扭曲市場供求關係和股價形成機制的內在機制。巨額的社會流動性以各種方式間隙、潮汐式地湧入股市，競價於經審批或核准而有幸入市、為數不多的部分企業的股票，早期甚至僅僅限於數量極為有限的流通股，股市價格不可避免地背離由實體經濟盈利水準起決定作用的資本化價格而虛高離奇、大幅震盪。更有甚者，監管層似乎並未充分理解發行審批制、核准制的市場管制性質及在此基礎上的資本市場運行特點，在供給側嚴加約束的前提下，居然默認、時而鼓勵、至今甚或還在誤讀證券機構的金融創新性質，允許那些簡單地模仿國際成熟資本市場做法、強烈刺激市場需求的場內外配資、融資融券等槓桿的引入及其氾濫性運用。資本市場曾經以其多次強制性形式或股災式後果，為這類重大體制缺陷及其火上澆油式的誤導性「創新」做過恰如其分的歷史註腳。

基礎性資本市場先是盲目發展、後是「一管就死」，中小微企業間接融資艱難，直接融資門檻更高。近年來雖然有所變化，但由於應對失據，產生了似是而非的結果。與主機板市場IPO審批制、核准制不同，「新三板」市場企業掛牌上市相對開放。截至2017年12月，「新三板」掛牌公司總數已達11 636家，但「新三板」市場「生不逢時」。在經濟下行壓力加大、實體經濟基本面不振、傳統產業產能過剩明顯的背景下，供給側疾風暴雨般地增加掛牌公司數量，需求側則准入門檻相對較高甚至嚴加管制，一時間市場當然難以消化。為應對市場流動性不佳，監管層對掛牌企業進行了基礎層和創新層的人為分層。但市場活躍與否，除與上市企業的自身品質、資本潛質有關外，還與股票供求是否匹配、定價機制是否合理等發行制度密切相關。「新三板」市場中的定價機制不公、流動性欠缺、企業分層主觀誤導、創新層公司質量參差不齊、人為加大監管難度等問題迅速暴露出來。

監管層為應對市場頹勢及治理缺陷，於2017年密集出台相關辦法或細則，但藥非對症。不同於交易所市場，「新三板」的投資者以機構投資者和高淨值羣體為主，即便引入競價交易，也是有條件的競價交易，並非連續的集合競價，短期內或使創新層企業的交易相對活躍，但市場決定價格的作用有限。創新層企業的維持條件，調整為以基本財務要求合法合規為主，而掛牌公司多為中小微企業，經營業績波動普遍，容易導致「大進大出」、頻繁升降層以及交易方式變化，既存在操作風險，也容易導致市場不穩定。在資訊披露制度方面，對創新層公司增加了季度報告、業績快報和業績預告等披露要求，在執行審計準則等方面從嚴要求，並初步實現分行業資訊披露，而基礎層公司資訊披露要求基本保持不變。這種差異化制度安排，雖然給予創新層更優質的制度環境，同時也要求其履行更多義務、受到更嚴格的監管，必然造成不同層的掛牌企業在市場公信力和流動性方面的更大差異，基礎層企業或許更是雪上加霜。

更為關鍵的是，「新三板」市場的分層管理辦法，本身就有創新次序倒置、體制本末錯位之嫌。當初因為市場不夠活躍，便人為地區分企業品質優劣高低，試圖通過確認部分優質企業以提高市場流動性，引導需求、啟動市場，其初衷或許是好的。但同時也可以預料，「新三板」市場的供求機制缺陷和人為主觀分層，未必會給創新層企業帶來人們所期待的市場流動性活躍，但使相當一部分基礎層企業陷於無從交易的僵死狀態則是必然的。市場監管層不集中精力解決准入管理缺陷、市場供求失衡等重大問題，而在分層管理的技術層面以差異化制度安排「精耕細作」，必將使市場運營更為複雜、監管難度更大。在需求層面，那些本來應該更多地在交易所市場之外的多層次資本市場上有所作為的大量散戶，卻被直接或間接地遮罩在「新三板」市場之外。

違背市場規律的制度設定，扭曲運行機制、利益關係，也損害市場信心。「新三板」市場投資准入的「門檻制」從需求側嚴格限制需求、近乎單邊開放供給，與主機板市場的 IPO 審批制、核准制從供給側嚴格限制供給、近乎單邊開放需求之類的制度設定，在扭曲資本市場供求關係上，二者有異曲同工之處。差別僅僅在於，主機板市場的「緊供給、寬需求」偶爾創造「繁榮」，而「新三板」市場的「寬供給、緊需求」則長期製造「蕭條」。[①] 在這種極端化的制度設定、供求關係及頻繁無序的市場波動中，包含有多少變形的投資行為、驚人的內幕交易和不法的暴富故事，又有多少缺乏資本市場知識的小股散戶作為「尾羊」一次又一次地被「剪羊毛」乃至血本無歸？[②] 那「囂囂的市聲」，既是「壯士」登高時的「九州」，也是草民落難時的「江湖」。[③]

資本市場捨本求末式的規則創新和監管修補，包括「新三板」市場的某些新規，根本解決不了資本市場的重大制度硬傷。資本市場的供求嚴重失衡、結構人為扭曲、資源長期錯配、直接融資受限、企業融資艱難等，已經

---

① 2018 年「新三板」市場狀況已經為之做出註腳：當年新增掛牌公司數 583 家，摘牌公司數 1 529 家，在連續兩年走低後再創新低，當年掛牌公司流失千餘家；「新三板」市場不僅整體遇冷，而且新增掛牌公司中的創新層和做市轉讓掛牌公司佔比顯著下降、不受市場青睞，「分層創新」難脱困局，或已失效。

② 袁劍 . 中國證券市場批判 . 北京：中國社會科學出版社，2004. 作者的語言表達或有激憤之處，原因分析也過於簡化，但書中對中國資本市場的種種弊端則揭露得淋漓盡致。

③ 語出余光中詩《十年看山》。

讓社會付出了不菲的學費，並且不得不另謀「創新」，設立「科創板」以彌補市場缺陷。相關改革需要的或許並不是什麼艱深的專業知識、精細的技術工具或高超的創新能力，更需要的是遵循基本市場規律，進行供求關係對應、市場結構均衡、准入退出便利等基礎性市場制度建設。

其次，資本市場化進程失序，產品的市場化滯後於資本的證券化，實體資本的證券化滯後於金融資本的證券化，金融基礎產品的證券化滯後於金融衍生產品的證券化，造成體制性利益流失或輸送，以及經濟運行中的脱實向虛現象。

我國資本市場建設相對滯後，但也有一批大型國有企業還在產品實行政府定價、或多或少享有市場壟斷地位以及價格補貼和政策優惠階段，借由「加快改革」而得以公開上市直至涉足海外資本市場。即尚未實現產品市場化的企業，卻先行實現了資本市場化。短期看或許使企業有了快速做大與迅速擴張的機會，有利於其發展，但從長遠看，這類企業有可能一方面利用壟斷地位或壟斷價格從市場獲取超額利潤，抬高社會生產生活成本，以及形成企業間不平等的競爭地位；另一方面利用資訊不對稱，以市場波動、價格管制為由向政府要價，尋求政策優惠或經營補貼。無論是哪一種情形，不僅意味着市場競爭秩序與規則的扭曲，而且還形成那種以全社會的利益犧牲為代價，對相關企業的持股者包括海外持股者長期性的體制性利益輸送。這是經常反覆發生並持續了多年的非正常現象。在那些以人為定價方式引入戰略投資者的領域，因資本溢價或非正常利潤因素，這種損失與利益流失表現得尤為明顯。[①] 應當堅持產品的市場化優先於資本的市場化，對那些具有自然壟斷性質、帶有政府定價成分、享受直接或間接補貼及政策優惠並已經造成利益流失的企業，盡快消除其超市場主體待遇。對部分企業的壟斷業務如路網、線網、管網、頻譜等壟斷環節以及政府管制性業務，遵循技術規律與市場規

① 當然，鑒於當時能源、電信、金融等具有壟斷性質的國有企業，計劃體制堅固、運營管理落後、技術手段陳舊、既得利益強大、改革創新艱難，通過資本市場或以引入境外戰略投資者等方式，有其打破體制堅冰、改善經營管理、提高質量效益等積極意義或客觀作用，但由此付出的代價或改革成本也是不菲的。

律，創新「必要成本 + 合理利潤」的商業營利與政府監管模式，防止不平等競爭和體制機制性的利益輸送。

資產證券化是金融深化、結構調整的重要領域。但在資產證券化過程中，必須先後次序得當、結構配置合理，堅持實體經濟的證券化優先於虛擬經濟的證券化，基礎產品的證券化優先於衍生產品的證券化，股權基礎市場的培育優先於二級交易市場的發展。而現實情況是，除歷史上在利率匯率政府管制、金融資本市場缺失背景下，以人為估價方式引進戰略投資者、付出巨額「學費」外，當前金融結構性錯位也十分突出。公開市場的發展次序、速度、比重、政策，明顯優於場外市場等區域性、基礎性股權市場。現有 A 股市值中，金融板塊佔比過大，金融資產證券化的程度或比重遠遠超過實體經濟。較之於實體經濟，金融行業在市場准入上「近水樓台」，槓桿「自我強化」「自娛自樂」，資產證券化捷足先登。銀行信貸資產、銀行間債券市場信貸資產、基金公司資產、保險項目資產等證券化已率先啟動，搶佔先機。與民間及中小金融機構發展滯後形成鮮明對比的是，有國有銀行背景的非銀行金融機構急劇膨脹，佔用信貸資源過多。2009—2016 年，其信貸增速達到實體經濟的 3 倍左右，槓桿率絕不低於實體經濟。金融投資理財類產品過多過濫，同樣存在產能過剩和結構失衡隱患。長此下去，資產證券化將不可避免地陷入「脱實向虛」的泥沼，甚至誘發系統性金融風險。

最後，包括資本市場在內的金融業分業經營實際上已經混業化、綜合化，風險交叉複雜、創新花樣迭出，「一行三會」[①] 分業監管體制捉襟見肘、顧此失彼，金融險象環生。

中國資本市場自產生以來，因其「轉軌加創新」特性和內在體制性缺陷，風險因素一直十分明顯，在 2015 年股災中暴露得尤為充分。當時，由於電子資訊交易系統的引入，證券市場上的各類機構投資者包括尚未開放准入的境

---

①「一行三會」是國內金融界對中國人民銀行、中國銀行業監督管理委員會、中國證券監督管理委員會和中國保險監督管理委員會這四家金融分業監管部門的簡稱。2018 年 3 月，根據國務院機構改革方案，銀監會與保監會職責整合組建中國銀行保險監督管理委員會，與中國人民銀行、證監會合稱「一行兩會」，共同接受國務院金融穩定發展委員會的監管協調。

外個人投資者通過交易技術「創新」，以傘形信託、場內外融配資及其槓桿機制等，順利地繞過監管屏障，「合法」地湧入股市、助長投機，輕易地擊穿了證監部門的監管底線。應急性融配資清理必然造成市場上的強行平倉、逃市踩踏、泡沫破裂。有關方面不得不在股價高點入場救市，並承擔規則、秩序、信用、財富、信心等多重損失，主機板市場長期存在的供求機制的重大缺陷及失衡也因此暴露無遺。

其實，早在證監部門的監管底線被擊穿之前，銀監部門的監管底線就已經被擊穿。按照分業經營、分業監管要求，信貸銀行及其類似機構不可以兼營投行業務，金融綜合經營當時還屬於個別地區的先行試驗。但在實際金融活動中，不僅早有通過類似於特許性質的內部分業方式獲得綜合經營權限的若干「治外主體」，而且現有商業銀行在逐利本能以及前者示範的背景下，「上有政策，下有對策」，紛紛通過理財產品等形式繞過監管規則，間接地從事非信貸投資業務。在其獲得穩定佣金收入的同時，毫無遺漏地將其風險轉嫁到未必全部知情的理財產品投資者尤其是個人購買者身上。當股市景氣受到鼓勵時，包括銀行信貸資金在內的各類社會資金，便通過錯綜複雜的理財管道、證券機構「豐富」的信託工具以及銀行對非銀機構的融資支持等，間接地其實也類似於直接地湧入股市，為其提供源源不斷的流動性支援。此後股市下行時的平倉加速、踩踏逃市，不僅是直接配資機構而且也是商業銀行的資產保全所必需的，這種金融鏈條在股災後也未見徹底切割。

此外，央行的貨幣政策底線也極其脆弱，甚至岌岌可危。某家著名的互聯網企業早在 2013 年就通過協力廠商支付平台迅速積累起巨額貨幣資本並用來「做大做強」其關聯基金，使後者幾乎在一夜之間成長為超過 7 000 億元的全球第二大貨幣基金。這筆巨額貨幣資本，相對於當時央行每次調控貨幣市場時幾十億元、幾百億元的公開市場操作來說，力量是何其懸殊。前者進入市場的潛在影響力、衝擊力無疑是巨大的。當央行規制協力廠商支付平台時，不明就裏的普通百姓甚至一些業界人士還多有責難。其實，中國的貨幣市場管理肯定還有諸多需要完善之處，但央行基於市場現狀進行的預防性、築底性規制應對，有其監管制度建設意義。

金融監管改革創新滯後，分業監管盲點甚多。理財投資野蠻成長，資本收益微薄甚至空轉，流動性脱實向虛，風險暴露驚人。[①] 由於分業監管，同類資產管理業務的監管規則和標準各異，存在部分業務發展不規範、產品多層嵌套、剛性兑付、監管套利、規避金融監管和宏觀調控等問題，致使監管部門應接不暇，紛紛出台應急措施，堵塞監管漏洞，防範撲面而來的金融風險。[②] 一些公共領域如社會保險基金等，委託投資風險也有集中趨勢。[③] 此外，滬港通、深港通相繼開通之後以及資本市場對外開放，境內股市 IPO、T+1、停板制以及其他資訊披露方式和交易工具差異，也需要進行適時適應性調整。資本市場及其監管制度建設，依然山高、路險、坑深，切不可懈怠無為或掉以輕心。

---

① 據有關統計，截至 2016 年末，銀行表內、表外理財產品資金餘額分別為 5.9 萬億元、23.1 萬億元；信託公司受託管理的資金信託餘額為 17.5 萬億元；公募基金、私募基金、證券公司資產管理計劃、基金及其子公司資產管理計劃的規模分別為 9.2 萬億元、10.2 萬億元、17.6 萬億元、16.9 萬億元；保險資產管理計劃餘額為 1.7 萬億元。各類資產管理餘額已經達到 100 萬億元之巨，超過 GDP 總量。

② 近年如《證券期貨經營機構落實資產管理業務「八條底線」禁止行為細則》（2015 年 3 月）、《證券期貨經營機構私募資產管理業務運作管理暫行規定》（2016 年 7 月）、《中國保監會關於清理規範保險資產管理公司通道類業務有關事項的通知》（2016 年 6 月），「一行三會」聯合發佈《關於規範金融機構資產管理業務的指導意見》（2018 年 4 月）等。

③ 截至 2017 年底，全國已有九個省與社會保障基金理事會簽訂委託投資合同，金額達 4 300 億元；西藏、甘肅、浙江、江蘇等省區也有意向委託投資運營，估計可增加投資資金 1 500 億元左右。

第六章

資源市場化配置與政府經濟職能轉型

勞動力、土地及資本等生產要素的市場化改革，既推動着微觀層面要素配置形態的變化，建立起社會主義市場經濟的微觀基礎，也推動了宏觀經濟管理體制的改革和政府財政稅收職能及其經濟調節功能的轉型，形成市場起決定作用基礎上的國民經濟和社會發展體制。

一、從計劃配置資源到宏觀規劃管理

在計劃體制下，國民經濟計劃事無巨細、包羅萬象。從工農業生產、基本建設、交通運輸、商貿流通、財稅金融到勞動工資、科教文衞體事業等方方面面，都有詳細具體的計劃安排。計劃的形式以國家指令性計劃為主，直接調控微觀經營活動。主要生產資料實行計劃分配，主要消費品實行計劃收購和供應，國家重大建設項目和資金分配統一安排。計劃管理實行「統一計劃、分級管理」制度，以行政手段大包大攬，將計劃決策權和管理權高度集中到中央，通過制定實施涵蓋全社會生產、流通、分配、消費全過程的年度國民經濟計劃，直接配置各類資源，組織生產建設和社會生活。這種計劃體制對工業化初期改善物資極度匱乏狀況、恢復發展國民經濟、開展大規模生產建設、奠定現代工業基礎有其歷史作用，但背離經濟規律、錯配資源要素的體制弊端也日甚一日，不改革就沒有出路。市場化改革，是從根本上變革計劃經濟的體制基礎、建立社會主義市場經濟制度的必然過程。計劃體制的改革速度與程度，標誌着經濟市場化的力度和深度。

(一) 從政府指令性計劃轉向市場主導性規劃

計劃體制是從編制部門生產建設的微觀計劃起步，逐步過渡到編制整個國民經濟計劃的。[①]1952 年，中央政府設立國家計劃委員會，有關部門和各級

① 1950 年，政務院財政經濟委員會試編出《國民經濟計劃概要》；1951 年，中財委試編全國性經濟計劃。

政府也先後建立了相應的計劃機構，形成系統的計劃經濟體系，對國民經濟發展實行嚴格的計劃管理。這種狀況一直持續到市場化變革之前。

與經濟改革進程相適應，計劃體制改革最初按照「計劃經濟為主、市場調節為輔」的制度理念起步，以引入市場機制和改進年度計劃為重點，協調短期、中期和長期計劃，逐步推進指令性計劃、指導性計劃和國家計劃指導下的市場調節的管理體制。到 1985 年，國家共取消 25 種主要農產品的指令性計劃；佔全國工業總產值 40% 的 120 種工業指令性計劃產品減為 60 種；國家統配物資由 256 種減少到 20 多種；出口供貨領域的指令性計劃管理商品由 900 多種減少到 31 種。縮小指令性計劃範圍、適當擴大指導性計劃範圍、更多運用市場調節手段，成為計劃體制改革和實行「有計劃的商品經濟」的重要內容。①

社會主義市場經濟建制目標確立後，計劃職能開始進行適應性調整。主要是確定國民經濟和社會發展的戰略目標，做好經濟預測、總量調控、重大結構與生產力佈局、重點基礎設施建設，以及綜合協調宏觀經濟政策和經濟槓桿的運用等。確立綜合性宏觀經濟調控目標，相應地改革年度計劃指標體系，突出宏觀性、戰略性和政策性，將若干重要經濟活動和社會發展計劃指標調整為預期指標。到 1995 年，工業指令性計劃產品減少到 29 種，國家統配物資減少到 11 種左右，國家計劃直接安排的投資下降到全社會固定資產投資的 15% 左右，90% 以上的投資品價格和 95% 以上的消費品價格改由市場調節。

進入新世紀後，政府與市場的關係發生了根本性變化。計劃重點由年度計劃為主轉向以中長期計劃為主；計劃編制執行由直接管理為主轉向以間接管理為主；計劃範圍由單一經濟計劃改變為國民經濟、社會發展和科技進步結合為一體的計劃規劃體系；計劃工具由主要靠行政手段和指令性計劃改變為市場起決定作用的指導性計劃規劃；計劃調控由國家主導改變為中央和省、自治區、直轄市以及計劃單列市兩級管理和調控體系。年度計劃、五年規劃

---

①《中共中央關於經濟體制改革的決定》（十二屆三中全會 1984 年 10 月 20 日通過）。

和中長期規劃，開始成為適應社會主義市場經濟要求、促進國民經濟和社會可持續發展的戰略目標導向和宏觀調控機制。

（二）政府投資管理體制變革

計劃體制的市場化改造，終究要體現為資源配置或投資體制的根本性轉變。計劃體制下政府是唯一的投資主體，佔企業絕大多數的國營企業從屬於政府，不能獨立進行投資決策，私人投資近乎完全排除；資金來源基本上是單一管道的財政性資金，信貸資金主要用作流動資金，極少用於固定資產投資；資源要素包括資金、物資、勞動力等，由政府集中計劃分配和統一安排使用；投資項目決策權高度集中於政府手中，所有項目必須經過行政性審批；投資管理實行單一的指令性計劃，行政命令是其基本管理方式。這種投資體制自然會影響經濟社會發展活力和成長動力，改革違背經濟規律的計劃投資體制勢所必然。

投資體制改革，從明確基本建設和技術改造投資標準、規範資金來源使用和審批權限程式並建立中央和省兩級技術改造投資計劃管理體制起步。[①]1986年起，對全社會固定資產投資進行分類計劃管理。全民所有制單位元固定資產投資以指令性計劃管理為主，城鄉集體所有制單位和個體投資實行指導性計劃管理，指令性計劃管理範圍逐步縮小。簡化項目審批程式，擴大資金籌措範圍，引入建設競爭機制。預算內基本建設投資實行「撥改貸」，劃分中央和地方投資事權，發行重點建設債券和企業債券，利用境外投資以及鄉鎮集體投資和民間社會投資，開始打破政府作為單一投資主體、主要由行政命令分配投資資金的格局。其中「撥改貸」改革，一方面體現了基本建設投資的資金稀缺性質和投資效率約束，另一方面也打通了居民儲蓄直接轉

① 參見國務院《關於加強現有工業交通企業挖潛、革新、改造工作的暫行辦法》（1980年6月21日），《關於改進計劃體制的若干暫行規定》（1984年10月4日）；國家計委等《關於更新改造措施與基本建設劃分的暫行規定》（1983年6月20日），國家經委等《關於加強技術改造管理的通知》（1983年8月15日發佈，1993年7月9日廢止）。

化為基建投資的管道，使我國居民一直以來所具備的較高儲蓄傾向及數量巨大的儲蓄存款得以迅速形成源源不斷的投資資金，成為經濟長期較快增長的條件之一。但國有企業和金融機構的特殊性質及投融資機制，又派生了對銀行貸款的過度依賴，形成從基建投資到企業經營的過高槓桿甚至「無本經營」，以及商業銀行金融資產質量的劣質化，由此推動了後來投資項目資本金制度的建立。[①]

投資領域建設資金籌措、投資審批權限程式調整，推動了投資體制的市場化改革進程。在資金籌措方面，國家建立經營類和非經營類中央基本建設基金，前者由國家計委下達給國家專業投資公司，主要用於計劃內基礎設施和基礎工業的重點工程建設，後者主要用於中央各部門直接舉辦的科教文衛建設和大江大河治理。先後設立石油、電力、交通、郵電、民航專項建設資金，推動相關基礎設施和基礎產業的建設。滬深兩地證券交易所的成立，也為企業投資開闢了新的資金來源。在管理體制方面，對原由各部門管理的投資，按經營性和非經營性分類剝離，在中央一級成立了能源、交通、原材料、機電輕紡、農業、林業六個領域的國家專業投資公司，負責經營管理相關領域中央固定資產投資的經營性項目。劃分中央和地方政府的投資範圍，對重大長期建設投資實行分層管理。提出產業發展序列，明確重點支持和限制的產業及產品，建立以產業政策為核心的投資調控體系。開徵固定資產投資方向調節税，運用經濟槓桿調節投資方向。[②] 適應對外開放要求，1985—1992 年，國務院賦予廣東、福建、海南等省的經濟特區和上海浦東新區較大的投資決策權。

社會主義市場經濟建制目標助推了市場配置資源的基礎性作用。在投資決策方面，將投資項目分為競爭性、基礎性和公益性三類。競爭性投資項目改行政審批制為登記備案制，由國家產業政策引導推向市場，建立法人投資

---

① 參見國務院《關於固定資產投資項目試行資本金制度的通知》（1996 年 8 月 23 日）。

② 參見國務院印發《關於投資管理體制的近期改革方案》（1988 年 7 月 16 日），《國務院關於當前產業政策要點的決定》（1989 年 3 月 15 日），《固定資產投資方向調節税暫行條例》（1991 年 4 月 16 日發佈）。

和銀行信貸風險責任制，企業自主決策、自擔風險、自負盈虧。基礎性建設項目鼓勵和吸引各方投資參與。其中國家重大建設項目，按照統一規劃由國家開發銀行等政策性銀行，通過財政投融資和金融債券等管道籌資，採取控股、參股和政策性優惠貸款等多種形式進行；企業法人對籌劃、籌資、建設直至生產經營、歸還貸款本息以及資產保值增值全過程負責。地方政府負責地區性的基礎設施建設。社會公益性建設項目，根據中央和地方事權劃分，由政府通過財政統籌安排，並廣泛吸收社會資金參與。

投資來源上，除已發展的資本市場（擴大社會直接融資）和商業銀行（提供項目融資）外，1994 年 3 月，成立國家開發銀行，負責發放政策性固定資產投資貸款。一般投資貸款由項目建設單位和商業銀行自主選擇。[①]1995 年 5 月，對原國家六大投資公司進行整頓重組，成立國家開發投資公司，作為國有獨資政策性投資機構對國家確定的政策性項目進行參股、控股投資。投資項目的政策引導和建設管理也逐步制度化，包括試行投資項目資本金制度，全面實行招標投標制和工程項目監理制[②]，建立投資項目審計制度，強化後續監督管理[③]，建立由產業政策引導社會投資的宏觀調控體系等。[④]

進入 21 世紀，投資主體多元化、資金來源多管道、投資方式多樣化和項目建設市場化已然成型，但投資決策及資源配置權力仍然過於集中，效率約束和問責機制缺失或軟化失效。投資體制改革首先聚焦於轉變政府管理職

---

① 參見國家計委、中國建設銀行等《關於完善和規範商業銀行基本建設貸款管理的若干規定》（1997 年 10 月 20 日）。

② 參見建設部、國家計委《工程建設監理規定》（1995 年 12 月 5 日），國家計委《國家基本建設大中型項目實行招標投標的暫行規定》（1997 年 8 月 18 日），《國務院辦公廳關於加強基礎設施工程質量管理的通知》（1999 年 2 月 13 日），《招標投標法》（2000 年 1 月 1 日實施）。

③ 參見《審計署關於內部審計工作規定》（1995 年 7 月 14 日發佈，2003 年 5 月 1 日施行新規定時廢止）；財政部《關於加強基礎設施建設資金管理和監督的通知》（1999 年 3 月 30 日）；國家計委《國家重大項目稽查辦法》（2000 年 8 月 17 日）；審計署《審計機關國家建設項目審計準則》（2001 年 8 月 1 日）。

④ 參見《90 年代國家產業政策綱要》（1994 年 4 月 12 日），國家計委等《指導外商投資方向暫行規定》《外商投資產業指導目錄》（1995 年 6 月 20 日發佈，2002 年 4 月 1 日起施行新規定時廢止）。

能，確立企業的投資主體地位。對於企業不使用政府投資的建設項目，一律不再實行審批制，區別不同情況實行核准制和備案制；擴大大型企業集團的投資決策權，放寬社會資本的投資領域，允許各類企業以股權融資方式籌集投資資金。其次是明確政府投資取向，規範政府投資行為。政府投資主要用於關係國家安全和市場不能有效配置資源的經濟和社會領域；健全政府投資項目決策機制和規則程式，規範政府投資資金、建設質量和項目風險管理；利用特許經營、投資補助等方式引入市場機制，吸引社會資本參與有合理回報能力的公益事業和公共基礎設施項目建設。再次是改進管理和服務，健全政府投資監管體制。完善政府投資制衡機制和重大項目稽查制度，建立政府投資項目後評價制度與責任追究制度;健全國土資源、環境保護、城市規劃、質量監督、金融監管、工商管理、安全生產監管等部門協同配合的投資監管體系；確立法律規範、政府監督、行業自律的行業管理體制。最後是加強和改進規劃管理，健全投資宏觀調控體系。強化投資決策的經濟社會發展規劃依據，建立涵蓋環保標準、安全標準、能耗水耗標準和產品技術、質量標準的行業准入制度，綜合運用經濟的、法律的和必要的行政手段，以間接調控為主引導社會投資，優化投資結構。[①]

（三）市場配置資源體制成型

投資管理的核准制、備案制改革雖然推動着資源配置朝市場化方向發展，但由於體制慣性，投資領域仍然充滿行政審批色彩。社會對發揮市場的「決定作用」和政府的「更好作用」、推動建立資源配置新體制充滿期待，並

---

① 參見《國務院關於投資體制改革的決定》（2004 年 7 月 16 日）及有關部門規章辦法，如《企業投資項目核准暫行辦法》《政府核准的投資項目目錄》《外商投資項目核准暫行辦法》《境外投資項目核准暫行辦法》《關於實行企業投資項目備案制指導意見的通知》《政府核准的投資項目目錄》《產業結構調整指導目錄》《外商投資產業指導目錄》《境外投資產業指導政策》等。各省級地方政府參照國家有關部門規章辦法，陸續出台了本地區的企業、外商、境外投資項目核准管理辦法和企業投資項目備案管理辦法。經過此輪改革，政府審核的投資項目數量大幅減少，約佔企業投資項目的 20%，實行備案制的約佔 80%。

得到了相應的政策性回應。[①]

近年來，投資體制改革集中於推進企業投資核准範圍最小化，由企業依法依規自主決策投資行為。對極少數關係國家安全和生態安全、涉及全國重大生產力佈局、戰略性資源開發和重大公眾利益的項目，政府以清單方式列明。建立政府核准投資項目目錄，企業投資項目管理負面清單、權力清單與責任清單「三個清單」管理制度及其動態調整機制，目錄範圍以外的投資項目一律實行備案制管理。企業遵照城鄉規劃、土地管理、環境保護、安全生產等方面的法律法規和政策標準，依法落實項目法人責任制、招標投標制、工程監理制、合同管理制以及企業信用建設，自覺規範投資行為。

限定政府投資範圍，發揮好政府投資的引導和帶動作用。政府資金只投向市場不能有效配置資源的社會公益服務、公共基礎設施、農業農村、生態環境保護和修復、重大科技進步、社會管理、國家安全等公共領域的項目。政府投資以非經營性項目為主，原則上不支持經營性項目。優化政府投資方式和監督管理，鼓勵政府和社會資本合作。

創新投融資機制，暢通投資項目融資管道。發揮多層次資本市場的融資功能，支援實體經濟的資產證券化。推動政策性、開發性金融機構及保險資金等機構資金通過債權、股權、資產支援等投資方式，支援重大基礎設施、重大民生工程、新型城鎮化等領域的項目建設。放寬境內企業和金融機構赴境外融資，為國內企業參與境外投資和重點合作項目提供投融資支援，同時加強政府規劃政策引導，改善投資服務方式，健全監管約束機制。

適應資源市場化配置和開放性經濟發展，投資領域還進行了從清理規範投資項目報建審批事項、降低制度性交易成本到逐步開放投資範圍直至全面推行市場准入負面清單管理制度等一系列改革。凡沒有法律法規依據、未列入國務院決定保留的行政審批事項目錄的，一律取消審批。[②] 適時精簡發佈政

---

① 參見《中共中央國務院關於深化投融資體制改革的意見》（2016 年 7 月 5 日）。
② 參見國務院《清理規範投資項目報建審批事項實施方案》（2016 年 5 月 19 日）。

府核准投資的項目目錄，以負面清單形式列出在中國境內禁止和限制投資經營的行業、領域、業務等。清單以外的行業、領域、業務等，各類市場主體皆可依法平等進入。[①] 基礎設施與公用事業特許經營、公共服務領域 PPP 投資模式起步、提速[②]，鼓勵創業投資、拓寬民間投資、擴大引進外資、引導規範境外投資的改革政策也陸續出台。[③] 從 2018 年起，在全國範圍內正式實行統一的市場准入負面清單制度，適應社會主義市場經濟要求的新型投資體制基本成型。

二、財政體制及其經濟調節機制變革

無論是自然經濟、計劃經濟還是市場經濟，政府以稅收作為主要財政來源、建立其實現政府職能的財政制度，都是共同現象和規律。儘管各國政府歷來尋求穩定有序的財政體制，但因經濟基礎、政府職能以及變動不居的經濟社會和政治環境，從財稅基礎到管理方式，財政體制往往是治理層面變動最為頻繁的制度形態。中國財政制度從計劃體制下的統收統支制到市場建制中的分稅制改革，實際上是財稅治理體制的市場適應性變革。由於我國財政

① 參見《國務院關於實行市場准入負面清單制度的意見》（2015 年 10 月 2 日）。

② 國家發展改革委等《基礎設施和公用事業特許經營管理辦法》（2015 年 4 月 25 日）；國務院辦公廳轉發財政部、發展改革委、人民銀行《關於在公共服務領域推廣政府和社會資本合作模式的指導意見》（2015 年 5 月 19 日）。

③ 參見《國務院關於促進創業投資持續健康發展的若干意見》（2016 年 9 月 16 日）；住房和城鄉建設部、發展改革委、財政部、國土資源部、中國人民銀行《關於進一步鼓勵和引導民間資本進入城市供水、燃氣、供熱、污水和垃圾處理行業的意見》（2016 年 9 月 22 日）；國家發展改革委《促進民間投資健康發展若干政策措施》（2016 年 10 月 12 日）；國家民航局《關於鼓勵社會資本投資建設運營民用機場的意見》（2016 年 10 月 25 日）；國務院辦公廳《關於進一步激發民間有效投資活力　促進經濟持續健康發展的指導意見》（2017 年 9 月 1 日）；《國務院關於擴大對外開放積極利用外資若干措施的通知》（2017 年 1 月 12 日）；《國務院關於促進外資增長若干措施的通知》（2017 年 8 月 8 日）；國務院辦公廳轉發國家發展改革委、商務部、人民銀行、外交部《關於進一步引導和規範境外投資方向指導意見》（2017 年 8 月 4 日）；《國務院辦公廳關於進一步激發民間有效投資活力　促進經濟持續健康發展的指導意見》（2017 年 9 月 1 日）等。

部門較多地負有公共資源配置及經濟調節職責，並較深程度地參與其他資源要素的配置和調節，財政體制改革也是資源配置方式的重大變革，既折射着經濟市場化的節奏和樣式，也標示着財政體制對其適應程度以及相應的變革需求和趨勢。

（一）從統收統支制到分級包乾制

計劃體制建立之初，財政實行統收統支體制。自 20 世紀 50 年代後期至改革開放前，中央財政對各地實行各種形式的「大統小分」式比例分成體制。自 1980 年起，伴隨着放權讓利、擴大企業自主權改革，我國開始調整中央和地方財政分配格局。北京、天津、上海繼續實行「收支掛鈎、總額分成、一年一定」體制；其他各省、自治區統一實行「劃分收支、分級包乾」的「分灶吃飯」財政體制，即按照經濟隸屬關係劃分中央和地方財政收支範圍，以 1979 年財政收支執行預算為基礎，確定地方財政收支包乾基數，一般一定五年不變。基於照顧現狀或鼓勵發展等多種考慮，江蘇省繼續實行固定比例包乾辦法，廣東省實行「劃分收支、定額上繳」包乾辦法，福建省實行「劃分收支、定額補助」包乾辦法。對少數民族地區和經濟欠發達地區，也做出了一定的優惠政策安排。

「劃分收支、統籌包乾」財政體制改革，對調動地方和企業的生產積極性以及推動當時已經起步的價格、工資、金融、外貿等多項改革有其支持性作用，但也存在收支劃分不盡適當、地區之間苦樂不均、助長地方保護主義以及中央財政日漸困難等問題。自 1985 年起，開始實行「劃分稅種、核定收支、分級包乾」財政改革。一是確定財政收支範圍。以第二步「利改稅」後的稅種設置為基本依據，劃分中央財政和地方財政的固定收入與共享收入；按經濟隸屬關係劃分中央財政和地方財政支出範圍，對不宜實行包乾的專項支出，由中央財政專項撥款支出。二是界定財政支出責任。凡是地方固定收入大於地方支出的，定額上解中央財政；小於地方支出的，從中央與地方共享收入中確定一個分成比例留給地方；地方固定收入和全部共享收入留給地方仍不足以收支相抵的，由中央財政定額補助；財政收入分成比例和上解或補助數額一定五年不變。三是保留若干例外安排。廣東、福建兩省繼續實行財政大包乾辦法，對其原定上解或補助數額進行調整；對少數民族地區及視同少數民族地區對待的省份，由中央財政核定補助數額，五年內每年繼續遞增 10%；經國務院批准實行國家計劃單列的經濟體制綜合改革試點地區以及後來的計劃單列市，按全國統一體制劃分收支範圍、界定支出責任；企業、事業隸屬關係改變，相應地調整地方分成比例和上解或補助數額，或單獨進行結算。

在執行過程中，地方包乾財政體制有部分微調。此時的財政體制雖然依舊是財政包乾制，但經過改革後，中央與地方的財政收支範圍和支出責任更加明確，權責利關係簡明對稱，有利於推動財政開源節流、平衡收支、承擔公共職能。1992 年起，選擇天津市等 9 個地方進行了分稅制改革試點，以稅收種類作為各級政府財政收入的劃分依據。部分地區的分稅制改革試點，為後來建立全國性分稅制財政體制進行了某種早期預演，部分地提供了模式示範和實踐經驗。

（二）財政包乾制政策效應與潛在缺陷

經過十多年的經濟改革，市場機制逐步發育成長。到 20 世紀 90 年代初，農村經濟發展和鄉鎮企業興起，城市國營企業普遍引進市場機制，個體私營經濟得到長足發展，我國經濟結構和財稅基礎發生了重大變化。

財政包乾制改革，曾經發揮過突破傳統體制、推進漸進改革、調動地方政府理財和發展經濟的積極作用。但財政包乾制與「條塊分割」的企業行政隸屬制相結合，也造成了重複建設、結構失調、地區封鎖等突出問題，如 1993 年由政府主導投資引起的經濟過熱，羊毛、棉花、蠶繭等各類原料「大戰」在各地此起彼伏，「諸侯經濟」幾成氣候。而財政包乾制中，中央與地方通過一對一的談判達成的收支基數、上繳或補貼的數額，又缺乏客觀性、透明度，交易成本高。尤其是經過十餘年的運行，包乾制直接導致「兩個比重」

下降並影響財政收入的可持續性增長。[①]

兩個比重中，第一個比重是財政收入佔 GDP 的比重，反映的是政府在國民收入初次分配中的汲取能力；第二個比重是中央財政收入佔全國財政收入的比重，反映的是中央與地方財政分配關係。兩個比重的高低，會從治理與規制層面折射出政府與市場的關係以及政府間的財政關係。兩個比重過高，易於產生政府擠出效應或加重社會稅收負擔，出現「拉弗曲線」[②] 現象和財力過於集中問題，影響企業活力和經濟發展，降低地方政府的努力程度以及公共服務和社會治理能力。兩個比重過低，則難以滿足社會公共需要，扭曲甚至動搖單一制主導的分權制體制基礎。因此，通過財政改革和制度建設促成兩個比重合理適度，是優化國民收入分配結構、處理好政府與市場關係、保障政府公共服務和規制管理、規範中央與地方以及地方各級政府間財政關係的重要基礎。

兩個比重下降，幾乎使各級政府都陷入嚴重的財政困難。尤其是中央財政預算赤字持續增加，不得不向部分發達省份借債甚至借而不還來平衡收支。其中有政府推進放權讓利改革、部分下放經濟權力的原因，但這只是改革初年的故事。從 20 世紀 80 年代中期起，政府就開始採取措施提高兩個比重，但都無功而返。最根本的原因，是改革開放後財稅基礎的變化和財政包乾的體制缺陷。

首先，隨着經濟改革的推進，產業形態、經濟結構及稅品價格等稅源基礎發生了重大變化，改革相對滯後的傳統稅政體系及徵管方式組織財稅收入的能力相對不足。單一的公有制經濟轉變為多種所有制經濟並存，非公有制

---

① 20 世紀 70 年代末至 90 年代初，中國 GDP 實際年均增長近 10%，但 1978—1995 年間，政府財政收入佔 GDP 的比重從近 31% 跌至不到 11%，下降 20 多個百分點。中央財政收入佔財政總收入的比重從 60% 左右降至 1994 年的不足 33%；地方財政收入佔財政總收入的比重雖然有所增加，但佔 GDP 的比重也在下降，其中 2/3 的省份下降幅度超過 10%。

② 美國供給學派經濟學家阿瑟·拉弗（Arthur B. Laffer）在 20 世紀 70 年代描繪政府的稅收收入與稅率之間的關係時用了一條曲線來表示，該曲線即「拉弗曲線」。按其描述，當稅率在一定的限度以下時，提高稅率能夠增加政府稅收收入，但超過這一限度時，再提高稅率反而導致政府稅收收入減少。因為較高的稅率會抑制經濟的增長，使稅基減小，稅收收入下降；反之，減稅可以刺激經濟增長，擴大稅基，增加稅收收入。

經濟快速發展，鄉鎮企業、個體私營企業及其產業形態創新層出不窮，生產要素市場化及其配置流動性日益增加等，帶來了財稅收入來源的迅速變化，傳統的稅種設置及其徵管體系一時間難以適應，組織財稅收入的能力缺失或下降並不意外。而且，計劃體制下以從量定額計稅為主的產品稅體系，面對經濟市場化過程中商品價格往往以數倍甚至更多倍的漲幅高於此前的「計劃價格」，仍然延續原有的從量徵稅方式，自然會大大降低稅收在商品價格進而在 GDP 中的佔比。許多重要商品如資源類產品由從量計稅全面改為從價計稅，則是十分晚近的改革事件。①

其次，實行劃分收支、分級包乾的「分灶吃飯」財政體制，存在着導致正稅流失的內在體制缺陷。財政收支的劃分，邏輯上應當以明確收支責任為前提。但這種前提條件在體制轉軌之初原本就是一筆糊塗賬，即使是今天也未必十分清楚。儘管進行了「劃分稅種」的改革，但中央財政「核定收支、分級包乾」，通常只能以一省範圍內的所有財稅收入為基數，分別進行一對一的討價還價來確定分成比例。由此可以理解這種基數甚至某一年的基數對地方政府的特殊重要性，以致基數成為後來財稅改革的焦點與難點。由於資訊不對稱，中央與地方討價還價的結果未必對中央財政有利甚至不可能有利。加上標準不一、透明度缺失，幾乎所有省份都對分成方式和比例缺乏認同性和公平感，惡化了各省之間財稅競爭機制與性質，助長了地方各級政府將預算內收入轉為預算外收入以降低上解基數，以及背離中央財稅政策、以稅收優惠也是流失的方式製造不公平競爭環境等機會主義行為。由於財政體制轉軌過程中，體制本身、各項參數（如收支基數、分成比率）等，都在不斷調整，至多「一定五年不變」，中央財政自身也有可能時常改變遊戲規則。中央與地方之間的財稅關係，處在這種潛在的也是經常性的體制性衝突之中。

再次，財政包乾制下的稅政決策權與執行權的分離，導致稅收徵管機

---

① 晚至 2016 年 5 月 9 日，財政部、國家稅務總局才發佈《關於全面推進資源稅改革的通知》（財稅〔2016〕53 號），當年 7 月 1 日起正式實施。對 21 種資源品目和未列舉名稱的其他金屬礦實行從價計徵，但仍有部分資源品目實行從量定額計徵，或從價計徵為主、從量計徵為輔。

構及人員的忠誠度偏移、努力度降低。當時，幾乎所有稅目、稅率都由中央決定，稅收徵管則由當地稅務部門完成，中央財政沒有自己獨立的稅政系統。稅務機構雖然名義上代表國家，但更多地、實際上也是直接從屬於地方政府，更偏重於地方政府的利益。因實行財政分成包乾制，地方加大徵稅力度、增加正稅收容易造成中央財政「鞭打快牛」。降低稅收徵管努力[①]、實施各種超越統一規定的稅收優惠政策、壓低影響分成基數和比率的正稅收入、增加預算外收入或將預算收入盡可能多地轉為預算外收入[②]，便成為地方財稅部門典型的機會主義行為，進而導致財政收入佔比下降以及中央與地方間財政收入比重的失衡。而經濟改革帶來的稅收基礎（如產業形態、市場價格、經濟結構）的迅速變化，既增加了稅收徵管難度、模糊了努力程度，也為地方財稅機構的機會主義行為提供了便利甚至激勵。

最後，財政包乾製造成了中央財政收入與支出責任間的明顯不對稱，以致財政收支捉襟見肘、狀況惡化。一方面，中央政府面對着經濟增長和市場發育所帶來的公共產品與服務需求增加、基礎產業設施建設需要及成本上升、穩定宏觀經濟與支援欠發達地區發展，以及補償經濟改革成本、實施涉外經濟優惠政策等日益增長的支出規模；另一方面，財政包乾制下中央和地方政府財政收支及其責任的不確定性，導致了財政包乾制本身的不確定性，雖然有「一定五年不變」的規定，但制度調整的經常性需要和自由裁量權的大量存在，使地方政府以降低徵稅力度來規避規則調整風險幾成普遍現象，導致兩個比重尤其是第二個比重螺旋式下降。中央財政不得已通過透支信用、改變遊戲規則來滿足支出需要，如在協議到期前與某些省份甚至所有省份重新商定一些條款或改動收支基數，直接或變相轉移部分中央支出責任，以及將一些優質國有企業收歸中央所有等。但即便如此，也仍然難以避免中

① 世界銀行研究發現，除上海略微高於平均值外，中國富裕省份如浙江、山東和遼寧等省的徵稅努力程度均低於全國平均水平（World Bank. China Revenue Mobilization and Tax Policy）。類此現象也發生在貧困地區，相當一部分正稅由此流入預算外資金。

② 據有關測算，1978—1992 年，國家預算收入增長 3 倍，預算外收入增長了 11 倍。到 1992 年，預算外財政資金與預算內財政資金幾乎等量齊觀（中國統計年鑒 1995. 北京：中國統計出版社，1995：221）。

央財政入不敷出。20 世紀 80 年代中後期先後推出的能源交通基金、預算調節基金直至借款不還，實屬中央財政的無奈之舉。這種財稅機制及其鏈條斷裂的風險極大。當初蘇聯各加盟共和國不再向聯盟政府上繳稅款，被認為是導致蘇聯解體的原因之一。[①] 中國財稅體制改革迫在眉睫。

（三）分稅制改革及其經濟調節特徵

自 1994 年起，在原財政包乾體制確定的地方上解和中央補助不變、不觸動地方既得利益的條件下，對財政收入增量分配進行分稅制改革。改革之初，是以 1992 年還是 1993 年的地方支出基數作為分稅基礎，一度成為中央與地方爭執的焦點，經過艱難的討價還價過程，最終以中央政府妥協、保證地方既得財力為基礎制定分稅制改革方案。

劃分中央與地方事權和支出責任。中央和地方之間財力分配，原則上以財權與事權相統一為基礎。中央財政支出包括：國防、外交、武警、重點建設、中央財政負擔的支農支出和內外債還本付息，以及中央直屬行政事業單位的各項事業費支出。地方財政主要承擔本地區政權機關運轉所需支出以及本地區經濟、事業發展所需支出，包括地方統籌的基本建設投資、地方企業的技術改造和新產品試製費、支農支出、城市維護建設費，以及地方各項事業費支出。

劃分中央與地方財政收入。根據中央和地方事權劃分，按照稅種劃分中央與地方的收入。將維護國家權益、實施宏觀調控所必需的稅種劃為中央

---

① Roy Bahl，Christine I. Wallich. Intergovernmental Fiscal Relations in The Russian Federation// Richard M. Bird，Robert D. Ebel，Christine I. Wallich. Decentralization of the Socialist State：Intergovernmental Finance in Transition Economies. Washington，D.C.：The World Bank，1995：337. 當初蘇聯在討論稅收制度和稅率改革時，具有分裂傾向的「俄羅斯領導人開始堅持所謂的單渠道制，即全部稅入都由各加盟共和國徵收，然後再把一小部分上繳中央，以滿足全蘇財政需要⋯⋯過了不長時間，俄羅斯下面的那些共和國也學着把這個對任何聯邦都起破壞作用的原則拿過來當作武器。」尼・伊・雷日科夫 . 大國悲劇：蘇聯解體的前因後果 . 徐昌翰，譯 . 北京：新華出版社，2008：359.

稅；將同經濟發展直接相關的主要稅種劃為中央與地方共享稅；將適合地方徵管的稅種劃為地方稅。[1]

建立稅收返還制度。中央財政對地方稅收返還數額以 1993 年為基期年核定。按照當年地方實際收入和中央與地方收入劃分情況，核定中央從地方淨上劃的收入數額，確定中央對地方稅收返還基數。從 1994 年開始，稅收返還數額遞增率按全國增值稅和消費稅增長率的 1∶0.3 係數確定，即全國增值稅和消費稅每增長 1%，中央財政對地方的稅收返還增長 0.3%。

建立新的預算編制制度和稅收徵管機構。實行分稅制後，中央和地方改按新的口徑編制財政預算，並核定資金調度比例，避免資金往返劃撥。中央和地方分設稅務機構、分別徵稅。國家稅務局和海關系統負責徵收中央財政固定收入及中央與地方共享收入，地方稅務局負責徵收地方財政固定收入。

解決體制平穩過渡問題。實行分稅制之初，原包乾制下中央對地方的補助，仍按原規定補助；地方上解按不同類型執行：實行定額上解的地區，繼續按原定額上解；實行遞增上解的地區，繼續按原規定遞增上解；實行總額分成的地區和原分稅制試點地區，按 1993 年實際上解數和核定遞增率遞增上解。從 1995 年起，凡實行遞增上解的地區，一律改按各地 1994 年實際上解額實行定額上解。

分稅制改革是社會主義市場經濟改革目標確立後，也是新中國成立以來財稅領域涉及範圍最廣、調整力度最大、影響也最為深遠的一次體制改革。改革的直接效果是迅速扭轉了兩個比重下降趨勢。從改革頭十年的情況看，我國財政收入從分稅制改革前的 5 000 多億元增加到 2 萬多億元，年均增長

① 中央固定收入包括：關稅，海關代徵的消費稅和增值稅，中央企業所得稅，非銀行金融企業所得稅，鐵道、銀行總行、保險總公司等部門集中交納的收入，中央企業上交利潤等。地方固定收入包括：營業稅（不含銀行總行、鐵道、保險總公司的營業稅），地方企業所得稅，地方企業上交利潤，個人所得稅，城鎮土地使用稅，固定資產投資方向調節稅，城市維護建設稅（不含銀行總行、鐵道、保險總公司集中交納的部分），房產稅，車船使用稅，印花稅，屠宰稅，農牧業稅、耕地佔用稅，契稅，遺產稅和贈予稅，房地產增值稅，國有土地有償使用收入等。中央財政與地方財政共享收入包括：增值稅、資源稅、證券交易稅。增值稅中央分享 75%，地方分享 25%。資源稅按不同的資源品種劃分，陸地資源稅作為地方收入，海洋石油資源稅作為中央收入。證券交易稅，中央和地方各分享 50%。

17.4%。全國財政收入佔 GDP 的比重由 1993 年的 12.6% 提高到 2003 年的 18.6%；同期中央財政收入佔全國財政收入的比重由 39% 提高到 54.6%，上升了 15.6 個百分點。到 2017 年，全國財政收入佔 GDP 的比重進一步提高到 20.9%，中央與地方政府財政收入佔比分別為 47% 和 53%。

但是，由於改革路徑、財稅模式和國情性質等因素，分稅制改革的體制光譜和長期效應則要複雜得多，直接影響當時直至後來的制度運行、財政績效以及經濟調節功能和公共服務效果。

分稅制改革具有極為明顯的轉軌特性和照顧地方既得財力的特徵，原有體制形成的地區間財稅差距不僅得以持續並且有繼續擴大的趨勢。1993 年研究制定分稅制改革方案時，中央和地方之間的財稅基數博弈，以及中央政府向地方政府妥協、最終確定以各地當年財政收入為基數，造成當年第四季度地方財政收入「猛增」，後來雖然有所矯正，但也抬高了各地基數或拉大了差異。1994 年後財政收入的增量部分，在收入層面也許有分稅性質，但在支出上仍然實行總量分成制，增值稅和消費稅兩大主要稅種的增長部分按 1∶0.3 的係數，確定中央和地方之間的分配比例，這種「基數不變、增量分成」的妥協方案，已經與分稅制原則相去甚遠。[①] 在營業稅和所得稅的劃分上，更是直接依據企業的行政隸屬關係而非分稅制原則。因中央所屬企業相對優質，當時的這種稅種劃分辦法對中央財政較為有利一些。

遷就地方既得財力的「基數不變、增量分成」妥協性方案，明顯存在收入上的分稅制與支出上的分成制的內在衝突以及地區間財稅關係的逆向調節效應。按稅種劃分中央與地方稅收來源並分設稅務機構各自徵稅，固然有明確分稅性質、提高徵管效率及兩個比重的作用，但是，由於經濟地理環境、歷史發展水準和非均衡戰略等因素的影響，初行分稅制時，地區之間的經濟實力和稅收基數已有很大差異。直至實行分稅制十餘年後，一些西部大省的財稅收入尚未達到當年實行分稅制時某些發達省份的稅收返還基數，存量不

---

① 當然，改革操作要比坐而論道困難得多。面對強大的地方利益訴求，這種辦法在創制當初曾經是各方易於接受和達成共識的辦法，甚或被認知為「創新性經驗」。

均或不公，並且長期化。為照顧地方利益而實行的主要稅種（增值稅和消費稅）增量分成，看似具有「普惠」性質，但同樣的分成比例會形成越來越大的所得財力差距。此外，當初按行政隸屬關係劃分所得稅，似乎對中央財政有利，但隨着市場改革的深化，各地尤其是經濟市場化和非公有制經濟發展較快的地區，其所得稅的增長將會或遲或早地超過傳統稅源基礎。財力向市場化、先發性地區傾斜，是「基數不變、增量分成」這種制度設定的內在邏輯。

以計劃體制行政層級為基礎的分稅制，先天存在「衣不合體」、「僧多粥少」、無從貫徹分稅制原則的體制困境。實行分稅制的市場經濟國家，通常採行直接或間接的三級行政架構並按相應的財稅層級分稅。我國在深受計劃體制影響的行政層級重疊、部門職能交叉的基礎上移植分稅制，有限的稅種稅收難以在四五級財政之間分清稅源稅種，實現事權財權對應。改革之初這種問題即已存在，故而有「充實地方稅稅種，增加地方稅收入」之類的相關表達。在中央政府與省級政府之間實行了多重扭曲的分稅制後，省級以下多級政府之間幾乎無從分稅，不得不繼續採取各種形式的財政包乾制。儘管在政治決策層面早已做出構建中央、省、市縣三級基本財政層級的決定，但由於行政體制改革滯後，三級基本財政層級及相應的分稅制改革仍然若明若暗。財政部門後來通過「省直管縣」「鄉財縣管」等於法無據、進退維谷的迂迴試驗，以並非分稅制的方式來盡可能地促成體制性適應，但也留下了諸多矛盾。另外，受政府部門設置及傳統職能所限，財政一般轉移支付與專項轉移支付的關係也難以理順，長期博弈，影響了財稅政策效率和經濟調節功能。

單一制主導下的分權體制特性，註定了中央和地方的事權、財權責任關係不會完全界定清楚甚至也不可能界定清楚。實行分稅制是市場經濟國家的普遍現象，因為市場競爭雖然通常體現為多元主體行為和財力相對分散，但公共產品乃至宏觀調控也是市場經濟的內在需求，必須集中相應的財力。這種財力集中與分散的關係，反映到政府管理體制上就是中央政府與地方政府之間的財稅關係。財政包乾制改為分稅制，其體制建構的真正難點也是真實含義在於，合理界定中央與地方的事權和財權責任關係，以及相應的國家與納稅人的關係。我國單一制主導下的分權體制，政府干預、參與經濟社會生活過多，地方、部門之間職能相互交叉，無論是此前的包乾制還是後來的分稅制，都面臨着中央與地方以及地方各級政府之間事權、財權及相關支出責任難以劃分清楚的困局。反映在稅種劃分上，除大致分類的中央稅、地方稅外，必然是共享稅佔主導地位，甚至是越來越重要的地位。已經做過歸屬劃分的稅種，不排除因其政府事權交叉性質而被逐步納入共享稅系列，即名義上的分稅制、實際上的比例分成稅制。

分稅制的建立完善與有效實施，必須優先推進政府行政層級改革以及相應的法制基礎建設。在各國稅收實踐中，實行分稅制的國家基本上可以劃分為「完全分稅制」和「不完全分稅制」兩種類型。前者徹底劃分中央和地方稅收管理權限，不設置中央與地方共享稅，採取這種分稅制的大多是聯邦制國家，如美國等；後者設置中央稅、地方稅以及中央和地方共享稅，採用這種分稅制的大多是管理權限比較集中的單一制國家，如英國、日本等。但無論是前者還是後者，中央政府與地方政府都享有一定的、獨立的稅收立法權。其建制理念是，政府行使事權必須具有相應的財力保障和政策工具。實行分稅制應當界定各級政府的事權範圍和一定的稅收權力，政府擁有法定的固定收入來源和財力保障，並根據權責對等的原則，中央稅由中央立法，地方稅由地方參照中央稅立法，建立中央和地方兩套稅制，分別徵收、使用和管理。我國是單一制主導下的財政分稅制，稅收立法權集中在中央，若干細小稅種的立法權賦予地方，則是新近擬將推進的改革。因此，無論是劃分中央與地方的事權財權責任，還是深化分稅制改革，都必須具備相應的行政治理體制和財政稅法基礎。否則，有關改革很可能陷入動輒得咎、緣木求魚的窘境。

（四）事倍功半的治理修復及其限制

1994 年建立分稅制財政體制後，20 多年來，因其體制特性和內在矛盾，對其進行調整改革和制度修復的努力始終沒有停頓過。但是，這些調整和修復往往只是拾遺補闕，不可能解決其內在矛盾以至基本問題。新近推出的社會期待甚高的改革政策，幾乎仍然在做過去難以做好、今後也未必有效的基本功，一些重大改革又回到或徘徊在起始點上，甚至取向不明、舉棋不定。

一是探索建立省級以下政府財政分稅體制。從分稅制改革之日起，中央財政多次提出完善省以下財政管理體制，重點推動收入、支出劃分和轉移支付制度建設，直至開展省直管縣、鄉財縣管等財政管理體制改革試驗。但由於省以下政府層級重疊、政府職能和財政事權支出責任交叉，以及主體稅種實行向中央集中的「共享稅」模式，地方政府尤其是縣以下政府缺乏主體稅種。取消農業稅後，縣鄉財政本級收入降低，運行更加困難。事權責任不清，財力無從保障，使得省級以下財政過度依賴轉移支付或繼續通行各種變相的分成包乾制，以事權責任與財力保障相對應的分稅體制始終難以建立起來。

二是建立政府間財政轉移支付制度。隨着分稅制改革的推進，從1995年起，開始實行過渡性轉移支付制度，即在不調整地方既有財力的前提下，中央財政從收入增量中劃出一部分資金，按照統一因素和公式計算地方財力缺口，對欠發達地區進行一般性財政補助，對財政更為困難的民族地區實行政策性轉移支付。後來幾經改易，大體上形成了可以分為兩種類型的中央對地方的轉移支付制度。其中一類是財力性轉移支付，主要是增強財力薄弱地區的地方政府財力，包括一般性轉移支付、民族地區轉移支付，以及工資調整、農村稅費改革、「三獎一補」[①] 等轉移支付項目；另一類是專項轉移支付，即中央政府對地方政府承擔中央委託事務、中央和地方共同事務以及符合中央政策導向的事務進行補貼，補貼款項按規定用途專款專用。基於具有逆向調節效應的財稅基數及增量分成制度，期待通過部分財政收入增量建立轉移

① 「三獎一補」是指對財政困難的縣鄉政府增加縣鄉稅收收入和省市級政府增加對財政困難縣財力性轉移支付給予獎勵，以調動地方政府緩解縣鄉財政困難的積極性和主動性；對縣鄉政府精簡機構和人員給予獎勵，促進縣鄉政府提高行政效率和降低行政成本；對產糧大縣給予獎勵，以確保糧食安全，調動糧食生產的積極性；對以前緩解縣鄉財政困難工作做得好的地區給予補助，以體現公平的原則。

支付制度來予以矯正或平衡地區財力，進而均衡公共服務能力，其實施難度和效果以及經濟欠發達地區對中央政府財力及執行力的依賴是不難想像的。

三是擴大共享稅範圍和共同支出責任。單一制主導的財政分稅體制，本身存在分擔事權支出責任和擴大共享稅範圍的內在需求。隨着市場改革深化，所得稅源開始向地方尤其是改革進展較快、非公有制經濟相對發達的地區集中。從 2002 年起，當初依據行政隸屬關係實行分稅的所得稅，除少數不能按地區劃分的鐵路運輸、國家郵政、四大國有商業銀行、三大政策性銀行以及海洋石油天然氣企業外，其他企業所得稅和個人所得稅，一律改為按統一比例由中央和地方分享的共享稅制。為取得改革認同和社會支持，仍然採取了此前曾經屢試不爽的「基數不變、增量分成」辦法，並對用途做出事先承諾。具體做法是，中央保證地方 2001 年實際所得稅收入基數，實行增量分成；中央因所得稅收入的共享制改革而增加的收入，全部用於對地方主要是中西部地區的一般性轉移支付；跨區域經營的企業集中繳納的所得稅中屬於地方分享的部分，依據相關因素在有關地區間分配。另外，金融保險營業稅收入以及證券交易印花稅收入，也在中央與地方間調整分享比例。2004 年起，按照出口品稅收的共享比例，建立了出口退稅支出上的中央和地方共同分擔機制等。

四是內在機制衝突致使技術性或治理性修補日復一日。體制特性所決定的各級政府之間事權不清、財力難以劃分，派生了分稅制的意願與共享制的趨勢之間的背離與衝突，以及中央與地方之間的妥協性漸進改革方式，使原本就錯綜複雜的財政體制經過多次反覆扭曲，變得很難在分稅制的基礎性制度建設上有所作為，而只能做一些幾乎令人眼花繚亂當然也殊為不易的技術性、治理性修補或改革，以及在財政管理體制上「精耕細作」(儘管這些治理性改革也是十分必要的)，基礎制度建設則往往徘徊不前以致捨本求末。如我國早在 1994 年就已經通過《中華人民共和國預演算法》，1995 年通過《中華人民共和國預演算法實施條例》，但至今財政預算制度仍然是深化改革的重點難點任務。如包括行政層級改革在內的分稅制基礎性體制改革至今無從破題；各級政府事權責任交叉，支出責任及轉移支付制度的科學性、公正性與效率性廣受關注甚至質疑；帶有「基數返還、增量分成」制度底色以及不斷增添的因素變量，中央與地方政府的預算編制、執行中人為裁量內容、談判博弈過程紛繁龐雜，與其客觀合理性距離甚遠等。

五是單一制主導下的分權體制界定了分稅制的有限性質。因國情體制因素，各級政府之間的事權支出責任本身很難劃分清楚。即使某一時期、某些領域做了相對明確的劃分，但各級政府以及政府各部門之間內在的職能交叉、責任不清，勢必導致財稅事權和支出責任的重新混淆，財政改革往往無所適從或只能擴大共享稅範圍。全面深化改革中正在進行的財稅改革，則將單一制主導的分權制與市場經濟取向的分稅制之間的體制衝突、機制悖論和改革困境暴露無遺。一方面着力推進中央和地方政府的事權與支出責任劃分，明確中央和地方財政事權及其共同事權，並對改革實施步驟做出具體安排[①]；另一方面，以全面推進營業稅改增值稅為標誌，共享稅範圍繼續擴大，主導地位更加鞏固，地方稅局最終與國家稅局「分久必合」、重歸一體。由此可見，分稅制財政體制的建立與完善，必須在減少財政層級進而分清各級政府的事權與支出責任、健全與各級政府事權與支出責任相匹配的主體稅種、以零基分稅簡化稅制設定和地區間財稅關係以及處理好一般預算與專項預算的關係進而建立科學合理的轉移支付制度等基礎性制度建設方面有所作為。否則，分稅制就只能遷就現狀、名不副實，繼續沿襲現行體制，在收入側分稅且共享稅佔主導地位，在支出側分成輔之以被扭曲了的各級政府間的財政預算安排和轉移支付制度。無論其技術性、治理性改革持續多久或搞得多麼複雜，終將權責難清、成效有限。

---

① 參見《國務院關於推進中央與地方財政事權和支出責任劃分改革的指導意見》（2016 年 8 月 16 日）。該指導意見對央、地財政事權和支出責任如何劃分提出了「誰的財政事權誰承擔支出責任」「適度加強中央的財政事權」「減少並規範中央與地方共同的財政事權」等重要原則，還對中央財政事權、地方財政事權、中央地方共同事權進行了劃分，並勾畫了分步推進相關改革路線圖和時間表，要求 2016 年先從國防、國家安全等領域開始，2017—2018 年推進到教育、醫療、環保、交通等領域，2019—2020 年基本完成主要領域改革，形成央、地財政事權和支出責任劃分的清晰框架。

自亞當・斯密提出公共財政概念[①]兩個多世紀以來，儘管理論與政策歧義甚多，但市場經濟體制下政府財政通過向社會提供公共產品以滿足社會的共同需要或對經濟運行進行適當的調節、建立公共財政制度則幾成共識。我國已提出「建立統一完整、法治規範、公開透明、運行高效，有利於優化資源配置、維護市場統一、促進社會公平、實現國家長治久安的可持續的現代財政制度」和重點改革任務。[②]這些任務的完成或目標的達成，將會是我國由統收統支的計劃財政體制經由財政包乾制繼而分稅制改革，最終過渡到社會主義市場經濟的公共財政制度的一場深刻變革。其間無論是「優化資源配置、維護市場統一」的經濟調節職能，還是「促進社會公平、實現國家長治久安」的公共服務功能，都涉及從財稅基礎制度到政府管理體制等一系列高難度改革選項，其任務艱巨、過程曲折和路途艱辛是不難想像的。

三、稅制變革及其經濟調節效應

稅收制度是一個國家或地區在一定的歷史時期根據經濟、社會和政治發展狀況，以法律、法規形式建立的各種稅收法規制度。我國經濟市場化改革推動稅制調整和變革，稅收制度對經濟社會活動的規制取向、調節效應和影響程度也隨之發生了深刻變化。

(一) 計劃型稅收體制及其更易

新中國成立之後，稅制多次變易，但其基本線索是適應經濟體制變革而進行適應性調整。大體說來，從 1950 年稅制建立到 1978 年改革開放以前，

---

① 公共財政理論的奠基人是 18 世紀英國經濟學家亞當・斯密。他在《國富論》中將政府財政的管理範圍和職能限定在公共安全、公共收入、公共服務、公共工程、公共機構、公債等範圍，基本確立了公共財政的理論框架。

②《深化財稅體制改革總體方案》(中共中央政治局 2014 年 6 月 30 日審議通過)。

我國稅制與計劃體制的建立和發展相適應，經歷了稅制的廢立、修改和簡並幾個階段。

為恢復國民經濟、鞏固新生政權，保證國家機器正常運轉，新中國成立初期，通過廢舊立新，統一了稅法和稅收政策，初步形成了以按產品或流轉額徵稅的貨物稅和營業稅，按所得額徵稅的所得稅為主體稅種、其他稅種為輔助稅種，在生產、銷售、所得、財產等環節進行課徵的統一的多稅種複合稅制，新中國的稅收制度由此建立。[①]

適應農業、手工業和資本主義工商業社會主義改造需要和「三大改造」後經濟結構和體制變化，國家對稅制進行了相應的修正或改革。其中 1953 年的修正稅制除基本保持原有稅負基礎、簡並稅收種類外，還「對公私企業區別對待、繁簡不同，對公私合營企業視國家控制的程度逐漸按國營企業待遇」[②]，將稅收作為促進三大改造、鞏固國營經濟主導地位的政策工具。三大改造基本完成後，國營和集體經濟比重佔 90% 以上，國營企業與集體企業成為納稅主體。適應經濟結構與徵納關係的變化，1958 年對稅制進行了一次較大的改革。主要是簡並稅收種類，將原來的商品流通稅、貨物稅、營業稅和印花稅合併，徵收工商統一稅，將所得稅從原工商業稅中獨立出來，徵收工商所得稅，並統一了農業稅；簡化納稅環節，對工農業產品實行從生產到流通兩次課徵制度，簡化了計稅價格與納稅手續及「中間產品」徵稅規定，調整了部分產品稅率。經過這次稅制改革，我國稅制結構由多稅種複合稅制轉變為以流轉稅為主體的稅制格局，稅收對經濟生活的調節作用逐步減弱。

經濟體制、經濟結構和稅收徵納關係的變化，推動着稅收制度繼續走向

---

① 1950 年 1 月，中央人民政府政務院發佈《全國稅政實施要則》《關於統一全國稅政的決定》《全國各級稅務機關暫行組織規程》。除農業稅外，全國徵收 14 種中央稅和地方稅，包括貨物稅、工商業稅、鹽稅、關稅、薪給報酬所得稅、存款利息所得稅、印花稅、遺產稅、交易稅、屠宰稅、地產稅、房產稅、特種消費行為稅、車船使用牌照稅等，其後有所增益。

② 當時將稅收簡併為商品流通稅、貨物稅、工商業稅、印花稅、鹽稅、關稅、牲畜交易稅、城市房地產稅、文化娛樂稅、車船使用牌照稅、屠宰稅、利息所得稅、農（牧）業稅、契稅等 14 種。1958 年稅制改革簡併為 9 種。

簡化。1973 年，我國又進行了一次稅制簡並改革。進一步簡並稅種，把企業原來繳納的工商統一稅及附加、城市房地產稅、車船使用牌照稅、屠宰稅以及鹽稅合併為工商稅；大幅度簡化稅目稅率，工商稅稅目由 108 個減為 44 個，稅率由 141 個減為 82 個；調整徵稅辦法，如取消中間產品稅，原則上按企業銷售收入計算徵稅，將部分稅收管理權限下放給地方等。[①] 經過這次稅制簡並，國營企業只需要繳納工商稅，集體企業只需要繳納工商稅和工商所得稅。其他如農業稅制基本保持穩定，城市房地產稅、車船使用牌照稅和屠宰稅，實際上只對個人徵收。稅收的功能進一步弱化、淡化，稅收對經濟的調節範圍大大收縮，作用減小。

從 1950 年建立新的稅制到 1978 年改革開放前，適應公有制經濟主導地位和計劃經濟體制形成與發展，稅種合併與簡化趨勢明顯。我國稅制也由建制初期的複合稅制，基本上轉變成為流轉稅為主體的單一稅制，稅收幾近喪失其經濟調節作用。

（二）經濟轉軌期的稅收轉制趨勢

適應改革開放需要和經濟結構變化，我國首先從涉外企業入手啟動稅制改革。出台了數部涉外企業所得稅法，恢復建立所得稅制[②]；除沿用經修訂後的工商統一稅等流轉稅外，涉外企業另繳納車船使用牌照稅和城市房地產稅。稅制改革從一開始，便朝着建立流轉稅、所得稅、財產稅、行為稅等大體完整的複合稅制方向回歸並進行市場適應性建制。

其次是推進農業稅制和國營企業「利改稅」改革。適應農村家庭承包制改革，農業稅實行起徵點、戶繳戶結、折徵代金等納稅方式，另外開徵農林

---

① 雖然此前也有一些小的變易，如受蘇聯「非稅論」影響、1959 年開展的「稅利合一」試點，1962 年開徵集市交易稅，1963 年調整工商所得稅等，但其影響都不及此次稅制簡並改革。

② 參見《中華人民共和國中外合資經營企業所得稅法》（1980 年 9 月 10 日）、《中華人民共和國個人所得稅法》（1980 年 9 月 10 日）和《中華人民共和國國外企業所得稅法》（1981 年 12 月 13 日）。幾部法律後經統一、合併和多次修訂。

特產稅、耕地佔用稅，並對契稅進行調整。1983 年起，對國營企業實行第一步「利改稅」，形成「稅利並存」模式;1984 年推出第二步「利改稅」改革，「稅利並存」模式逐步過渡到「以稅代利」制度；1987 年起稅利分流後，國家與企業的利潤分配格局趨向穩定。

再次是全面改革工商稅制。伴隨「利改稅」的推進，逐步規範流轉稅。將工商稅按照性質劃分為產品稅、增值稅、營業稅和鹽稅；開徵資源稅和所得稅，對原油、天然氣、煤炭等先行開徵資源稅[①]，對盈利的國營企業徵收所得稅，對國營大中型企業繳納所得稅後的利潤徵收調節稅；恢復和開徵財產稅，如房產稅、土地使用稅、車船使用稅和城市維護建設稅等地方稅種。

最後是改革關稅制度。隨着對外開放的逐步擴大，無論是國內建設和人民生活需要，還是宏觀調節與經濟安全考慮，完善關稅制度勢在必行。1980 年恢復對進出口貿易公司進口貨物徵收關稅，並對關稅稅率進行多次調整。1985 年開始全面修訂關稅稅則，規範關稅稅率的調整頻率與規模。1987 年成立國務院關稅稅則委員會，負責規制進口關稅並發揮關稅對內外部經濟的宏觀調節作用。到 1992 年底，我國關稅的算術平均稅率達 47.2%，經濟開放還可以大有作為。

此外，1982—1991 年間，適應經濟改革需要，包括應對兩個比重下降，國家還開徵了一系列稅種。涉及投資的如建築稅，固定資產投資方向調節稅；調節所得的有國營企業工資調節稅，國營企業、集體企業、事業單位獎金稅，城鄉個體工商戶所得稅，以及改工商所得稅為集體企業所得稅；與生產生活相關的如燒油特別稅、筵席稅等，並恢復徵收印花稅，在一些地區試徵增值稅等。這些稅種後來雖修廢不一，但其密集出台有解燃眉之急所需，也為此後的複合稅制體系建設進行了前期探索，打下了一定基礎。

---

① 1984 年 9 月 28 日，財政部發佈《資源稅若干問題的規定》，從 1984 年 10 月 1 日起，對原油、天然氣、煤炭等先行開徵資源稅，對金屬礦產品和其他非金屬礦產品暫緩徵收。

（三）市場初建期的複合稅制體系建設

社會主義市場經濟建制目標的確立，推動了與之相適應的財稅體制改革和複合稅制體系建設。1994 年的稅制改革，使我國稅收體系更加簡化，稅種結構趨於合理，徵管效率得以提高，稅收對國家財政收入的支撐作用和對宏觀經濟運行的調節功能大大增強，適應市場經濟體制初建期的複合稅收體系雛形初成。

第一，改革流轉稅制。實行內外資企業統一的增值稅、消費稅和營業稅，取消工商統一稅。對商品的生產、批發、零售和進口全面實行增值稅，價外計徵，基本稅率為 17%，低稅率為 13%，後來針對特定行業（如農產品、天然氣等）增設低檔稅率。對小型納稅人實行簡便徵稅辦法。對需要進行特殊調節的部分最終消費品交叉徵收消費稅，對不實行增值稅的勞務交易和第三產業徵收營業稅。

第二，改革所得稅制。從 1994 年起統一內資企業所得稅，實行 33% 的比例稅率，對部分微利企業增設 27% 和 18% 兩檔優惠稅率，擇機統一內外資企業所得稅；取消國營企業調節稅和國家預算調節基金，用稅法規範稅前列支項目和標準。簡並個人所得稅，將個人所得稅、個人收入調節稅和城鄉個體工商戶所得稅統一合併為個人所得稅；個人工資、薪金所得在月扣除額之外實行 5% ~ 45% 的超額累進稅率；個體工商戶的生產、經營所得實行 5% ~ 40% 的超額累進稅率。

第三，改革資源稅制。從 1994 年 1 月起，對開採應稅礦產品和鹽品的生產單位，實行「普遍徵收、級差調節」的新資源稅制。資源稅徵稅範圍擴大到所有礦產資源，按產品類別實行從量定額徵收辦法。統籌資源稅與流轉稅負擔結構，將部分原材料少徵的增值稅轉由資源稅徵收。調整城鎮土地使用稅。

第四，改革行為稅制。以房地產交易增值額為課稅對象，開徵土地增值稅；改革城市維護建設稅，以銷售收入為計稅依據，實行 0.5% ~ 1% 的幅度稅率，將外資企業納入徵稅範圍；改股票交易印花稅為證券交易稅，對買賣雙方各按 3‰ 的稅率徵稅，最高稅率可以上浮到 10‰。2000 年起，以車輛購置稅替代車輛購置費。

第五，改革或並廢若干稅種。包括調改農業特產稅，將原徵收產品稅的10個農林水產品稅目與原農林特產稅合併為農業特產稅，重新確定應稅項目、稅率及徵收辦法；下放屠宰稅等；取消或合併鹽稅、筵席稅、集市交易稅、牲畜交易稅、特別消費稅、燒油特別稅、獎金稅和工資調節稅；取消對外資企業和外國人徵收的城市房地產稅和車船使用牌照稅，統一徵收房產稅和車船使用稅並調整相關稅率。

第六，改革稅收徵管制度。自1994年稅制改革起，建立納稅申報制度；推行稅務代理制度；推進稅收徵管計算機化進程；建立嚴格的稅務稽核制度；適應分稅制需要，組建中央和地方兩套稅務機構等。

（四）市場深化與稅收治理改革

1994年稅制改革，是新中國建立以來規模最大、內容最豐富、影響也最大的一次稅制改革。這次改革不只是緩解了兩個比重下降的燃眉之急，更重要的是確立了適應社會主義市場經濟需要的稅收規範和複合稅收體系，並且與國際稅收慣例基本接軌，為開放型經濟發展提供了稅制條件。

稅收領域的基礎性制度建設基本完成之後，其治理維繫性改革遠遠沒有終止。經濟形勢和利益關係變化，推動或期待着稅收制度的調整與變革。除為應對經濟波動而配合宏觀需求管理政策適時採取結構性短期稅收政策外，自2003年起，以增值稅轉型和統一企業所得稅為重點，啟動了新一輪稅制改革並多有制度建樹。

一是完善流轉稅制，推行增值稅轉型、營業稅改增值稅和調整消費稅政策。1994年稅制改革因兩個比重下降明顯，增值稅採取了保障稅源稅收的生產型增值稅。[①] 這種增值稅制，對企業固定資產投資和技術改造更新有抑制作用。自

① 生產型增值稅指在徵收增值稅時，只能扣除屬於非固定資產項目的那部分生產資料的稅款，不允許扣除固定資產價值中所含有的稅款。該類型增值稅的徵稅對象大體上相當於國民生產總值，因此稱為生產型增值稅。

2004年7月起，先在東北地區的裝備製造業等八個行業，此後又擴大試點地區及行業，進行增值稅轉型改革試點，允許企業新購進機器設備所含的增值稅進項稅額予以抵扣。經過幾年的試驗，自2009年1月起，在全國所有地區和行業，全面將生產型增值稅轉為消費型增值稅。[①] 與此同時，消費稅稅目、稅率也進行了一些調整。[②] 為解決營業稅重複徵收問題，促進服務業發展，從2012年1月起，在上海交通運輸業和部分現代服務業開展營業稅改增值稅試點，至2013年8月逐步在全國開展「營改增」試點，此後陸續將廣播影視服務業、鐵路運輸和郵政服務業、建築業、房地產業、金融業、生活服務業全部納入改制範圍。至2016年5月，曾經作為我國流轉稅主體稅種之一的營業稅正式退出歷史舞台，中央與地方之間的財政分稅比例也因之做了相應的調整。[③]

二是深化所得稅改革，統一內外資企業所得稅和調整個人所得稅政策。改革開放初期，曾對外資企業實行包括所得稅在內的稅收優惠政策。1994年稅制改革統一了流轉稅，但內外資企業所得稅仍有較大差別。自2008年起，將企業所得稅法定稅率由33%降至25%，統一稅前扣除辦法、標準及稅收優惠政策，正式實施新的統一適用於內外資企業的所得稅法。兼顧稅收調節收入分配和稅負適度原則，先後多次修訂稅法，調整個人所得稅相關政策，包括提高個人所得稅起徵點、調整居民儲蓄存款利息所得稅等。

三是改革資源稅計徵辦法，由「從量定額」改為「從價定率」徵收。1994年稅制改革時，資源稅實行從量定額徵收辦法。此後因資源稀缺程度、市場供求關係和環境補償成本的變化，這種計稅徵收辦法已嚴重背離市場規

---

① 消費型增值稅指在徵收增值稅時，允許將固定資產價值中所含的稅款全部一次性扣除。這樣，就整個社會而言，生產資料都排除在徵稅範圍之外。該類型增值稅的徵稅對象僅相當於社會消費資料的價值，因此稱為消費型增值稅。

② 自2006年4月1日起，國家對消費稅稅目、稅率進行調整，其中稅目由原來的11個增至14個。

③ 2016年4月29日，國務院印發《全面推開營改增試點後調整中央與地方增值稅收入劃分過渡方案》，以配合稅制改革。主要內容是：以2014年為基數核定中央返還和地方上繳基數；所有行業企業繳納的增值稅均納入中央和地方共享範圍；中央分享增值稅的50%；地方按稅收繳納地分享增值稅的50%；中央上劃收入通過稅收返還方式劃給地方，確保地方既有財力不變；中央集中的收入增量通過均衡性轉移支付分配給地方，主要用於支持中西部地區發展。

律。[①] 經在新疆等地先行試點後，2011 年 11 月起，石油、天然氣在全國範圍內由從量定額徵收改為從價定率徵收，稅率定為 5%。2016 年 7 月起，通過清費立稅，擴大資源稅從價計徵範圍，全面推進礦產資源等資源稅改革。此外，2016 年 12 月，環境保護稅法通過，2018 年 1 月施行，將排污費「稅負平移」到環保稅，徵收對象包括大氣污染物、水污染物、固體廢物、噪聲等。水資源稅則仍以從量計徵開展試點，徵稅對象為江、河、湖泊（含水庫）等地表水和地下水，納稅人為直接取用地表水、地下水的單位和個人。截至 2017 年底，試點範圍已擴大到 10 個省（區、市），為全面開徵水資源稅積累經驗。

四是實行差別性消費稅，促進資源節約和環境保護。自 2015 年 2 月起，我國對電池、塗料徵收消費稅。該項消費稅在生產、委託加工和進口環節徵收，適用稅率均為 4%。對無汞原電池、金屬氫化物鎳蓄電池、鋰原電池、鋰離子蓄電池、太陽能電池、燃料電池和全釩液流電池免徵消費稅。對鉛蓄電池緩至 2016 年 1 月起按 4% 稅率徵收消費稅。對施工狀態下揮發性有機物（VOC）含量低於 420 克 / 升（含）的塗料免徵消費稅。

五是改革稅收徵管制度，稅務機構由國稅、地稅分別設立過渡到統一設置。適應 1994 年稅制改革，國稅、地稅分設徵管機構，其後對其履職盡責進行了一系列改進強化，包括 2015 年出台改革方案，推動徵管職責劃分、創新納稅服務機制、轉變徵收管理方式、深度參與國際合作、優化稅務組織體系、構建稅收共治格局等。[②] 隨着 2002 年企業所得稅分成改革尤其是 2006 年營業稅改增值稅，地稅機構徵稅職能大大收窄，國稅、地稅機構的權責職能交叉、失衡，徵稅成本高、效率低等問題日漸突出。2018 年 3 月，黨政機構改革方案決定合併國稅、地稅機構，自上而下統一設置國家稅務機構。此外，稅收法定化進程也陸續起步。[③]

---

① 以煤炭行業為例，1994 年稅制改革時，資源稅從量定額計徵，每噸原煤徵收資源稅 2～5 元、焦煤 8 元，煤業綜合稅負為每噸 3.5 元，而煤炭價格較當初稅制改革時已平均上漲 10 餘倍，最高時超過 20 倍。

② 參見 2015 年 12 月 24 日中辦、國辦發佈的《深化國稅、地稅徵管體制改革方案》。

③ 2017 年起，耕地佔用稅法、車輛購置稅法、資源稅法、稅收徵收管理法修訂稿等公開徵求意見，煙葉稅法和船舶噸稅法等進入立法程序。

（五）順應市場規律健全稅收調節功能

我國稅制由計劃經濟時期的單一稅制逐步轉變為適應市場經濟發展的複合稅制體系，是政府經濟調節與規制方式的重大體制性變革，發揮了支持財政治理、調節經濟運行和保障經濟社會發展的重要作用。但是，隨着市場經濟的深入發展和經濟社會結構的深刻變化，稅收來源結構和調節效應正在或已經發生一系列趨勢性變化，稅收結構性矛盾和體制性短板也逐步顯現出來，需要預作研判、適時適當應對。

近些年來，曾經支持國家稅收較長時間高速增長的傳統產業稅負壓力較大、稅收增速下降，資訊技術、商務服務和居民消費等新型稅源雖然相對穩定，但需要輕稅減費、扶持成長。面對國際社會減稅壓力，如何利用稅收工具推動傳統產業轉型升級和新型產業發展，也是稅制結構性改革的重要內容。另外，必須正視地區發展差異所導致的地方財力的嚴重分化。即使是新近推出的有利於服務業發展和經濟結構優化的稅制改革，總體上也是有利於發達地區的。新增稅收主要集中在東部沿海省份，尤其是少數優勢城市。部分地區的財政可持續性面臨挑戰。

我國新從低收入國家成長為上中等收入國家，稅收體系中結構性短板突出。直接稅比重偏低，有歷史因素和技術性難點，也有取向不明以致決策無所適從的問題。應當適應經濟發展階段和社會結構變動，以寬政裕民、平等共享為取向，積極而又審慎地推動居民收入及社會財富調節類稅制改革。

鑒於從業條件、生活成本、贍養負擔及稅收徵管方式等方面的差異，現行的個人所得稅制既無效率又不平等，應當盡快過渡到綜合與分類相結合的個人所得稅制，並適當提高稅基、降低稅率、簡化累進層級，以及加快個人申報與交叉稽核等稅收徵管技術平台和基礎性制度建設。

通常構成地方主體稅種的房產稅尚屬預案、若明若暗。其改革決策難定，無非是糾結於產權性質、免稅面積、納稅價格、稅率水準以及居民負稅能力與公平程度等。其實，可以考慮按照產權性質，將地產稅與房產稅區分開來，「大產權房」在一定時限（如 70 年）內只徵房產稅，以免徵的地產稅抵扣購房者已經一次性繳納的土地出讓金；「小產權房」既徵房產税也徵地產税［相當於大產權房的土地出讓金分期（如 70 年內）攤付］；鑒於城鄉土地產權性質和居民收入差距，農民宅基地上的自住房不徵地產税，也可以暫不徵房產税。關於免税面積，考慮到我國居民的房產情結、全面小康社會的居住期待，以及城鄉居民住房面積差距等因素，適當擴大免税面積或浮動範圍，而不是簡單地以現有或此前某個時點的城鎮居民平均住房面積為免税基數。至於納税價格、税率水準等，應當從低從輕，公平透明，使人民大眾輕税安居、樂於置業。因房產税的地税性質，可在税制統一基礎上賦予地方政府更多的自主權。

經濟社會發展和結構深度調整以及相應的税制結構性改革，直接税比重逐步提高漸成趨勢，也符合促進社會公平的居民收入分配和社會財富調節需要，但也潛藏着地區性結構失衡的可能。在居民收入水準和社會財富積累程度較高的東部地區，以及經濟發展、結構調整相對緩慢，居民收入及財富積累較低的其他地區，直接税對政府財力、發展潛力以及廣義的居民福利可能出現逆向調節或馬太效應。

面對經濟結構和税源結構變化所凸顯的税制短板和結構性矛盾，尤其是地區間財力與發展潛力的不平衡趨勢，除地區發展政策需做重要調整外，税制改革應從央地税收分享體制、轉移支付制度等方面早做預案。至少應當把當初照顧發達地區既得財力、目前在財政收入中已影響很小的基數返還制盡快改為零基分税制。分税因數以及相應的財政轉移支付方式也應當與時俱進，真實地反映並適度調整、平衡經由幾十年發展，地區之間在經濟、社會、財富、生態等方面已經發生的深刻變化和巨大差別。在此基礎上，推動中央與地方之間的事財權關係、財税體制以及運行機制等的規範化、法治化，減少不同地區之間的財力差異以及人們對現行財税體制的客觀性、公平性乃至法理性的疑慮。

第七章

經濟貨幣化和金融市場化

計劃體制本質上排斥商品貨幣關係的發展，金融抑制是其普遍現象。經濟市場化改革，體現為經濟貨幣化過程，也推動着金融市場化發展和制度建設。

一、經濟貨幣化與金融體制演化

農村家庭承包制的推行，使農戶生產剩餘得以進入市場交易並由市場決定價格，儘管最初的農副產品市場或許還只是農村集市貿易之類的原始市場形態。鄉鎮企業和個體私營經濟的興起，從「邊角餘料」處撕裂了生產要素價格管制和計劃配置的鐵幕，開始以市場機制配置資源，並且推動着城鄉生產要素價格的市場化改革，儘管其市場形態當初還屬於並非合法的「灰色市場」性質。當代中國經濟的貨幣化和金融市場化過程在城鄉市場、價格雙軌制的土壤中曲折地孕育和成長。

(一) 貨幣金融發展與體制調整

市場取向的經濟改革，推動了經濟貨幣化過程。1979—1992 間，我國真實國民生產總值（GNP）增長 2.31 倍，1992 年流通中的現金（M0）和廣義貨幣（M2）增至 1978 年的 20 倍。同期官方價格指數和自由市場價格指數只分別增長 1.25 倍和 1.41 倍，貨幣（M0、M2）流通速度也僅僅分階段下降一半左右，通貨膨脹率明顯小於貨幣增長率與真實 GNP 增長率之間的差額；廣義貨幣與 GNP 之比，從 1978 年的 0.32 增至 1985 年的 0.60，再增至 1992 年的 1.0 以上，呈單調遞增趨勢。社會金融資產總量迅速攀升。1978 年居民銀行存款為 260.6 億元，只佔 GNP 的 5.9%，國民儲蓄絕大部分來自中央政府。到 1992 年底，居民銀行存款總額達到 11 545 億元，佔當年 GNP 總量的 48% 左右，中央政府金融資產比重下降，居民、企業、金融機構和地方政府的金融資產逐步增加。[①] 社會金融資產結構的變化，推動着商品要素交易及貨幣金融市場的進一步活躍。即在改革開放之初，市場取向的改革從理論到實踐都還處在突破計劃體制、「摸着石頭過河」階段，帶有金融深化性質的經濟貨幣化過程，就已經因體制變革、市場活躍和經濟發展而隨之啟動，開始鍛造經濟市場化的金融基礎。

改革早期某種近似於線性軌跡的經濟貨幣化過程，是中國制度變遷的函數，折射着經濟改革和金融深化及其體制創新的進程與特性。經過 1979—1984 年間農村改革所推動的農業剩餘增長、鄉鎮企業與個體私營經濟興起、初級市場活躍以及經濟貨幣化速度加快之後，經濟改革的重點由農村轉向難點更多、難度更大的城市，我國貨幣供應和真實 GNP 增長速度開始波動不居，但直到 1992 年，平均增速較之於此前階段幾無變化。其間，1985—1989 年，貨幣流通速度有所下降，由此前 2 次的區間降到 1 次的區間；通貨膨脹率開始攀升，由最低年份（1986 年）的 6.5% 達到最高年份（1988 年）的 18.8%。這種情形一方面反映了改革開放頭幾年因農村家庭承包制改革和非國有企業快速興起，經濟貨幣化適時吸收了快速增長的貨幣供給，以及城市改革啟動後的多元經濟成長、商品市場繁榮、要素市場發育，促進了經濟貨幣化的逐步深化；另一方面，也表明在城市改革初期，市場重建相對複雜、商品交易及物流不暢、總供給與總需求結構失衡，以及體制轉軌摩擦如「價格闖關」對貨幣流通速度和通貨膨脹率的影響等。

經濟改革和經濟貨幣化發展推動了金融體制變革。改革開放前，人民銀行「政融、管辦不分」，既是負責金融管理的國家機關，又是從事存貸款、結算業務的金融組織。改革開放後，金融運行日益複雜化、專業化，貨幣政策和金融調控監管等中央銀行職能越來越重要。人民銀行陸續經歷了與財政部分設、與國家專業銀行分離的體制變革過程，計劃體制下人民銀行包攬一切金融業務的「大一統」金融體制逐步解體。1984 年 1 月起，中國人民銀行

---

① 易綱 . 中國的貨幣化進程 . 北京：商務印書館，2003：53、56、65. 其中 M0 指流通中的現金，在我國是指銀行體系之外流通着的現金；M2 是指銀行體系以外流通的現金與商業銀行體系各種存款的總和，是較為廣義的貨幣供應量。

專門行使中央銀行職能，負責金融宏觀管理，此前承擔的工商信貸和儲蓄業務由新設立的中國工商銀行專業經營。此後，國務院發佈行政法規，正式賦予中國人民銀行中央銀行地位，明確其貨幣政策、貨幣發行及金融監管等中央銀行職能，人民銀行職能和管理方式也進行了相應的改革或調整。[①]

（二）市場化改革與經濟貨幣化途徑

經濟貨幣化是中國市場化改革的重大特徵。雖然其前期經歷過亞洲金融風暴[②]的猛烈衝擊並為之做出國際擔當、付出重大代價，但與市場化改革相關聯的我國經濟貨幣化、金融深化及其體制創新之頻密度與深刻性仍舉世罕見。

改革開放以來，中國貨幣供應量開始攀升。平均每年新增貨幣，1981—1983 年為 400 多億元，1984—1989 年為 1 500 多億元，1990—1992 年為 5 000 多億元。1992 年經濟市場化改革正式啟動之後，貨幣供應量也隨之快速提升。其中 1993 年比 1992 年新增 9 400 多億元，環比增速為 38.8%，廣義貨幣供應量達到 34 879.3 億元。1992—2007 年間，我國 GDP 總量由 27 195 億元增長到 270 232 億元，增長了 9.94 倍，M2 年末數由 25 402.2 億元增長到 403 442.2 億元，增長了 15.88 倍；M2 與 GDP 的比率也由 0.943 5 增加到 1.517 8，提高了 37.84%。同期，GDP 平均增長率為 10.69%，通貨膨脹率平均為 5.29%。[③]

1992—2007 年間，在 M2 增速比 GDP 快五倍左右的貨幣環境中，GDP 增速仍比通貨膨脹率快過一倍，其間貨幣流通速度只下降一半左右。由於我

① 參見《中華人民共和國銀行管理暫行條例》（1986 年 1 月 7 日）。

② 亞洲金融風暴是指 1997—1998 年發生於亞洲新興市場國家和地區並迅速蔓延開來的一場金融危機。1997 年 7 月 2 日，泰銖貶值，亞洲金融風暴由此爆發，並席捲馬來西亞、新加坡、日本、韓國、中國等地，打破了亞洲持續多年的經濟高速發展態勢。亞洲一些經濟大國經濟蕭條，還有一些國家政局發生動盪。這場持續到 1998 年底的金融危機反映了世界各國的金融體系存在嚴重缺陷，包括許多曾經被人們認為是經過歷史發展選擇的比較成熟的金融體制和經濟運行方式。

③ 根據國家統計局歷年數據及測算而來。

國一直致力於防止貨幣本身導致經濟失調，因而通常以貨幣供應量為中間目標，保持貨幣流通速度基本穩定，每年的變化率都控制在 10% 以內，貨幣流通速度放慢的影響由此淡化。[①] 制度變革所推動的經濟貨幣化和金融深化，反過來又作為制度變革函數，與經濟改革和發展相互激勵。自 20 世紀 90 年代初社會主義市場經濟改革目標確立之後至 2007 年美國「次貸危機」[②] 進而全球金融風暴之前，這種現象表現得尤為典型。儘管不排除各領域間存在改革失衡、失序、失速等因素，但也並未發生許多轉軌制國家頻頻出現的通貨膨脹乃至惡性通脹，經濟貨幣化、市場化和金融深化途徑耐人尋味。

首先是這一時期商品價格改革基本完成，將過去人為地扭曲及壓低的產品計劃價格，轉變為體現真實生產成本和市場供求關係並由市場機制決定的商品價格。截止到 2006 年底，市場調節價在社會商品零售總額中佔 95.3%，在農產品收購總額中佔 97.1%，在生產資料銷售總額中佔 92.1%；政府指導價和政府定價的相應比重分別只佔 4.7%、2.9% 和 7.9%。商品價格改革或經濟貨幣化使相當一部分商品價格上漲數倍甚至更多倍數，需要並且也吸收了更多流動性。而治理性漸進改制，又使這種改革通常體現為較長時間的「溫和通脹」。

其次是城市土地使用制度的市場化改革推動了經濟貨幣化和金融深化，擠出和消化了快速增長的流動性。我國徵地制度及其徵地價格，固然在土地

---

① 貨幣流通速度是一個較為複雜的問題，既涉及狹義貨幣流通速度，又涉及廣義貨幣流通速度。改革開放以來，我國的貨幣流通速度，無論是狹義貨幣還是廣義貨幣，總體上都呈現穩定的下降趨勢。其中 1990—2010 年間，廣義貨幣流通速度由 1.22 次下降到 0.55 次，下降幅度為 54%。其原因也是多方面的，包括但不限於：經濟增長速度的影響，經濟貨幣化程度加深、利率管制及其對貨幣需求的拉動、經濟周期性波動變化、居民傳統儲蓄偏好，以及地區間經濟市場化與貨幣化程度的差異等。不過，隨着金融深化和金融工具創新的大量出現，金融機構可以通過電子交易系統，加快貨幣的區域轉換和時間轉換，流動資產的生息空間擴大，貨幣持有的機會成本增加，盡快將貨幣從貯藏手段轉化為支付手段便成為人們的選擇傾向，進而加快貨幣交易，因此也有加快貨幣流通速度的因素存在。

② 美國次貸危機（subprime crisis）也稱次級房貸危機、次債危機。它是指一場發生在美國，因次級抵押貸款機構破產、投資基金被迫關閉、股市劇烈震盪引起的金融風暴。它致使全球主要金融市場出現流動性不足危機。2006 年春季，美國次貸危機逐步顯現，2007 年 8 月開始席捲美國、歐盟和日本等世界主要金融市場。

一級市場或許並不需要過多的流動性以實現市場交易，但隨着城市用地制度改革，土地資源的稀缺性質決定了土地二級市場上價格攀升是不可避免的，尤其是城市政府對土地財政的持久依賴，使得計劃體制下不是商品、沒有價格的土地資源持續性地商品化、貨幣化，不可避免地擠出、吸收或佔用越來越多的流動性。

第三是資本市場的發育成長所推動的企業資產資本化、證券化，自然需要或佔用更多的流動性。1992 年，中國資本市場剛剛起步，總市值幾乎可以忽略不計。但到 2007 年，在經過 2005 年以來的股權分置改革、消化了國有股減持因素之後，經歷了一次牛市膨脹及其泡沫破裂過程。當年 10 月股市指數最高達到 6 124 點，市值達 35.54 萬億元。即使股市泡沫破裂，到年底上市公司總市值仍達 32.71 萬億元。而當年 GDP 為 27.02 萬億元，股市市值佔 GDP 的比例達到 121.06%。近乎從零起步、快速攀升至數十萬億元的交易所市場市值及其流通交易，也佔用或消化了大量的社會流動性。

第四是國有企業改革尤其是中小國有企業迅速推向市場，既增強了我國製造業生產能力和市場活力與競爭力，也推動或吸收了社會流動性。部分大中型國有企業為做大做強、建立現代企業制度，通過債轉股或資產管理公司剝離不良金融資產等直接消減銀行信貸資產，還通過股權多元化吸收非國有資本、消化社會流動性。更重要的是，為數眾多、分佈廣泛的中小型國有企業經由「抓大放小」改制，於 20 世紀 90 年代中後期疾風暴雨般轉變為非國有、非公有制企業，將改革開放以來積累起來的數額巨大的民間貨幣資本迅速轉化為民營產業資本，既鍛造了充滿生機與活力的微觀市場主體和企業經營機制，增強了經濟發展尤其是製造業發展的動力與活力，也極大地吸收了過剩的流動性，優化了社會資本構成。

第五是住房制度改革及其後的房地產業發展，持續地消化吸收了日益增長的貨幣投放或社會流動性。經濟發展和城鎮人口快速增加，傳統的住房供給制度難以為繼。為拓寬住房建設資金來源，同樣於 20 世紀 90 年代中後期，幾乎一夜間將新中國成立以來幾十年間投資建設起來的公有住房改制為私有住房，同時也將城鎮居民幾十年甚至幾代人積累的儲蓄資產轉化為個人住房資產，坊間微詞是「住房改革、口袋掏空」。城鎮住房制度改革，既轉化了城鎮居民儲蓄資產，推動個人住房信貸增加，也刺激了房地產業發展及其信用創造直至信貸依賴，成為刺激和消化貨幣投放或社會流動性的持久性機制。並且，住房制度改革還與國有企業改革等相關改革一起，共同遏制了 90 年代前中期急劇上升的通貨膨脹，實現了經濟「軟着陸」。或由於諸多方面過多地吸收流動性，作為內因的相關改革與亞洲金融風暴等外部因素一起，推動中國經濟由急劇攀升的通貨膨脹迅速轉變為持續數年的通貨緊縮，當然也為宏觀需求管理政策留下了有所作為的空間。

第六是金融改革與經濟改革不同步形成的體制摩擦，導致國民經濟運行和金融自身運轉需要較多的貨幣以致貨幣供應快速增加。長期的利率管制和低利率政策，推動着凡是可以獲得銀行貸款的企業或單位，盡可能地爭取較大數量、較長期限的低成本融資，進而持續推高貨幣需求。國有企業融資的「體制性便利」和「預算軟約束」，使得一部分企業推高槓桿，不僅降低了資金使用效率，而且較長時間甚至長期循環佔用銀行信貸資金，遲滯了貨幣流通速度，其他資金利用速率較低的公共單位也有類似情形。融資困難的中小企業尤其是非公有制企業不得不求助於民間信貸，形成體制外信用創造及其相應的儲蓄增加。由體制摩擦尤其是部分經濟主體的資金利用效率低下所促成的貨幣流通速度放緩，意味着保持國民經濟運行及穩定發展，客觀上需要並且佔用較多的貨幣供應量。

此外，經濟的開放性與全球化，國際相對價格水準、貿易和投資活動以及國際收支盈餘也影響着國內的社會流動性。改革開放後國家間尤其是中國與發達國家間的市場開始逐步對接，長期以計劃價格形式人為壓低的商品、服務及要素價格，逐步在國際貿易和投資過程中得到矯正，形成持續的輸入型通貨膨脹，助推國內價格改革，也派生了相應的貨幣需求或消化了一定數量的貨幣供給。由要素價格相對低廉所形成的比較優勢，提升了我國商品的國際競爭力，使我國在較長時期保持了經常賬戶的大量盈餘，加之吸引外資的鼓勵政策，資本賬戶盈餘也一直居高不下。而當初的強制結售匯制度，使經常賬戶和資本賬戶的雙盈餘直接轉化成為基礎貨幣投放，形成外匯佔款，成為基礎貨幣供應的重要管道直至主要管道，甚或引致通貨膨脹，就連貨幣當局也曾憂慮由此而喪失貨幣政策的內生性或自主性而採取相應的對沖措施。當然這從一個側面反映了對外開放對我國經濟市場化和金融深化的巨大推動作用。

二、金融發展和金融體系創新

或許我們無從以功能函數及其建模形式將這一時期經濟市場化、貨幣化、金融深化的相互關係和因素貢獻精準地反映出來，但在 1992—2007 年間，中國經濟的市場化變革創造了鮮活生動而又錯綜複雜的金融發展及制度創新的歷史活劇。

(一) 金融改革起步與機構體系建設

改革開放伊始，人民銀行一統格局逐步打破，各類金融機構發展起來。1979 年起，陸續恢復或分設中國農業銀行、中國銀行、中國人民建設銀行[①]和中國工商銀行，形成國家專業銀行體系，實行業務交叉經營和相互競爭，即所謂「工行下鄉、農行進城、中行上岸、建行進廠」。多家股份制銀行及保險公司、證券公司、期貨公司等非銀行金融機構也相繼成立。1994 年起，政策性金融與商業性金融分離，成立了國家開發銀行、中國進出口銀行和農業發展銀行三家政策性銀行。國家專業銀行逐步轉制為商業銀行，形成以商業銀行為主體、多種金融機構分工協作的金融機構體系。到 2007 年末，包括政策性銀行、商業銀行、郵政儲蓄銀行、農村合作銀行、城鄉信用社、信託投資公司、企業集團財務公司、金融租賃公司、貨幣經紀公司、汽車金融公司、金融資產管理公司以及外資金融機構在內，全國共有銀行業和非銀行業

---

① 中國人民建設銀行成立於 1954 年 10 月 1 日，1996 年 3 月 26 日更名為中國建設銀行。

金融法人機構 8 877 家；各類證券投資公司 106 家，證券投資諮詢機構 101 家，境外證券經營機構 68 家;保險公司 110 家，保險集團（控股）公司 8 家，再保險公司 6 家，保險資產管理公司 10 家；各類基金公司 59 家，期貨經紀公司 117 家。

國家專業銀行的商業化改革，是金融機構體系的基礎性制度建設。社會主義市場經濟發展建制，迫切需要國家專業銀行解決歷史包袱，成長為現代金融業市場主體。2003 年 9 月，通過國家注資、處置不良資產、設立股份公司、引進戰略投資者、擇機上市等步驟，按照「一行一策」原則，對已經初步轉軌的國有商業銀行實施股份制改革，建立規範的公司治理結構，向產權清晰、資本充足、運營安全、服務與效益良好並具有國際競爭力的現代商業銀行轉變。適應國家注資，成立中央匯金投資有限責任公司，代表國家對試點銀行行使出資人職能。設立獨立的資產管理公司，按市場化模式剝離、處置不良資產。按照現代股份制商業銀行標準開展公司治理和內控指引，進行股份制、公司制改造。堅持國家絕對控股和競爭擇優原則，引進戰略投資者，發揮其在完善公司治理和業務技術合作方面的優勢。靈活選擇發行 H 股和 A 股推動公開上市，對內部治理、監督管理及財稅政策等進行適應性調整。中央匯金投資有限責任公司分別向中國銀行、中國建設銀行、交通銀行和中國工商銀行注入資本金，四家銀行相繼完成股份制改造並公開上市。

四大國有商業銀行改制完成，其自身在公司治理結構、資本充足率、資產質量及盈利能力、經營管理水準、市場競爭實力等方面得到改善[①]，也推動着其他類型的商業銀行按照現代金融企業模式深化改革。其中光大銀行獲得中央匯金投資有限公司 200 億美元的等值人民幣資本金注入，推動銀行重組改制；國家開發銀行也獲得等額注資，促使該政策性銀行按照自主經營、自擔風險要求全面推行商業化運作，並為中國進出口銀行、中國農業發展銀行

---

① 經過股份制、市場化改革，國有商業銀行擺脱了困擾多時的「技術性破產」困境，經營狀況逐步改善。截至 2007 年末，工商銀行、中國銀行、建設銀行和交通銀行的資本充足率分別達到 13.09%、13.34%、12.58% 和 14.44%；淨利潤分別為 827.24 億元、678.05 億元、691.42 億元和 202.74 億元；不良貸款率分別下降至 2.47%、3.12%、2.60% 和 2.05%。

的功能定位、運營機制和改革模式提供了示範。其他新成立的銀行類及非銀行類金融機構，一律按商業機構定位和市場機制運行。農村信用社按照市場化原則建立法人治理結構，轉換經營機制，處理歷史包袱，變革產權制度、組織模式和管理體制。[①] 我國金融體系的微觀基礎發生了根本性轉變，市場起決定作用的金融機構體系初步建立起來。

（二）金融市場體系發育與成長

經濟貨幣化、金融深化和金融機構體系建設，推動着金融市場體系的發育、規範和創新發展，多層次多功能的金融市場體系逐步建立和成長起來。

1985 年起，人民銀行開始改變其對各金融機構實施的統攬信貸資金、按計劃指標投放的行政性直接管理做法，與專業銀行的信貸資金分開，在全國實行「統一計劃，劃分資金，實貸實存，相互融通」，既為專業銀行向商業性金融企業轉型，也為貨幣市場發育和自身啟用間接調控工具破題鋪路、創造條件。1986 年起，我國銀行間拆借市場啟動。後經過十餘年發展，形成全國統一的同業拆借市場。至 2007 年 7 月人民銀行發佈實施《同業拆借管理辦法》時，全國銀行間同業拆借市場成員已達 700 餘家，覆蓋 16 類金融機構，市場交易規模近 11 萬億元。

銀行間債券市場始建於 1996 年，十餘年間一枝獨秀。債券發行由 1997 年的 0.2 萬億元增長到 2007 年的 3.9 萬億元，佔債券市場發行總量的 95.77%，年均增速達 37.95%。其他債券雖然發行額不大，但品種創新迅速。除發行政策性金融債券外，陸續推出一般性金融債券、商業銀行次級債券、商業銀行混合資本債券等金融機構債券工具；恢復或推出了短期融資券、中期票據等非金融企業債務融資工具；開展了信貸資產證券化試點，推出了債券遠期交易、利率互換交易等金融市場風險管理工具。做市商制度、貨幣經

① 2003 年 6 月在浙江等 8 個省（直轄市）先行試點農村信用社改革，次年 8 月擴大試點，2006 年底在全國範圍推開，同時在吉林等 6 個省（自治區）啟動設立村鎮銀行、貸款公司和農村基金互助社試點，2007 年 10 月擴大到全國 31 個省份。

紀制度、債券結算代理制度、資訊披露和評級制度等市場基礎性制度相繼建立。交易所市場的債券品種和交易規模增長，交易方式和市場規則逐步健全。機構投資者數量增加，到 2007 年底已達 7 095 家。國際債券融資也有所發展。

貴金屬市場從無到有，黃金業步入市場化軌道。2001 年 4 月，中國人民銀行宣佈取消黃金統購統配的計劃管理體制，黃金開始入市交易。2002 年 10 月，上海黃金交易所開業，場內場外推出眾多黃金產品，為投資者和黃金生產與使用企業提供了投資管道、產銷市場和避險工具。2007 年 6 月，上海黃金交易所引入外資銀行在華經營機構會員，推動黃金市場對外開放。

適應開放型經濟發展需要，開始改革計劃經濟時期的外匯管制制度。1979 年實行外匯留成辦法。次年中國銀行開辦外匯調節業務，調劑外匯額度，形成人民幣官方匯率之外的市場匯率，外匯市場開始萌芽。1994 年起，取消外匯收支指令性計劃和外匯留成與上繳，實施銀行結售匯制度，人民幣官方匯率與市場匯率並軌，人民幣經常項目實現有條件可兑換。成立中國（上海）外匯交易中心，培育銀行間外匯市場，推進人民幣匯率形成機制改革。2015 年 7 月起，允許符合條件的非銀行金融機構和非金融性企業入市，引入美元做市商制度，初步形成以外匯零售與銀行間批發市場相結合，競價與詢價交易方式相補充，覆蓋即期、遠期和掉期等類型交易工具的外匯市場體系，實行以市場供求為基礎、參考一籃子貨幣進行調節、有管理的浮動匯率制度。

多年來，我國資本市場近乎複製了一部新中國經濟史，經歷了由計劃到市場，並仍處在尚未完成的轉軌過程之中。基礎性市場曾經歷過由「放亂」到「管死」、交易所市場優先發展而市場結構倒置、中小企業板和創業板不死不活等曲折發展之路，實體經濟證券化和中小企業融資艱難年深日久。進入 21 世紀，資本市場改革有所起色。上市公司股權分置改革基本完成，資本市場交易品種和市場類型也日漸豐富。新的市場板塊陸續推出，國有保險公司治理改革完成，保險業市場發展起來。多層次資本市場體系初具雛形。

(三) 金融調控體系框架初成

經濟市場化改革和金融深化變革，推動着以間接調控為主的現代金融體系建設，對維護國民經濟總量平衡、促進經濟持續穩定發展發揮着重要作用。

貨幣政策目標逐步明確。計劃體制下本無貨幣政策目標之説，直到 20 世紀 90 年代初期，我國才逐步形成「穩定貨幣、發展經濟」的雙重貨幣政策目標並得到政策和法律上的確認。[①] 貨幣政策目標引入之初，我國將信貸總規模和現金發行量作為貨幣政策的仲介目標。自 1994 年起，人民銀行逐步縮小信貸規模控制範圍，引入公開市場操作。1996 年起，人民銀行正式將貨幣供應量作為仲介目標，開始公佈 M0（流通中的現金）、M1（狹義貨幣）和 M2（廣義貨幣）三個層次的貨幣供應量指標。

貨幣政策調控由直接數量型向間接數量型轉變。改革開放初期，人民銀行對各金融機構實行帶有行政干預性質的信貸總量與信貸結構管理。1998 年起，人民銀行取消了對國有商業銀行的貸款規模控制和指令性貸款計劃管理，貨幣政策仲介目標開始轉向貨幣供應量。基礎貨幣數量根據年末貨幣供應量和經濟運行趨勢確定，貨幣政策調控由直接數量向間接數量轉變。為應對外匯體制改革後銀行結售匯制度造成的外匯佔款進而基礎貨幣供應大量增加，人民銀行通過回收對國有商業銀行的再貸款進行對沖操作，調控基礎貨幣供應。因經濟、金融改革需要，中央銀行再貸款也用於增加農村信用社流動性、對金融機構提供專項政策性扶持，以及處置城市信用社等高風險金融機構改革風險。

利率市場化改革破題啟動。我國利率政策最初主要是盯住物價上漲幅度進行相應的調整，以穩定銀行存款、調節企業資金需求和抑制通貨膨脹。1993 年以後，利率市場化改革方向與次序確定，即先放開貨幣市場利率和債券市場利率，再逐步推進存貸款利率的市場化。銀行間同業拆借市場利率

---

① 參見《中華人民共和國銀行管理暫行條例》（1986 年 1 月 7 日）、《國務院關於金融體制改革的決定》（1993 年 12 月 25 日）、《中華人民共和國中國人民銀行法》（1995 年 3 月 18 日通過，2003 年 12 月 27 日修正）。

和債券市場利率先行放開。1995 年後，人民銀行通過適度擴大金融機構存貸款利率浮動幅度和下放利率浮動權等形式，改革利率管理體制。按照「先外幣、後本幣，先貸款、後存款，先長期大額、後短期小額」的順序，逐步推進本外幣存貸款利率市場化改革。2004 年 10 月 29 日，人民銀行決定放開除城鄉信用社以外的所有金融機構的人民幣貸款利率上限，規定人民幣貸款利率下限為基準利率的 90%，推動金融機構提升定價能力、覆蓋風險溢價；對金融機構人民幣存款利率實行「放開下限、管住上限」，促進金融機構加強主動負債管理。2007 年 1 月 4 日，上海銀行間同業拆放利率（Shibor）[①] 正式運行，中國貨幣市場基準利率形成機制從此起步。此外，人民銀行還推出了優化準備金存款利率結構、建立再貸款（再貼現）浮息制度和調整郵政儲蓄轉存款利率等項改革。

創新數量型政策工具。為保證支付安全和調節貨幣供應，1984 年人民銀行即已建立存款準備金制度，並通過適時調高存款準備金率應對 80 年代中後期的經濟過熱和物價快速上漲。針對當時國有商業銀行普遍存在備付金過低、支付拮据現象，人民銀行於 1989 年規定國有商業銀行在存款準備金之外保持 5% ~ 7% 的備付金。到 1998 年 3 月，適應中央銀行調控管理、健全支付清算功能和金融機構自主經營需要，人民銀行將準備金和備付金賬戶按法人合併為統一的「準備金存款」賬戶，並相應調整準備金率；超額準備金數量及分佈由金融機構自行確定。2002 年以後，為對沖外匯佔款造成的流動性過量投放，人民銀行除收回部分再貸款進行調節外，開始通過提高存款準備金率對沖銀行體系的過剩流動性。2004 年 4 月 26 日起，人民銀行根據資本充足率和資產質量等指標創設差別存款準備金制度，傳導貨幣政策取向和金融監管目標，促進金融機構健全機制、合規經營。人民銀行還對農村金融機

---

① 上海銀行間同業拆放利率（Shanghai Interbank Offered Rate，Shibor），是由信用等級較高的銀行組成報價團自主報出的人民幣同業拆出利率計算確定的算術平均利率（單利、無擔保、批發性利率）。中國人民銀行 Shibor 工作小組依據《上海銀行間同業拆放利率（Shibor）實施準則》確定和調整報價銀行團成員，監督和管理 Shibor 運行、規範報價行、指定發佈人行為。全國銀行間同業拆借中心授權 Shibor 報價計算和信息發佈。自 2007 年 1 月 4 日正式運行以來，Shibor 促進了貨幣市場的快速發展。當年銀行間市場交易總量達 71.3 萬億元。

構實行相對較低的存款準備金率，支持農業農村發展。

建立公開市場調節機制。1995 年末，人民銀行開始規範再貼現業務操作，將再貼現納入貨幣政策工具體系，並於 1998 年推出貼現利率及其生成機制改革和延展再貼現最長期限等項政策。同年 5 月，人民銀行恢復了此前曾一度開辦的國債公開市場業務，拓寬其交易工具範圍。2003 年 4 月起，人民銀行將發行央行票據作為調控基礎貨幣的新的政策工具。在保持央行票據市場化發行基礎上，人民銀行還針對部分貸款增長過快、流動性相對寬裕的金融機構定向發行央行票據，以收回部分流動性並予以調控示警，抑制信貸過快擴張。此外，適應經濟發展態勢和國家產業政策，適時調整貨幣政策，創立政策引導、視窗指導和宏觀政策協調機制等。中央銀行進行數量型調控的貨幣政策工具和公開市場業務日漸豐富。

（四）金融監管體系創立與發展

隨着金融深化和金融機構、市場及調控體系建立與發展，健全金融監管體制，推動金融創新開放，成為優化金融服務、維護金融體系穩定的重要環節。

確立中央銀行地位與管理體制。在計劃性金融體系中，人民銀行既是負責金融管理的國家機關，又是從事存貸款、結算等金融業務的經濟組織。自 1984 年 1 月人民銀行專門行使中央銀行職能起，其後的政策法規逐步明確其中央銀行職能和法定地位，賦予其制定和執行貨幣政策、防範和化解金融風險、維護金融穩定以及反洗錢和管理徵信業等職能。[①] 中央銀行組織體系實行垂直管理，強化其貨幣政策和金融監管職能的獨立性。自 1998 年起，人民銀行不再按行政區域設立分支機構，改行跨行政區域設立分支機構的管理體

① 參見《中華人民共和國銀行管理暫行條例》（1986 年 1 月 27 日）、《國務院關於金融體制改革的決定》（1993 年 12 月 25 日）、《中華人民共和國中國人民銀行法》（1995 年 3 月 18 日通過，2003 年 12 月 27 日修正）。

制。[①]2005 年 8 月，設立中國人民銀行上海總部，在總行領導和授權下開展央行相關金融業務，中央銀行的決策與運行更加貼近金融市場。

分設銀行、證券、保險業監管機構。我國金融業監管最初由人民銀行負責。隨着金融深化和市場發展，金融體系實行銀行業、證券業、信託業、保險業分業經營、分業管理。1992 年 10 月，國務院證券委員會和中國證券監督管理委員會成立，與中國人民銀行共同監管證券業。1997 年 11 月，人民銀行將其監管的證券經營機構移交給中國證監會統一監管。次年 11 月，人民銀行的保險業監管職能移交給新設立的中國保險業監督管理委員會。2003 年後，人民銀行的銀行業監管職能移交給新設立的中國銀行業監督管理委員會。至此，中國金融業「一行三會」監管體制正式形成。

建立金融業監管協調機制。進入 21 世紀後，國內金融業綜合經營趨勢明顯。健全監管職能、防範金融風險，建立跨行業、跨市場並適應國際金融監管合作需要的金融監管協調機制勢在必行。「一行三會」開始建立多種形式的金融監管協調機制。2004 年 6 月，銀監會、證監會、保監會建立監管聯席會議機制，簽署《金融監管分工合作備忘錄》。2008 年 1 月，銀監會和保監會簽署《關於加強銀保深層次合作和跨境監管合作諒解備忘錄》。同年 7 月，國務院賦予人民銀行與金融監管部門統籌協調，會同金融監管部門制定金融控股公司監管規則和交叉型金融業務標準、規範等項職責，強化央行的金融監管協調職能。

三、全球金融危機後的國內金融變局

緣起於 2007 年美國次貸危機的全球金融風暴，破壞力大、持久力強，各國經濟深受其害，我國經濟也受到巨大衝擊。國內需求管理和金融政策進行

---

① 總行下設 9 個分行、2 個營業部、326 個支行和 1 827 個縣（市、旗）支行。9 個分行分別為天津分行、瀋陽分行、上海分行、南京分行、濟南分行、武漢分行、廣州分行、成都分行、西安分行。

應對性調整，流動性投放及槓桿攀升，金融業態與盈利機制發生新的變化，互聯網金融迅速發展並產生深刻的體制性效應。

(一) 金融政策調整與經濟趨勢性變化

2008 年上半年，國家宏觀層面還在實施緊縮政策，抑制經濟過熱。金融危機來臨之後，外貿出口急劇萎縮，就業壓力驟然升高，人民幣升值壓力加大，經濟增速從 2008 年一季度的 10.6% 一路下滑至 2009 年一季度的 6.1%。長期以來較多地參照西方尤其是美國模式進行的金融改革，在金融危機後警鐘響起，陷入質疑與彷徨境地。

面對金融危機的衝擊，中國政府迅速出台了一攬子經濟刺激計劃。除投資、財稅刺激政策[①]，十大產業振興計劃[②]，以及促進城鄉居民消費，鼓勵對外貿易發展和完善社會保障體系等項政策外，還及時將適度從緊的貨幣政策調整為相對寬鬆的貨幣政策。一是調減公開市場對衝力度。從 2008 年 7 月起，相繼停發三年期中央銀行票據，減少一年期和三個月期的中央銀行票據發行頻率，引導其利率適當下行，改善流動性供應。二是下調基準利率和準備金率，增加貨幣供給。2008 年 9—11 月，連續四次下調基準利率、三次下調存款準備金率，擴大貨幣供給，拉動投資和消費。三是實行居民住房貸款優惠政策。2008 年 10 月 27 日起對居民首套住房貸款實施七折優惠，鼓勵內需並穩定國家財政收入。四是放寬社會信貸限制。取消對商業銀行的信貸計劃約束，鼓勵金融機構對災區重建、「三農」發展和中小企業貸款。五是開展國際

---

① 應對金融危機也推動了財稅相關領域的政策調整和體制改革。2008 年實施的稅費減免措施包括實施企業所得稅新稅法、提高個人所得稅工薪所得扣除費用標準、降低住房交易環節稅收負擔、多次調高部分產品出口退稅率、取消和降低部分產品出口關稅、下調證券交易印花稅稅率並改為單邊徵收等。在此基礎上，2009 年又全面實施增值稅轉型改革、取消和停徵 100 項行政事業性收費等。

② 十大產業振興規劃，是指為應對國際金融危機對中國實體經濟的影響，根據國務院部署，由國家發展改革委與工業和信息化部，會同國務院有關部門編制的鋼鐵、汽車、船舶、石化、紡織、輕工、有色金屬、裝備製造業、電子信息以及物流十個重點產業的調整和振興規劃，旨在應對國際金融危機衝擊，達成保增長、擴內需、調結構的政策目標。

金融合作。開啟中日韓等國之間的貨幣互換，共同減輕和防範國際金融危機的衝擊。

積極的財政政策、寬鬆的貨幣政策及產業與社會政策的綜合運用，使經濟急速下滑的趨勢得到抑制，經濟運行築底回升。但也從這一時期開始，中國經濟由改革開放以來的持續高速增長進入中高速增長或新常態發展階段。我國 GDP 平均增長率由 1992—2007 年的 10.69%，下降為 2008—2017 年的 8.27%，近幾年則進一步下降到 7% 以下。金融形態、金融結構、金融治理乃至國民經濟與社會發展都發生了深刻變化。

（二）流動性快速投放與槓桿分佈特點

為應對全球金融危機，各國政府紛紛在私人部門去槓桿、緩解風險壓力，在政府部門加槓桿（如「量化寬鬆」政策）[①]、對沖經濟下滑。我國因體制和結構性因素，貨幣供應量快速推高，部門間槓桿嚴重失衡，實體經濟部門主要是國有企業槓桿去化艱難甚至長期陷於槓桿依賴的泥沼之中。

為緩解金融危機對國內經濟的衝擊，我國政府除推出財政刺激計劃外，也實行了擴張性的貨幣政策，廣義貨幣供應量快速增加。2008—2017 年間，GDP 增長了 1.33 倍；M2 由 30.89 萬億元增長到 167.68 萬億元，增長了 4.43 倍；金融相關度（M2/GDP）由 0.97 提高到 2.25。准貨幣供應量和金融相關度的增速均達到 GDP 增速的兩倍以上，推動了企業、政府和居民部門槓桿率的明顯提高。即使近年來槓桿去化取得了一定進展，但全社會總體槓桿率（總債務除以 GDP）仍然一路攀升，2017 年接近 250%。從國際比較看，這一數字略高於全球平均 246% 的債務槓桿率，略低於發達國家平均 279% 的槓桿率。從國別比較看，中國的債務槓桿率與美國接近，但低於日本、希臘、

---

① 量化寬鬆（quantitative easing，QE）主要是指中央銀行在實行零利率或近似零利率政策後，通過購買國債等中長期債券，增加基礎貨幣供給，向市場注入大量流動性以刺激經濟復甦的干預方式。

西班牙等深受債務問題困擾的國家。[①]

在非金融部門，政府部門和家庭部門槓桿率較低，非金融企業槓桿率較高。2016 年底，我國中央政府與地方政府的槓桿率分別為 16% 和 30%，地方政府的槓桿率約為中央政府槓桿率的兩倍。到 2017 年 6 月底，我國政府部門的槓桿率上升為 45.7%，但與發達國家總體水準（108.6%）還有較大差別。家庭部門的槓桿率為 46.8%，在全球範圍內屬於較低水準。其中農村家庭部門槓桿率低，城市家庭部門、中青年家庭槓桿率高，並依一、二、三、四線城市遞減；東部省份家庭部門槓桿率較高，中西部省份家庭部門槓桿率相對較低。我國非金融企業的槓桿率較高，達 163.4%，是同期美國（73.3%）的兩倍多、英國（81.8%）的近兩倍。非金融企業中，國有企業槓桿率較高，民營企業槓桿率較低；大中型國有企業、非上市大中型企業、房地產企業以及低效率企業槓桿率較高，高效率企業、高科技企業和中小企業槓桿率較低；上游資源型企業槓桿率上升，下游製造類企業槓桿率相對穩定。

國有企業槓桿依賴嚴重是非金融企業槓桿因素的特徵性現象。儘管近些年來去槓桿、減負債是國有企業改革的重要任務，但到 2017 年末，中央企業平均資產負債率仍達 66.3%。[②] 國有企業槓桿率居高不下、過度依賴，主要是體制性原因。

首先是國有企業預算軟約束容易造成債務累積。企業經營決策易受需求管理政策左右，尤其是在經濟下行壓力大、穩定增長成為政策重心時，大批高槓桿新項目上馬；國有企業對資金成本變化不敏感，舉借債務時，除考慮成本因素外，還考慮維持就業、落實產業政策等；一些高槓桿投資項目經營效率較低，債務償還速度較慢乃至借新還舊或出現債務違約；部分長期依賴槓桿維持運營的「僵屍企業」難以出清，高槓桿難以去化。

---

① 國內數據根據歷年統計數據測算而來；國際數據來源於國際清算銀行（BIS）的統計數據。

② 國資委數據顯示，2017 年末中央企業平均資產負債率為 66.3%，規模以上工業企業資產負債率為 55.5%。從財政部公佈的數據看，截至 2018 年一季度末，國有企業資產總額為 1 640 767.8 億元，同比增長 9.6%；負債總額為 1 065 725 億元，同比增長 8.7%；按此計算最新的國有企業負債率為 65%，仍處於高位。

其次是投資准入障礙和經營體制僵化，使處於產業鏈上中游行業，資本密集程度較高的鐵路、電網、電信等網絡類企業，礦藏勘探、開採企業以及鋼鐵、水泥、煤炭、化工等國有大中型企業，前期投資負債率高，生產經營流動性需求大，社會資本又難以參與，只能依賴高槓桿負債經營。此外，社會各類型債務融資中，金融機構等債權人更為青睞有政府間接甚或直接信用兜底的國有企業。相對於民營企業、中小企業，國有企業具有過度融資的體制便利。

最後，國有企業的職能特性使部分企業難以規避政府投融資干預，在地方政府的城投公司中表現得尤為突出。迫於經濟建設和財政支出壓力，地方政府普遍通過組建城投公司，規避相關法律對其直接舉債的限制，擴大基礎設施建設和公共服務領域投融資規模。即使在產能過剩、盈利低迷、企業加槓桿意願弱化的市場環境下，為穩定經濟增長或緩解就業壓力，各地方政府仍然在加大投資、擴張信貸，甚至輸血「僵屍企業」。國有企業盈利惡化進而槓桿率持續攀升、居高不下、難以去化，便成為必然現象。

(三) 金融業態與盈利機制變化

全球金融風暴後，金融業發展出現了新的態勢。金融資產增速加快，槓桿資金來源變化，資管產品迅速擴張，混業經營迂迴發展，通道業務等制度套利行為暢行，金融監管面臨複雜局面。

金融業總資產的典型現象是其增長率遠遠超過 GDP 增速，非銀行金融機構增長更快。在銀行業中，風險偏好較高的中小型商業銀行總資產在銀行業總資產中的佔比快速提高，大型商業銀行總資產佔比則明顯降低。在槓桿推升中，非銀行金融機構的槓桿率比銀行業更高；中小型商業銀行槓桿率比大型商業銀行更高。

金融資產及其結構變動，使非金融部門的槓桿資金來源相應地發生了較大變化。銀行信貸資金佔比下降，非銀行金融機構信貸資金佔比提高且槓桿提高速度整體高於銀行業。非銀行金融機構流入非金融部門的信貸資金部分經由多層嵌套、迂迴借道甚或違規流入「兩高一剩」行業[①]以及房地產領域；中小型商業銀行同業存單擴表明顯，資產量、槓桿率快速推升，明顯高於大型商業銀行。這種金融結構和信貸資金來源的變化，使金融部門和非金融部門都捲入槓桿升速快、透明度低、風險性大的市場漩渦。這也表明，槓桿去化必須採取有針對性和結構性的措施。

利率市場化改革固然攤薄了商業銀行等金融機構的利息收入，但與加槓桿伴隨着的信用創造，增大了金融機構的資產規模以及相應的資產收入，金融機構受益於也樂此不疲於槓桿追加，並將槓桿滲透到實業、股權投資、證券市場以及房地產投資等各個領域。一些投資工具也被改造成槓桿產品，其中最典型的是各類金融機構的資產管理產品。2017 年中，銀行理財、基金公司、證券公司、保險公司、信託公司、期貨公司以及私募基金七大資產管理板塊管理的資產規模合計已近 120 萬億元，其中有交叉統計因素，但資產管理產品規模快速增長、業務體量扶搖而上則是不爭的事實。其中銀行理財資產管理規模佔比最高，估計將近 30%。

本來，隨着收入增長和財富積累，居民投資理財意識和需求會逐步增強。但因金融改革失速，社會投資管道極其有限，居民財富管理向資管產品集中，資產管理行業迅速興起有其內在原因和深厚基礎。利息收入走薄和「資產荒」出現，銀行等金融機構也有擴張資產管理業務的內生需要和體制便利。信貸銀行或通過吸收居民存款、主動「脱媒」[②]從事理財業務，實現制度套利；或通過「非標準化債權」資產[③]和通道業務發展，擴大資產管理產品規

---

①「兩高」行業指高污染、高能耗的資源性行業；「一剩」行業即產能過剩行業，主要包括鋼鐵、造紙、電解鋁、平板玻璃、風電和光伏製造業等產業（光伏發電不同於製造業，不屬於「兩高一剩」，是國家鼓勵的清潔能源行業）。

②「脱媒」（disintermediation）一般是指交易跳過所有中間人而直接在供需雙方間進行。金融領域中，「脱媒」是指「金融非中介化」，存款人可以從投資基金和證券投資中尋求更高回報的機會，而公司借款人可以向機構投資者出售債券獲得低成本的資金，銀行的金融中介作用被削弱。

③「非標準化債權」資產是指未在銀行間市場及證券交易所市場交易的債權性資產，包括但不限於信貸資產、信託貸款、委託債權、承兑匯票、信用證、應收賬款、各類受（收）益權、帶回購條款的股權性融資等。

模獲得市場盈利，並規避央行對銀行業的信貸管控以及金融監管的分業經營規則。

銀行理財資產管理的通道業務、理財業務和委託投資業務，偏離了資產管理產品的本質，更多地帶有融資槓桿功能以及規避監管特徵。受資產負債監管指標約束和資金投向的政策限制，銀行通過銀信、銀證、銀基和銀保之間的通道合作業務，以理財產品形式吸儲，繼而認購信託公司、證券公司等發行的包括受限融資對象在內的資產管理類金融產品，既突破了貨幣和產業政策的限制，也規避了分業經營監管。銀行開展委託投資業務，通常是在受託行開設同業存款賬戶，存入同業資金，簽訂同業存款協議和委託投資協議，並另簽委託行投資指令，受託行按指令投資於委託行指定的金融資產，包括直接投資信託計劃和定向資產管理計劃等，也可以投資於間接金融資產，如信託收益權、存單收益權、票據資產等，變相從事金融綜合經營。

銀行理財業務普遍背離「受人之託，代客理財，賣者有責，買者自負」的資產管理本質，導致預期收益型產品佔主導地位，而真正符合資產管理本質、不需要銀行信用兜底的淨值型產品反而佔比極低。[①] 藉助於基金、券商、信託等機構或影子銀行等通道，商業銀行實現信貸騰挪出表和監管套利，體現的是槓桿功能而不是投資理財性質；許多發行理財產品的銀行尤其是規模較小的銀行，限於產品設計能力，往往將大量理財資金全權委託給投資能力較強的券商、基金機構等，幾成形式上的資產管理產品，實質上是不受貨幣及產業政策制約的信貸資金融通。

金融業態發展使貨幣政策操作和金融市場監管變得極為複雜，其業務技術難度和制度複雜程度驟然上升，以致後來不得不從終端末梢打破資管產品「剛性兌付」，涉險進行強制性切割、讓投資者承擔風險，以倒逼金融機構強化風險約束。

---

① 如 2016 年全年共有 59 家銀行發行了 829 隻淨值型理財產品，市場佔比僅為 0.58%。

（四）互聯網金融發展及其體制性挑戰

隨着資訊網絡技術的發展，20 世紀 90 年代中期起，銀行、證券、保險等實體金融機構陸續通過互聯網開展網上銀行、移動支付、網上證券、網上保險等線上業務，推動傳統金融業務的網絡化服務。進入 21 世紀以來，新一代互聯網技術推動互聯網、電子商務與金融業三業融合，派生了一種新的金融形式——互聯網金融。[①] 以中國人民銀行 2011 年開始發放協力廠商支付牌照為標誌，協力廠商支付機構進入快速發展的軌道並帶來網絡支付、結算便利以及電子貨幣的發展。2013 年起，各類依託互聯網的 P2P（點對點）網貸平台、眾籌融資平台、網絡保險公司等，紛紛浮出水面。一些銀行、電商以互聯網為依託對傳統業務模式進行技術改造，加速建設線上平台。互聯網金融橫空出世，是世界金融危機後我國金融業發展的特徵性現象。

2013 年 6 月，阿里巴巴集團公司推出餘額寶，是互聯網金融產品跳躍式發展的標誌性事件。到 2014 年 3 月末，其資金規模超過 5 400 億元，用戶達到 8 000 萬以上。作為一個貨幣基金產品，餘額寶入主天弘基金，使籍籍無名、無足輕重的天弘基金，近乎在一夜之間成長為全國首屈一指的基金公司。2014 年末，天弘基金總規模達到 5 898 億元，在全球範圍內也位居前列，其發展速度舉世罕見。此後，互聯網金融開始向全方位金融服務方向發展。移動支付、雲計算、社交網絡、搜尋引擎等新興資訊網絡技術與傳統金融深度結合，催生出形態各異、可為客戶提供服務全面、無縫對接、快捷高效的互聯網金融模式，諸如協力廠商支付平台、P2P 網貸、P2B 網貸（個人

---

① 互聯網金融尚無精準公認的定義、明確的業務邊界和系統的監管規則，但通常是指金融業通過或依託互聯網技術和工具進行資金融通和支付及相關信息服務等業務行為。金融業利用互聯網平台所提供的新的獲取信息方式、多樣化的風險管理工具與風險分散工具，衍生出支付結算、渠道業務、網絡貸款和虛擬貨幣等金融服務模式，各類服務模式的信息化深度和發展階段有所不同。

向小型企業提供貸款）、眾籌融資、搜索比價[①]、虛擬貨幣[②]和交易互聯網金融機構等。

互聯網金融的發展，改變了我國金融生態環境。我國國有金融體制改革遲緩，金融抑制和壟斷嚴重已成痼疾，中小金融機構尤其是民間金融機構長期得不到發展。互聯網金融運用資訊網絡技術實現從無到有、跳躍式發展，對傳統金融及其體制形態形成了前所未有的挑戰，變革圖存是其別無二途的路徑選擇。

互聯網金融利用其融資管道、資金配置、數據資訊、交易成本、系統技術等模式和技術創新優勢，以新技術從體制外突破了國有大中型銀行對金融業的壟斷。較之於傳統銀行機構，互聯網金融以虛擬網點服務替代銀行物理網點功能，既可以極大地突破傳統准入限制和經營壟斷，也可以極大地節約實體網點建設、金融業務運營及日常管理成本，其中業務運營成本不到傳統銀行的 1/10；運用大數據、雲計算等進行信息、數據集散處理，及時分析掌握客戶交易資訊和消費習慣，預測客戶需求及偏好，提供傳統銀行通常難以做到的精準金融服務與適時風險規避；對於傳統銀行不願意或難以提供、做起來不經濟、信用風險相對較高的分散、細小、零碎的金融服務，互聯網金融可以通過網絡平台或移動終端，將金融「長尾市場」的普惠服務做到「無微不至」。互聯網金融還可以依託全天候覆蓋的虛擬網絡，突破傳統銀行的時空局限，使客戶無論業務多少或身份尊卑，都能享受全天候、全方位、無差別的金融服務。互聯網金融創新，也倒逼着傳統銀行發揮自身的客戶羣體、網點資源和專業人才優勢，借鑒利用互聯網金融的理念和模式，拓展發展空間，改善金融服務，優化資源配置。

---

① 搜索比價是指通過金融產品搜索引擎的方式，在一個金融平台把有投資理財需求的個人和有資金需求的中小銀行和小貸機構進行對接，使後者可以通過互聯網渠道批量獲得客戶。

② 虛擬貨幣是指非真實的貨幣。知名的虛擬貨幣如百度公司的百度幣，騰訊公司的 Q 幣、Q 點，盛大公司的點券，新浪推出的微幣（用於微遊戲、新浪讀書等），俠義元寶（用於俠義道遊戲），紋銀（用於碧雪情天遊戲）等。2013 年以來，流行的數字貨幣有比特幣、萊特幣、無限幣、夸克幣、澤塔幣、燒烤幣、便士幣（外網）、隱形金條、紅幣、質數幣，以及新近推出的 Libra 等。目前全世界發行有上百種數字貨幣。

長期以來，由於金融抑制和利率管制，我國銀行存貸款利差較大，掩蓋了銀行業運營成本高、經濟效益低、服務質量差等一系列矛盾。金融資本缺乏市場決定價格機制，不僅扭曲了自身運營管理和資產價格信號，而且誤導投資指向、降低融資效率、造成資源錯配。微觀利益格局與宏觀體制障礙，使利率市場化進程遲滯以致成為金融改革難點。互聯網金融通過網絡平台聚合公眾資金，在傳統投融資管道和銀行官方利率之外，為中小投資者增添了相對簡單可及的投融資平台、選擇空間和資金收益，優化了社會資金配置效率。這種金融創新與中小投資者的青睞，也分流了傳統銀行的信貸資金來源，直接衝擊銀行固定利率及政府利率管制，倒逼商業銀行和貨幣監管當局順應市場規律，推進利率市場化改革。①

我國金融市場曾經銀行業一家獨大。改革開放以來，在經濟貨幣化和金融市場重建中，證券、保險等業逐步興起並實行分業監管。進入 21 世紀後，我國才開始在個別地區進行金融業綜合經營試點。但在試點之外，很多銀行和一些非銀行金融企業以各種變通形式若明若暗地從事混業或綜合經營業務。個別互聯網金融企業如螞蟻金融服務集團，幾乎發展成為無所不包的金融服務企業，其業務範圍涵蓋銀行、證券、保險、基金、消費金融等各領域，還涉及人工智能、企業服務、汽車出行、餐飲、媒體、影視等非金融領域，逐步將金融混業經營直接推向前台並逐步走向海外。②

互聯網金融及其綜合經營發展，以技術創新推動金融業態和模式創新，由「創新容忍」或「監管例外」發展到直接挑戰傳統金融模式與監管體制，

---

① 如餘額寶等貨幣基金通過互聯網吸納資金，然後通過自己依託的基金公司的投資收益，或以協議存款形式將資金存入銀行，使小額資金獲得超過當時 6% 的基准年化利率。互聯網金融作為銀行業的「攪局者」出現，客觀上有利於傳統金融體系推進利率市場化改革。

② 2014 年 10 月，浙江阿里巴巴集團以旗下的支付寶為主體正式成立螞蟻金融服務集團（簡稱「螞蟻金服」）。螞蟻金服依託移動互聯、大數據、雲計算，通過「互聯網推進器計劃」助力金融機構與合作夥伴加速邁向「互聯網＋」，為小微企業和個人消費者提供普惠金融服務。螞蟻金服旗下逐步發展有支付寶、餘額寶、招財寶、螞蟻聚寶、網商銀行、螞蟻花唄、芝麻信用、螞蟻金融雲、螞蟻達客等金融服務板塊，其業務已滲透到世界多個國家。螞蟻金服也得到金融當局和監管機構認可。2016 年 3 月 25 日，由中國人民銀行牽頭，會同銀監會、證監會、保監會等有關部門在上海正式掛牌組建中國互聯網金融協會，螞蟻金服集團入列首屆副會長單位。

創立了多元金融市場及其競爭機制，推動了金融業態豐富多樣和創新深化，為金融業生態環境變革和監管規制行為不斷注入全新的理念與活力，對我國經濟貨幣化與金融市場化產生了不可忽視的作用。

互聯網金融以技術創新啟動了金融市場和金融產品創新，突破了傳統金融體制和利益格局，打破了多年的「金融抑制有餘、改革創新不足」的徘徊局面和技術手段陳舊、運營成本高昂、服務質量低下、動力活力不足的落後狀況，使經濟貨幣化、金融市場化因技術進步而獲得了新的動力源泉，進而助推我國金融改革創新、結構升級和發展優化。

互聯網金融以市場決定利率、靈活便捷透明的長尾普惠服務，突破了具有絕對壟斷地位及存貸利差便利的國有商業銀行或大中型銀行主要服務於國有企業和大型企業、最大限度獲得息差收入的規模化放貸偏好、盈利模式以及體制歧視，緩解了中小微企業、民營企業乃至居民家庭融資難、融資貴的長期困局。

互聯網金融拓展了社會資本的投資管道和盈利空間，提高了投資便利、公平程度和資源配置效率。較之於以往投資無門、利息微薄的強制性儲蓄，普通居民家庭有了新的投資選擇和更好的收益機會，投資門檻也大大降低。民間小額閒散資金資本化，既使小額投資者實現收益最大化，也提高了資金流動性和投資效率，並部分地切斷傳統金融體系通過壟斷資金來源、管制存貸利差所形成的資本原始積累鏈條。

互聯網金融撬開了民間資本金融參與的大門，推動金融領域多元准入、開放競爭。改革開放以來，我國民營經濟快速發展。但在金融領域，國有銀行的壟斷格局和先佔優勢依然如故。互聯網金融通過網絡佈局及終端覆蓋，將資金來源和配置服務，直接全方位滲透到所有服務節點直至長尾末梢，形成新型金融載體及其差別化優勢，倒逼金融市場擴大准入、多元競爭，發揮各類金融機構的服務特色和比較優勢。

互聯網金融企業以網絡技術優勢，發揮電子商務、協力廠商支付、P2P平台、社交網絡等大數據集成優勢，改變了傳統金融服務理念和服務模式，提高了金融服務的便利性和可得性，降低了自身及用戶成本，提高了服務質量和效率，推動包括傳統金融機構在內的整個金融體系優化服務內容和環境，倒逼貨幣當局和監管機構適應互聯網金融創新，不斷完善金融產業政策、宏觀調控模式、市場監管體制和社會徵信體系。

互聯網金融推動的金融科技創新以及制度創新，迅速改變了國內金融市場格局和競爭生態環境，提升了金融產業整體實力，加快了金融業的市場化、科技化、現代化、國際化進程。在規模、技術及模式等方面，我國互聯網金融用不太長的時間躋身於國際第一方陣，使我國金融業有可能藉助於互聯網金融技術創新繼而模式體制創新，實現彎道超車、步入世界前列，改變長期以來的金融業落後面貌。

毋庸諱言，以現代資訊網絡技術為依託的互聯網金融，其新產品、新業態和新模式，已經遠遠超越了傳統金融的業態體制和規制邊界。前所未有的金融創新也潛藏着前所未有的金融風險。互聯網金融尤其是在其創新之初，市場風險肯定不少於以下諸多方面。

技術性風險。互聯網金融以網絡技術平台為基礎，依靠電腦、移動終端以及資訊網絡開展交易，其核心交易數據存儲於 IT 系統。硬體設備、軟件品質、數據傳輸、操作規程、流程相容、資訊保全、病毒感染、駭客攻擊等，都可能存在或造成安全隱患，威脅互聯網金融機構運營和客戶資金與資訊安全，其損失往往是難以彌補的。

流動性風險。互聯網金融的一項關鍵優勢是能最大限度地提供流動性便利。但與傳統金融業一樣，互聯網金融機構也會因流動性短缺或信用鏈斷裂而存在無法適時提供足夠的資金或履行到期債務的相關風險。在協力廠商支付和 P2P 平台等已有業態中，流動性風險尤為集中。前者會因沉澱資金投資不當或備付金不足引發流動性短缺，後者則可能由於理財資金和債權資金的期限或結構錯配，導致間歇式流動性緊張、出現大規模擠兑而遭滅頂之災。

信用性風險。互聯網金融儘管技術、產品、業態、模式發生了重大變化，但本質上仍然還是一種以信用為基礎的金融活動。其部分金融業務會因為線上線下數據失真、客戶信用審核不嚴、交易雙方資訊不對稱、客戶契約信守意願與能力不足、社會徵信體系缺陷等，造成交易協議不能如期如實履行，與傳統金融一樣產生違約風險。而部分企業片面強調產品收益而弱化風險與限制條件、金融機構資金流動異常並缺乏預警與追償機制、顧客因資金投向參與局限及資訊不完整等，則會加劇信用違約時雙方的經濟糾紛與衝突，甚至出現網絡欺詐等違法犯罪行為。

業態性風險。與傳統金融不同，互聯網金融一經發展，便從產品、業態和模式等方面突破了分業經營限制，混業或綜合經營業務迅速增加。一些互聯網金融企業自註冊之日起，就近乎全能金融機構。金融綜合經營在推動業務多樣性、提升競爭力時，也放大了利益衝突和道德風險，帶來了跨行業、跨市場、跨區域的風險傳遞，包括一些機構跨界擴張，追求多牌照、全牌照，控股不同類型的金融機構，在其控股集團內部進行循環注資、虛假注資、關聯交易、利益輸送甚或抽逃資本；從事影子銀行業務跨界套利，如交叉投資、放大槓桿、同業套利、脱實向虛等。此外，互聯網金融的模式優勢，還使長期准入滯後的民間中小實體金融機構生不逢時、競爭艱難、發展困難。互聯網金融的業態風險，大大增加了企業風險密度、市場複雜程度和金融當局的監管難度。

合規性風險。互聯網金融風險外溢性強，經濟社會影響大。作為新的金融業態，發展初期處於准入無門檻、行業無規則、監管無制度的「三無」狀態。其任何金融業務，都有可能違反既有的法律法規而派生合規性風險。適應互聯網金融的發展，監管部門雖然陸續出台了一些規章辦法，明確了合規經營的基本準則，但相對於積極、活躍的互聯網金融創新，規制滯後是必然的，需要互聯網金融業界與金融監管當局共同處理好改革創新與合規經營之間的關係，發展與規制同步、協調，適時規避合規性風險。

監管性風險。互聯網金融所依託的資訊技術環境和日新月異的金融創新產品、業態與模式變化，監管機構傳統的分業監管體制及其協調機制往往難以適應，以致對眾多具有跨行業、跨領域、交叉性特徵的互聯網金融業務領域，出現監管缺位或不力現象。面對互聯網金融機構的外部網絡「無微不至」「無遠弗屆」和內部系統程式性鏈接與虛擬化操作，時空限制技術性消失，交易對象資訊化模糊，監管機構難以依據傳統規則、工具、方法以及習慣與能力，及時準確地對互聯網金融機構不斷破舊立新並得到客戶和市場青睞的產品、業態、模式等進行適時規制和有效監管。事後的補救性規範措施，往往又因服務模式流行、應用基礎廣泛甚至利益格局形成而增加了執行難度，帶來了更高的監管標準與強度。

四、金融供給側改革及其結構性特點

世界金融危機後我國的金融深化與創新特點，表明金融改革不僅要繼續革除計劃體制的傳統弊端，深入推進經濟貨幣化和金融市場化，而且要適應金融創新和市場變化，進行結構性改革，使金融領域的供給與需求、增長與結構、創新與規制協調對應，優化升級。

(一) 金融機構治理改革和多元發展

國有銀行改革加快。2004—2010 年間，中國銀行、中國建設銀行、中國工商銀行、中國農業銀行先後完成股份制改革並在內地和香港上市。交通銀行等股份制商業銀行健全治理機制。2015 年國務院批覆國家開發銀行、中國進出口銀行和中國農業發展銀行三大政策性銀行改革總體方案，推進其業務範圍、資本補充、治理結構、內部管理、外部監管等領域改革。

金融機構准入管制放寬，民間資本按照同等條件進入銀行業。[①]2014 年 3 月，銀監會公佈首批民營銀行試點名單。截至 2016 年底，共有 17 家民營銀行獲准設立，16 家城市商業銀行公開上市；民間資本入股信託公司 35 家、企業集團財務公司 39 家、金融租賃公司 35 家、汽車金融公司 6 家、消費金融公司 14 家、金融資產管理公司 1 家；農村中小金融機構股權中，民間資本佔比已達 3/4 以上。

---

① 中國銀監會《關於鼓勵和引導民間資本進入銀行業的實施意見》(2012 年 5 月 26 日)。

證券保險業准入放寬、發展提速。中國證監會出台政策，支持民營資本、專業人員等各類符合條件的市場主體出資設立證券經營機構，支持國有證券經營機構開展混合所有制改革，支持社會保險基金、企業年金等長期資金委託專業機構投資運營或設立專業證券經營機構，支持證券經營機構與其他金融機構相互控股參股、探索綜合經營。① 2017 年底，證券公司數量比 2012 年增加 17 家，達到 131 家。保險業發展促進政策陸續出台，推動保險業優化准入退出機制，加快綜合性、專業性、區域性、集團化保險機構和自保、相互、互聯網等新型保險業態發展。② 截至 2016 年底，保險公司數量比 2012 年增加了 39 家，達到 203 家。

農村中小金融機構因改革而得以發展。在推進農村信用社產權制度改革中，按照「成熟一家、組建一家」原則組建農村商業銀行。擴大村鎮銀行覆蓋範圍，引導村鎮銀行佈局中西部地區、產糧大縣和中小微企業聚集地區。截至 2016 年底，全國共組建農村商業銀行 1 222 家、村鎮銀行 1 519 家。

（二）金融市場深化與結構性趨勢

利率市場化改革取得實質性進展。自 1993 年啟動利率市場化改革起，我國逐步開放了銀行間同業拆借利率、銀行間債券回購利率、貼現與轉貼現利率、外幣存貸款利率等貨幣市場、債券市場以及外幣信貸市場的利率，但直接服務實體經濟的本幣信貸市場利率市場化改革相對遲緩。直到 2013 年 7 月 20 日，才全面放開金融機構貸款利率管制，2015 年 10 月 24 日起，對商業銀行和農村合作金融機構等不再設置存款利率浮動上限。相應推出醞釀多年的存款保險制度，防範利率市場化風險，保護存款人合法權益。③

---

① 中國證監會《關於進一步推進證券經營機構創新發展的意見》（2014 年 5 月 13 日）。

②《國務院關於加快發展現代保險服務業的若干意見》（2014 年 8 月 10 日）；中國保監會《保險公司收購合併管理辦法》（2014 年 3 月 21 日）、《相互保險組織監管試行辦法》（2015 年 1 月 23 日）。

③《存款保險條例》（2015 年 2 月 17 日）。

健全人民幣匯率市場形成機制。自 2005 年人民幣匯率形成機制由實質上盯住美元轉變為參考一籃子貨幣後，人民幣兑美元匯率開始步入緩慢上漲通道。全球金融危機後，人民幣一度短暫重新盯住美元，2010 年下半年重啟匯率一籃子貨幣調節制度，增強人民幣匯率彈性。2014 年以來，人民幣貶值壓力驟增，國家外匯儲備縮水。央行調整人民幣兑美元匯率中間價報價機制，由做市商參考上日銀行間外匯市場收盤匯率提供中間價報價，形成「收盤匯率 + 一籃子貨幣匯率變化」的人民幣匯率中間價形成機制，即國際貨幣市場起決定作用的人民幣匯率形成機制。[①] 2017 年 5 月，在「收盤匯率 + 一籃子貨幣匯率變化」機制基礎上，引入逆周期調節因數，減緩市場情緒的順周期波動和外匯市場上的「羊羣效應」。

多層次資本市場體系逐步成型。主機板市場強化了上市公司分紅引導、股權激勵、保險資金入市創業板、嚴格資訊披露、加快 IPO 審核效率、重大違法強制退市等制度改革。「新三板」掛牌准入制度、做市商制度、轉 H 股制度等陸續推出，並為已在境外上市的紅籌企業或尚未在境外上市的創新企業開闢境內上市通道。[②] 設立獨立於現有主機板市場的「科創板」，激勵科技創新及其成果產業化。適應區域性中小微企業股權、債券轉讓和融資服務需要，省級或副省級地方政府依規批准設立一批區域性股權交易市場（「四板」市場），市場監管辦法也隨之出台。[③] 期貨與衍生品市場啟動了豐富保稅交割試點期貨品種、放寬證券公司參與股指期貨和國債期貨限制、推進境內外證券期貨市場機構股權合作等項改革。

金融深化催生要素市場繁榮。依託要素交易場所的市場融資功能、價格發現功能和資源配置功能，以權益、商品等為標的物，推動了市場主體平等

---

① 中國人民銀行《關於完善人民幣兑美元匯率中間價報價的聲明》（2015 年 8 月 11 日）。

② 參見《國務院關於全國中小企業股份轉讓系統有關問題的決定》（2013 年 12 月 13 日）；國務院辦公廳轉發證監會《關於開展創新企業境內發行股票或存託憑證試點若干意見》（2018 年 3 月 22 日）。

③ 國務院辦公廳《關於規範發展區域性股權市場的通知》（2017 年 1 月 20 日）；中國證監會《區域性股權市場監督管理試行辦法》（2017 年 5 月 3 日發佈，7 月 1 日起施行）。

參與、交易機會透明有序的要素交易平台建設，加速了物流、資金流、資訊流、人才流、商流的聚集交易和流動配置。深圳、武漢、成都、重慶等地先後建立碳交易、金融資產、知識產權、科技創新、大宗商品、貴金屬等新型要素交易市場。2011 年以來，北京、天津、上海、重慶、廣東、湖北、深圳等 7 個省市先後開展碳交易試點，全國碳排放交易體系建設正式起步。①

風險投資、私募基金和併購交易進入市場規範發展階段。公開募集與非公開募集基金的法律界限明確，創業創新政策推進，風險投資和私募基金獲得更多的發展機遇。② 隨着經濟增長動力從要素增長驅動轉變為要素效率驅動，較之於傳統的成長型投資，併購型投資價值凸顯。新一輪國有企業、國有資本和混合所有制改革，以及相關監管政策陸續出台，降低企業併購條件，規範企業再融資行為，提升資本市場的效率與活力，也在一定程度上推動了併購市場的活躍與繁榮。③ 全球金融危機後，因景氣需要、政策利好和體制便利，政府引導基金也進入激勵與規範相互推動的井噴發展期，一躍成為我國股權投資市場的主導力量。④

債券發行交易制度改革，健全了債券市場機制，豐富了企業直接融資

---

① 從 2013 年開始交易，到 2017 年 11 月，已有 7 家交易平台，累計配額成交量超過 2 億噸二氧化碳當量，成交額超過 46 億元。相關辦法見國家發展改革委《全國碳排放權交易市場建設方案（電力行業）》（2017 年 12 月 18 日）。

② 截至 2017 年底，中國已有超過 1.3 萬家股權投資機構，資金管理規模超過 8.7 萬億元，股權投資機構登記從業人員超過 20 萬人。有關法規也相繼推出，如《證券投資基金法（修訂）》（2012 年 12 月 28 日）；中國證監會《私募投資基金監督管理辦法》（2014 年 8 月 21 日）。

③ 我國併購交易規模從 2008 年的 2 000 億元激增至 2016 年的 1.84 萬億元，八年間交易規模增長 8 倍多。相關管理辦法見中國銀監會《商業銀行併購貸款風險管理指引》（2015 年 2 月 10 日）；證監會、財政部、國資委、銀監會《關於鼓勵上市公司兼併重組、現金分紅及回購股份的通知》（2015 年 8 月 31 日），《上市公司重大資產重組管理辦法》（2014 年 10 月 23 日發佈，2016 年 9 月 8 日修訂）。

④ 截至 2017 年底，政府引導基金達到 1 501 隻，目標規模 9.58 萬億元，已到位資金 3.48 萬億元。相關規制辦法陸續出台，如國務院辦公廳轉發發展改革委等部門《關於創業投資引導基金規範設立與運作的指導意見》（2008 年 10 月 18 日）；財政部《政府性基金管理暫行辦法》（2010 年 9 月 10 日）、《政府投資基金暫行管理辦法》（2015 年 11 月 12 日）、《關於財政資金注資政府投資基金支持產業發展的指導意見》（2015 年 12 月 25 日）。

工具，各類債券市場發展迅速。[1] 銀行間債券市場分層分類管理 [2] 體系逐步落地，超短融門檻下調，企業債發行機制完善，先後推出綠色金融債、資產支持票據、永續票據、雙創債務融資工具等債券品種。2015 年啟動公司債券管理制度改革，取消公司債券公開發行保薦制和發審委制度，大幅簡化發行審核流程，擴大發行範圍至所有公司制法人，增加綠色公司債、熊貓公司債、可續期公司債、創新創業公司債等債券品種。

金融市場技術服務體系漸臻完備。支付、結算和清算體系形成。2015 年 4 月，人民銀行完成第二代支付系統全國上線；同年 10 月，人民幣跨境支付系統（CIPS）投產上線，業務通達 78 個國家和地區，基本覆蓋全球開展人民幣業務的國家和地區。2014 年 6 月，中央銀行會計核算數據集中系統（ACS）完成全國上線，初步實現會計核算業務和數據處理的全國集中管理。2015 年 11 月，境外央行債券交易券款對付（DVP）結算正式實施，銀行間市場人民幣債券交易全部實現 DVP 結算。建立銀行卡清算服務市場化機制，境內銀行卡清算市場實行准入管理。[3] 2016 年 8 月，銀行間市場清算所股份有限公司推出人民幣外匯期權中央對手清算業務。

加快建設金融徵信市場和社會信用體系。2013 年 1 月起，我國徵信業管理辦法相繼出台，確立了徵信經營活動的制度規範和監管依據。[4] 人民銀行加快推動證券公司、保險公司、小額貸款公司和融資性擔保公司等非銀行金融機構接入國家金融信用資訊基礎數據庫。截至 2017 年 5 月底，累計 3 000 家機構接入數據庫，收錄了 9.26 億自然人、2 371 萬戶企業和其他組織的相關

---

① 2014 年 11 月，財政部首次發佈中國關鍵期限國債收益率曲線。截至 2017 年 12 月底，債券市場託管餘額為 74.0 萬億元，其中銀行間債券市場託管餘額為 65.4 萬億元。

② 分層分類管理是指按主體分層、產品分類原則推動銀行間債市註冊制改革。根據主體資質、信息披露成熟程度、合規性等指標，將債券發行人分為第一類企業、第二類企業進行管理。其中第一類企業可以將超短期融資券、短期融資券、中期票據、永續票據等常規產品進行多券種打包「統一註冊」，在註冊有效期內，對每種產品的發行規模、發行期限根據企業當時的融資需求靈活確定。

③《國務院關於實施銀行卡清算機構准入管理的決定》（2015 年 4 月 9 日）。

④ 2013 年 1 月 21 日，國務院發佈《徵信業管理條例》；2013 年 11 月 15 日，人民銀行出台《徵信機構管理辦法》。

資訊。小微企業和農戶信用資訊也陸續入庫。此外，金融業綜合統計體系和金融消費權益保護制度也開始啟動建設。

（三）互聯網金融立規建制與規範發展

以互聯網金融為代表的新金融以其技術、業態、模式等優勢，獲得了跳躍式發展，但也存在着各種潛在風險。以問題為導向，市場規制和調控監管由早期的簡約寬鬆逐步過渡到健全政策法規、引導金融創新規範發展階段。

建立協力廠商支付制度規範。得益於互聯網快速發展和巨大的人口與市場規模，中國協力廠商支付交易市場迅速成長為全球領跑者。[①] 人民銀行先後出台管理辦法和整治方案，對支付機構開展支付業務實施准入管理，將不合法規的協力廠商支付機構清除出場。[②] 2017 年 3 月和 4 月，非銀行支付機構網絡支付清算平台（網聯）啟動試運行，協力廠商支付備付金集中存管規定正式實施。次年 6 月起，終止協力廠商支付直連模式，所有網絡支付必須經由網聯平台，接受網聯監督。

規範 P2P 網絡借貸風險管理。P2P 網絡借貸提供了融資便利[③]，但技術、運營、信用等金融風險也相對集中。為規範市場秩序、鼓勵金融創新，金融監管當局先後確立包括網絡借貸在內的互聯網金融主要業態的市場規範和監管職責，形成互聯網金融發展的頂層制度設計；對風險集中的校園貸、首付貸、金交所、現金貸等進行專項整治。

明確眾籌融資性質和管理辦法。自 2011 年 7 月首家網絡眾籌平台「點名時間」上線運行，眾籌融資發展迅速，成為我國募集資金和銷售產品的新型

---

① 2016 年全國非銀行支付機構網絡支付業務 1 639.02 億筆，交易總規模為 99.3 萬億元。其中，第三方支付機構移動支付交易規模達 58.8 萬億元，支付寶和微信合計約佔 92% 的市場份額。

② 參見中國人民銀行《非金融機構支付服務管理辦法》（2010 年 6 月 14 日）；中國人民銀行等 14 部門《非銀行支付機構風險專項整治工作實施方案》（2016 年 4 月 13 日）。

③ 2007 年 8 月，國內首家 P2P 網貸平台「拍拍貸」上線。到 2017 年底，全國正常運營的 P2P 網貸平台共有 1 751 家，當年累計成交額達 2.8 萬億元。

金融模式。股權眾籌融資最初界定為私募性質，參考私募基金管理方式，實行事後備案制。後來將「私募股權眾籌」修改為「互聯網非公開股權融資」，引導市場釐清概念、規範發展。眾籌融資的回報方式已從最初的物權眾籌、股權眾籌拓展到權益眾籌、公益眾籌等多個領域。①

建立大數據徵信和金融科技促進機制。互聯網金融企業的大數據運用，倒逼大數據應用共享、徵信發展、風險管控和體制變革，推動數據開放共享、金融業態創新以及大數據在徵信業的應用、發展和監管制度建設。② 進入 21 世紀後，以大數據、雲計算、區塊鏈、人工智能等技術應用為主要特徵的金融科技（FinTech）席捲全球。2016 年我國金融科技企業融資總額首次躍居世界第一，國內一批獨角獸金融科技企業站在全球金融科技發展前沿。2017 年 5 月，中國人民銀行成立金融科技委員會，專責金融科技發展規劃、政策指引、科技研究，強化監管科技（RegTech）應用，研究制定金融科技標準以及創新管理機制等。

（四）金融業擴大開放與制度建設

雖然面臨國際金融危機衝擊和國內經濟增長波動，我國仍然堅定不移地推進金融開放。重點試水資本市場和人民幣資本項目開放，推動人民幣國際化進程，倡導參與國際金融開放合作，構建金融業對外開放新格局、新體制。

試水資本市場和人民幣資本項目開放。放寬單家合格境外機構投資者（QFII）投資額度上限，簡化額度審批管理，便利資金匯出入；准許取得相關部門批准或許可開展境外證券投資的境內機構開展境外證券投資。增設人民

① 截至 2017 年底，全國共有正常運營眾籌平台 294 家。其中，權益型平台 90 家，股權型平台 89 家，物權型平台 62 家，綜合型平台 41 家，公益型平台 12 家。2017 年全年實際融資額約為 260 億元。對眾籌融資規制監管首見中國證券業協會《私募股權眾籌融資管理辦法（試行）》（2014 年 12 月 18 日），後來又發佈《場外證券業務備案管理辦法》（2015 年 7 月 29 日）。

② 2015 年 6 月 24 日，國務院辦公廳印發《關於運用大數據加強對市場主體服務和監管的若干意見》；2015 年 8 月 31 日，國務院印發《促進大數據發展行動綱要》。

幣合格境外機構投資者（RQFII）境內證券投資制度、人民幣合格境內機構投資者（RQDII）境外證券投資制度。[1] 2013 年起，在深圳、上海、青島等地開展合格境內投資企業（QDIE）、合格境內有限合夥人（QDLP）試點。[2] 其中 QDIE 在深圳市南方資本及招商財富等企業試點，投資範圍包括境外一級和二級市場、私募產品及非上市公司股權等，比合格境內機構投資者（QDII）更加廣泛；QDLP 在上海和青島進行試點，主要投資於海外證券資產、對沖基金和房地產信託投資（REITS）基金等，包括 QDII 和 QDIE 的所有領域。證監會、人民銀行也隨之正式開閘人民幣合格境內機構投資者業務。[3] 中國證監會與境外證券期貨監管機構、國際證監會組織（IOSCO）以及其他國際組織交流合作逐步增強並參與有關專業監管協調。

開啟內地與香港間資本市場互聯互通。「滬港通」「深港通」分別於 2014 年 11 月和 2016 年 12 月正式開通。內地與香港資本市場互聯互通、雙向開放，推動了內地資本市場對接成熟資本市場制度，引導內地上市企業估值水準回歸理性，增加了境內投資者和境外人民幣資金投資管道。[4] 2017 年 7 月，「債券通」的「北向通」上線試運行，增加了人民幣資本開放項目，簡化了境

---

① 參見國家外匯管理局《合格境外機構投資者境內證券投資外匯管理規定》（2009 年 9 月 29 日公佈，後經 2012 年 12 月 7 日、2016 年 2 月 4 日、2018 年 6 月 13 日多次公告修改，放寬相關限制）;《合格境內機構投資者境外證券投資外匯管理規定》（2013 年 8 月 21 日）。

② QDIE 即合格境內投資企業（Qualified Domestic Investment Enterprise）。我國目前尚未出台全國性法律法規對其內涵明確定義。市場一般將其理解為：在人民幣資本項目完全開放之前，符合條件的投資管理機構經國家金融監管部門批准，面向境內投資者募集資金，對境外投資標的進行投資。QDLP 即合格境內有限合夥人（Qualified Domestic Limited Partner），允許註冊於海外並且投資於海外市場的對沖基金，向境內的投資者募集人民幣資金，並將所募集的人民幣資金投資於海外市場。

③ 參見中國證監會《人民幣合格境外機構投資者境內證券投資試點辦法》（2013 年 3 月 1 日）；中國人民銀行《關於人民幣合格境內機構投資者境外證券投資有關事項的通知》（2014 年 11 月 18 日）。

④ 滬港通、深港通包括滬 / 深股通和港股通兩部分。滬 / 深股通是指投資者委託香港經紀商，經由香港聯合交易所設立的證券交易服務公司，向上海證券交易所 / 深圳證券交易所進行申報，買賣規定範圍內的滬深兩市股票；港股通是指投資者委託內地證券公司，經由上海證券交易所 / 深圳證券交易所設立的證券交易服務公司，向香港聯合交易所進行申報，買賣規定範圍內的香港聯合交易所上市的股票。滬港通、深港通設有每日額度限制，以防範大規模資金淨流出或淨流入風險。

外投資者交易成本，有利於境外投資者持倉中國債券。[1]2018 年 4 月，聯想控股成為首家入選 H 股全流通試點公司，H 股全流通試點自此落地，打通了 H 股企業的融資管道和資本運作空間，使無法變現的內資股取得市場化定價，解決了內資外資股東不一致問題。[2]

深化內地與港澳金融合作。2013 年 8 月，內地與港澳簽訂《關於建立更緊密經貿關係的安排》(CEPA) 補充協議十，允許符合條件的港資、澳資金融機構，分別在上海、廣東、深圳各設立一家兩地合資全牌照證券公司，港資、澳資持股比例最高可達 51%。[3] 2016 年 7 月，恆生前海基金有限公司獲得證監會核准成立，成為首家 CEPA 框架下港資控股公募基金公司。2017 年，內地先後與香港、澳門簽署《CEPA 投資協議》與《CEPA 經濟技術合作協議》，全面涵蓋投資准入、投資促進和投資保護等內容，為港澳內地經貿交流與合作提供了更加系統性的制度保障；粵港澳大灣區合作啟動，金融服務互聯互通進入新階段。

推進跨境債券發行和資金池建設。跨境債券發行和資金池建設，有利於境內外資金融通和人民幣國際化。繼戴姆勒公司、國際金融公司和亞洲開發銀行先後在我國發行人民幣債券後，2015 年 9 月，香港上海匯豐銀行有限公司和中國銀行（香港）有限公司分別獲准在境內銀行間債券市場發行 10 億元和 100 億元人民幣債券（熊貓債），開啟了境外金融機構在岸人民幣債券發行。2016 年 8 月，世界銀行首期特別提款權（SDR）計價債券「木蘭債」在中國銀行間債券市場發行，發行規模為 5 億 SDR，期限 3 年，以人民幣結

---

① 北向通是指香港及其他國家與地區的境外投資，經由香港與內地之間在交易、託管、結算等方面互聯互通機制安排，投資於內地銀行間債券市場。北向通允許海外投資者通過境外電子交易平台發佈交易指令，與境內外匯交易中心進行配對交易。

② H 股全流通是指在香港上市的內地企業將尚未公開交易的國有股及法人股等內資股，轉為外資股並在港股市場公開交易。

③ 截至 2017 年 11 月，在 CEPA 框架下獲准成立的合資多牌照證券公司已有兩批四家，分別為第一批的申港證券與華菁證券、第二批的東亞前海證券與匯豐證券。

算。[1] 跨境人民幣資金池業務從試點到推行，降低了參與企業的門檻，便利其經營融資需要。[2]

金融業雙向開放深化發展。繼 2007 年取消經常項目外匯賬戶限額管理後，2009 年 4 月起，分別在上海、廣州、深圳、珠海、東莞等城市開展跨境貿易人民幣結算試點，兩年間試點範圍擴大到全國。放寬外資金融機構准入門檻和經營人民幣業務資格條件；推進銀行、證券、保險等金融領域對外開放，明確金融業開放的路線圖、時間表。[3]2018 年啟動新一輪金融開放，包括取消銀行和金融資產管理公司的外資持股比例限制，允許外國銀行同時設立分行和子行；證券公司、基金管理公司、期貨公司、人身險公司的外資持股比例上限放寬至 51%，三年後不再設限；不再要求合資證券公司境內股東至少有 1 家證券公司；將內地與香港兩地股票市場互聯互通每日額度擴大四倍；允許符合條件的外國投資者來華經營保險代理業務和保險公估業務；開放外資保險經紀公司經營範圍，與中資機構一致。中資金融機構國際化經營發展提速，海外分支機構數量和覆蓋面都有擴大。[4] 金融技術標準國際化也獲得新

① 我國已發行的跨境債券主要包括點心債、木蘭債和熊貓債。其中點心債是指香港離岸人民幣債券，以人民幣定價和結算的離岸債券；木蘭債是指國內發行的 SDR 計價債券；熊貓債券是指國際多邊金融機構在中國發行的以人民幣計價的債券。2016 年債券市場共發行點心債 3 200 億元；2017 年債券市場共有 25 家主體累計發行熊貓債 35 期，發行總額 719 億元。

② 跨境資金池是企業集團根據自身經營和管理需要，在境內外非金融成員企業之間開展的跨境人民幣資金餘缺調劑和歸集業務，屬於企業集團內部的經營性融資活動。2014 年 2 月，我國開放首批跨境人民幣資金池業務試點。2015 年 9 月，中國人民銀行發佈《關於進一步便利跨國企業集團開展跨境雙向人民幣資金池業務的通知》予以推行。

③ 參見《國務院關於擴大對外開放積極利用外資若干措施的通知》（2017 年 1 月 12 日）、《國務院關於促進外資增長若干措施的通知》（2017 年 8 月 8 日）。截至 2017 年 11 月底，我國共有外資銀行業金融機構 210 家，含外資法人銀行 39 家、外資新型農村金融機構 17 家、外資非銀行金融機構 31 家，以及外國銀行分行 123 家，另有 100 多家銀行業法人機構含有外資成分。

④ 截至 2016 年底，22 家中資銀行共開設 1 353 家海外分支機構，覆蓋全球 63 個國家和地區；9 家中資銀行業金融機構在 26 個「一帶一路」相關國家設立 62 家一級機構。截至 2019 年上半年，瑞士銀行對瑞銀證券的持股比例提升至 51%，實現絕對控股；安聯（中國）保險獲准籌建，成為我國首家外資保險控股公司；美國標普公司獲准進入我國信用評級市場；美國運通公司在我國境內發起設立合資公司，籌備銀行卡清算機構的申請已經審查通過。

的突破。[①]

人民幣國際化取得標誌性進展。中國貨幣金融體系改革漸獲國際社會和國際投資者認可。2015 年 11 月，上海證券交易所、德意志交易所集團、中國金融期貨交易所共同出資成立中歐國際交易所；國際貨幣基金組織批准人民幣自 2016 年 10 月 1 日起加入特別提款權。2016 年起，中國正式加入國際貨幣基金組織協調證券投資調查（Coordinated Portfolio Investment Survey，CPIS）、國際清算銀行的國際銀行統計（International Banking Statistics，IBS）及特別提款權。2017 年 10 月，中國 A 股正式納入 MSCI（明晟）指數全球新興市場指數體系，國內資本市場與全球資本市場逐步接軌。

參與和倡導國際金融合作。參與設立金磚銀行及其應急儲備金。2014 年 7 月，金磚國家（BRICS）[②] 發表《福塔萊薩宣言》宣佈成立金磚國家新開發銀行（New Development Bank，NDB），初始資本為 1 000 億美元，5 個創始成員平均出資，總部設在中國上海，致力於加強多邊借貸機制建設和提升基礎設施融資水準；金磚國家還設立 1 000 億美元應急儲備金，中國出資 410 億美元，旨在通過貨幣互換提供流動性，應對短期收支失衡壓力。2014 年 11 月，中國宣佈出資 400 億美元成立絲路基金，為「一帶一路」[③] 沿線國家的基礎設施建設、資源開放、產業合作等有關項目提供融資支持。倡議設立亞洲基礎設施投資銀行（Asian Infrastructure Investment Bank，AIIB），支持亞洲區域基礎設施互聯互通和經濟一體化發展。2015 年 12 月，亞投行成立，中

---

① 2015 年中國銀聯中標成為亞洲支付聯盟（APN）跨境芯片卡標準的唯一提供商，並在 2016 年 10 月與新加坡、泰國、韓國、馬來西亞、印度尼西亞、菲律賓等六國會員機構現場簽署芯片卡標準授權協議。

② 金磚國家（BRICS），因其成員國巴西（Brazil）、俄羅斯（Russia）、印度（India）、中國（China）和南非（South Africa）的英文首字母組詞與英語單詞 Brick（磚）發音類似，故被稱為「金磚國家」。

③「一帶一路」（the Belt and Road，B&R）是「絲綢之路經濟帶」和「21 世紀海上絲綢之路」的簡稱。2013 年 9 月和 10 月，中國國家主席習近平分別提出建設「新絲綢之路經濟帶」和「21 世紀海上絲綢之路」的合作倡議，旨在借用古代絲綢之路的歷史符號，依靠中國與有關國家既有的雙多邊機制和行之有效的區域合作平台，積極發展與沿線國家的經濟合作夥伴關係，共同打造政治互信、經濟融合、文化包容的利益共同體、命運共同體和責任共同體。

國為最大出資人。截至 2017 年底，亞投行已由 57 個創始成員擴圍至 84 個成員。

（五）優化金融調控和強化金融監管

全球金融危機給世界各國的貨幣政策管理和金融監管體系以深刻教訓，完善貨幣政策及其工具、優化監管體制與效能引起了國際社會廣泛重視。我國金融業也從微觀審慎到宏觀審慎，從單柱引導到雙柱調控，從分業監管到功能與行為監管，逐步優化貨幣政策、工具和金融監管體制與效能。

完善貨幣政策及其調節工具。隨着經濟發展進入新常態，景氣壓力逐步上升，我國貨幣政策通過創新政策工具和調控方式，提高貨幣政策前瞻性、靈活性和有效性，支持經濟景氣和薄弱環節發展。實施定向降准政策，引導商業銀行將信貸增量投向「三農」領域和中小微企業，優化信貸結構，形成正向激勵機制。創新流動性工具，豐富逆回購期限品種，調整再貸款分類，建立公開市場每日操作機制。引入 SLO、MLF、TLF、SLF、PSL 等流動性調節工具[①]，熨平臨時性、季節性因素擾動，保障貨幣市場穩定和總量政策實施。開通央行網站、微信、微博等公眾溝通管道，按月公佈流動性工具的操作數量和利率資訊，提高貨幣政策透明度，適時引導市場預期，增強貨幣政策工具的有效性。

構建宏觀審慎政策框架。適應金融資產多元化趨勢，構建宏觀審慎評估（Macro Prudential Assessment，MPA）體系，發揮逆周期調節作用。從 2016 年起，中國人民銀行將差別準備金動態調整和合意貸款管理機制調整為金融

---

① SLO（Short-term Liquidity Operations），即公開市場短期流動性調節工具，本質上是超短期的逆回購，2014 年 1 月央行引入該工具；MLF（Medium-term Lending Facility），即中期借貸便利，央行於 2014 年 9 月創設；TLF（Temporary Lending Facility）是臨時流動性便利；SLF（Standing Lending Facility），即常備借貸便利，是全球大多數中央銀行都設立的貨幣政策工具，但名稱有異；PSL（Pledged Supplementary Lending）即抵押補充貸款，作為一種新的儲備政策工具，PSL 在數量層面是基礎貨幣投放的新渠道，在價格層面是通過商業銀行在央行的抵押融資利率引導市場中期利率。

機構宏觀審慎評估體系，從盯住狹義信貸轉為廣義信貸管理，把債券、股權及其他投資等納入其中。以資本充足率為核心，綜合評估資本和槓桿、資產負債、流動性、定價行為、資產質量、外債風險、信貸政策執行等指標，多維度引導金融機構行為，防範系統性金融風險。統一中外資企業、銀行、非銀行金融機構管理，實行市場主體的借債空間與其資本實力、償債能力掛鈎。跨境人民幣流動納入MPA體系，實施本外幣一體化、全口徑跨境融資宏觀審慎管理政策，使跨境融資水準與宏觀經濟熱度、整體償債能力和國際收支狀況相適應，控制槓桿率和貨幣錯配風險。以引入遠期售匯風險準備金、提高個別銀行人民幣購售平盤交易手續費率等方式，對外匯流動性進行逆周期動態調節。對境外金融機構境內存款執行正常存款準備金率，建立跨境人民幣資金流動逆周期調節長效機制，引導境外金融機構加強人民幣流動性管理，促進境外金融機構穩健經營。

防範化解重大風險隱患。規範證券期貨投資者適當性管理，維護投資者合法權益。[①] 強化政策性銀行專項監管政策和責任，防控其道德風險。[②] 地方債務納入政府預算管理，實行總額限制和分地區逐級下達；按照政府性債務的風險性質、影響範圍和危害程度等，劃分Ⅰ～Ⅳ級風險事件級別，相應啟動分級響應、應急處置和責任追究機制。[③] 按照鼓勵、限制、禁止三種類型引導和規範企業境外投資行為，加強對外投資的真實性、合規性審查，既推動投資便利化，又遏制非理性的對外投資。[④] 保障金融開放安全和防範跨國金融

---

① 中國證監會《證券期貨投資者適當性管理辦法》（2017年2月21日發佈，2017年7月1日起施行）。

② 中國銀監會《中國進出口銀行監督管理辦法》（2017年11月8日）、《中國農業發展銀行監督管理辦法》（2017年11月9日）、《國家開發銀行監督管理辦法》（2017年11月10日）。

③ 財政部《關於對地方政府債務實行限額管理的實施意見》（2015年12月21日）；國務院辦公廳《地方政府性債務風險應急處置預案》（2016年10月27日）。地方政府債務得到相應控制，2014—2017年底分別為15.4萬億元、16.0萬億元、15.3萬億元和16.5萬億元，控制在全國人大批准的18.8萬億元的債務限額之內。

④ 國務院辦公廳轉發國家發展改革委等部門《關於進一步引導和規範境外投資方向的指導意見》《民營企業境外投資經營行為規範》（2017年8月4日）。

風險，強化反洗錢、反恐怖融資、反逃稅監管。[1]

金融監管由機構監管轉向功能、行為監管為主。商業銀行強化資本充足率和信用、市場、操作風險管理；證券公司優化評價指標體系和風險管理能力；保險業加強償付能力監管並通過強制賣股、嚴禁代持、小股東直通保監會等規定，約束保險公司大股東權利；資產管理從打破剛性兑付、消除多層嵌套和通道、提高資訊披露及透明度、強化資本和準備金計提等方面入手，統一同類資產管理產品的監管標準，引導社會資金流向實體經濟。[2]

健全金融監管機構與協調機制。適應金融綜合經營發展、風險結構日益複雜和國際金融風險增加，2013 年 8 月，由人民銀行牽頭，建立金融監管協調部際聯席會議制度，協調金融監管政策、措施和行動。2017 年 7 月，設立國務院金融穩定發展委員會，統籌協調金融改革、發展和監管，強化監管統一權威和協調穿透能力，防止因體制短板或漏洞導致監管套利。2018 年 4 月，按照國務院機構改革方案成立銀保監會，統一監管銀行業和保險業。中國金融監管從「一行三會」體制轉變為「一委一行兩會」體制。

（六）金融發展動向與體制創新指向

經過數十年的經濟貨幣化與金融市場化發展，我國金融機構、市場、調控、監管體系以及國際合作機制基本建立起來。近年來，金融業呈現出服務實體經濟發展、建立綠色金融體系和深化普惠服務等特徵性現象，但也面臨諸多方面的挑戰。

強化金融服務實體經濟。推動銀行業金融機構開展投貸聯動業務試點，

---

① 國務院辦公廳《關於完善反洗錢、反恐怖融資、反逃稅監管體制機制的意見》（2017 年 8 月 29 日）。

② 參見中國銀監會《商業銀行資本管理辦法（試行）》（2012 年 6 月 7 日）；中國證監會《證券公司分類監管規定》（2017 年 7 月 6 日修訂）；中國保監會《中國第二代償付能力監管制度體系整體框架》（2013 年 5 月 3 日）、《保險公司章程指引》（2017 年 4 月 24 日）；中國人民銀行、銀保監會、證監會、外匯管理局《關於規範金融機構資產管理業務的指導意見》（2018 年 4 月 27 日）。

以金融創新助推科創企業成長。[1] 首批試點銀行涵蓋政策性銀行、國有大型商業銀行、股份制商業銀行、民營銀行、外資銀行、城商行等 10 家銀行。試點銀行以「信貸投放」與本集團設立的具有投資功能的子公司的「股權投資」相結合，通過相關制度安排，由投資收益抵補信貸風險，實現科創企業信貸風險和收益的匹配，為其提供持續資金支援。着力疏通貨幣信貸傳導機制，滿足投資、消費、進出口有效融資需求，強化小微企業、「三農」、民營企業等領域金融服務，開發適應實體經濟需要的金融產品，實現個性化金融服務和金融資源精準投入。[2]

實施綠色金融發展戰略。2015 年 9 月，我國首提綠色金融發展戰略。此後，又陸續提出建立綠色信貸制度、培育綠色債券市場、構建綠色金融體系等全面發展綠色金融的目標、方法和路徑。[3] 我國倡導的建立綠色金融銀行體系和債券市場及機構投資者綠色化等主張，寫入 2016 年 G20 領導人峰會杭州宣言。2017 年 6 月，國務院決定在浙江、江西、廣東、貴州、新疆等五省區建設各有側重、各具特色的綠色金融改革創新試驗區。

堅持普惠金融發展方向。2005 年聯合國提出普惠金融概念，其核心理念是引導金融資源向農民、中小微企業、城鎮低收入者等弱勢羣體傾斜，延伸金融活動的深度和廣度。我國陸續出台政策意見，鼓勵開發性、政策性銀行投放農業基礎設施建設貸款，推動大中型商業銀行聚焦「三農」、小微企業、

---

① 銀監會、科技部、人民銀行《關於支持銀行業金融機構加大創新力度　開展科創企業投貸聯動試點的指導意見》（2016 年 4 月 15 日）。首批投貸聯動試點地區包括北京中關村、武漢東湖、上海張江、天津濱海、陝西西安等四個國家自主創新示範區。

② 中國銀保監會《關於進一步做好信貸工作提升服務實體經濟質效的通知》（2018 年 8 月 18 日）。

③ 參見《生態文明體制改革總體方案》（2015 年 9 月 11 日中共中央政治局審議通過）；人民銀行等七部門《關於構建綠色金融體系的指導意見》（2016 年 8 月 31 日）；中國銀監會《節能減排授信工作指導意見》（2007 年 11 月 23 日）、《綠色信貸指引》（2012 年 2 月 24 日）、《綠色信貸實施情況關鍵評價指標》（2014 年 6 月 27 日）；中國銀監會、國家發展改革委《能效信貸指引》（2015 年 1 月 13 日）。我國綠色債券發行規模從 2015 年的幾近空白躍升到 2016 年的 2 400 億元，佔全球總量近 40%；截至 2017 年 2 月，我國 21 家銀行業機構綠色信貸餘額 7.5 萬億元，佔全部信貸餘額的 9%。

創業創新羣體和脱貧攻堅等領域。[①] 發展民營銀行、村鎮銀行、小額貸款公司、融資擔保公司等小微金融服務機構。實行差別化存款準備金率政策、支農支小再貸款和再貼現激勵政策等，引導金融機構及社會資金支持小微企業和「三農」發展。在多個省份建立普惠金融改革試驗區或推動「兩權」抵押貸款試點，探索普惠金融新模式、新體制。運用互聯網金融的網絡平台、服務業態，發展以市場為導向的小微借貸、「草根」理財等新型長尾普惠金融服務模式。

設立改革試驗區推進金融深化。鑒於金融改革創新內容複雜、風險多變，國家設立金融綜合改革試驗區，進行分門別類、各有側重的改革試驗。2012 年以來，國務院先後批准在浙江溫州、福建泉州、廣東珠三角地區、雲南和廣西沿邊地區、山東青島等地設立國家級金融綜合改革試驗區。其中，溫州試驗區主要推進民間借貸陽光化，廣東珠三角地區重點統籌城鄉金融改革發展，福建泉州試驗區着力推動金融服務實體經濟和小微企業，雲南廣西沿邊地區從信用貸款、支付體系、信用體系、跨境結算等方面推進沿邊金融合作與創新，青島試驗區則聚焦於財富管理體制創新。其他如普惠金融、綠色金融等金融改革試驗也在多個省份展開。此外，在遍佈我國東、中、西部的 12 個自由貿易區改革試驗中，率先開展自由貿易賬戶體系、資金跨境流動管理基礎性制度、合格境內投資者境外投資試點等一批金融改革試驗和相關風險壓力測試。

近些年來，我國在金融機構發展、金融市場建設、金融對外開放、金融調控監管等領域取得了重大進展。利率匯率市場決定機制基本形成，主機板、創業板、新三板、科創板和區域性股權市場等金字塔式多層次資本市場結構搭建成型，金融雙向開放和跨境資本流動通道拓寬，市場風險緩釋可控，監管體制適應金融深化調整強化。金融市場化與國際化創新了發展理

---

① 2015 年 12 月 31 日，國務院印發《推進普惠金融發展規劃（2016—2020 年）》；中國人民銀行等部門《關於金融助推脱貧攻堅的實施意見》（2016 年 3 月 16 日）、《關於加強金融精準扶貧信息對接共享工作的指導意見》（2016 年 5 月 25 日）、《大中型商業銀行設立普惠金融事業部實施方案》（2017 年 5 月 23 日）。

念，優化了治理模式，展現了綠色金融、普惠金融的發展前景，金融體制趨向成型和穩固。

但是，由於傳統痼疾、體制制約和發展瓶頸，金融領域也存在諸多挑戰。一是貨幣供應量增速過快，儘管實體經濟槓桿率偏高、結構失衡，但金融業佔用資產更多，脱實向虛傾向明顯。二是直接融資與間接融資比例失衡，間接融資比重長期偏高導致槓桿率過高、期限錯配、信用違約以致金融風險上升。三是利率匯率市場化雖然進展明顯，但利率傳導、調控機制不暢，監管部門的窗口指導性利率干預過頻，剛性兑付和隱性擔保廣泛存在，大量借貸主體對利率價格信號缺乏理性反應；外匯交易產品和風險偏好主體單調，外匯交易、價格發現中市場機制受限，資金套利套匯空間和監管壓力過大。四是微觀信用風險和宏觀槓桿風險突出，部分國有企業債台高築，「僵屍企業」難以出清，商業銀行不良資產增多，影子銀行風生水起，監管套利和空轉套利盛行，金融部門槓桿攀升，債券市場違約頻繁，理財產品風險集中。五是金融創新活力超越市場監管能力，創新活躍、越界與監管遲鈍、失據相互交錯，亂象叢生。有別於傳統金融的金融業態、模式創新及其多維風險，嚴重衝擊現行監管體制，市場規制能力追趕不及金融創新速度，求助於傳統規則及其工具，既抑制金融深化，又不足以應對市場上頻繁發生的信息分割、風險交叉、經營違規以及違法犯罪行為。六是資本項目逐步開放和人民幣國際化，跨境資金流動頻增量升，套利套匯行為因境內外金融體制與利率匯率政策差異而花樣翻新，既有可能衝擊國內金融市場、影響在岸匯率穩定，又會加劇離岸市場人民幣匯率波動和央行熨平匯率波動的難度。[①] 此外，利率匯率等金融產品價格的市場化，滯後於大型國有銀行以引進戰略投資者方式吸收外國資本（即金融資本市場化）的進程，由此帶來的資產股價、資本溢價、資產收益損失教訓深刻，資本賬戶開放和人民幣國際化過程中，優化金融改革開放的次序和節奏也十分重要。

---

① 例如，2015 年以來跨境進入香港的萬餘億元人民幣資金不僅沒有擔當起人民幣國際化角色，反而更多地被貸款企業兑換成美元和港元，成為離岸市場上與中國央行進行匯率博弈的重要籌碼。

金融深化的體制制約也是金融改革的目標指向。適應網絡金融發展新特點，放寬民間金融機構主體參與、網點佈局、遠程業務等領域的限制，推進新型金融機構體系建設；完善貨幣市場體系、貨幣供應管理及其政策操作工具，強化信貸主體尤其是國有企業的預算約束，化解其資金價格不敏感痼疾；優化社會融資和資本市場結構，強化服務實體經濟功能，以資訊披露為核心推動股票發行和再融資市場化改革，健全市場預警和退出機制；接軌國際金融市場規則，完善人民幣匯率形成機制，加快人民幣離岸市場建設，壓縮資金跨境套利套匯空間；支援金融技術、業態、模式創新和資訊網絡平台建設，健全對外貿易、投資綜合金融服務體系；遵循金融開放次序與規律，推動金融業雙向開放，提升我國金融國際化水準和全球競爭能力；適應金融創新開放、功能深化及行為細化，強化金融監管能力和社會信用體系建設，規範各級各類監管機構權責行為，壓縮、消除監管套利空間，建立資訊共享機制及風險預警與處置快速反應機制。

第八章

經濟開放與開放型體制建設

新中國成立以來，在相當長一個時期，國際上受到西方世界的封鎖圍堵，國內計劃體制與國際商務規則存在隔膜，在國際社會中處於半封閉狀態。儘管做過打開國門的努力，但真正融於國際社會，則是改革開放的歷史成就。數十年來，從沿海到沿江沿邊、從東部到中西部、從局部試點到全國範圍，我國深化國內改革推動對外開放，擴大對外開放倒逼國內改革，順應經濟全球化潮流，開放國內貿易投資市場，承接國際產業轉移，參與全球經濟合作，建設開放型經濟體系，經濟實力、綜合國力、經濟開放度和國際影響力都步入世界前列。

一、區域性開放試點推動開放型經濟成長

改革開放之初，人們在思想認識上存在諸多條條框框，在實踐中有體制束縛，也缺乏對外開放的經驗。先在部分地區和一些領域試驗破題、積累經驗，進而推動開放型經濟發展，既是歷史過程也符合邏輯規律。

(一) 設立經濟特區與漸進式開放試驗

適應改革開放引進外資的需要，1979 年 7 月，全國人大五屆二次會議通過《中華人民共和國中外合資企業法》，開啟依法利用外資進程。1980 年 5 月，國務院決定擴大廣東、福建兩省經濟管理權限，實行涉外經濟特殊政策，設立深圳、珠海、汕頭、廈門經濟特區，賦予其發展外貿、引進外資及先進技術的機動權，發揮毗鄰港澳台優勢，利用國際市場機遇加快發展經濟。

廣東、福建兩省四個經濟特區的設立及實踐探索，為我國區域性對外開放積累了經驗，提供了對外開放的先導性示範案例。20 世紀 80 年代中後期到 90 年代初，我國對外開放範圍由經濟特區逐步擴大到沿海、沿江、沿邊地區，呈現出由東部沿海向中西部內地推進延伸的趨勢。

借鑒經濟特區實踐經驗，1984 年 3 月，黨中央、國務院決定開放大連等 14 個沿海港口城市，創設經濟開發區，賦予其實行税收優惠、擴大對外經濟自主權等試點政策。1985 年 2 月起，國家分步開放長三角、珠三角、閩南廈漳泉三角地區及遼東半島和膠東半島。1988 年 4 月，設立海南經濟特區。1990 年 4 月，開發開放上海浦東新區，建設上海國際經濟、金融、貿易

中心，帶動長三角和整個長江流域開放發展。1991 年，開放滿洲里、丹東、綏芬河、琿春 4 個北部邊境口岸城市，並相繼批准上海外高橋等沿海重要港口設立保稅區。[①] 這一時期沿海經濟特區和經濟開發區的設立以及各類開發開放試驗，使我國抓住了周邊國家和地區勞動密集型產業大幅度調整轉移的機遇，依託勞動力資源豐富的比較優勢，發展所謂「大進大出」「兩頭在外」的勞動密集型、外向型經濟，對接國際商務規則，參與全球市場分工，推動國內就業增長、經濟發展和體制轉軌。

20 世紀 90 年代，我國對外開放開始融入建立社會主義市場經濟體制和開放型經濟體系新階段。1992 年，以上海浦東為龍頭，開放了重慶、武漢、九江等 6 個沿江港口和三峽庫區；隨後幾年又陸續開放了 13 個沿邊城市和 11 個內陸省會城市，以及一大批內陸縣市。伴隨着西部大開發，對外開放開始擴大至廣大西部地區。包括經濟特區（點）、沿海沿江開放城市（線）、沿海經濟開發區（帶）和內陸地區（面）在內的我國全面對外開放格局基本形成。我國再一次抓住了發達國家資本密集型製造業和高新技術產業中的勞動密集型環節向外轉移的機遇，擴大外資准入和利用規模，參與全球產業鏈分工，發展和提升國內勞動密集型產業，啟動商業零售、銀行、保險、證券、電信等領域開放試點，推動對外貿易升級和擴大對外開放，為我國更大範圍、更深層次地參與經濟全球化積累了經驗，奠定了理念、要素及體制基礎。

經過長達 15 年的艱巨談判歷程，2001 年 12 月 11 日，我國成為世界貿易組織成員，國內對外開放進入新階段。有限範圍、部分領域、一些地區的

---

① 保稅區亦稱保稅倉庫區，是一國海關設置的或經海關批准註冊、受海關監督和管理的可以較長時間存儲商品的區域。中國保稅區是經國務院批准設立、海關實施特殊監管的經濟區域。自 1990 年國務院批准設立第一個保稅區，共設有上海外高橋、天津港、深圳福田、深圳沙頭角、深圳鹽田港、大連、廣州、張家港、海口、廈門象嶼、福州、寧波、青島、汕頭、珠海、合肥等 16 個保稅區，後來又在內陸多地陸續增設。保稅區最初的功能定位是倉儲、轉口和加工貿易。2001 年中國加入 WTO 時，按照 WTO 市場准入原則，承諾 3 年內逐步放開工業品貿易權，分階段取消各類商品的市場配額和其他數量限制，最大限度地對其他成員開放服務業，保稅區所享有的優惠政策逐漸弱化，開始逐步向國際通行的自由貿易區轉型。

開放轉變為全方位、多層次、寬領域的開放；以開放試驗為特徵的政策性開放轉變為法律框架下的制度性開放；單方面為主的自我開放市場轉變為我國與世貿組織成員間的雙向市場開放；被動接受國際經貿規則的開放轉變為參與制定國際經貿規則的開放；依賴雙邊磋商機制協調經貿關係的開放轉變為可以多雙邊機制相互結合與促進的開放。

按照加入世界貿易組織的相關承諾，我國大幅降低關稅總水準、減少非關稅措施，提升貿易自由化、便利化水準。制定、修訂、廢止 3 000 餘件法律、行政法規和部門規章，加上地方性法規政策，總數超過兩萬件；開放金融、電信、交通、建築、分銷、旅遊、法律等眾多服務領域；推動知識產權保護和投資環境改善；取消實行了 50 餘年的外貿權審批制，改行對外貿易經營者登記備案制度。[①] 加入世貿組織和實行涉外經濟體制改革後，我國外貿體制與國際多邊經貿規則加速接軌，與更多國家和地區發展更廣領域、更深層次的經貿合作，並開展相應的服務、保障和監管體系建設。

(二) 全面深化改革與全方位經濟開放

進入全面深化改革階段，加快自由貿易區建設、形成全方位開放新格局、統一內外資法律法規、構建開放型經濟新體制，成為新時期發展更高層次的開放型經濟的主要任務。

黨和國家出台了一系列政策意見，推動外貿外資和對外管理可持續發展體制建設，打造開放安全的開放型經濟體系，營造穩定、公平、透明、可預期的開放型營商環境。[②] 重點優化對外開放區域佈局，形成陸海內外聯動、東西雙向互濟的開放格局；開展自由貿易區試驗和自由貿易港建設，賦予其更

---

① 參見全國人大十屆八次會議 2004 年 4 月 6 日修訂通過的《中華人民共和國對外貿易法》。
② 參見《中共中央國務院關於構建開放型經濟新體制的若干意見》(2015 年 5 月 5 日)；中央十九大報告《決勝全面建成小康社會　奪取新時代中國特色社會主義偉大勝利》(2017 年 10 月 18 日) 等。

多的涉外經濟改革自主權[①]；實行貿易投資自由化、便利化政策，培育貿易投資與產能合作新業態、新模式，全面實行准入前國民待遇加負面清單管理制度[②]；提出「一帶一路」倡議，拓展國際經濟合作新空間等。

從區域性開放的局部試點和經濟特區試驗走向自由貿易區（港）建設，標誌着我國在改革開放深入發展、綜合國力與國際競爭力顯著提高的背景下，進入全面建設開放型經濟體系的新階段。國家適時出台政策意見並會同地方制定和發佈自由貿易試驗區建設總體方案，聚焦於金融開放創新、貿易投資便利化和市場規制方式轉變等領域。[③]

金融領域重點試驗資金跨境流動、資本市場對外開放、自由貿易賬戶以及證券、保險和銀行等金融行業的開放。包括擴大人民幣跨境使用、推進區內利率市場化、外匯管理改革和自貿區內證券業開放等。上海自貿區開展自由貿易賬戶（FT 賬戶）體系試驗，銀行等金融機構為自貿區內分賬核算單元的客戶開立規則統一的本外幣賬戶，打通自貿區與離岸市場之間的通道，為區內企業涉足海外市場所需的貿易結算和跨境投融資匯兑提供便利條件。[④] 開展對離岸業務經營授權、區內銀行業金融機構和高管准入簡化、金融業務風

---

① 自由貿易區指在一國的部分領土內，就進口税及其他税種而言，任何貨物運入被視同在關境以外，免於實施慣常的海關監管制度。自由貿易區的核心是強調「境內關外」的經濟自由性。自由貿易港具有與之大致類似的性質。在我國，自由貿易區、自由貿易港被賦予了開放型經濟體系建設的諸多試驗任務。

② 准入前國民待遇的實質是在外資進入階段給予外國投資者及其投資國民待遇，即引資國對外資進入給予其不低於內資的待遇。這一待遇不是絕對的，允許有例外。世界各國較為普遍地採用負面清單方式，將其核心關注的行業和領域列入其中，保留特定形式的進入限制。未列入負面清單之中的行業和領域，則不對外資實行限制政策。准入前國民待遇加負面清單模式已逐步演變為國際慣常做法。

③ 參見國務院辦公廳《自由貿易試驗區外商投資國家安全審查試行辦法》（2015 年 4 月 8 日）、《自由貿易試驗區外商投資准入特別管理措施（負面清單）》（2015 年 4 月 8 日，適時修訂）；商務部《自由貿易試驗區外商投資備案管理辦法（試行）》（2015 年 4 月 8 日）、《關於支持自由貿易試驗區進一步創新發展的意見》（2017 年 12 月 17 日）及各自由貿易試驗區（港）總體方案等。

④ 在自由貿易賬戶（FT 賬戶）框架內，企業本外幣資金按統一規則管理。境內企業基本擁有了一個可以和境外資金自由匯兑的賬戶，境外企業則可以按准入前國民待遇原則獲得相關金融服務。通過該項制度，企業境內外資金可以實現雙向自動歸集，提高資金使用效率或降低融資成本，避免了企業國內資金賬戶與境外資金賬戶各自獨立、無法實現境內外資金的統一調配和管理等問題。

險監測等試驗，探索銀行業監管新模式。上海自貿區的金融業試驗辦法在全國其他地區得到不同程度、不同範圍的複製推廣。

推動貿易便利化改革試驗。一是創新海關審單作業模式。改變「人工、實時、逐票」審單模式，以企業信用為前提，對低風險單證實施計算機自動驗放，對部分重點紙質單證進行人工審核，報關單自動驗放比率超過 70%。二是簡化通關流程，縮短通關時間。一線入境貨物「先進區後報關」，企業入境貨物由港區到區內倉庫時間平均從 2 ~ 3 天縮短至半天，物流成本平均降低 10% 左右；實行異地網上報檢，從申報到收到通關單據 10 分鐘內即可完成，較以前節約了 3 小時 / 批。三是採用「先放行後徵稅」「集中匯總納稅」[①]「保税展示交易」[②] 等措施，降低通關物流成本，並於 2015 年起逐漸在全國海關特殊監管區域及以外地區複製推廣。四是推進海關監管創新。通關申報環節改「一票一報」的傳統逐票方式為批次進出、集中申報的「多票一報」方式，允許企業貨物分批次進出，在規定期限內集中辦理海關報關手續，大幅減少企業申報次數和通關成本。報備環節推行「一次備案、多次使用」，區內企業賬冊經一次備案後，不再需要向海關重複備案，就可以開展多項需要海關核准開展的業務，較好地滿足了區內企業保税加工、保税物流、保税服務貿易（如檢測維修、研發設計、保税展示交易、期貨保税交割、融資租賃）等多元化業務需求。貫徹「守法便利」理念，實行自主報税、海關重點稽核，將海關審核把關為主轉變為企業自主申報為主，將海關事前監管為主轉變為事前、事中、事後監管聯動，提高了企業

---

① 海關傳統徵税方式為「逐票審核、徵税放行」模式。改革後將傳統的海關主導型税收徵管模式轉變為企業主動型徵管模式。在有效擔保前提下，實行先放行後徵税、集中匯總納税模式，企業在規定的納税周期（通常為一個月）內，對已放行貨物向海關自主集中繳付税款，海關推進税收徵繳電子化，由實時性審核轉為集約化後續審核和税收稽核，實現高效率、低成本通關。據測算，應税貨物通關時間節省約 70%。

② 保税展示交易指「保税進，行郵出」，在通關時無須繳納進口税，只在出保税區時繳納和直郵代購一樣的行郵税即可；《海關總署關於跨境電子商務服務試點網購保税進口模式有關問題的通知》規定，一定限值之內的個人物品辦理通關手續，只需繳納行郵税。保税展示交易可節約物流成本 90% 以上，減少關税成本近 80%，唯一增加的成本是幾乎可忽略不計的在區內的倉儲費用。

申報水準、質量和通關效率。

實現負面清單大幅瘦身，放寬外商投資准入範圍。自由貿易試驗區外商投資准入特別管理措施（負面清單）通常逐年修訂、瘦身擴圍。如 2017 年版與 2015 年版相比，減少了 10 個條目、27 項措施。減少的條目包括軌道交通設備製造、醫藥製造、道路運輸、保險業務、會計審計、其他商務服務等。四大自貿試驗區當年實際吸收外資 879.6 億元，同比增長 81.3%。2017 版自由貿易區負面清單大幅放寬外資准入領域並推廣至全國。其中製造業除極少數敏感領域外，其他領域的外資股比、業務範圍等已陸續放開;金融、教育、文化、醫療等領域成為開放重點。以准入前國民待遇加負面清單為標誌的公平透明的外商投資管理制度成型。此外，上海自貿區還推行商品住宅用地外的建設用地用途相容、彈性便利與混合使用，根據商業經營類、工業物流類、研發總部類等土地主要用途不同，分別採取招標拍賣掛牌、項目掛牌出讓或協議劃撥等差異化供地方式，簡化土地使用流程，提高土地開發強度，為綜合分區、物流分區、服務分區創造了用地制度基礎。

推進商事登記制度改革，轉變市場規制方式。一是提高企業開辦的便利度。在廣州自由貿易試驗區，企業可在一天內領到營業執照，三天內完成開通銀行基本戶和印章備案，可比肩全球效率最高的國家和地區；開通商事服務「香港通」，港人及海外投資者可以在香港註冊南沙企業，這項服務將拓展至更多國家和地區。二是實施國際化評估標準體系。參考國際協力廠商評估指標體系的理念和方法，特別是世界自由貿易區組織 2016 年 5 月在迪拜提出的「未來自貿區計劃」所包含的卓越性實踐、創新創業、可持續性三大支柱性指標，上海自貿試驗區於 2018 年 3 月率先在國內發佈自貿區卓越指數指標體系，從營商便利、經濟貢獻、創新創業和可持續性等四個維度，形成了具有國際可比性、可計量、引領性強的自貿試驗區績效評估指標體系，重點關注投資貿易自由度、規則開放透明度、監管公平高效性、營商環境便利化等核心要素，為我國自貿試驗區確立了國際化的評估標準、推進路徑和發展目標。三是完善商事法律服務體系。廣州自貿區組建了南沙國際仲裁中心、廣州國際航運仲裁院等一批專業仲裁機構，在全國率先實現自主選擇三大法系仲裁。[①]

此外，自由貿易區還有一批剛剛起步或有待啟動的前瞻性試點政策。如證券業開放政策規定，在自貿區內就業並符合條件的境外個人可按規定在區內證券期貨經營機構開立非居民個人境內投資專戶，開展境內、境外證券期貨投資；符合條件的區內金融機構和企業可按規定開展境外證券期貨投資，並可率先試驗人民幣資本項目可兑換，合格境內個人投資者境外投資，擴大人民幣跨境使用等。[②] 自由貿易區試驗也提出了對接國際標準、完善法規體系、創新監管模式等改革創新和制度建設新要求。

多雙邊經貿關係深化與區域經濟合作發展，使我國全方位融入世界經濟體系，參與經濟全球化的能力大幅提升。20 世紀 90 年代以來，我國積極參與亞太經合組織、上海合作組織和亞歐會議等區域性合作，已同亞洲、拉美、大洋洲、歐洲等 24 個國家和地區簽署 16 個自由貿易區協定，關稅覆蓋的商品範圍超過 90%。我國還在繼續推進多個自貿協定談判，其中 2012 年啟動的《區域全面經濟夥伴關係協定》（RCEP）談判，將涵蓋全球一半以上人口和 30% 左右的經濟和貿易規模。2017 年，我國與自貿區夥伴（不含台港澳）的貿易額佔貨物貿易總額的 25.8%。加入世界貿易組織後，除切實履行相關談判承諾外，我國堅定支持多邊貿易體制，反對單邊主義和保護主義，推進貿易投資便利化自由化。近些年來，我國堅定不移地奉行互利共贏的開放戰略，通過二十國集團、金磚國家等機制，建設性參與全球經濟治理。

---

① 三大法系是指歐洲大陸法系、英美法系和中華法系。

② 參見中國人民銀行會同商務部、銀監會、證監會、保監會、外匯局和上海市人民政府聯合印發的《進一步推進中國（上海）自由貿易試驗區金融開放創新試點　加快上海國際金融中心建設方案》（2015 年 10 月 29 日）。其中金融改革試驗項目回應了業界期待多年的多項熱點、難點政策。

二、對外貿易體制轉軌和開放發展

計劃經濟時期，我國外貿管理權集中於中央，國家外貿公司壟斷對外貿易。外貿體制改革經歷了下放進出口貿易管理權、實行政企分開和企業承包經營責任制，以及建立現代外貿企業制度和開放對外貿易等階段，逐步建立起適應社會主義市場經濟和國際市場競爭要求的對外貿易體制。

（一）對外貿易壟斷經營破局

改革開放初期，我國對外貿易額不到世界貿易總額的百分之一，不僅落後於發達經濟體，而且不及許多發展中國家和地區。為改變外貿落後和外匯緊缺狀況，國家開始推進外貿體制改革。

打破國家外貿公司獨家壟斷經營格局。改革開放之初，開始試行出口商品分級管理，允許省、市、自治區成立外貿專業公司，從事進出口貿易相關業務；增設口岸和調整口岸分工，允許外貿口岸直接對外洽談業務，簽約成交、交貨接貨；擴大生產企業辦外貿權限，發展出口商品生產，參與國際貿易活動；適應對外貿易業務發展，實行貿易和非貿易外匯留成；允許部分地區出國開辦企業、試辦出口特區，鼓勵各地方、各部門根據自身條件和特點，因地制宜地開展相關涉外生產和貿易活動。[①]

推進外貿企業經營管理體制改革。隨着進出口貿易管制政策放寬，1979年起，國家先是在廣東、福建兩省試點建立外貿公司，隨後擴大至北京、天津、上海三市，賦予這些外貿公司以及國家外貿總公司的口岸分公司成交簽約、獨立經營等外貿自主權。20世紀80年代中期，國家外貿公司開始實行政企分開，以出口計劃、成本和盈虧總額為主，推進承包經營責任制。政府外貿管理體制也進行了相應的機構和職能調整，並成立進出口商會，承擔業

① 參見國務院《關於大力發展對外貿易增加外匯收入若干問題的規定的通知》（1979年8月13日）；《開展對外加工裝配和中小型補償貿易辦法》（1979年9月3日）。

務諮詢、資訊交流服務和部分協調管理職能。[①]

恢復重建進出口許可證管理制度。在國際社會，許多國家自 20 世紀早年開始，即利用發放許可證等手段調節進出口貿易，因其手段靈活、有效，備受各國政府重視而廣泛採用。20 世紀 50 年代中期以前，我國對進出口商品全面實行許可證管理。隨着計劃體制的建立，國家設立了少數幾家外貿專業公司壟斷經營對外貿易，取消了許可證制度。順應改革開放和對外貿易多元發展及規制的需要，1980 年 6 月起，國家重新建立進出口許可證制度。

（二）市場深化助推外貿體制改革

20 世紀 90 年代起，我國外貿體制改革開始進入適應社會主義市場經濟發展建制和加入世界貿易組織要求的新階段。人民幣匯率並軌和對外貿易法的發佈實施也為之提供了相應的制度條件。

全面開放進出口貿易經營權。1992 年 6 月起，國家賦予生產企業進出口經營權；次年又賦予科研院所科技產品進出口權，開展商業企業、物資企業進出口權試點。1994 年和 1996 年，國務院分別決定對少數實行數量限制的進出口商品管理按照效益、公正、公開原則實行配額有償招標，對全國加工貿易進口實施銀行保證金台賬制度，維護加工貿易經營及監管秩序。1998 年 8 月起，賦予私營生產企業和科研院所自營進出口權。根據加入世界貿易組織的需要，從 2000 年起，開始對幾乎涵蓋我國進出口管理體制所有方面的各項對外經濟貿易法規，進行適應 WTO 規則的立、改、廢調整；對外貿經營資格管理進行重大改革，統一各種所有制企業進出口經營資格和條件。我國正式成為 WTO 成員後，通過引入資質、信用、環保、勞動安全標準等制度創新，規範敏感產品進出口管理；放開外貿經營權，同步進行信用體系建設，維護外貿經

---

① 在此期間，政府外貿管理機構幾經變易。1979 年 3 月，國務院成立進出口領導小組，同年 8 月設立國家進出口管理委員會；1980 年成立海關總署；1982 年，國家進出口管理委員會、對外貿易部、對外經濟聯絡部、外國投資管理委員會合併，設立對外經濟貿易部；1987 年 3 月，國務院成立關税税則委員會。

營秩序；從鼓勵出口轉向產業政策調節，促進進出口基本平衡發展。以市場為基礎、與國際商務規則相銜接、全面開放的外貿管理體制初步建立起來。

隨着對外貿易由壟斷經營轉變為多元發展，管理體制從審批制逐步過渡到備案制。1978 年底，全國只有國家壟斷經營的十幾家外貿專業總公司及其百餘家分支機構。經過審批權限下放、外貿企業改革、多元經營開放等，到 1999 年底，全國內資外貿企業總數達到 29 400 餘家。傳統的外貿審批制隨 2004 年 7 月《對外貿易法》和《對外貿易經營者備案登記辦法》的修訂與頒行過渡到備案登記制，提前履行相關「入世」承諾，我國進出口貿易管理法規體系基本成型。

加入世界貿易組織和對外貿易法制化建設，推動了進出口管理的規範化和自由化。我國對進出口商品按照禁止類、限制類和自由類分別實行許可證、國營貿易、自動進口等分類管理方式。多次大幅度削減實行出口配額許可證管理的商品種類。其中 1998—2007 年，十年間許可證管理商品由 114 種、佔全國出口總額 28%，下調為 40 餘種、佔比僅 4%。大宗商品出口管理與 WTO 規則接軌。進口關税總水準從改革開放初期的 50% 左右降至 10% 以下，相當於世界平均水準的 1/4 左右。履行「入世」相關承諾，2005 年起基本取消了進口配額和許可證等非關税措施。零關税特惠措施已經覆蓋到與我國建交的所有最不發達國家。中國市場已經成為世界上自由化和開放程度較高的市場之一。

2008 年受全球金融風暴影響及國內生產成本上升，我國進出口貿易增速放緩、形勢嚴峻。國家密集出台貨物貿易和服務貿易體制改革政策，推動對外貿易結構優化和新型貿易業態發展。[①] 一是完善對外貨物貿易稅收金融制度

---

① 如《國務院辦公廳關於促進進出口穩增長、調結構的若干意見》（2013 年 7 月 26 日）；《國務院辦公廳關於支持外貿穩定增長的若干意見》（2014 年 5 月 4 日）；《國務院辦公廳關於加強進口的若干意見》（2014 年 10 月 23 日）；《國務院關於改進口岸工作支持外貿發展的若干意見》（2015 年 4 月 1 日）；《中共中央國務院關於構建開放型經濟新體制的若干意見》（2015 年 5 月 5 日）；國務院印發《落實「三互」推進大通關建設改革方案》（2014 年 12 月 26 日）；《國務院關於促進加工貿易創新發展的若干意見》（2016 年 1 月 4 日）；《國務院關於促進外貿回穩向好的若干意見》（2016 年 5 月 5 日）；《中國國際進口博覽會總體方案》（中央深改組 2017 年 6 月 26 日審議通過）。

和產業政策。降低相關產品關稅水準，暫免出口商品法定檢驗費用；優化出口退稅流程，建立出口退稅分擔機制；建成13個跨境電子商務綜合試驗區，推動加工貿易梯度轉移、優化升級；改善出口保險服務，提高出口信用短期險滲透率；改革貨物貿易外匯管理制度，簡化貿易收付匯手續和業務辦理流程；促進貿易政策與產業政策銜接協調，創新進出口並重開放模式和貿易摩擦應對機制。二是改革服務貿易稅收服務和管理制度。適時推進營業稅改增值稅，對服務出口實行免稅或零稅率；調整服務貿易專項資金政策；改進服務貿易口岸通關管理制度；加強服務貿易區域合作，健全與WTO規則接軌的服務貿易法律體系；修訂相關統計制度，建立符合國際規範的服務貿易統計體系。三是創立新型貿易業態發展體制。推動跨境電商、海外倉儲、市場採購模式、綜合服務企業等新型外貿業態發展；建設以服務企業為核心的採購、生產、服務一體化電子信息平台，促進跨境電商物流服務、產業集羣和對外合作發展；開展支付機構跨境外匯支付業務試點，健全跨境電子支付結算管理體系；興辦內外貿結合、經營模式與國際接軌的商品交易市場和大型國際展會，構建新型內外貿一體化體系；革新監管理念與方式，完善跨境電商檢驗檢疫政策和進出口稅收制度。

(三) 貿易便利化服務體系建設

外貿體制改革和對外貿易發展，推動了口岸通關等基礎性服務體系改革創新，有力地支持了貿易便利化和開放型經濟發展。

口岸是供人員、貨物、物品和交通工具直接出入境的港口、機場、車站、跨境通道等場所。1978年底，我國僅有對外開放口岸51個。其中水運（海運、河運）開放口岸限於部分沿海（江）地區，鐵路、公路開放口岸限於少數沿邊地區，航空開放口岸限於區域中心城市。改革開放後，對外經濟貿易活躍、增長，沿海港口口岸壓力驟增，壓船壓港成為「通病」，亟須增開水運、陸路、航空等貨物貿易口岸以適應對外貿易及經濟合作需要。20世紀80年代，適應經濟特區設立和「三來一補」貿易發展需要，國家陸續增開了一批水運口岸和直接往來港澳地區的貨物啟運裝卸點；增開了一些陸路、邊境口岸，支持沿邊地區邊境貿易、易貨貿易和跨境旅遊業發展。隨着改革開放由沿海、沿邊地區向內地推進，又相繼開放了一批航空、水運、陸路口岸。90 年代以後，開放型經濟發展推動着口岸數量增多，佈局漸趨合理。到 21 世紀初，基本形成全方位、多層次、立體化口岸開放格局。

口岸通關涉及海關、邊防、商品檢驗、衞生檢疫、動植物檢疫、船舶檢驗、港務監督以及外貿管理、港口裝卸、交通運輸和服務保障等多個部門。這些部門適用的法律法規和管理制度各有特點，業務交叉、重複查驗、多頭管理、各自為政、效率低下一度普遍存在。國務院適時調整口岸領導機構和管理範圍，由過去單純的港口口岸管理擴大到水運、陸路、航空口岸綜合管理；制定口岸管理規則，以法規形式規定港口口岸工作對象、內容、方針、任務，明確檢查、監督、檢驗、業務經營、財務外匯管理、國際海員工作等管理機構職責，以及口岸通關協調、矛盾爭議仲裁原則等；實行口岸開放分類管理，對其類別劃分、開放與關閉、報批與驗收程式、檢查檢疫機構設立以及建設資金來源、臨時進入非開放區域審批權限等做出規定；對地方口岸管理的職責範圍、協調仲裁原則及權力予以明確規範。沿海有關地方政府也相繼建立健全口岸管理機構。[①]

口岸通關監管涉及多家機構，歷史上這些機構分別隸屬中央、地方和軍隊建制，缺乏獨立統一的管理體系。1980 年 2 月起，恢復成立國家海關總署，設立進出口商品檢驗總局、動植物檢疫總所，將全國海關建制收歸中央管理，實行統一垂直領導體制。[②]1984—1988 年間，交通部設立港務監督局專責水上安全監管、實行垂直管理；承擔邊防檢查、邊境管理的武警部隊劃歸公安部邊防局管理；衞生部組建統一的國家口岸衞生檢疫機構，負責全國口岸食品衞生監督檢驗。1995 年起，水運口岸港務監督、邊防、海關、檢

① 參見《國務院關於加強港口口岸組織領導的通知》（1978 年 11 月 25 日）；《港口口岸工作暫行條例》（1980 年 8 月 27 日）；《國務院關於進一步加強口岸工作領導的通知》（1984 年 1 月 21 日）；《國務院關於口岸開放的若干規定》（1985 年 9 月 18 日）。

② 參見《國務院關於改革海關管理體制的決定》（1980 年 2 月 9 日）。

驗檢疫等相關機構職責更加明確，船舶進出港口查驗手續簡化、通關效率提高。[①]1998 年後，組建由海關總署管理的國家出入境檢驗檢疫局，將原分散在衞生部、農業部和進出口商品檢疫檢驗局的相關職能一併移交給新組建的出入境檢驗檢疫局，實現衞生檢疫、動植物檢疫、商品檢驗「三檢合一」，並在全國設立 35 個直屬機構，實行垂直管理。改革水上安全監督管理體制，將交通部所屬港務監督局和船舶檢驗局職能整合組建海事局，履行國家水上安全監督、船舶及海上設施檢驗、航海保障管理、水上搜救以及污染防範和水上安全生產管理等職責，對所有負責沿海、內河港口及相關水域對外開放的海事監管機構實施垂直管理。

適應加入世界貿易組織後的貿易原則公平統一和對外貿易快速增長的需要，2001 年起，我國啟動口岸大通關改革和電子口岸建設。[②]

國家將出入境檢驗檢疫局與質量技術監督局合併，組建國家質量監督檢驗檢疫總局，便利出入境檢驗檢疫和質量技術統一監管；各部門、地方政府特別是重點口岸所在地政府相繼建立聯絡協調機制，出台本地區大通關建設實施意見和具體措施；交通部在山東港口至韓國仁川航線上推進攜車旅行和汽車貨物運輸試點；鐵路部門對國家戰略性物資進出境採取便捷管理措施，縮短車輛在口岸換裝和在站停留時間；商務部在大湄公河次區域合作框架下推進與越南、老撾、緬甸等國家雙邊口岸一站式通關模式試點；民航部門加快中西部地區航空口岸基礎設施建設，在主要航空口岸旅檢通道試行邊檢、海關、檢驗檢疫申報「三單合一」改革；海關總署與質檢總局簽署關檢合作備忘錄，建立、啟動關檢合作機制。2006 年 9 月，長三角區域各省市建立區域快速通關協作機制，通關改革範圍擴展到長江流域、沿海地區以及中西部

---

① 參見國務院《國際航行船舶進出中華人民共和國口岸檢查辦法》（1995 年 3 月 21 日）。

② 參見《國務院辦公廳關於進一步提高口岸工作效率的通知》（2001 年 10 月 9 日）。大通關是指口岸各服務機構和管理部門通過高效服務與有效監管相結合，實現口岸物流、單證流、資金流、信息流等高效順暢運轉，提高口岸通關效率。電子口岸是中國電子口岸執法系統的簡稱。該系統運用現代信息技術，藉助國家電信公網，將各類進出口業務電子底賬數據集中存放到公共數據中心，企業可以在網上辦理各種進出口業務，國家職能管理部門可以跨部門、跨行業進行聯網數據核查。

地區。2007 年 4 月，海關總署、質檢總局及上海市分別與中部六省簽訂口岸合作框架協議。同年 7 月，東北三省和內蒙古自治區簽署四省區大通關合作框架協議，北方部分省級口岸管理部門簽署北方地區大通關建設協作備忘錄，推動中央與地方以及地方之間跨區域、跨部門口岸大通關戰略合作。

在大通關建設中，口岸相關部門借鑒國際先進口岸管理經驗，創新通關作業流程和口岸管理模式。海關、檢驗檢疫部門改變傳統的口岸集中辦理貨物通關方式，推行「提前報驗、提前報關、實貨放行」和「屬地申報、口岸驗放」通關模式以及相關的仲介代理服務和港航部門改革。全國口岸邊防、海關、檢驗檢疫、海事機構及通關相關單位推出 24 小時預約服務。邊檢部門推動出入境證件聯網鑒別系統建設，實現多用戶通過音頻、視頻異地同步顯示證件圖像功能，在部分海關建設旅客出入境自動檢測通道，提高口岸邊檢效率、通行便利性和防控能力。創新口岸通關監管模式，在重點口岸配置大型檢驗技術裝備，健全海關物流監控系統，推行無紙通關、便捷通關、預約通關等通關便利措施，在珠三角、長三角、環渤海、海峽西岸等區域推動跨區域通關改革。

依託科技進步建設電子口岸，提高通關效率和執法透明度。建設中國電子口岸，實現國務院各有關部門在大通關流程相關數據的共享和聯網核查；建設地方電子口岸，推動地方各有關部門、單位和企業將大通關核心流程及相關物流商務服務程式逐步整合到統一的資訊平台，推進全國「統一認證、統一標準、統一品牌」的電子口岸建設。其中 1998—2001 年間，建成了國務院相關部門之間互聯互通、資訊共享和聯網核查為主的口岸電子執法系統；2002—2005 年間，在電子口岸平台上完成了各地區、各相關部門全面聯網為主的大通關統一資訊平台建設。2005 年 8 月起，邊檢、海關、檢驗檢疫部門在拱北海關客車通關使用「一站式」電子驗放系統，首次實現統一平台、統一確認、統一放行，較傳統人工驗放效率提高 10 倍左右。檢驗檢疫部門推進「三電工程」[①] 建設及口岸與內地直通式電子報檢，提高電子報檢、電子簽

---

①「三電工程」在檢驗檢疫中原指電子報檢、產地證電子簽證和電子轉單。適應口岸大通關發展，相關業務管理系統增加了電子通關功能。現行「三電工程」是指出入境貨物檢驗檢疫電子申報、電子轉單和電子通關。

證比例。海事部門基本建成裝備先進、內外聯通、適應海事管理要求的數字海事平台。國家明確規範電子口岸建設的內容和目標，推動電子口岸建設朝簡化進出口手續及單證、提高通關服務與監管效率、降低口岸通關成本、整合優化口岸管理資源的國際「單一視窗」管理模式發展。[①] 此外，相關法律法規也漸成體系，口岸管理步入專業化、法治化軌道。[②]

(四) 貿易結構優化與競爭地位變化

外貿體制改革和貿易便利化服務體系建設，使我國對外貿易市場主體更加活躍，貿易夥伴更趨多元，開放型經濟迅速成長，我國一躍成為全球性貿易大國。

貨物進出口貿易增速加快、位次躍居前列。1978—2017 年，按人民幣計價，我國進出口貿易總額從 355 億元提高到 27.8 萬億元，增長 782 倍，年均增速 18.6%。其中，出口總額從 168 億元提高到 15.3 萬億元，增長 913 倍，年均增速 19.1%；進口總額從 187 億元提高到 12.5 萬億元，增長 665 倍，年均增速 18.1%。改革開放初期，我國貨物進出口貿易佔全球市場的比重僅為 0.8%，列第 29 位。外貿體制改革特別是加入世界貿易組織後對外貿易快速發展，我國貨物貿易規模相繼超越英國、法國、德國和日本，2009 年起連續 9 年保持貨物貿易第一大出口國和第二大進口國地位。2013 年，我國超越美國成為全球貨物貿易第一大國，並連續三年保持這一地位。2017 年，我國進出口貿易佔全球份額為 11.5%，重回第一貿易大國位次。

貿易類型和貿易品結構優化。改革開放初期，我國加工貿易發展較快，

---

① 參見《國務院辦公廳關於加強電子口岸建設的通知》（2006 年 5 月 15 日）。

② 如《國境衛生檢疫法》（1986 年 12 月 2 日通過，後經 2007 年 12 月 29 日、2009 年 8 月 27 日、2018 年 4 月 27 日三次修訂）、《進出境動植物檢疫法》（1986 年 12 月 2 日通過，後經 2007 年 12 月 29 日、2009 年 8 月 27 日、2018 年 4 月 27 日三次修訂）、《海關法》（1987 年 1 月 22 日通過，後經 2000 年 7 月 8 日、2013 年 6 月 29 日、2013 年 12 月 28 日、2016 年 11 月 7 日四次修訂）、《出境入境邊防檢查條例》（1995 年 7 月 20 日）《出境入境管理法》（2012 年 6 月 30 日）、《進出口商品檢驗法》（1989 年 2 月 21 日通過，後經 2002 年 4 月 28 日、2013 年 6 月 29 日、2018 年 4 月 27 日、2018 年 12 月 29 日四次修訂）等。

佔進出口總值的比重由 1981 年的 6% 逐步增長到 1998 年的 53.4%。此後，隨着貨物貿易結構調整和轉型升級，加工貿易佔比開始緩慢下降，2017 年下降至 29%。一般貿易比重從 2010 年起超過 50%，2017 年上升至 56.3%。1978 年我國初級產品出口佔 53.5%，工業製成品出口佔 46.5%；1986 年起，工業製成品出口比重開始超過初級產品，達到 63.6%；20 世紀 80 年代實現出口商品由初級產品為主向工業製成品為主的轉變，90 年代實現由輕紡產品為主向機電產品為主轉變。進入 21 世紀以來，以電子和資訊技術為代表的高新技術產品出口比重不斷提高。2001 年起，工業製成品所佔比重超過 90%；至 2017 年，工業製成品和初級產品出口比重分別為 94.8% 和 5.2%。1985—2017 年，我國機電產品出口從 16.8 億美元增加到 1.3 萬億美元，年均增速達 23.1%，佔全球市場的份額升至 17% 以上，連續 9 年保持機電產品全球第一大出口國地位；高新技術產品出口比重也從 2% 左右提高到 28.8%。

貿易市場日趨多元。1978—2017 年，我國對外貿易的國家和地區已由 40 多個發展到 231 個，其中歐盟、美國、東盟、日本等為主要貿易夥伴。自 2004 年起，歐盟和美國已連續 14 年位列我國第一和第二大貿易夥伴，2017 年中歐、中美貿易額佔進出口總額的比重分別為 15% 和 14.2%。我國與新興市場和發展中國家的貿易持續較快增長。2011 年起，東盟超越日本成為我國第三大貿易夥伴，在我國出口市場中的比重從 2000 年的 7% 提高到 2017 年的 12.5%。2013—2017 年，我國與「一帶一路」沿線國家貨物進出口總值 33.2 萬億元，年均增長 4%，高於同期我國貨物進出口年均增速 1.4 個百分點，成為貨物貿易發展的一個新的增長點。

服務貿易創新發展，成為對外貿易增長的新引擎。外貿體制改革促成了服務貿易發展和制度建設。近年來隨着服務業特別是生產性服務業水準的提高，我國在專業服務領域的國際競爭力增強，服務進出口貿易平穩較快增長，呈現出行業結構優化和高質量發展特徵。

服務進出口規模持續擴大。1982—2017 年，我國服務進出口總額從 46.9 億美元增長到 6 957 億美元，增長 147 倍，年均增長 15.4%。其中，服務出口增長 84.4 倍，年均增長 13.5%；服務進口增長 230 倍，年均增長 16.8%。

2013—2017 年，我國服務貿易累計進出口 3.2 萬億美元，年均增長 7.6%。其中出口 1.1 萬億美元，進口 2.1 萬億美元，年均增長分別為 2.5% 和 10.7%。

服務貿易結構優化升級。改革開放初期，我國服務進出口以旅行、運輸和建築等傳統服務為主。1982 年，三大傳統服務佔比超過 70%，其中出口佔比 78.3%，進口佔比 64.9%。隨着我國服務業改革開放和快速發展，以技術、品牌、質量和服務為核心的新興服務優勢顯現，金融保險服務、電信計算機和資訊服務、知識產權使用費、個人文化和娛樂服務等發展迅速。1982—2017 年，我國新興服務進出口總額增長 213 倍，年均增長 16.6%，高於服務進出口總額年均增速 1.2 個百分點，其中出口年均增長 15.9%，進口年均增長 16.3%。2017 年，新興服務進出口總額 2 161 億美元，同比增長 9.3%，高於服務進出口總額增速 4.2 個百分點；佔比達 31.1%，其中出口佔比 47.6%。新興服務中，電信計算機和資訊服務、知識產權使用費及個人文化和娛樂服務同比分別增長 20.1%、32.6% 和 21.8%，成為新的經濟增長點。

服務貿易國際地位提升。據世界貿易組織統計，1982—2017 年，我國服務出口世界排名由第 28 位上升至第 5 位，進口由第 40 位上升至第 2 位。2005—2017 年，我國服務進出口佔世界的比重由 3.2% 上升至 6.6%，其中出口佔比由 3.2% 上升至 4.3%，進口佔比由 3.2% 上升至 9.1%。自 2014 年起，我國已連續四年保持服務進出口全球第二大國地位。

三、投資領域開放及體制變革

伴隨涉外經濟體制改革和開放型經濟體系建設，我國開始深度參與經濟全球化過程。利用國際國內兩種資源、兩個市場優化經濟發展已成趨勢。

(一) 適應發展需要吸收境外融資

計劃經濟時代，我國曾以「既無內債又無外債」而自詡倨傲，資金供給管道狹窄。改革開放初期，迫於現代化建設需要，1978 年 6 月，國務院首次做出統借統還國外貸款、引進技術和設備的決定。次年 1 月，首批借用國際商業貸款項目正式簽約，開啟了我國境外融資的序幕。

20 世紀 80 年代中期之前，我國借用貸款規模總體較小，最高年份也只有 35 億美元左右，集中用於能源、交通、原材料工業投資，高等教育也佔有一定比重。其間，我國恢復在世界銀行和國際貨幣基金組織的合法席位後，1981 年 3 月第一筆 2 億美元世界銀行貸款正式簽約，全部用於教育部直屬 28 所重點大學教學設備配置和人員培訓。通過對外發債借用國際商業貸款也開始起步。1982 年中國國際信託投資公司在日本發行 100 億日元武士債券，首創新中國成立後通過發行債券在國際資本市場籌措資金。此後，福建國際信託投資公司、中國銀行也先後在日本市場上發債籌資。80 年代中後期，借用國外貸款達 542 億美元，仍然主要用於能源、交通、通信和原材料等工業領域。1986 年我國正式成為亞洲開發銀行成員後，亞洲開發銀行逐步成為我國借用國際金融組織貸款的重要資金來源之一。

20 世紀 90 年代起，我國借用國外貸款進入平穩發展期。1991—2000 年間，共借用外債 1 363 億美元，主要用於農業、水利、能源、交通、通信等重點支柱產業建設和國有企業及老工業基地改造，並進行國內企業發行境外可轉換債券試點。2000 年後，借用國外貸款更注重支持地區經濟協調發展以及鼓勵和引導非公有制經濟發展，注重與國債、扶貧等專項資金結合使用，重點投向交通基礎設施、城市市政設施、生態環境保護以及社會發展和扶貧項目。其中 80% 的優惠貸款投向中西部地區和東北等老工業基地。

通過國外貸款融資彌補國內建設資金不足特別是外匯不足，引進先進技術、裝備、人才及管理方式，部分緩解了經濟社會相關領域的瓶頸制約。但外債安全管理一直是發展中國家的難點問題。因管理不當而誘發債務危機甚至全面經濟危機，是許多國家曾經有過的深刻教訓。我國立足自身國情，借鑒國際經驗，在國際融資方面，建立起了集計劃管理、項目管理、統計監測及風險管理於一體的外債管理體系。

外債規模全口徑計劃管理與項目資金全流程管理。1983 年起，我國實行外債統一計劃、分級管理。針對一些地方和部門出現的多頭舉債、影響外債安全的苗頭，國家規定按審定建設項目對外借款，嚴格控制借用國際商業貸款總規模；對借用中長期國外貸款按指令性、指導性分類實行全口徑計劃管理，控制外債餘額過快增長，保障對外信譽和外債利用效率；制定和規範國外貸款備選項目規劃、項目資金申請報告、項目實施管理等各環節、全流程管理辦法。①

統計監測參照、接軌國際標準。我國外債規模最初按窗口部門分別統計。1987 年起，國家外匯管理局統一規範外債資金流出入管理，建立外債範圍、登記方法、賬戶管理、資訊反饋、償還審核等具體管理制度，及時、準確、完整地統計全國外債資訊，控制對外借債規模。②2001 年起，國家外匯管理局按照新的國際標準，對我國外債統計口徑和期限結構進行調整；2008 年起，企業貨物貿易項下的外債登記辦法接軌國際標準，較為完善的外債統計監測體系建立起來。

健全外債風險管控政策體系。我國外債大部分由企業承借，企業外債安全是國家外債安全的基礎。國家對國有企業外債風險管理的內容、要求及政策做出專門規定。外債綜合管理類基礎性法規和指導文件相繼出台，對外債類型劃分、舉借外債及擔保管理、外債資金使用、償還與風險管控、地方和部門的外債風險責任等做出了相應的管理規定。③

由於我國長期對借用外債實施嚴格管理並建立健全了相關制度規範，外債結構基本合理，風險適度可控。20 世紀八九十年代，在我國外貿規模較

---

① 參見《國務院關於加強借用國際商業貸款管理的通知》(1989 年 1 月 12 日)、《國務院關於進一步加強借用國際商業貸款宏觀管理的通知》(1995 年 9 月 27 日)；《國家計委關於借用國外貸款實行全口徑計劃管理的通知》(1996 年 4 月 22 日)；國家發展改革委《國際金融組織和外國政府貸款投資項目管理暫行辦法》(2005 年 2 月 28 日)。

② 國家外匯管理局《外債統計監測暫行規定》(1987 年 8 月 27 日)、《外債登記實施細則》(1989 年 11 月 10 日)、《外債統計監測實施細則》(1997 年 9 月 24 日)。

③ 2002 年 7 月 8 日，國家計委、中國人民銀行、國家外匯管理局印發《國有和國有控股企業外債風險管理及結構調整意見》；2003 年 1 月 8 日，國家計委、財政部、國家外匯管理局發佈《外債管理暫行辦法》；2004 年 7 月 14 日，國家發展改革委發佈《關於加強中長期外債風險管理的通知》。

小、出口創匯能力較弱的背景下，較好地解決了借用國外貸款支持經濟建設與外債償還壓力較大之間的矛盾，外債安全經受住了亞洲金融危機的考驗。後來的美國次貸危機及世界金融危機，也未對我國外債安全構成重大威脅或撼動我國外債風險管理體制。無論是外債償還率（中長期還本付息和短期付息與外匯收入之比）、債務率（外債餘額與外匯收入之比）還是負債率（外債餘額與國內生產總值之比），均遠低於國際安全警戒線標準，外債期限結構基本合理，風險可控、總體安全。

（二）改革投資體制吸收境外投資

改革開放伊始，綜合考慮國內外環境和發展需要，國家決定利用外商投資發展開放型經濟。

20 世紀 80 年代，我國以漸進式區域開放和行業開放為先導，積極引進外商投資。國家先後頒佈多項相關法令，保護外商合法權益；通過制定優惠政策特別是實施減免外資企業所得稅、免徵關稅、出口退稅等激勵政策，鼓勵和引導外商尤其是出口導向型企業直接投資。最初在深圳等四個經濟特區給予外資企業的特殊優惠政策，逐步擴大到其他沿海開放城市。國家制定外商投資指導目錄，鼓勵和引導外資投向基礎產業和高新技術產業。提出「技術換市場」戰略，將招商引資政策與引進國外先進技術、振興國內相關產業相結合，通過市場准入政策引導外商直接投資，提升國內企業技術管理水準和市場競爭能力。① 但政策效果並不盡如人意。外商投資年度規模較小，一般不超過 50 億美元，並且主要是香港、台灣地區的中小投資者以合資、「兩頭在外」形式投資的加工貿易、輕工製造業。借用國外貸款仍然是利用外資的主要方式。

外商直接投資的快速增長期，發生在我國建立社會主義市場經濟體制、加入世界貿易組織以及投資體制相應進行重大改革之後。日漸成熟的市場經濟體

---

① 參見《國務院關於鼓勵外商投資的規定》（1986 年 10 月 11 日）。

制、富有潛力的國內市場和逐步改善的投資環境，日益替代改革開放初期單純的比較成本優勢和稅收優惠政策而成為外商直接投資迅速增長的主要因素。

1992—2000年間，我國依託新型社會主義市場經濟體制，抓住全球製造業結構調整和產業轉移機遇，大量吸收製造業外商直接投資，並使之超過借用國外貸款而成為我國利用外資的主要形式。1992年起，我國對外開放範圍擴大到沿長江、沿隴海線和蘭新線、沿邊境地區及各大省會城市，逐步實現了對外商直接投資的全方位開放。憑藉地理位置、基礎設施、生產網絡等區域優勢，東部沿海地區成為外商直接投資的空間聚集、產業集羣和人才集中地區。1993年我國外商直接投資首次躍居發展中國家首位。企業也開始利用境外資本市場吸收外商投資。1996年後，我國每年吸收境外資金400億美元以上。新設立的外商獨資企業超過中外合資企業，逐步形成以製造業為主的投資結構。

加入世界貿易組織推動了我國投資體制和涉外經濟體制改革，外商直接投資進入全面高速發展階段。按照加入世界貿易組織的相關承諾，我國迅速立、改、廢與之不相適應的法律規章，推進外商投資體制改革。包括修訂《中外合資企業法》等三個關於外商直接投資的基本法律，清理相關法規檔2 300多件，廢止830餘件，修訂325件；修訂外商投資方向規定和產業指導目錄，公佈相關區域鼓勵投資類產業目錄；開放外商投資領域，由製造業為主逐步擴大至製造業、服務業並重，包括銀行、保險、證券、電信服務、分銷等在內的百餘個服務業部門；改革國內投資體制，建立准入規範、程式簡化、決策透明的外商投資管理體制；統一內外資企業所得稅率，改變外商投資企業享有的超國民待遇，形成中國境內所有企業公平競爭的營商環境。[①] 截

---

① 參見《指導外商投資方向規定》（2002年2月11日），《外商投資產業指導目錄》（1995年6月20日首次發佈，1997年12月31日首次修訂，此後經2002年3月4日等多次修訂），《中西部地區外商投資優勢產業目錄》（2004年7月23國家發展改革委，商務部修訂頒佈，後經歷年多次修訂），《外商投資項目核准暫行管理辦法》（國家發展改革委2004年10月9日發佈，2014年5月17日修訂為《外商投資項目核准和備案管理辦法》），《國際金融組織和外國政府貸款投資項目暫行管理辦法》（2005年2月28日），《企業所得稅法》（2007年3月16日十屆全國人大五次會議通過，2017年2月24日修訂）。

至 2008 年底，我國累計利用外商投資達 10 200 億美元，其中外商直接投資 8 800 億美元。

全面深化改革推動了我國投資領域的「競爭中性」和「規制中性」制度創新，我國開始探索實行「准入前國民待遇加負面清單」的外商投資管理模式。[①] 精簡外商投資審批核准和產業目錄，外商投資項目管理由全面核准向普遍備案和有限核准轉變，目前 96% 以上的外商投資項目實行屬地備案。大幅精簡企業投資流程和限制性規定，取消對外商投資（含台、港、澳投資）公司的首次出資比例、貨幣出資比例和出資期限的限制或規定，凡不涉及國家規定實施准入特別管理措施的境外投資企業，其設立和變更由審批制改為備案管理。外商投資產業指導目錄經過歷年修訂，大幅度開放服務業、製造業、採礦業等領域，限制性措施顯著減少，並以歷年修減瘦身的負面清單全面落實外商投資准入前國民待遇加負面清單管理制度。

重點擴大服務業外資准入範圍。放寬銀行類金融機構、證券公司、證券投資基金管理公司、期貨公司、保險機構、保險仲介機構的外資准入限制，包括放寬外資金融機構設立限制，擴大其在華業務範圍；放寬銀行、證券、保險等行業外資股比限制；允許外商投資企業依照法規在公開市場上市、在新三板市場掛牌以及發行企業債券、公司債券、可轉換債券和運用非金融企業債務融資工具進行融資等。放開育幼養老、會計審計、建築設計、評級服務、商貿物流、電子商務等領域外資准入限制以及汽車行業外資股本限制；推進電信、互聯網、文化、教育、醫療、交通運輸等領域有序開放；減少交通、電信、礦業等基礎產業對外資的限制；外商投資企業在我國境內生產的產品與國內企業同等、公平地參與政府採購招投標。

保護外資合法權益，提升外商投資及其監管的規範性和透明度。加強知識產權對外合作機制建設，推動相關國際組織在我國設立知識產權仲裁和調

① 參見《外商投資項目核准和備案管理辦法》（國家發展改革委 2014 年 5 月 17 日發佈），《中共中央國務院關於構建開放型經濟新體制的若干意見》（2015 年 5 月 5 日），《國務院關於擴大對外開放積極利用外資若干措施的通知》（2017 年 1 月 12 日），《國務院關於促進外資增長若干措施的通知》（2017 年 8 月 8 日）。

解分中心，保護外商投資企業的知識產權；建立外商投資准入管理、安全審查、誠信檔案、資訊報告及公示平台等項制度，健全資訊共享、協同監管、公眾參與的統一性、全程化監管體系；清理、廢除、禁止妨礙統一市場和公平競爭的各種政策規定和優惠措施，防止市場壟斷、不正當競爭和地方保護主義行為。此外，按照統一內外資法律法規原則，修訂或制定新的外資基礎性法律，以內外資一致適用的法律法規規範和引導境外投資者的投資行為和企業的組織形式及經營活動。

外商投資體制改革，推動了我國外資利用規模的擴大，結構、佈局也更加合理，投資吸引力日漸增強。截至 2017 年底，我國實有註冊的外商投資企業近 54 萬家，累計使用外商直接投資超過 2 萬億美元。2017 年外商投資企業進出口額 12.4 萬億元，佔我國貨物進出口總額的 44.8%；繳納稅收 2.9 萬億元，佔全國稅收收入的 18.7%。外商投資由第二產業規模增加、比重上升轉變為第二、第三產業規模增加、第三產業比重上升。近年來外資更多地流向服務業和高技術產業的勢頭不減，外資企業與國內企業一起共同推動了我國產業結構轉型升級。[①] 外商投資區域逐步由少數經濟特區擴大到沿海、沿江、沿邊地區進而向內陸推進，覆蓋到全國所有省、區、市，中西部地區開始成為外商投資的熱土。外商投資管理理念、模式和體制的重大變革，大大改善了外資營商環境，使我國成為全球最具吸引力的投資目的地之一。自 1993 年起，我國利用外資規模已穩居發展中國家首位，繼而成為全球第二大外資流入國。另據世界銀行發佈的 2020 年全球營商環境報告，我國營商環境在全球的排名大幅上升，2019 年較 2013 年躍升 65 位為第 31 位。

（三）參與投資合作及全球資源配置

改革開放以來，我國對外投資和經濟合作經歷了由停滯到增長、由區域

① 據國家統計局相關數據，2013—2017 年，服務業累計使用外商直接投資 4 174 億美元，年均增長 9.6%。2017 年，利用外資總額中高技術產業的比重為 27.4%，較 2012 年提高 13.6 個百分點，年均增長 18.4%。

到全球的發展過程，相應地推動了中國與世界各國間的經濟深度融合與互利共贏發展。

新中國成立後，對外投資和經濟合作主要是向部分發展中國家提供力所能及的經濟技術援助，幫助建設一些農業、工業和基礎設施項目。改革開放後，開始對外承包國際工程業務，帶動我國設備材料出口及勞動、技術和服務的輸出，開展對外投資和經濟合作。但總體而言，20 世紀 80 年代，我國對外投資規模較小，投資主體主要是中央部委級大公司和少數省市所屬公司，投資目的地為少數歐美國家和港澳地區，投資領域主要是工程承包、加工裝配、交通運輸、資源開發、漁業合作、諮詢服務等，投資方式多為設立海外代表處或興辦合資企業。20 世紀 90 年代，我國對外投資規模有所擴大，投資主體擴展到各類生產企業，投資領域延伸到工業製造、資源開發、農業合作等領域，投資地域拓展到亞太地區和部分非洲和拉美國家。

在政策層面，改革開放初國務院即允許出國辦企業，此後授權或轉發涉外經濟管理部門出台的相關法律法規或指導性政策，推進對外投資發展。[①]21 世紀初我國加入世界貿易組織後，一直沿用的審批、限制為主的管理方式開始向鼓勵和規範對外投資政策轉變。國家提出「走出去」戰略，推動對外投資主體多元化，拓寬投資領域和地域，鼓勵境外加工貿易發展，加強能源資源合作，開展大規模海外併購，擴大對外承包工程和勞務輸出與合作。中共十八大後，提出建立全面開放型經濟體系，國家從戰略佈局、服務體系、協調機制、激勵政策、監管體制各方面，全方位推動經濟開放和對外投資合作，形成面向全球的貿易、投資、生產、服務網絡，培育對外投資合作和國際競爭的新優勢。

放寬對外投資准入標準和投資自主權，賦予企業和個人投資主體地位，准許企業和個人以投資合作、承攬工程和勞務合作方式「走出去」，對外進

① 參見外經貿部《關於在國外開設合營企業的暫行規定》（1981 年 3 月 11 日），《關於在國外開設非貿易性合資企業的審批程序和管理辦法的暫行規定》（1985 年 1 月 1 日）；國務院辦公廳轉發外經貿部等部門《關於鼓勵企業開展境外帶料加工裝配業務的意見》（1999 年 2 月 14 日）。

行綠地、併購、證券、聯合投資。重點推進「一帶一路」投資建設，與沿線國家建立以企業為主體、以項目為基礎、各類基金引導、企業和機構參與的多元化投融資模式；設立開發性金融機構，為沿線國家提供基礎設施建設融資服務；同有關國家和地區協調商簽投資協定，加快同周邊國家和區域的基礎設施互聯互通建設；沿「一帶一路」設立境外經貿合作區，推動國際產能合作；建立我國向沿線國家對外直接投資政策庫、統計數據庫等公共服務平台。2014 年起，將境外投資項目和投資企業由核准制改為備案為主、核准為輔；相應地取消境外直接投資項下外匯登記核准並簡化部分直接投資外匯業務辦理手續；簡化境外投資、併購和對外工程承包管理程式，提高對外投資合作的便利化程度。

適應對外直接投資提速發展，建立健全「走出去」監管制度。修訂、完善境外投資監管辦法，實施依法監管、全方位監管、全過程監管和項目負面清單監管；突出規劃引領、聚焦主業、資產安全和風險防控；按照鼓勵、限制、禁止三種類別，對境外投資實行分類監管。[①] 此外，還先後建立對外直接投資統計、中俄森林資源開發利用、境外中資企業商會建設、境外投資綜合績效評價和聯檢、境外礦產資源開發備案、境外併購事前報告、境外中資企業（機構）報到登記、境外經貿合作區招標及考核等一系列管理制度。

對外投資政策的出台和逐步健全，推動了我國對外直接投資從無到有，由少數國有企業嘗試性走出國門、開辦代表處或設立企業，到加快「走出去」直至躋身資本輸出大國行列。據聯合國貿發會議統計，1982—2000 年間，我國累計對外直接投資 278 億美元，年均投資額僅 14.6 億美元。進入 21 世紀後，對外直接投資進入快速發展期。2002—2017 年，我國累計對外直接投資 1.11 萬億美元，年均增長 29.1%。其中 2017 年對外直接投資額 1 246 億美元，是 2002 年的 46 倍；當年末，我國對外直接投資累計 1.48 萬億美元，境外企業資產總額超過 5 萬億美元，成為全球第三大對外投資國。

① 參見國務院國資委《中央企業境外投資監督管理辦法》（2017 年 1 月 7 日）；國務院辦公廳轉發國家發展改革委等部門《關於進一步引導和規範境外投資方向的指導意見》（2017 年 8 月 4 日）。

對外投資方式、結構逐步優化。我國對外直接投資由早期單一的綠地投資逐步向兼併、收購、參股等多種方式擴展，企業跨國併購日趨活躍；由主要集中在採礦業、製造業，發展到覆蓋全部國民經濟行業門類；從資源獲取型投資向技術引領和構建全球價值鏈投資轉型。2015—2017 年，我國裝備製造業對外投資 351 億美元，佔製造業對外投資的 51.6%，展示了中國高鐵、中國核電等亮麗的國家名片。第三產業投資已佔對外直接投資存量的七成以上，主要是租賃和商務金融，資訊傳輸、軟件和資訊技術，交通運輸、倉儲物流等生產性服務業，企業逐步建立起面向全球的貿易、金融、生產、服務和創新網絡。

對外投資夥伴日漸多元，分佈廣泛。截至 2016 年底，我國對外直接投資分佈在全球 190 個國家（地區），佔全球國家（地區）總數的比重由 2003 年末的 60% 提升到 81%。其中，對亞洲投資 9 094 億美元，佔 67%；對拉丁美洲 2 072 億美元，佔 15.3%；對歐洲 872 億美元，佔 6.4%；對北美洲 755 億美元，佔 5.6%；對非洲 399 億美元，佔 2.9%，對大洋洲 382 億美元，佔 2.8%。近年來，我國與「一帶一路」沿線國家投資合作成果斐然。2015—2017 年，直接投資累計超過 486 億美元，佔同期對外投資累計額的比重超過 10%。其中 2017 年，我國企業對「一帶一路」沿線 59 個國家的非金融類直接投資達到 143.6 億美元，較上年增長 3.5 個百分點，主要集中在新加坡、馬來西亞等東南亞和南亞地區；新簽對外承包工程合同額 3 630 億美元，佔同期新簽合同額的 50.5%，完成營業額 2 308 億美元，佔同期完成營業額的 47.9%。

對外投資合作的規模、結構和佈局也發生了重大變化。2002—2017 年，我國對外承包工程累計簽訂合同額 1.98 萬億美元，完成營業額 1.34 萬億美元，年均增速超過 20%。截至 2016 年末，我國已與 36 個國家合作建立了 77 個境外經貿合作區，其中 56 個在建項目位於「一帶一路」沿線國家境內。在傳統基礎設施建設、資源密集型領域、勞動密集型行業、優勢產能富餘產業以及高端裝備製造業等各方面，與相關國家開展廣泛的國際產能合作，推動當地資源開發和製造業發展，緩解國內資源瓶頸及勞動力成本上升壓力，規避貿易壁壘，實現互利雙贏。在非洲地區，我國創建了產業園區、港口運營和鐵路建設三位一體的「走出去」模式，既帶動我國成熟產能、技術和標準輸出，實現產業的國際轉移，也為國內產業轉型升級騰挪了空間。在「一帶一路」沿線國家積極部署重大項目、承包重大工程，促進當地經濟社會發展和就業、民生改善，如「中巴經濟走廊」中能源、交通、電力等領域重大項目推進落地，埃塞俄比亞首個國家工業園正式運營，吉布地杜哈雷多功能港口項目順利完工等。此外，着力推進國際交通互聯互通。截至 2017 年底，中歐班列開行近 7 000 列，運行線路 57 條，通達歐洲 12 個國家 34 個城市；國外航空公司新開 18 條「一帶一路」沿線國家航線。

四、開放戰略調整及其發展趨勢

經過 40 餘年的改革開放，我國開放型經濟體系已經形成，全面參與並影響着經濟全球化進程。國內經濟發展階段、對外貿易投資結構、國際經濟競合關係、大國博弈政治格局，都發生了深刻變化，開放型經濟發展面臨諸多挑戰及戰略選擇。

(一) 對外貿易發展中的結構性矛盾

改革開放之初，我國無論是經濟發展還是科技研發，都還處在較低水準，對外貿易多以初級產品、加工貿易品為主。20 世紀 80 年代承接了勞動密集型產業轉移，加工貿易迅速發展，但生產工藝和技術水準仍然較低，大量存在「一流原料、二流加工、三流包裝、四流價格」問題，參與國際競爭主要依靠勞動力成本及其他生產要素成本的比較優勢。20 世紀 90 年代直至 21 世紀以來，我國大規模接受國際製造業產業轉移成為世界工廠之後，在國際分工鏈條特別是價值鏈上仍然處在中低端水準，對外貿易存在諸多結構性矛盾。

一是與經濟社會發展階段相適應，我國出口商品較長時間主要是加工貿易類勞動密集型產品，生產能力集中於下游產業，中間投入品當地語系化比例不高。在加工貿易品的研發、設計、製造、倉儲、運輸、銷售、服務等價值鏈環節中，我國企業承擔的往往是對零件或原輔材料的初級加工和組裝等勞動密集型環節，生產鏈與價值鏈短，發展後勁不足，商品附加值和貿易增值率極低。20 世紀 90 年代，國際製造業開始向國內大規模轉移，我國製造能力大幅提高，製成品比重增加，技術含量也有所提升，但這種利益分配的不平衡狀態並未根本改觀。在與關鍵核心技術相關的價值鏈上仍然處於不利地位。先進製造品和高科技產品所佔比重小，對外貿易仍然徘徊於全球價值鏈的中低端位置。受國內生產技術水準、國際分工的次序節點、生產鏈與價值鏈環節等因素制約，對外貿易的數量型增長與質量性、附加值提升之間存在巨大落差。

二是受國內改革進程、對外開放領域、產業轉移次序以及參與國際分工能力等因素限制，我國對外貿易和國際市場拓展方式相對單一，範圍和領域受限。貨物貿易較長時間一枝獨秀，服務貿易尤其是現代服務業比重較低，缺乏國際競爭力。貨物貿易與服務貿易之間、對外貿易與對外投資之間缺乏時序對應、同步發展和相互促進機制。對外貿易的結構性矛盾，不僅使得我國出口商品和服務附加值低，也難以繞開東道國的各種貿易壁壘。以貨物出口為主的對外貿易方式，還容易導致國內企業間的惡性競爭、外貿出口增量不增值，並極易遭到進口國的傾銷指控，或此起彼伏的反傾銷調查甚至極不公平的配額限制管理。

三是外貿政策與市場規制寬嚴失據，國內企業管制類貿易限制與境外企業引資型「超國民待遇」並存，境內外企業發展條件與市場競爭不公。生產企業進出口自營權較長時間限定在少數國有大中型企業和科研機構，並且也有諸多限制；私營企業參與的門檻過高，數量極其有限。其他只能通過國有外貿公司代理的生產企業，不能直接進入國際市場，事實上造成人為設障的非關稅壁壘，以及市場主體地位不公、代理公司壟斷尋租、供求信號反應不靈、貿易彈性人為抑制和出口競爭能力薄弱等負面結果。我國進口管制更加嚴厲，進口貿易市場化、自由化程度更低。關稅消減主要側重於資本品或技術設備進口以及調節國際收支，其他進口限制較多或關稅偏高，近年來才略有改觀。非關稅壁壘雖在不斷消減，但一些已經取消配額和許可證管理的進口商品仍然存在着不同名目的數量限制，一些投資品進口則需要政府部門事先立項批准或做「政策性指導」，進口程式管理過於繁複和嚴格。其中許多產品進口實行國營壟斷，主要是為了保護競爭能力薄弱的國有企業，但也喪失了部分國際競爭力和貿易紅利。另對外商投資企業，除了有與直接投資有關、當初也屬必需的優惠政策外，在貿易領域也有過於寬鬆和優惠的政策設定。如當初為吸引外商來華進行「三來一補」[①]生產經營以及滿足普惠制協議中的給惠國訴求，我國制定了規則寬鬆、門檻較低的「原產地」識別標準[②]，促進了「三來一補」快速發展以及就業增加，但也存在諸多弊端：因使用進口品過多等，影響了國內資源開發利用並增加了外匯支出；降低了出口貿易品的加工深度、國產化率和關鍵技術開發力度；外商企業的「三來一補」業務擠佔了我國本來就十分有限的「自動配額」[③]，對一般貿易形成較大衝擊；較高比重的加工貿易虛增了我國國際收支順差，容易引起貿易摩擦和爭端等。

四是受國際經濟關係和貿易投資秩序影響，我國貿易規模迅速擴大與國際貿易條件約束之間的矛盾呈加劇趨勢。加入世界貿易組織之前，我國對外貿易受到發達國家的貿易優勢或貿易規則的擠壓。「入世」之後，對外貿易條件雖有較大改善，但許多西方發達國家仍不承認我國的市場經濟地位，比重較大的傳統貨物貿易容易受到反傾銷調查和其他貿易壁壘及保護主義的不利

---

① 三來一補即來料加工、來樣加工、來圖加工和補償貿易，是我國在改革開放初期創立的一種企業貿易形式，最早出現於 1978 年，由國內企業法人與外商簽署合作合同，從事加工貿易相關業務。

② 原產地標準是原產地規則中的核心部分。指的是出口貨物具備原產資格所應有的條件。我國目前判定出口產品原產地的規則是：該產品在中國生產或獲取；在中國經過主要及最後的製造、加工工序，使其外形、性質、形態或用途發生實質性改變；或在中國增值達 25% 以上。這是一個較為寬鬆、門檻較低的原產地規則標準。

③ 自動配額又稱被動配額，是指出口國家或地區在進口國家的要求或壓力下，「自動」規定某一時期（一般為 3 年）內某些商品對該國出口的限制額。在限定的配額內自行控制出口，超過限額即不准出口。其實質是出口國家或地區不得不實行的被動配額。

影響。其中技術性貿易壁壘影響日增。[1] 我國有六成以上的出口企業不同程度地遭遇了國外技術性貿易壁壘，涉及貨物金額超過 1/4，並且技術性貿易壁壘從貨物流通領域延伸到生產加工及金融、資訊等服務業領域，成為我國外貿企業面臨的第一大非關稅壁壘。技術性貿易壁壘的濫用，造成了包括我國在內的發展中國家與發達國家之間的貿易條件和地位的不平等。我國以貨物貿易為主的對外貿易結構及對外貿易的快速增長，也加劇了我國與其他發展中國家之間的貿易摩擦，對中國商品提起反傾銷訴訟的發展中國家越來越多並呈擴大趨勢，從最初的原材料、簡單加工品擴展到現在的高科技產品，幾乎涵蓋我國大部分出口商品，涉及的金額和反傾銷稅率也越來越高。2018 年爆發的中美貿易戰，則是我國與發達國家間貿易摩擦的典型案例。因對外貿易的結構性特點，貿易摩擦給我國造成的商品出口損失和市場擠壓程度相對要嚴重一些。

此外，國內受經濟地理因素（包括口岸設置、開放順序與通關範圍）之便以及「一部分地區先富起來」的非均衡開放戰略的影響，涉外經濟開放及優惠政策最初主要先行先試於東南沿海地區，對外貿易當初乃至今天過於集中在沿海率先開放地區。經過數十年積累，沿海地區形成了開放政策窪地、對外貿易和經濟發展高地，沿海與內地之間以及涉外貿易部門與非涉外貿易部門之間存在着明顯不同的市場競爭條件。內陸省份雖然也在努力發展對外貿易，近些年甚至頗有建樹，貿易條件也有改善，但其開放型經濟體系、對外貿易量及其佔經濟總量的比重與沿海地區不可同日而語。地區間開放型經濟政策及發展水準不均，使各地區在經濟競爭能力以及通過對外開放倒逼國內體制改革的壓力等方面存在重大差別，集中體現為內陸國有經濟比重過大、壟斷行業先佔獨大、競爭性領域開放受限、民營經濟發展不足等，各地區、產業和社會階層從開放型經濟發展中受益不均、分化加劇。

---

① 技術性貿易壁壘，是指一國或區域組織以維護其基本安全、保障人類及動植物的生命健康安全、保護環境、防止欺詐行為、保證產品質量等為由而採取的一些強制性或自願性的技術性措施，時常被一些發達國家憑借其經濟及技術優勢而濫用於國際貿易領域。

(二) 對外投資發展潛力與挑戰

自從我國走出改革開放初期的資本短缺困境後，對外直接投資進入發展期，投資績效指數[①]也逐年提升，我國目前已經成為對外直接投資最多的發展中國家和全球主要資本輸出國。

三次產業投資中，農業投資規模擴大；製造業投資增長加快，其中採礦業比重下降，先進製造業加速上升；服務業躍居主導地位，金融業和資訊服務業國際化步伐加快，房地產業、物流業也有一定優勢。對外投資產業集中度較高，在租賃和商務服務業、金融業、採礦業、批發和零售業、製造業等領域中尤為明顯。地域上，以亞洲國家和發展中經濟體為主，「一帶一路」沿線國家投資增長較快，歐洲、北美洲和拉丁美洲也成為重要的投資目的地，形成輻射全球的區域佈局。投資方式仍以綠地投資為主，跨境併購開始成為我國企業參與國際分工、獲取戰略資源的重要方式。投資主體日漸多元化，基本形成國有企業與民營企業「雙輪驅動」格局，我國對外投資的巨大潛力已經顯現出來。

但是，因國內體制因素制約和國際關係變動，對外直接投資也面臨着一系列結構矛盾和外部挑戰。

國有企業投資約束不力，民營企業受歧視性待遇依然明顯。部分國有企業對海外投資風險預估不足，投資方向和戰略佈局出現重大失誤，導致投資失敗，利益受損。少數國有企業領導人因海外資產和投資行為的約束和監管不足、虧損追責不力和資產審計不嚴等，往往將海外投資項目作為政績工程或滋生權力尋租行為。部分駐外企業管理人員利用資訊不對稱、企業監管困難，以貪污受賄、非法交易、註冊私人公司等方式，隱匿、侵佔、轉移、挪用國有資產等，給對外投資帶來額外風險。民營企業雖然風險約束較強，投資效益較好，但仍然面臨諸多政策歧視和體制約束。在海外投資

---

① 對外直接投資績效指數用來衡量一國或地區的對外投資水平，反映一國對外直接投資的所有權優勢和區位優勢，其數值是指一國對外投資流量佔全球對外投資流量的份額與該國國內生產總值佔世界生產總值的份額的比率。

和併購活動中，融資難、購匯難、資質歧視等，依舊是民營企業面臨的主要政策性障礙。

對外投資便利化水準、綜合服務能力和政策法律保障程度較低。海外投資項目審批制雖已改為備案制，但備案程式仍很複雜，走完全部手續平均約需三個月時間，程式煩瑣、時滯過長往往貽誤商機，事後管理也比較薄弱；海外企業回國返程投資視同外資企業，增加了政策協調成本；個人境外投資試點雖已啟動，但在用匯、備案、服務等方面沒有相應的支持政策；出境簽證手續繁雜等造成企業內部人員往來不便，境外員工入境培訓簽證困難，隨着「一帶一路」沿線國家設立生產基地，東道國員工的企業培訓壓力尤大；海外投資資訊系統不完善，企業自身分別對東道國的投資環境、市場狀況、文化習俗、法制規範、投資政策等方面的資訊進行蒐集，缺乏及時性、準確性，難度大、成本高、可靠性差；各類專業服務機構建設薄弱，難以適時為企業投資和併購活動提供國際化、專業化的金融、資訊、法律、財務、技術、諮詢等相關服務；國家對海外企業享受投資國稅收服務等正當權益保障不夠；宏觀政策（如匯率波動等）增加了不確定因素，影響企業經營和投資決策；對外投資法律建設滯後，管理政策多由部門規章文件構成，涉外規制行權效力受限；駐外使領館對海外投資支持力度不夠，一些企業與東道國政府溝通困難，談判受挫、項目拖延擱置等時有發生。

國際經濟政治格局增加了對外投資的不確定性和風險因素。以英國脱歐和美國頻頻挑起貿易戰為標誌，貿易投資保護主義愈演愈烈，各大貿易投資夥伴國政權更迭、規制變動和政策調整等，給我國企業帶來較多的對外直接投資風險。我國企業重點投資的「一帶一路」沿線發展中國家，近期也面臨東道國政局不穩、匯率波幅較大、重大突發事件頻發，市場秩序和法制環境不容樂觀。投資歐美發達國家則時常面臨以產業、環境、國家安全等為名義的各種保護主義門檻。特朗普政府的「美國優先」加劇了全球投資規則的不確定性，中美貿易戰更是將我國推向風口浪尖，對外貿易投資風險驟增。此外，全球經濟復甦的不穩定以及國際金融局勢震盪也構成我國企業對外直接投資的重要風險，對外投資和經濟開放處在重大戰略選擇關頭。

(三) 深化經濟開放及其戰略選擇

經過數十年的改革開放，我國經濟體量、產業結構和國際競爭能力已經發生重大變化。主動調整投資貿易政策和對外開放戰略，積極倡導貿易自由化、投資便利化、經濟全球化，根據發達市場與發展中市場的不同特點，有選擇地確定投資貿易和對外開放重點，有助於提升我國對外投資貿易水準，實現內外部經濟互利平衡和可持續發展。

第一，準確判斷要素供給、比較優勢和國際經濟政治格局變化趨勢，調整開放型經濟發展政策。

進入 21 世紀尤其是發生國際金融危機以後，經濟全球化和貿易保護主義都在發展。主要經濟體更加關注科技創新和產業結構調整，一些國家提出並實施「再工業化」和「製造業回歸」，我國既面臨發達國家在中高端產品市場優勢地位的壓力，又面臨與發展中國家在傳統優勢產品市場的激烈競爭，國際社會也對我國承擔更多國際責任寄予較高期望；國內資源環境約束日益強化，依靠廉價生產要素和環境成本代價大規模承接國際產業轉移、發展中低端傳統製造業的優勢逐步削弱，城鎮就業人口中受過高等教育的新生代比重大幅增加，社會對保護生態環境、優化生活質量的意識明顯提升，傳統對外貿易發展方式日漸式微、難以為繼，亟須適應要素供給變化，深化對外經濟體制改革，發展既具有比較優勢又兼顧轉型升級並具備國際競爭能力的對外貿易及外向型經濟。

從較長時期看，儘管一些發達經濟體的貿易投資保護主義抬頭，但以生產要素優化配置為訴求的經濟全球化趨勢和國際社會的廣泛期待沒有改變；儘管個別大國到處揮舞貿易制裁大棒，但以國際產業鏈分工和科技進步為紐帶的國際經濟合作的客觀需求沒有改變；儘管我國與發達經濟體和發展中經濟體都存在貿易競爭，但我國既是出口大國也是進口大國，我國給國際社會帶來巨大商機的長期利好和互利共贏機遇沒有改變；儘管我國以廉價勞動力、資源環境為依託的傳統貿易優勢有所削弱，但熟練勞動力隊伍迅速成長、基礎設施日趨完備、產業配套條件逐步成熟、貿易投資日漸便利化、體制機制不斷完善所催生的開放型經濟新優勢和大趨勢沒有改變；儘管我國對外經濟貿易關係發展中會遇到來自各方面的挑戰尤其是某些以鄰為壑的貿易大國的遏制，但經濟增長的長期態勢、國內市場的巨大潛力、不斷成熟的市場體制、相對穩定的社會秩序、國際經濟貿易挑戰應對能力的提升趨勢沒有改變。

適應國際市場結構和國內要素條件變化，適時改變資本短缺、外匯稀缺階段偏重於招商引資、出口創匯的開放方式及政策，實施資源和資本全球優化配置新戰略。實行國內各地區各產業各經濟成分間、國際各經濟體之間平等開放、合規准入、公平競爭的內外部經濟發展政策，促進資源、資本全球範圍內的合理流動與優化配置，推動進出口貿易平衡和對外投資發展，爭取更為有利的貿易投資條件和更為豐厚的對外經濟收益。加大境內外自由貿易區建設和自由貿易港等對外開放高地建設，以更加積極的心態和行動深化對外開放，參與國際經濟秩序重構，為全球貿易與投資繁榮發展創造互利條件，提供中國機遇。

第二，積極推動對外貿易投資轉型升級，發展高質量開放型經濟，創造國際競爭合作新優勢。

改革開放之初，我國主要依靠低成本比較優勢和招商引資優惠政策等推動外向型經濟發展，但發展不平衡不充分的矛盾也很突出，亟須轉型升級和高質量發展。貿易投資轉型升級的政策定位是：依靠產業升級和科技創新形成核心競爭力，而非繼續依賴傳統產業的低成本比較優勢；依靠提升全球產業鏈及價值鏈地位，而非加工貿易及中低端製造業生產能力；依靠公平競爭和法治化、國際化營商環境，而非單純的外向型經濟優惠政策；依靠貿易條件改善與全球資源配置能力提升，推動進出口貿易、國際收支平衡，實現資源在全球範圍內優化配置，而非一味追求貿易順差和招商引資增長；依靠科技創新、知識產權保護和技術密集型貿易品增加，提升內在創新激勵與國際競爭力，而非簡單模仿、低端複製傳統產品；依靠中高端服務業開放發展，而非製造品或低端服務貿易主打獨秀；依靠內外部經濟均衡發展與全方位開放，而非局部性、非均衡開放。在國際上旗幟鮮明地推動全球貿易投資便利化、自由化，反對少數發達經濟體的投資貿易保護主義、單邊主義甚至霸凌主義政策。

推進貿易投資轉型升級和內外部經濟平衡發展。優化引進外資的結構、質量和效益，加強高技術製造業、高端服務業、綠色環保產業的外資引進，推動國內相關產業深化改革和加快發展；適應居民收入水準提高後對中高端進口品日益增長的需求，適當增加進口、促進國際貿易和收支平衡；改善出口貿易的品種與國別結構，促進對外出口多元化發展，改變對低端貿易品和對少數發達經濟體的過度依賴、受制於人的不利局面；優化對外投資的戰略佈局、地區分佈與結構效益，推動國際投資與合作發展由規模擴張型向結構平衡型、質量效益型轉變，避免對外投資合作及經濟外交中的各種非理性行為；主動加強知識產權保護，改善勞工就業條件，提高生態環境標準，創造市場競爭和政府規制中性的營商環境，推動全球貿易和投資自由化、便利化發展。

第三，善於化「危」為「機」，平衡對外開放戰略，創造互利共贏的開放型經濟新機遇。

經濟社會的快速發展，使我國逐步步入世界舞台的中央。中等收入經濟體向高收入經濟體轉軌的許多國內國際矛盾，開始或多或少、或早或遲甚或同時顯現出來。國內存在如所謂「中等收入陷阱」①；國際上少數國家力圖利用國內矛盾製造「塔西佗陷阱」②；主要大國間貿易摩擦加劇、新型「冷戰」露

---

① 世界銀行《東亞經濟發展報告（2006）》提出了「中等收入陷阱」（middle income trap）的概念，基本含義是指：鮮有中等收入的經濟體能成功地躋身高收入國家，這些國家往往會陷入經濟增長的停滯期，既無法在工資方面與低收入國家競爭，又無法在尖端技術研制方面與富裕國家競爭。

②「塔西佗陷阱」這一概念源自古羅馬歷史學家塔西佗所著《塔西佗歷史》。他在評價一位羅馬皇帝時稱：「一旦皇帝成了人們憎恨的對象，他做的好事和壞事都同樣會引起人們對他的厭惡。」後來被人們引申為一種社會現象，指當政府部門或某一組織失去公信力時，無論説真話還是假話，做好事還是壞事，都會被認為是説假話、做壞事。

頭，有可能陷入「修昔底德陷阱」[①]。面對激烈複雜的國際經濟政治鬥爭，廟算成敗關乎國運興衰。[②]需要善於化「危」為「機」，主動對國家發展和對外開放戰略做必要的甚至重大的調整，包括確立內需主導發展模式、地區平衡發展戰略、全面開放尤其是向西向南開放重點等。

數十年來，我國對外開放儘管面對全球，但向東開放始終是重要方向，對其依賴程度也較高。面臨新的國際經濟政治形勢尤其是美國對華戰略調整，必須堅定不移地實施內需立國戰略，立足國內市場實現可持續發展。在內外部經濟關係上，除繼續推進向東開放、深化中日韓經濟合作、與美之間力爭「鬥而不破」外，重點加強西部開發和向西向南開放，積極推進與之有關的亞洲和非洲國家或地區經濟組織的經濟貿易關係以及與歐洲和中南美洲的投資貿易合作。充分利用我國海運能力和高鐵等物質基礎，推進帶有向西向南開放性質的「一帶一路」倡議，開闢新的陸海商路，打通關鍵戰略通道。把國內開發開放、軍民融合發展與向西向南開放和全球經濟戰略結合起來，加快調整國內產業佈局，重點推動與陸路商貿通道和新出海口相關聯的路網、線網、管網、河流庫渠、海陸空交通樞紐等重大基礎設施建設以及經貿外交服務體系建設，拓展外部發展空間，釋放國內經濟增長潛力，為我國也為國際社會創造互利共贏、和平發展的紅利。

繼續發揮國際比較優勢，深化各領域開放合作。在貿易領域，對發達經濟體，重點引導和扶持發展技術貿易和服務貿易，帶動國內技術進步和產業升級；對發展中國家，積極發展商品貨物貿易，建立產業鏈關係。在投資領域，多以企業併購、專利品牌購買、營銷網絡建設等形式向發達經濟體投資，推動我國企業進入高端製造業和現代服務業；以勞動密集型產業和適用

---

① 「修昔底德陷阱」源自古希臘將軍兼歷史學家修昔底德，這位歷史學家認為，當一個崛起的大國與既有的統治霸主競爭時，雙方面臨的危險正如公元前 5 世紀希臘人面臨的情況一樣。這種挑戰多以戰爭告終。修昔底德陷阱並非修昔底德的本意。曾擔任過美國國防部長特別顧問的哈佛大學教授、當代美國人格雷厄姆．艾利森，特意把兩千多年前修昔底德的相關表述煞費苦心、廣徵博引地引申發揮成所謂「修昔底德陷阱」，給 21 世紀的中美關係定性。

② 古人稱：「夫未戰而廟算勝者，得算多也；未戰而廟算不勝者，得算少也。多算勝，少算不勝，而況於無算乎！」(《孫子兵法．始計篇》)

技術向發展中國家進行實體投資，帶動其勞動就業和經濟發展，實現互利共贏。在金融領域，推動資本賬戶開放和人民幣國際化進程，將超出國際貿易平衡需要、過去通常以購買收益微薄的外國國債等形式持有的外匯儲備，適當地轉化為國際投資資本，既縮小我國海外引資與投資的收益軋差，壯大海外資本實力，也為國際社會提供建設資金，帶動國內商品、勞務和服務出口，實現對外金融開放和投資貿易的相互助力和平衡發展。

第四，以規則、規制、管理、標準等制度型開放為重點，接軌、適應、推動創新國際商務規則和經濟秩序，以對外全方位開放助推國內全面深化改革。

按照產權中性、競爭中性和規制中性原則，完善公平競爭審查和公正監管制度，加快建立統一開放、競爭有序的國內市場體系和法規制度，以充分的活力、卓越的能力和開放的心態，主動開放國內貿易市場，全面實施逐步瘦身的負面清單管理制度，允許更多領域外商獨資經營。加快推動國內金融、科技、商事、法律、教育、醫療、文化、體育、康養等服務業對外開放和國內服務業體制適應性改革。

對標世界銀行全球營商環境評價指標體系等國際標準，加快推動規制變化和制度優化，打造國際化、法治化、市場化、便利化的一流營商環境。堅定維護經濟全球化和貿易投資自由化、便利化，積極參與世界貿易組織改革，推動平等協商解決貿易爭端。完善立法、健全司法，全面加強知識產權保護和外商在華合法權益保護。參照國際通行商務規則調整國內貿易投資體制、税制及税率水準、自貿區政策和海關監管體制，構建既符合國情又適應國際慣例的環境保護、勞工條件、引資政策、技術門檻、本土化程度、爭端協調機制等國際貿易投資標準及風險防禦體系。完善涉外經貿法律和規則體系，健全外商投資反壟斷審查、國家安全審查、國家技術安全清單管理、不可靠實體清單等制度。

第九章

市場監管和公共服務體制變革

市場經濟的廣義公共服務包括經濟領域的生產性服務、生活性服務和社會領域的基本公共服務與非基本公共服務。計劃經濟時代，公共服務通常由國家舉辦國有企業或事業機構經營和管理。隨着社會主義市場經濟發展建制，公共服務和市場監管體制發生了重要變革。但總體而言仍差強人意、留白甚多，改革開放難題密佈。

一、市場監管變革及服務體系建設

服務市場交易，維護市場秩序，保障經營者和消費者合法權益，是市場經濟所必需的基本公共服務。社會主義市場經濟的發育發展過程，也是市場監管和服務體系的變革與轉型歷程。

(一) 市場管理與服務職能演變

隨着經濟轉軌和市場建制，政府的市場管理與服務職能經歷了由主要維護公有制經濟成分、服務於單一經營體制向管理各種經濟成分、服務多種經營方式轉變；由管理城鄉集市等初級市場向管理並服務於不同層次、不同類型的多種市場轉變；由主要負責國營、集體企業註冊登記向負責國有、集體、個體私營、外商投資企業等各類市場主體的公共管理事務轉變；由服務計劃體制、對市場主體發育進行監督限制、行政管制向服務市場經濟主體、創造依法合規、公平競爭市場環境的新型商事制度轉變。

與改革開放初期市場經濟因素薄弱相聯繫，當時的市場管理部門，主要負責全民、集體企業的購銷和加工訂貨合同管理，管理集市貿易、維護正當交易，打擊「投機倒把」活動，負責工商企業註冊登記和商標管理等。1983—1988 年，伴隨着市場取向改革和國家引導、扶持個體私營經濟發展政策，工商管理部門陸續增加個體私營經濟行政管理和市場監管執法職能。[①]

---

① 工商行政管理總局《經濟聯合組織登記管理暫行辦法》(1986 年 3 月 31 日施行)；國務院：《城鄉個體工商戶管理暫行條例》(1987 年 9 月 1 日起施行)、《私營企業暫行條例》(1988 年 7 月 1 日起施行)。1991 年 4 月發佈實施的《工商行政管理所條例》以法規形式予以確認。

社會主義市場經濟體制的建立，推動着市場管理重點轉向市場准入、交易秩序、競爭行為管理和消費者權益保護、商品質量監管、商標專用權及知識產權保護等。1993 年 9 月，我國頒行《反不正當競爭法》，首次以法律形式調整規範市場競爭行為。1995 年 7 月起，市場工商管理部門與其所辦市場脱鈎，實現政企、管辦分開，重點整頓市場秩序，推進公平交易執法。2003 年 8 月，市場監管部門啟動「金信工程」，利用資訊網絡技術推行企業信用分類監管、個體工商戶分層分類監管和公平透明交易執法，內資企業網上名稱核准、年檢、登記和外資企業網上年檢，商標註冊網上申請、公告、查詢等，提高市場服務便利程度和執法效能。市場監管法規的逐步健全，市場交易秩序進入依法規範治理階段。[①]

適應加入世界貿易組織尤其是全面深化改革的新形勢，市場准入及其管理服務開放性、便利化程度提高。外商投資企業註冊登記與審批管理程式日趨簡便化、規範化，其登記授權擴大至所有省、自治區、直轄市和計劃單列市、沿海開放地區及外資企業超過百家的省轄市，直至推行准入前國民待遇加負面清單管理制度。推動商事制度改革創新，陸續推出「三證合一」「多證合一」等工商登記前置審批事項改革[②]，工商登記由「先證後照」改為「先照後證」，前置審批事項精簡 80% 以上；註冊資本由實繳制改為認繳登記制；企業「三證合一、一照一碼」進而「五證合一」「多證合一」，個體工商戶「兩證合一」，簡化市場主體住所（經營場所）登記手續，推行電子營業執照和全程電子化登記管理等，營造便捷准入、公平競爭的市場環境，降低企業准入門檻和生產經營成本，促成了企業信用資訊系統建設。

① 如國務院發佈《禁止傳銷條例》（2005 年 11 月 1 日起施行）；《直銷管理條例》（2005 年 12 月 1 日起施行）等。

② 參見《國務院辦公廳關於加快推進「三證合一」登記制度改革的意見》（2015 年 6 月 23 日）；《國務院辦公廳關於加快推進「多證合一」改革的指導意見》（2017 年 5 月 5 日）；《國務院關於進一步削減工商登記前置審批事項的決定》（2017 年 5 月 7 日）。

(二) 建立和維護公平競爭市場秩序

建立公平競爭的市場秩序，是社會主義市場經濟發展的內在要求。按照簡政放權、依法監管、公正透明、社會共治的市場監管改革原則，國家推動形成權責明確、公平公正、透明高效、法治保障的市場監管格局。建立公平競爭審查制度，規範政府市場監管行為，防止出台排除、限制競爭的政策措施，清理廢除妨礙全國統一市場和公平競爭的規定。[①] 國家有關部門發佈實施細則，推動公平競爭審查制度落地實施。[②] 其他一系列平等保護產權、維護公平競爭市場秩序的政策法規也相繼發佈實施。

市場經濟發展推動了公共資源交易日漸頻繁。但在市場初建期，交易平台分散重複建設，功能模糊交叉，服務費用過高，交易規範和監管缺失或錯位。國家出台政策整合公共資源和國有產權出讓、工程建設項目招投標和政府採購等各類公共資源交易平台，推動全國範圍內規則統一透明、競爭開放有序、服務監管規範高效、市場交易全程電子化運行的公共資源交易平台體系，逐步覆蓋至各類公共資源交易，利用資訊網絡推進全流程透明化監督管理。[③]

標準管理和質量認證，是加強產品與服務市場管理、提高市場認知度、信用度，促進高質量發展的基礎性制度。2015—2018 年間，針對標準管理和質量認證中的薄弱環節，國家密集提出深化標準化工作改革方案和全面加強質量管理的意見，推動標準化協同管理、提高標準國際化水準，加快質量認證制度改革創新，推廣質量管理先進標準和方法，促進質量認證國際合作互

---

① 參見《國務院關於促進市場公平競爭維護市場正常秩序的若干意見》（2014 年 6 月 4 日）；《國務院關於在市場體系建設中建立公平競爭審查制度的意見》（2016 年 6 月 1 日）。

② 參見國家發展改革委、財政部、商務部、工商總局、國務院法制辦《公平競爭審查制度實施細則（暫行）》（2017 年 10 月 23 日）。

③ 2015 年 8 月 10 日，國務院辦公廳印發《整合建立統一的公共資源交易平台工作方案》；2016 年 6 月 24 日，國家發展改革委等 14 個部委局聯合發佈《公共資源交易平台管理暫行辦法》。

認等。[①]

社會信用體系是市場經濟的基礎性公共服務，也是市場體制走向成熟的重要標誌之一。2015 年起，有關部門開始進行創建社會信用體系示範試點，各省、區、市地方信用網站也實時與全國信用資訊共享平台和「信用中國」網站共享資訊，進行政務事務的事中、事後監管及信用聯合獎懲。社會組織信用資訊管理和失信懲戒辦法陸續出台。依據社會組織未依法履行義務或存在違法違規行為的有關信用資訊，建立社會組織活動異常名錄和嚴重違法失信名單制度，對守信良好和失信違規的社會組織依法分別採取相應的激勵或懲戒措施；對失信被執行人及其法定代表人、主要負責人、實際控制人、影響債務履行的直接責任人，採取限制不動產交易等懲戒措施；對公共資源交易領域存在嚴重失信行為的企業及負有責任的法定代表人、自然人股東、評標評審專家及其他相關人員實施聯合懲戒；強化科研活動全流程誠信管理，推進科研誠信制度化、資訊化建設，完善科研誠信管理和失信聯合懲戒制度。[②]

(三) 政府簡政放權優化營商環境

改革開放以來，我國先後集中進行了八次較大規模的政府機構改革和職

---

① 參見《國務院關於印發深化標準化工作改革方案的通知》(2015 年 3 月 11 日)；《國務院辦公廳關於貫徹實施〈深化標準化工作改革方案〉行動計劃(2015—2016 年)的通知》(2015 年 8 月 30 日)；《國務院辦公廳關於印發貫徹實施〈深化標準化工作改革方案〉重點任務分工的通知(2017—2018 年)》(2017 年 3 月 21 日)；《國務院關於加強質量認證體系建設促進全面質量管理的意見》(2018 年 1 月 26 日)。

② 2015 年 8 月和 2016 年 4 月，國家發展改革委和中國人民銀行將瀋陽等 11 個城市、北京市海淀區等 32 個城區分別列入創建社會信用體系示範試點。2018 年 1 月 24 日，民政部發佈《社會組織信用信息管理辦法》；2018 年 3 月 1 日，國家發展改革委、最高人民法院、國土資源部共同發佈《關於對失信被執行人實施限制不動產交易懲戒措施的通知》；2018 年 3 月 21 日，國家發展改革委等 24 個部門簽署《關於對公共資源交易領域嚴重失信主體開展聯合懲戒的備忘錄》；2018 年 5 月 30 日，中辦、國辦發佈《關於進一步加強科研誠信建設的若干意見》。

能調整[①]，政府經濟管理職能發生了根本性變化，為建立社會主義市場經濟體制和促進國民經濟與社會發展提供了體制保障。

首先是實行政企、政資分開，落實企業經營自主權和國有資產監督管理，推動政府各部門特別是經濟管理部門由直接管理轉向間接管理，由專業部門管理轉向全行業管理，由微觀管理轉向宏觀管理，由集中管制為主轉向監管服務為主。

其次是適應市場化改革，按照精簡、統一、效能原則，大規模合併、裁減原有的適應計劃體制設立的專業管理部門和綜合部門內設專業機構，適當加強決策諮詢、經濟調節、市場監督、公共服務和社會管理部門，完善規劃引導、綜合協調、專業服務和綜合監管等職能。

最後是逐步理順政府、市場、企業三者關係，循序漸進地放鬆經濟管制，推動市場配置資源，創造各類經濟主體平等發展、便利安全的營商環境，建立政府調控市場、市場引導企業的經濟運行模式，健全市場決定資源配置基礎上的以間接手段為主的宏觀調控體系和風險監管制度。

中共十八大以後，簡政放權、放管結合、優化服務即「放管服改革」成為轉變政府職能、改善營商環境的重要標誌。

減少行政審批和資質資格審定事項。簡化優化公共服務流程，梳理和公開公共服務事項目錄，去除各類無謂的證明和煩瑣的手續，推進網上辦理、網上諮詢和部門間資訊共享與業務協同等。[②] 2013—2017 年，國務院取消非行政許可審批；分 9 批取消下放行政審批事項 618 項，佔原有 1700 多項的近 40%；取消中央指定地方實施的行政審批 269 項；中央層面核准的投資項目數量減少 90%；95% 以上的外商投資項目、98% 以上的境外投資項目改為網上備案管理。清理規範國務院部門行政審批仲介服務事項 323 項，74% 的仲

① 分別為 1982 年、1988 年、1993 年、1998 年、2003 年、2008 年、2013 年和 2018 年。其中，2018 年包括黨中央機構、全國人大機構、全國政協機構改革以及行政執法體制改革、跨軍地改革、羣團組織改革、地方機構改革等（見 2018 年 3 月中共中央印發的《深化黨和國家機構改革方案》）。

② 參見《國務院辦公廳關於簡化優化公共服務流程　方便基層羣眾辦事創業的通知》（2015 年 11 月 27 日）。

介服務不再作為審批要件。近兩年又陸續取消和下放一批行政審批事項。[①] 國務院專項清理、分 7 批取消 433 項職業資格許可和認定事項，佔總數的 70% 以上；建立和實施國家職業資格目錄清單，除准入類職業資格外，一律不與就業、創業掛鈎。[②]

推進減稅降費、減輕企業負擔。重點清理行政事業性收費、政府基金，查處利用行政權力壟斷經營、強制收費、強制服務行為。中央和省級政府取消、停徵和減免收費 1 100 多項，其中中央設立的涉企行政事業性收費項目減少 69%、政府性基金減少 30%，每年減輕企業負擔 1 500 億元。統一規範、全面建立涉企經營服務、進出口環節、行政審批前置服務收費三項目錄清單制度，通過政府網站和公共媒體公開發佈，接受社會監督。近兩年，國家又陸續出台相關政策，實行普惠性、結構性減稅和降低企業繳費負擔政策。[③]

創新監管模式、優化營商環境。推行清單管理方式，國務院先後啟動權力清單、負面清單、責任清單三張清單編制，公佈各部門行政審批事項匯總清單並試行權責清單，公佈省、市、縣三級政府部門權責清單，推動以法律法規為準繩，劃清政府權力運行的邊界。[④] 中央和省級政府還公佈了涉企行政

---

① 有關文件如《國務院關於第六批取消和調整行政審批項目的決定》（2012 年 9 月 23 日）；《國務院關於取消和下放一批行政審批項目等事項的決定》（2013 年 5 月 15 日）；《國務院關於取消和調整一批行政審批項目等事項的決定》（2014 年 10 月 23 日）；《國務院關於取消非行政許可審批事項的決定》（2015 年 5 月 10 日）；《行政許可標準化指引（2016 年版）》；《國務院關於取消一批行政許可事項的決定》（2017 年 9 月 22 日）；《國務院關於取消一批行政許可等事項的決定》（2018 年 7 月 28 日）；《國務院關於取消和下放一批行政許可事項的決定》（2019 年 2 月 27 日）。

② 相關文件如《國務院關於取消一批職業資格許可和認定事項的決定》（2016 年 12 月 1 日）。

③ 如《國務院關於清理規範稅收等優惠政策的通知》（2014 年 11 月 27 日）；《國家發展改革委辦公廳關於全面實行收費目錄清單制度的通知》（2016 年 6 月 6 日）；國務院印發《降低實體經濟企業成本工作方案》（2016 年 8 月 8 日）；財政部、稅務總局《關於實施小微企業普惠性稅收減免政策的通知》（2019 年 1 月 17 日）；《國家稅務總局關於實施小型微利企業普惠性所得稅減免政策有關問題的公告》（2019 年 1 月 18 日）。此外，調減增值稅、企業社會保險繳費和其他涉企收費相關政策也相繼出台。

④ 中辦、國辦印發《關於推行地方各級政府工作部門權力清單制度的指導意見》（2015 年 3 月 24 日）；《國務院關於實行市場准入負面清單制度的意見》（2015 年 10 月 2 日）；《國務院辦公廳關於印發國務院部門權力和責任清單編制試點方案的通知》（2015 年 12 月 28 日）；《自由貿易試驗區外商投資准入特別管理措施（負面清單）（2017 年版）》（2017 年 6 月 5 日）等。

事業性收費、政府性基金目錄等清單。建設「互聯網＋政務服務」體系，實行政務資訊系統互聯、公共數據共享和政務公開制度，推進事中事後監管和線上線下一體化監管，形成中央各部門、中央與地方之間以及各地方之間資訊資源互聯互通共享的市場監管資訊平台與統一監管合力。[①] 各地方政府從「一窗受理、一站服務」發展到「互聯網＋公共管理」「互聯網＋公共服務」「互聯網＋公共政策」「互聯網＋市場監管」等服務模式，實體服務大廳與網上辦事大廳融合互通，形成「一網通辦」的政務、商務服務環境；依託國家政務服務平台，建設「互聯網＋監管」系統，及時歸集共享各類相關數據，及早發現防範苗頭性和跨行業跨區域類風險。

推進城市管理和執法體制改革。針對長期存在的城市外來務工經商人員與戶籍人口在公共服務方面的差別待遇及社會矛盾，國家推進城鎮常住人口基本公共服務便利化和全覆蓋，促進全體城鎮居民安居樂業，保障公民合法權益和社會公平正義。適應城鎮化發展和城市規模擴大，提出城市執法和管理改革政策，推動市、縣政府城市管理機構綜合設置和城市管理法律法規與標準體系建設。[②]

二、公共服務類型及其改革目標取向

建立社會主義市場經濟體制，不僅要從經濟上突破計劃體制、實現經濟基礎的根本性變革，而且還需要徹底改造與計劃經濟一體共生的公共服務體系，重建服務於社會主義市場經濟的生產生活、民生社會的公共服務體制。

---

① 參見中共中央辦公廳、國務院辦公廳《關於全面推進政務公開工作的意見》（2016 年 2 月 17 日）；國務院印發《政務信息資源共享管理暫行辦法》（2016 年 9 月 5 日）；《國務院關於加快推進「互聯網＋政務服務」工作的指導意見》（2016 年 9 月 25 日）。此外，「互聯網＋監管」系統和國家政務服務平台於 2019 年 9 月同步上線運行。

② 參見《居住證暫行條例》（國務院 2015 年 11 月 26 日發佈）；《中共中央、國務院關於深入推進城市執法體制改革　改進城市管理工作的指導意見》（2015 年 12 月 24 日）。

（一）公共服務類型與提供方式

公共服務有多種分類，如有廣義與狹義、基本與非基本之分。大體而言，廣義的公共服務是國家通過公權力介入或公共資源投入，為國民提供的社會性服務。既包括經濟類公共服務，如從事生產、生活和經濟發展所需要的水源、能源、交通、通信、氣象、科技、諮詢以及政策性金融等各類基礎性服務；也包括社會性公共服務，如為滿足與公民的生存、發展等需求直接相關的教育科技、醫療衛生、文化體育、社會福利、環境保護等領域。當然，還包括與規則、公平、安全等有關的更為寬泛的制度規則、公共安全、軍隊國防等國家安全服務體系建設。

基本公共服務是一國政府根據本國經濟社會發展階段和水準，為全體國民提供的維持生存權、發展權的最基本的社會條件或狹義的公共服務。它的本質屬性是體現必需性、公共性、普惠性和公平性，維護社會公平正義。與經濟社會發展水準相適應，我國現階段基本公共服務大致包括基本民生性服務，如就業服務、社會保險、救助保障等，公共事業性服務，如公共教育、公共衛生、公共文化、基礎研究等，公益基礎性服務，如公共設施、生態環境保護等，公共安全性服務，如社會治安、生產安全、消費安全、國防安全等。[①] 基本公共服務是政府責無旁貸的職能和責任，但可以最大限度地利用市場機制，如購買服務、委託代建代營等，降低建設運營成本，改善服務質量和效益，提高服務的及時性與便利度。

非基本公共服務是指超出基本公共服務範圍且帶有社會公共需求性質的產品和服務。非基本公共服務中包含准基本公共服務成分，通常是保障或提升社會整體福利水準所必需、可以引入市場機制提供或運營，但由於產品及服務特性或定價機制特殊等原因，盈利空間較小甚或難以盈利，需要政府公共支出或優惠政策支持的公共服務。如義務教育外的學前教育、高中教育、特殊教育、高等教育、職業教育等，基本醫療衛生服務之外的康復保健、特

① 《「十三五」國家基本公共服務清單》包括公共教育、勞動就業創業、社會保險、醫療衛生、社會服務、住房保障、公共文化體育、殘疾人服務等八個領域的 81 個項目。

殊護理、心理諮詢等，文化體育領域的通俗文化、影視製作、文藝演出、休閒娛樂、競技賽事、大眾健身等，社會福利領域的老幼託管、老年人護理、殘疾人照料以及公共安全領域的公司安保、社區安保等項服務。對於經營性非基本公共服務，政府可以不直接經辦、提供，而是通過開放市場和監管服務，鼓勵和引導社會力量舉辦和經營，滿足社會多樣化、多層次需求。

(二) 公共服務的特點及變革難點

我國的公共服務體制，歷史上是計劃體制的組成部分，曾以其特定的制度模式和供給方式，適應於計劃體制，服務於城鄉居民。其制度特點鮮明且影響深刻、久遠，改革進程漫長曲折且複雜、艱難。

1. 公共服務體制的基本特點

計劃體制的公共服務其實是一種家務或家政服務，具有其他經濟社會形態不曾有的特點及運行方式。

一是政府對社會公共事業實行大包大攬、行政壟斷，自行設立各種門類的事業單位，涵蓋教育、科技、文化、衞生、體育、福利、慈善等各個領域，政事管辦不分、經營與管制一體。在微觀層面也力圖涵蓋生產生活服務的各個領域和階段。

二是居民公共服務實行以單位為主體自我保障，城市企事業單位兼具生產、業務活動和公共服務供給雙重功能，向職工提供諸如公費醫療、住房分配、退休養老、子女義務教育及其他單位福利，一些特殊行業還包括公檢法司等公共安全機構，微觀經營職能與社會服務職能交叉一體，企業或單位辦社會是普遍的公共服務供給模式。農村集體經濟組織則為社員實施小學教育、合作醫療、「五保」供養等極為有限的集體福利制度。

三是單位內部的平均主義和單位之間、地區之間或社會範圍內的苦樂不均現象普遍存在，既不利於微觀組織內部效率原則的貫徹，其實際生產力長期低於潛在生產力，經濟社會發展遲滯，也在很大程度上背離了帶有再分配性質的公共服務的公平正義訴求，引致諸多社會矛盾和問題。

四是城鎮單位實行貨幣支付和實物供給相結合的公共服務或福利提供方式，與身份、位元階等有關的實物性福利如住房分配，相對於貨幣支出的其他福利，其權重不可同日而語，模糊了初次分配與再分配的邊界並扭曲了其形成機制，加劇了社會成員和單位之間的公共服務差距，強化了員工對單位的依附程度以及流動性瓶頸。

五是城鎮國有經濟與農村集體經濟二元結構、戶籍制度的強制性分隔以及政府對農村公共投入的相對較少，城鄉居民的公共服務差距遠遠大於其體現在初次分配中的經濟收入差距，以及城市人口的增加必須付出相應的隱性成本，這也是迄今都難以走出困境的城鄉間勞動力流動尤其是農村居民城鎮化的重大體制性障礙。

2. 公共服務體制改革的突出難點

經過數十年的改革開放，公共服務體制改革和社會公共服務發展，仍然明顯滯後於經濟改革，發展速度不能滿足人民大眾對公共服務日益增長的迫切需求，也不適應社會主義市場經濟的成長要求。其體制性原因是多方面，影響也是極其深刻的。

一是公共服務改革的決策機制與實施方式具有特殊性質。公共事業體制改革，不可能像農村家庭承包，城市國有、集體企業改革和民營經濟成長那樣，可由基層羣眾在草根底層通過治理完善型的產權結構析解、深化或分散自發、隱晦曲折地發生及擴散，而必須以調整政府與社會的關係、破除行政性壟斷為前提。從一開始起，就需要由決策層的制度自覺產生改革意願，自上而下地調整政府與社會、政府與市場的關係，放鬆行政管制，推動事業單位改革。否則，「下動上不動、越動越被動」，並且已為一些地區基層事業單位或政府機構改革的各類試點蹉跎反覆、進退失據或以失敗告終所佐證。

二是工業化原始積累、要素市場分割等利益輸送機制和經濟發展不平衡規律對社會公共服務差距及均衡性制度建設難度的推動與放大。為實現經濟趕超和工業化發展，政府曾經利用價格槓桿獲取農業剩餘積累、通過徵地制度長期壟斷一級市場取得土地增值收益、放任非完全成本保持廉價勞動力供給以及經濟地理因素、要素稟賦差異和經濟發展不平衡規律的作用，造成城鄉、地區及其內部各經濟組織間的公共服務發展條件、能力、程度的巨大差異，並且與制度構造相關聯而難以撼動、積重難返，加劇了公共服務體制改革和制度創新的複雜程度和重建難度，至今還在深刻地影響着我國公共服務均衡配置的路徑與速度。

三是經濟發展速度偏好導致公共服務供給不足以及均衡配置公共服務或補償改革成本的意願及能力不足。受經濟發展階段、結構和水準影響，衣食溫飽有其優先發展需要，經濟增長在較長時期內既是社會的迫切需求也是政府政策的首選目標，公共服務發展滯後和一定階段的供給不足有其客觀性質。相對於公共服務的綜合性、長期性效益，迫於經濟發展壓力和政府捉襟見肘的財力，政府將有限的資源較多地投向經濟建設領域，可以獲得立竿見影的經濟收益和政績效應。而改革公共服務體制、改善公共服務尤其是均等化建設的任何努力，都會因成本補償或公共投入的增加而擠佔經濟建設投資和其他可用財力，有悖急功近利的政績目標，導致政府在公共服務領域投資基礎設施、補償改革成本、改進服務質量、推動均等化建設的意願和能力不足。

四是公共服務領域中政府與社會、政府與市場的責任邊界、服務性質與資源配置、擔當能力間的錯位失衡及體制非對稱影響。計劃體制下政府與單位間公共服務責任相互交叉、邊界不清，市場發育中將公共服務視作包袱、負擔相互推諉責任，服務意願與能力不足司空見慣；因計劃體制影響，政府對基本公共服務和非基本公共服務不加區分地大包大攬並實行嚴格的准入限制，形成一般經濟領域的投資擁擠性過剩與公共服務事業的准入管制性短缺長期嚴重的矛盾性並存、結構性失衡和體制性對立；政府公辦事業機構對有利可圖其實是非基本公共服務的公益事業趨之若鶩，對純社會公益性的普遍服務類基本公共服務盡力迴避、推卸責任，長期的一體化結構使二者交叉混合、邊界難辨。如此繁難複雜的體制改革與創新絕非局部性試驗可以輕易成功的。

五是公共服務差距擴大與利益格局強化固化的體制性因素影響和服務供給、利益分配及要素稟賦等優勢方對既得利益的強大的維護能力。一個國家一定時期內公共服務差距較大並非罕見，但通常是經過相應的制度建設和利益調整促進基本公共服務向均等化方向發展。我國因計劃體制及其轉軌方式影響，不同社會羣體在資源獲取、市場先佔、壟斷因素、產業特質、業態優勢、政策便利以及要素稟賦等方面的差別性，以及市場經濟自身的優勝劣汰機制，使經濟活動、公共服務、社會管理等領域的初次分配差距擴大已經成為痼疾，而在體制分割、城鄉分隔、地區包乾、單位本位等基礎上塑造的公共服務或再分配體制，往往是在強化固化而不是弱化融化初次分配的既有差距。社會基層民眾與強勢利益羣體之間，在要素佔用優勢、既得利益豐度、輿論引導技能、訴求表達管道、參政議政機會、決策影響程度等方面的差距或有天壤之別。面對公共服務均等化改革，後者的利益維護意願強烈和能力強大以及由此而來的公共服務體制改革艱難滯後和路途曲折不會出乎意外。

六是治理性改革的路徑依賴特徵、利益兼顧性質、妥協博弈機制與和諧穩定訴求的持續性制約。治理性改革的特性決定了它需要悉心維護體制性質和價值信念，盡可能照顧既得利益和維護社會穩定以求得改革認同。與經濟領域具有營利性質、從一開始就可以由農民家庭或工人羣眾基於切身利益、自發分散地啟動改革不同，公共服務領域的要素屬性、公益性質、體制構造與管制特徵，使得基本公共服務即使短缺不足、非基本公共服務可以引入市場機制，但仍然離不開自上而下的改革決策及路徑，也不可能簡單地放鬆管制，任由個人或單位自主走向市場、提供非基本公共服務而盈利致富。一時間「拿手術刀的不如拿剃頭刀的」「造原子彈的不如賣茶葉蛋的」成為坊間微詞也是改革初期公共服務領域分配狀況的某種折射。任何改革的起步，必須優先補償因經濟領域宏觀面的改革而派生的公共服務微觀面的成本，這自然有待於經濟發展和政府財力的增長，但「分灶吃飯」的財政改革卻在一定時期內削弱了政府尤其是中央政府的改革成本補償能力，公共服務改革延後推遲成為必然。後來政府迫於財力、允許「自謀生路」式的放鬆管制，公共服務領域便因其業務行政壟斷、需求廣泛穩定、服務供不應求、專業價值凸顯、議價能力提升以及資訊不對稱等因素，得以迅速地從政府和市場兩側取得雙重改革紅利。繼續深化改革必須對此既得利益給予足夠的照顧，不可以簡單地複製經濟領域中的企業優勝劣汰、員工下崗分流的改革方式，只能以結構優化、人盡其才的方式漸進式地推進改革。這不僅僅是其利益維護意願及能力的強大，更重要的是公共服務領域集中了全社會的專業人才和精英力量，直接關乎科學技術進步、文化教育發展、人民生命健康、國際競爭實力等國家和民族的重大戰略利益和長遠發展潛力。治理性改革的妥協博弈與穩妥訴求，贏得了改革支持也拉長了改革進程。

(三) 基本公共服務均等化目標

一國政府為其國民提供與經濟社會發展水準相適應、能夠體現公平正義原則的大致均等的基本公共產品和服務，是制度正義的法理性要求和價值性意義。儘管在許多發展中經濟體和轉軌國家中基本公共服務不平衡、不公平近乎普遍現象，但我國政府一方面逐步提高基本公共服務投入和供給效率，另一方面加快公共服務改革與創新，將基本公共服務均等化確立為公共服務改革的體制性目標，政府自身也開始由曾經的計劃管制型、經濟建設型政府向公共服務型政府轉變。

啟動基本公共服務體系規劃建設。調整中央財政和各級政府支出結構，穩定增加政府的財政投入，推動公共服務事業加快發展。[①] 制定基本公共服務領域中央與地方共同財政事權和支出責任劃分方案，明確財政事權範圍和國家基礎標準，規範支出責任分擔方式，調整完善轉移支付制度；推進省以下支出責任劃分改革，推動建立權責清晰、財力協調、標準合理的基本公共服

---

① 如《國家基本公共服務體系「十二五」規劃》(國務院 2012 年 7 月 11 日印發)、《「十三五」推進基本公共服務均等化規劃》(國務院 2017 年 1 月 23 日印發)。2007—2016 年十年間，國家投入到教育、社保、衛生、文化體育的財政經費分別增長了 3.9 倍、4.0 倍、6.6 倍、3.5 倍。

務保障機制和制度體系。[①] 基本公共服務及專業領域的政策法規陸續出台，初步覆蓋義務教育、勞動就業、社會保障、文化服務等基本公共服務各個領域。一些具體領域中基本公共服務的財政事權和支出責任劃分方案也有出台。[②]

建立健全基本公共服務標準體系。以標準化促進基本公共服務均等化、普惠化、便捷化，是我國基本公共服務均等化建設的決心宣示和重大政策，也是社會主義市場經濟體制走向成熟的重要標誌。其重點建設任務一是完善各級各類基本公共服務標準，構建涵蓋國家、行業、地方和基層服務機構四個層面的基本公共服務標準體系。二是明確國家基本公共服務質量要求，提出幼有所育、學有所教、勞有所得、病有所醫、老有所養、住有所居、弱有所扶以及優軍服務保障、文體服務保障等九個層面的質量保障要求。三是合理劃分基本公共服務支出責任，明確政府在基本公共服務中的兜底職能和中央與地方政府支出責任劃分以及共同事權保障的國家基礎標準。四是創新基本公共服務標準實施機制，推動標準水準動態有序調整，促進標準資訊公開共享，開展標準實施監測預警，加強實施結果反饋利用，推進政府購買公共服務，鼓勵開展創新試點示範等。[③]

三、公共事業體制和服務方式變革

公共服務體制改革，既需要突破由傳統計劃經濟所塑造的體制架構、服務方式和利益格局，重建政府與社會的關係及社會治理結構，又需要兼顧公共服務體系中各專業領域特性，分門別類地推動體制改革和制度創新，構建

① 參見《基本公共服務領域中央與地方共同財政事權和支出責任劃分改革方案》（國務院辦公廳 2018 年 1 月 27 日印發，2019 年 1 月 1 日起實施）。

② 如《醫療衛生領域中央與地方財政事權和支出責任劃分改革方案》（國務院辦公廳 2018 年 7 月 19 日印發，2019 年 1 月 1 日起實施）。改革方案按公共衛生、醫療保障、計劃生育、能力建設四個方面分別劃分中央財政和地方財政的事權範圍和支出責任。

③ 參見《關於建立健全基本公共服務標準體系的指導意見》（中央全面深化改革委員會 2018 年 7 月 6 日通過，中辦、國辦 2018 年 12 月 12 日發佈）。

適應社會主義市場經濟的公共服務體制，推動社會公共事業穩定健康發展。這場改革，註定是一項內容紛繁、結構複雜、路徑盤陀的系統性工程。

（一）政事關係調整與事業單位改革

我國素有國家強於社會的傳統，[①] 計劃體制更是將這種體制特性推向了極端。社會公共事業全部由國家包攬，政出一門、利出一家、政事不分、管辦一體，是計劃經濟時期公共服務的典型體制特徵。推進公共服務改革，必須重點調整政府與社會的關係，改革傳統公共事業體制，開放公共服務領域，在全社會範圍內啟動公共事業發展的潛力、活力、動力，提高公共服務的質量、效率和服務能力。

1. 推進政事分開、管辦分離改革

以工商管理部門 1995 年 7 月起為整頓市場秩序、公平交易執法、推進其與所辦市場脱鈎為標誌，政府部門由試驗到擴散、由職能到機構，逐步推進政事、管辦分開改革，並隨之延伸到科技、教育、文化、衞生、體育等各事業領域。

政事、管辦分開，重點是調整政府部門與事業單位的職能分工，推動政府公共監管職能與事業經辦營運職能間的分離；調整政府行政監管權與事業法人財產權的關係，包括政府與市場的關係，實現政府公共管理職能與公共事業出資人職能間的分離即政資分開；調整政府與社會關係，推動政府管理機構與事業經辦機構人財物獨立和管辦機構的分設，其中也包括機構不分設、內部相對獨立的過渡模式。循此路徑進行改革試驗，各地各部門提供了豐富鮮活的案例或模式。如出版領域「局社分設」、廣電領域「局台分設」、

① 卡爾 · A. 魏特夫（Karl August Wittfogel）認為，類似於中國這樣的「治水國家是一個真正的管理者的國家」，「國家比社會強有力」。卡爾 · A. 魏特夫 . 東方專制主義 . 北京：中國社會科學出版社，1989：42.

市政園林環衛「管養分離」以及為數眾多的區域性改革模式等。[①]

政事分開和管辦分離改革，在管的層面，政府強化法規制定、行業規劃、標準規範、分類指導、開放發展、考核監管等職責，包括出資舉辦公共事業、行使所有者職能。在辦的層面，通過落實法人自主權、健全法人治理結構，激發事業單位從業創業的積極性與創造力，為社會提供優質高效的公共服務。

2. 實行事業單位分類改革

公共服務和社會事業中，有政府職能的延伸部分即公益性服務或基本公共服務，也有市場主體和其他社會成員可以參與提供的特定類、發展性公共服務即非基本公共服務。經過長時間的改革試驗和經驗積累，以政事、管辦分開為基礎，分類推進事業單位改革，發揮政府主導、社會參與和市場作用，實現公共服務提供主體和方式多元化，成為可能也是現實的選擇。[②]

規範劃分事業單位類別。按照社會功能將現有事業單位劃分為承擔行政職能、從事生產經營活動和從事公益服務三個類別。承擔行政職能的，逐步將其行政職能劃歸行政機構或轉為行政機構；從事生產經營活動的，逐步將其轉為企業，此後不再設立承擔行政職能和從事生產經營活動的事業單位；從事公益服務的，繼續保留其事業單位序列，強化其公益屬性。其中承擔基本公益服務、不能或不宜由市場配置資源的義務教育、基礎研究、公共文化、公共衛生及基層基本醫療服務等，劃入公益一類；可部分由市場配置資源、承擔高等教育、非營利醫療等公益服務，劃入公益二類。

推進行政職能類事業單位改革。部分承擔行政職能的事業單位，將屬於政府的職能劃歸相關行政機構；職能調整後，重新劃定職責、類別，工作任務不足的予以撤銷或併入其他事業單位。完全承擔行政職能的事業單位，調整為相關行政機關的內設機構，確需單獨設置的，按照精簡效能原則設置行

① 如北京市海淀區於 2005 年 7 月 18 日正式成立公共服務委員會，負責統一管理公共服務類事業單位。該項改革既是公共事業領域「政事分開、管辦分離」的改革試驗，也具有為政府機構「大部制」改革試水探路的作用，因而被稱為我國行政管理體制改革的「海淀模式」。

② 參見《中共中央國務院關於分類推進事業單位改革的指導意見》（2011 年 3 月 23 日）。

政機構。

推進生產經營類事業單位轉企改制。通過資產清查、財務審計、資產評估，核實債權債務，界定和核實資產，由同級財政部門依法核定國家資本金。轉制單位註銷事業法人，核銷事業編制，進行國有資產產權登記和工商登記，其國有資產管理由履行國有資產出資人職責的機構負責。依法與在職職工簽訂勞動合同，建立或接續社會保險關係。按照現代企業制度深化內部改革，轉變經營管理機制。改制過渡期內對轉制單位給予適當的稅收、社保等優惠或銜接政策。

推進公益服務類事業單位改革。實行政事分開，行政主管部門減少對事業單位的微觀直接管理，強化制定政策法規、行業規劃、標準規範和監督指導等職責。面向社會提供公益服務的事業單位，逐步取消行政級別，落實事業單位法人自主權，健全決策、執行和監督機制，探索建立理事會、董事會、管委會等多種形式的法人治理結構和管辦分離的有效實現形式。對不同類型的事業單位實行不同的機構編制及投入標準，控制總量、優化結構，建立監督管理和動態調整機制。配套進行勞動人事、收入分配、社會保險、績效監管等項制度改革。

3. 推動公共服務提供方式改革

公共服務由計劃體制下的國家包攬統管到社會多元化提供，經歷了一個較長的時期，至今還在起步階段。

20 世紀 80 年代，公共服務領域基本上沿襲計劃經濟時代政府主導和分級承擔模式，以教育和醫療衛生為重點恢復和整頓社會事業，只是在少部分領域允許個人和社會組織參與特定公共服務的供給。適應社會主義市場經濟發展建制，自 90 年代起，公共服務領域開始引入市場機制，吸納社會力量參與。基本公共服務責任逐漸下移，實行地方負責、分級管理模式。分稅制建立後，中央和地方基本公共服務責任實行分擔機制，利用市場機制和社會力量參與，以緩解當時較為緊張的教育、醫療服務供給和集中出現的國有企業下崗失業工人的就業服務和社會保障問題。進入 21 世紀後，重點強化政府提供基本公共服務的責任和保障能力，推進城鄉公共資源均衡配置和基本公共服務均等化、標準化建設，引導市場和社會共同參與公共服務供給。

公共服務體制和事業單位分類改革，推動着公共服務提供方式的制度建設。一是推廣政府購買基本公共服務。適合採取市場化方式提供、社會力量能夠承擔的基本公共服務或事務性管理服務，通過引入競爭機制，以採購、合同、委託等方式向社會購買。教育、就業、社保、醫療衞生、住房保障、文化體育及殘疾人服務等基本公共服務領域，政府向社會購買服務的力度逐步加大。各級政府購買服務制度普遍建立起來。二是鼓勵社會組織和個人參與提供非基本公共服務。適合社會力量承擔的非基本公共服務，通過委託、承包、採購等方式交給社會力量承擔。民間科研機構、民辦各級各類教育、社會文化娛樂產業、民辦醫院及醫師個人執業、大眾體育設施及健身服務、各類仲介服務機構也快速發展，漸成體系。三是完善社會力量興辦公益事業相關政策。按照公開、公平、公正原則，建立健全政府向社會力量購買服務機制。凡社會能辦好的，盡可能交給社會力量承擔。在設立條件、資質認定、職業資格、職稱評定和市場准入、財稅政策、購買服務等方面，民辦機構與公辦事業單位平等對待，支持社會力量興辦公益事業，推動公共服務提供主體和提供方式逐步多樣化，形成政府主導、社會參與、公辦民辦並舉的公共服務供給模式。[①]

（二）公共服務專業特性與改革路徑

公共服務領域廣泛、門類眾多，各項專業服務又有其自身的特點與規律，改革進展不一、成效參差不齊、社會觀感差異甚大是常見現象。解析主要公共服務領域的專業特性及其對改革路徑的影響，對於深化相關領域的改革有借鑒意義。

---

① 參見《中共中央關於全面深化改革若干重大問題的決定》（2013 年 11 月 12 日）；《國務院辦公廳關於政府向社會力量購買服務的指導意見》（2013 年 9 月 26 日）；財政部、民政部、國家工商總局《政府購買服務管理辦法（暫行）》（2014 年 12 月 15 日）。

1. 科技體制改革與科技成果產業化

科學技術研究類公共服務及其體制改革的成敗，既關係到經濟發展效率和人民生活質量，也關係到國家發展的長遠潛力、綜合實力和國際競爭能力。數十年來，順應社會主義市場經濟要求和科學技術進步規律，我國科技領域走出了一條具有自身特點的改革與發展之路。

新中國成立後的科技事業在艱難中起步並以舉國體制取得顯著成就。但計劃體制也使科技與經濟脱節，科研機構條塊分割、設置重疊以及有悖於科技勞動特點的「大鍋飯」分配體制，嚴重地束縛了科技人員的創造性和科學技術事業的發展。

科技體制改革最初是針對長期以來受極左思潮影響、輕視腦力勞動和知識分子的傾向，解放思想、撥亂反正，推動科技界及全社會樹立「科學技術是第一生產力」「知識分子是工人階級的一部分」等理念。按照 1978 年召開的全國科學大會要求，以推進中國科學院研究所實行黨委領導下的所長分工負責制改革為標誌，拉開了科技體制改革的序幕。20 世紀 80 年代中期起，按照科學技術研究的特點，改革撥款制度，實行科研經費的分類管理；開拓技術市場，促進科技成果商品化；調整科技組織結構，鼓勵研究、教育、設計機構與生產單位聯合，強化企業的技術吸收和開發能力；改革農業科技體制，使之有利於農村經濟結構調整；擴大研究機構自主權，改革科技人員管理制度；改善政府宏觀科技管理，合理部署科研縱深配置；確立科技開放發展的長期基本國策。科技體制改革和發展促進政策陸續出台，一些地區開始創設高技術開發區。[①] 服務於技術市場開放發展的《專利法》《技術合同法》及實施條例等也相繼頒佈實施。

---

① 參見《中共中央關於改革科學技術體制的決定》（中發〔1985〕6 號）；《國務院關於進一步推進科技體制改革的若干決定》（1987 年 1 月 20 日）；《國務院關於深化科技體制改革若干問題的決定》（1988 年 5 月 3 日）。1985 年，中國科學院與深圳市聯合創辦我國首個高新技術開發區 —— 深圳科技工業園。一些國家專項基金和重大科技攻關計劃誕生，如 1986 年設立的國家自然科學基金和「863 計劃」「星火計劃」「火炬計劃」，1988 年的國家重點新產品計劃以及 90 年代初的「攀登計劃」、國家工程技術研究中心計劃、國家工程研究中心計劃等。

為適應社會主義市場經濟發展要求，科技領域深化體制改革和進行結構調整。按照「穩住一頭、放開一片」的政策取向，推進基礎研究和應用科技體制改革。國家對科研院所實施分類定位，穩定支持基礎研究、高技術研究和關係國家經濟社會發展及國防事業的重大研究開發，優化基礎研究機構的結構與佈局。放開各類直接為經濟建設和社會發展服務的研究開發機構，鼓勵科研機構進入企業或轉為新型法人實體，以市場為導向推動研究開發及其成果商品化、產業化，培育和增強企業的研究開發能力。[①]

進入新世紀後，國家以增強自主創新能力、建設創新型國家為目標，深化科技體制改革，推進國家創新體系建設。一是出台建設綱要、發佈實施意見、設立專項資金等，以跨部門、跨行業、跨地區的科技基礎資源的整合與共享為重點，推進國家科技基礎條件平台建設。[②] 二是確立建設創新型國家的目標和路徑，推動以企業為主體、市場為導向、產學研相結合的技術創新體系建設，選擇一批企業開展創新型企業試點。[③] 三是加速技術開發類科研機構轉企改制，到 2008 年，國家產業部門所屬 280 餘家、地方政府所屬 1 000 餘家應用開發類科研院所先後完成企業化改制，分別轉為科技型企業，併入企業集團或轉為科技仲介機構，進行轉制科研機構產權制度改革，建立與規範產權激勵和約束機制。四是調整科研結構與佈局、強化基礎科技研究和科研

① 如《中華人民共和國科學進步法》（1993 年 7 月 2 日通過）；《中共中央國務院關於加速科學技術進步的決定》（1995 年 5 月 6 日）；《中華人民共和國促進科技成果轉化法》（1996 年 5 月 15 日）；《國務院關於「九五」期間深化科學技術體制改革的決定》（1996 年 9 月 15 日）；國務院辦公廳轉發科技部等部門《關於促進科技成果轉化若干規定》（1999 年 3 月 30 日）、《關於建立風險投資機制若干意見》（1999 年 12 月 30 日）等。1992 年起，國務院決定將國家經貿委管理的 10 個國家局所屬 242 個科研院所轉制成科技型企業或科技中介服務機構，包括將其並入一些已有企業。

② 參見國務院辦公廳轉發科技部、財政部、國家發展和改革委員會、教育部《2004—2010 年國家科技基礎條件平台建設綱要》（2004 年 7 月 3 日）；科技部、財政部、國家發展和改革委員會、教育部《「十一五」國家科技基礎條件平台建設實施意見》（2005 年 7 月 18 日）。

③ 2005 年 12 月 7 日，國務院發佈《國家中長期科學和技術發展規劃綱要（2006—2020 年）》；2006 年 1 月 26 日，《中共中央國務院關於實施科技規劃綱要　增強自主創新能力的決定》發佈；2007 年 2 月 7 日，國務院發佈《實施〈國家中長期科學和技術發展規劃綱要（2006—2020 年）〉的若干配套政策》；2006 年 1 月 17 日，科技部發佈《關於國家科技計劃管理改革的若干意見》。

基礎設施及基地建設，設立了一批國家重點實驗室、國家工程實驗室及部分省市重點實驗室，啟動了一批大的科學工程，建立了一批國家工程中心、企業技術中心、科技條件平台等。五是推動高新技術產業發展及開發區建設，民營科技企業興起，企業技術創新主體地位增強，科技人才隊伍成長壯大，支持科技創新、保護知識產權、促進技術進出口的法規政策逐步完善，國際科技合作取得了新的進展。

全面深化改革也推動着科技體制改革創新。一是加強基礎科學研究和支援高科技發展。優化基礎研究發展機制和環境，完善基礎研究的體系與區域佈局，加強基礎研究創新基地和國家實驗室建設，壯大基礎研究人才隊伍，深化基礎研究國際合作。[①] 二是健全知識產權保護機制。知識產權保護制度、司法保護體系、認證管理辦法和行政保護政策漸趨完善[②]，我國發明專利申請量和商標註冊量已居世界首位。三是建立科技成果轉化和技術轉移新機制。鼓勵研究開發機構、高等院校通過轉讓、許可或作價投資等方式，向企業或其他組織轉移科技成果、激勵科技人員創新創業；推動形成以企業技術創新需求為導向、以市場化交易平台為載體、以專業化服務機構為支撐的科技成果轉移轉化格局；優化國家技術轉移體系基礎架構，拓寬技術轉移通道，完善政策保障環境等。[③] 四是實施金融支持科技發展政策，鼓勵和指導銀行業金融機構開展投貸聯動業務試點，提高科技創新企業金融服務水準，發揮銀行

---

① 參見《國務院關於全面加強基礎科學研究的若干意見》（2018 年 1 月 19 日）。2012—2017 年，中央、國務院及有關部門先後發佈《國務院關於印發國家重大科技基礎設施建設中長期規劃（2012—2030 年）的通知》《深化科技體制改革實施方案》《國務院關於加快科技服務業發展的若干意見》《中共中央國務院關於深化體制機制改革　加快實施創新驅動發展戰略的若干意見》《國務院關於印發「十三五」國家科技創新規劃的通知》等。

② 如《國務院辦公廳關於印發知識產權綜合管理改革試點總體方案的通知》（2016 年 12 月 30 日）；最高法院《中國知識產權司法保護綱要》（2017 年 4 月 24 日）；《中共中央辦公廳國務院辦公廳關於加強知識產權審判領域改革創新若干問題的意見》（2018 年 2 月 27 日）；國家認監委、國家知識產權局《知識產權認證管理辦法》（2018 年 2 月 11 日）。

③ 2016 年 2 月 26 日，國務院印發《實施〈中華人民共和國促進科技成果轉化法〉若干規定》；2016 年 4 月 21 日，國務院辦公廳印發《促進科技成果轉移轉化行動方案》；2017 年 9 月 15 日，國務院發佈《國家技術轉移體系建設方案》。

業金融機構在實施創新驅動發展戰略、推進創業創新中的作用。[①] 五是支持地方科技發展。設立地方科技發展專項資金，發佈北京、上海科技創新中心建設方案，賦予其科技創新中心建設任務和重大科技體制改革試點任務。[②] 六是實行以增加知識價值為導向的分配政策。發揮財政科研項目資金在科技研究和知識價值分配中的激勵作用；擴大科研機構、高等院校收入分配自主權，實行體現自身特點的內部分配激勵機制；改革科研項目評審、人才培養評價、科研機構評估方式和科技獎勵制度，激勵科技人員提高研究能力、煥發創新熱情。[③] 此外，持續改善創業創新環境，激發科技研發及其成果應用潛力；打造產學研用緊密結合、產業鏈與創新鏈深度融合的眾創空間，推動科研院所及高校圍繞優勢專業領域建設眾創空間；改革國防科技工業體制、促進軍民融合深度發展；引導、激勵國有企業和民營企業技術改造與創新；運用資本市場、金融工具、資訊技術等推動實體經濟創新發展。

數十年來，科技體制改革創新，從強化基礎科學研究和促進科技成果市場化、產業化應用兩端發力，符合科學技術自身發展規律和社會主義市場經濟規律，體現了科技資源配置、科技成果開發利用中的市場決定作用和政府引導作用，經濟增長中的科技貢獻率穩步提高，自主創新能力和科技大國地位逐步形成，提供了國民經濟、社會發展和人民生活所必需的科技基本公共服務，也為提高全要素生產力和創造全體人民美好生活奠定了長遠基礎。

---

① 2016 年 4 月 15 日，中國銀監會、科技部、中國人民銀行聯合發佈《關於支持銀行業金融機構加大創新力度　開展科創企業投貸聯動試點的指導意見》。

② 2016 年 4 月 12 日和 9 月 11 日，國務院分別印發上海加快建設科技創新中心方案、北京加強全國科技創新中心建設總體方案，提出了兩市科技創新中心建設和重點改革試點任務；2016 年 5 月 16 日，財政部、科技部發佈《中央引導地方科技發展專項資金管理辦法》，該專項資金是中央財政通過專項轉移支付安排，專門用於支持地方科技體制改革和科研基礎條件與能力建設。

③ 參見中共中央辦公廳、國務院辦公廳印發《關於實行以增加知識價值為導向分配政策的若干意見》，2016 年 11 月起實施；2017 年 5 月 31 日，國務院辦公廳印發《關於深化科技獎勵制度改革方案》；2018 年 2 月 26 日，中辦國辦發佈《關於分類推進人才評價機制改革的指導意見》；2018 年 3 月 22 日，中辦國辦發佈《關於提高技術工人待遇的意見》；2018 年 5 月 3 日，國務院印發《關於推行終身職業技能培訓制度的意見》；2018 年 7 月 3 日，中辦國辦發佈《關於深化項目評審、人才評價、機構評估改革的意見》；2018 年 7 月 18 日，國務院發佈《關於優化科研管理提升科研績效若干措施的通知》。

我國經濟發展正處在轉變增長動力、優化經濟結構的關鍵時期，迫切需要科學技術提供更強大的動能支撐和先進、優質服務。但與發達國家相比，我國科學技術領域還有很大差距，科技事業發展也存在諸多體制性瓶頸。政府主導型科技體制仍未根本改觀，基礎科學研究過度依賴政府投入，研究機構自身也存在人員參差不齊、創新激勵與績效欠佳問題；投融資管道較少，社會資本的科技投資參與度低，政府推動的某些科創投資模式如「投貸聯動」等雖然有即期效應，但仍難以避免潛在性風險；企業的科技創新主體地位未真正確立，重要領域佔優勢的國有企業的科技創新動力、壓力和能力不足；科研選項與社會需要脱節現象仍然存在，科技成果產業化、市場化時滯長、效率低，科技成果的樣品、展品或禮品現象大量存在；研發人員的數量與科技素質尚有提升空間，知識產權價值和科技勞動價值有待實現；科技資源過於集中在科研院所、大專院校和部分國有企業，其他企業和生產一線技術開發人員極度缺乏；技術引進消化吸收能力薄弱，許多高精尖技術和高技術產品長期反覆進口，依賴國外、受制於人。

面對經濟社會發展的緊迫需要和國際挑戰，必須順應科技發展規律和社會主義市場經濟規律，深化科技體制改革，創造科技紅利和創新發展動能。第一，對基礎科學研究、共性科技平台及公益性科技服務體系等社會基本公共服務，需要政府集中優勢資源，聚焦核心研究領域，給予必要的研發投入和財稅金融等政策支持；對可經營、有收益的輔助設施建設和運營管理，應充分利用社會資本保障供給。第二，生產生活應用類科研開發應充分發揮企業的主體作用和市場的決定作用，拓寬投資管道，創新投資模式，推動社會參與，發展民營科技，實現科技研發與生產性應用、社會效益與經濟收益、科技創新與體制創新、短期技術進步與長期科技發展潛力的有機統一。第三，深入推進競爭、規制和產權中性改革，提高各類企業研發創新的活力、動力、壓力和能力。第四，建立健全科研與生產緊密融合機制，從學科結構、科研立項、資金配置、人員配備、地區分佈等方面，充實各類企業和生產一線，滿足其經濟技術發展的緊迫需要。第五，充分認識科技人才尤其是高端人才的稀缺性質及其勞動價值，破除科研機構內部分配的平均主義傾向，給予創新勞動價值以足夠的實現以及知識產權的充分保護。第六，發揮科技要素配置的比較優勢，深化國際科技合作，集中優質資源突破核心和關鍵技術瓶頸。

2. 教育體制改革及其特點

教育是國家的基礎性公共服務領域，也曾經是「文化大革命」極左政策的重災區。教育領域的撥亂反正率先啟動。其標誌性事件是，1977 年 8 月鄧小平主持召開科學與教育工作座談會，決定恢復高考制度。當年冬季全國有 570 萬考生走進關閉了十年之久的高等學校招生考場。同年 12 月，我國首批訪問學者和科學家赴美學習。教育改革開放的歷史進程由此起步。

20 世紀 80 年代，國家恢復教學秩序和健全教育體系，先後決定普及小學教育，改中小學 10 年學制為 12 年學制，恢復重建教育督導制度。高等院校設立學位制度，完善高等教育層次結構，創建廣播電視大學和高等教育自學考試制度，恢復教師職稱制度，健全出國留學生派遣制度。調整教育結構和管理體制，基礎教育實行地方負責、分級管理，分步驟實行義務教育；調整中等教育結構，發展職業技術教育;改革高校招生計劃和畢業生分配制度，擴大高等學校辦學自主權等。

從無到有、由非均衡到均衡分步實施義務教育。新中國成立之初，我國文盲半文盲比例高、數量大，國家採取掃盲、識字、推進各級各類教育發展政策，教育普及程度逐步提高。從 1980 年提出普及小學義務教育到 1986 年《義務教育法》頒佈實施，我國分步建立九年制義務教育制度。全國分為三類地區由各省、市、自治區根據經濟、文化基礎和其他條件進行規劃，分期分批實現小學教育以及後來的九年制義務教育，實行因地制宜、分類指導的非均衡發展政策，包括集中力量辦好一批重點學校，鼓勵經濟文化發達地區教育率先發展等。[①] 2006 年以後，隨着《義務教育法》修訂實施，我國義務教育

---

① 參見 1980 年 12 月 3 日《中共中央國務院關於普及小學教育若干問題的決定》；1982 年 12 月 4 日，五屆全國人大五次會議通過的《中華人民共和國憲法》；1985 年 5 月 27 日公佈的《中共中央關於教育體制改革的決定》；1986 年 4 月 12 日六屆全國人大四次會議通過的《中華人民共和國義務教育法》（1986 年 7 月 1 日起施行）和《中國教育改革和發展綱要》（1993 年 2 月 13 日）等。

類基本公共服務開始向均衡、公平方向發展。中央政府和地方政府共同承擔義務教育責任，按比例分擔農村義務教育經費，省級政府統籌落實、縣級政府綜合管理，中央政府重點支持西部地區和中部部分困難地區；建立義務教育經費保障機制，將城鄉義務教育經費全面納入財政預算，規範義務教育專項轉移支付，支持和引導地方各級政府增加對義務教育的投入；建立義務教育公共服務標準，包括教職工編制標準、工資標準、學校建設標準、學生人均公用經費標準等，保證教職工工資和學生人均公用經費逐步增長。[①]2018 年《義務教育法》再經修訂，突出實施素質教育和均衡義務教育理念，規定不准把學校分為重點校和非重點校、不准辦重點班和非重點班，體現義務教育的普惠性、均等性和公平性。

改革管理體制、發展各級各類教育。90 年代以來，以提高國民素質和創新能力為重點，推進教育改革，強化素質教育。[②] 基礎教育領域，實行國務院領導，省級政府統籌規劃實施，縣級政府管理為主的管理體制；中小學實行校長負責制，重點推進教育課程改革，培養學生的創造性思維和學習能力。職業教育領域，實行分級管理、地方為主、政府統籌、社會參與的管理體制；以就業為導向，適應市場和社會需要，推進校企、工學結合，提高學生的實踐能力、職業技能和就業能力。高等教育領域，建立中央政府和省級政府兩級管理、以省級政府為主的管理體制；通過共建、調整、合作、合併等措施，組建了一批學科綜合、人才匯聚的綜合性大學；擴大學校在招生、專業學科設置、人事任免、職稱評定、經費使用、收入分配和國際交流等方面的自主權，形成面向社會、依法自主辦學體制。成人教育領域，基本形成從初級掃盲到大學後繼續教育的終身教育體系；利用現代資訊技術網絡開發遠

---

① 2006 年 6 月 29 日，第十屆全國人民代表大會常務委員會第二十二次會議修訂通過《中華人民共和國義務教育法》，自 2006 年 9 月 1 日起施行。義務教育保障機制首先在西部地區農村實施，2007 年推進到全國農村地區。從 2008 年秋季學期開始全部免除城市義務教育階段公辦學校學生學雜費，全國城鄉全面實行免費義務教育制度。

② 參見《中國教育改革和發展綱要》（1993 年 3 月 13 日）；《國務院關於〈中國教育改革和發展綱要〉的實施意見》（1994 年 7 月 3 日）；《中共中央、國務院關於深化教育改革全面推進素質教育的決定》（1999 年 6 月 13 日）。

程教育系統；統籌建立縣鄉村三級農民職業培訓和終身教育網絡，推進學習型企業和社區建設；建立高等教育自學考試制度。民辦教育領域，堅持鼓勵扶持與規範管理並重發展民辦教育事業，建立健全相關法律規章，維護和保障民辦教育舉辦者的合法權益和辦學自主權，規範培訓教育機構和集團化辦學行為。

推進中外合作交流，促進教育開放發展。自1978年起，中國政府先後與美國、英國、埃及、加拿大、荷蘭、意大利、日本、德國、法國、比利時、澳大利亞等國政府達成交換留學生協議，開始大量派遣留學生出國並接收外國留學生來華；與聯合國教科文組織在教育、科學、文化三大領域開展合作；與世界銀行、聯合國兒童基金會等多邊組織進行教育交流合作。一系列推動教育對外開放的法規政策陸續出台，公派、自費留學走上良性循環、依法發展的軌道。[①] 中德職業教育合作取得了重要進展，為中國培養了一批職教領域研究人員和高素質技術工人。加入世界貿易組織後，中國政府陸續制定和修訂了與教育對外開放相關的政策法規檔，改善教育對外開放的制度環境，推進雙邊多邊教育交流與合作機制建設，在出國留學、來華留學、中外合作辦學、境外辦學、漢語推廣等領域取得新進展。[②] 全面深化改革為教育對外開放

---

① 1986年5月，中共中央、國務院發佈《關於改進和加強出國留學人員工作若干問題的通知》；1986年12月，國務院批轉國家教育委員會《關於出國留學人員工作的若干暫行規定》；1987年1月，國家教委印發五個關於公派留學的管理細則；1993年7月，國家教委印發《關於自費出國留學有關問題的通知》，放寬自費出國留學政策；同年11月，中共十四屆三中全會通過的《中共中央關於完善社會主義市場經濟體制若干問題的決定》明確「支持留學、鼓勵回國、來去自由」的出國留學工作方針；1996年，國家留學基金管理委員會成立，全面試行「個人申請、專家評審、平等競爭、擇優錄取、簽約派出、違約賠償」的國家公費出國留學選拔辦法。

② 2003年2月19日，國務院常務會議通過《中外合作辦學條例》，自2003年9月1日起施行；2004年3月3日，國務院印發《2003—2007年教育振興行動計劃》，提出加強全方位、高層次教育國際合作與交流，確立了五年內教育對外開放的策略和舉措。2010年5月5日，國務院常務會議審議通過《國家中長期教育改革和發展規劃綱要（2010—2020年）》，提出以開放促改革、促發展，引進優質教育資源，提高中國教育國際化和現代化水平。

提出新政策、注入新動力[①]，雙向留學與人才引進規模迅速增長。截至 2017 年底，留學回國人員總數達 313.2 萬人，我國已成為全球最大的留學生派出國和第二大留學生目的地國。中外合作辦學機構和項目近 2 600 個，已舉辦 100 多個本科以上境外辦學機構和項目；海外優秀人才來華從教的數量和質量有了提升，實施中的海外名師項目和學校特色項目已惠及 160 餘所非教育部直屬高校；與 188 個國家和地區建立教育合作交流關係，與 46 個重要國際組織開展教育交流，與 48 個國家和地區簽署學歷學位互認協議。

健全教育公平促進機制和政策法規體系。由於受到經濟發展階段、要素稟賦差異和政策偏好影響等，我國各級各類教育的發展和享有條件在地區和居民之間存在着較大差別。為促進教育均衡發展和機會均等，教育改革和法規建設持續推進。實施教育優先發展戰略，教育法規定各級政府教育財政支出增長要高於財政經常性收入增長，國家財政教育經費支出佔 GDP 的比例要達到 4% 的法定目標，並自 2012 年起得以實現。建立義務教育均衡性、標準化保障制度，非義務教育階段成本分擔機制和經費保障措施，義務教育由各級政府按比例納入公共預算、實行均衡配置和標準化管理，非義務階段教育除實行學生繳費上學制度外，還運用財稅、金融政策，鼓勵社會、個人和企業投資、捐資辦學，建立政府投入為主、多管道籌措教育經費新機制。建立教育援助制度和困難家庭學生資助體系，義務教育階段實行「兩免一補」政策，保障全體兒童、少年接受義務教育的權利[②]；非義務教育階段，建立健全普通本科高校、高等和中等職業學校國家獎學金、助學金制度，建立國家助學貸款綠色通道制度等，保障經濟困難家庭學生接受高等教育和職業教育的

① 2016 年 4 月 13 日，中辦、國辦印發《關於做好新時期教育對外開放工作的若干意見》，提出大力提升教育對外開放治理水平，積極參與全球教育治理。2016 年 7 月 13 日，教育部印發《推進共建「一帶一路」教育行動》，倡議各國聚力共建「一帶一路」教育共同體，表達中國願在力所能及範圍內承擔更多責任義務、為區域教育大發展做出更大貢獻的意願與措施。

② 中國政府對農村義務教育階段貧困家庭學生就學實施的一項資助政策。主要是「免學雜費、免書本費、逐步補助寄宿生生活費」。其中中央財政負責提供免費教科書，地方財政負責免學雜費和補助寄宿生生活費。這項政策從 2001 年開始實施，至 2007 年，全國農村義務教育階段困難家庭學生全部享受「兩免一補」政策。

機會。以公辦學校和流入地為主，實行與當地學生同等對待政策，保證農民工子女就地、就近入學，保障農民工子女平等接受義務教育的權利。推進教育公共資源均衡配置政策，建立公共教育資源向農村、中西部地區、貧困地區、邊疆地區和民族地區傾斜機制，矯正歷史形成的城鄉、地區間的非均衡教育政策及發展差距。以促進教育公平和均衡發展為目標，健全教育政策法規體系及實施機制，逐步形成以 8 部教育法律為基礎，包括 16 部教育法規和一批部門規章、地方教育法規規章在內的比較完備的教育法規體系。[①]

教育改革開放是中國經濟市場化改革的先行者、受益者，也是助力者和推動者。我國教育事業的全面發展，得益於社會主義市場經濟發展建制；而各級各類教育所培育的勞動者和專門人才，則助推產業進化、結構優化和經濟市場化深入發展，教育深化改革還以繼續釋放改革紅利，完善社會公共服務，助推經濟和社會全面可持續發展。

義務教育的迅速普及，提供了適應市場經濟初始發展所需要的農民工紅利。新中國成立以來，我國教育事業尤其是小學教育取得了重要進展，新一代國民基本擺脱了歷史上的文盲半文盲狀態。到 1978 年，中小學教育階段，小學學齡兒童淨入學率已達 94%，初高中階段毛入學率分別為 66.4% 和 33.6%；到 2017 年，小學學齡兒童淨入學率、初高中階段毛入學率分別提升到 99.9%，103.5% 和 88.3%。伴隨着經濟市場化改革，受過初等教育的勞動者以農民工紅利的形式，迅速進入農村非農產業或城市工商業領域，為改革開放初期和社會主義市場經濟初建期的勞動密集型產業、中低端製造業的發展或原始工業化提供了廉價而又豐裕並掌握一定技能的勞動力。

高等教育由大眾化向普及化階段發展，為經濟轉型升級和發展動能轉換提供了及時而又急需的工程師紅利乃至創業創新者紅利。自 2012 年劉易斯拐點出現後，我國勞動適齡人口數量下降，勞動密集型行業轉型升級壓力上

---

① 其重要者如以《中華人民共和國教育法》《中華人民共和國義務教育法》《中華人民共和國高等教育法》《中華人民共和國職業教育法》《中華人民共和國民辦教育促進法》《中華人民共和國教師法》《殘疾人教育條例》《教師資格條例》《幼兒園管理條例》《中華人民共和國學位條例》《中外合作辦學條例》等為代表的教育法規體系及其實施政策。

升。所幸的是，我國高等教育自1999年起招生規模擴大，迅速發展起來。到2018年，全國共有普通高校2 663所，在校學生總數3 833萬人，高等教育毛入學率為48.1%，全國高校畢業生人數達到820萬人。2019年起，高職院校擴招100萬人，高等教育毛入學率將超過50%。我國高等教育經由精英化、大眾化和普及化階段的循序漸進發展[①]，遞次以熟練勞動力培育和工程師紅利成就製造業大國，彌補勞動力數量下降並適應經濟轉型升級需要。近些年來力推的「雙創」即創業、創新，既是經濟轉型和動能轉換的需要，也是新生代勞動者的結構變化、專業素質及就業取向使然。

各級各類教育發展、質量提升與結構優化，為經濟發展、社會進步和制度建設不斷創造人文素質紅利。社會主義市場經濟的發育與成長，既需要生產建設者和專業技術人才等農民工紅利、工程師紅利，也需要現代商業倫理和企業家精神的培育，還需要與文化發展、社會進步和制度建設相關的人文素質的提高或人的全面發展。我國從初等、中等教育到高等教育的普及化，以及各級各類教育的興起與素質教育的推進，雖然不能在短期內實現長遠目標，但對全體國民的科技人文知識的普及、創業創新能力的養成、價值理性精神的鍛造、人類文化成果的吸收等，無疑是久久為功的物質與精神的積澱昇華過程。[②]這不僅是經濟社會發展的現實條件，也是國家和民族可持續發展的韌性和偉力所在。

毋庸諱言，與經濟增長、科技進步和人文發展要求相比，我國教育還存在諸多體制瓶頸，相應的改革創新也存在着新的教育紅利。一是對基礎教育的基本公共服務性質認識不足，介面過窄，學前教育納入過晚，覆蓋面不

① 美國教育社會學家馬丁・特羅（Martin Trow）認為，以高等教育毛入學率為指標，可以將高等教育發展歷程分為精英、大眾和普及三個階段。高等教育毛入學率在15%以下時屬於精英教育階段，15%～50%為高等教育大眾化階段，50%以上為高等教育普及化階段。

② 改革開放以來，我國居民受教育程度顯著提高，目前勞動年齡人口平均受教育年限10.5年，新增勞動力中接受過高等教育的比例超過45%，平均受教育年限達到13.5年，高於世界平均水平。其中高等教育累計為國家培養和輸送了1億名左右的高素質專門人才，職業學校累計培養和輸送了2億多名技術技能人才。改革開放以來，我國高校年畢業生人數從16.5萬增長到820萬，40年間增加了近50倍。

夠，中等職業教育、高中階段教育是否納入基礎義務教育仍有分歧。二是政府對非基礎義務教育管制仍然過多，包攬面大，導致力不從心，社會力量參與受限、發展不足。三是早期非均衡發展政策遺患久遠，基礎義務教育階段的各類重點學校等，造成了眾多家庭不堪重負、社會廣為詬病的擇校壓力與教育不公等制度性成本。四是在城鄉、地區之間各級各類教育差距的適當調節與公平促進方面，政府與市場的作用都有待充分發揮。五是教育資源供給不足和配置失衡，應試教育長期難以改觀，學生的素質教育、智力開發和創新激勵成效有限，形成所謂高分低能現象。六是教育行政化痼疾難除，專業學科設置不當，課程內容陳舊，教師隊伍知識老化，競爭流動困難等，影響各級各類教育質量。此外，教育開放與國際合作限制過多、視窗狹小，國際人才紅利利用水準既大幅低於發達國家，也明顯低於發展中國家的平均水準[①]，極不適應開放型經濟發展和制度建設要求，以及繼貨物流動、資本流動之後的人才流動的第三次全球化浪潮。教育改革開放任務仍然繁重複雜，但其改革紅利和發展潛力也極其豐厚。

3. 文化體制改革與文化產業發展

適應經濟市場化變革，文化體制改革也不斷深化。從政事管辦體制到市場監督管理，從文化產權結構到分類經辦模式，從公共文化服務到大眾文化產業，從國內文化發展到對外開放交流，文化領域的微觀治理機制和宏觀管理體制發生了深刻變化。公共文化事業和社會文化產業的發展活力、競爭能力和綜合實力顯著提高，與社會主義市場經濟相適應的基本公共文化服務體系和大眾文化產業發展體制逐步建立起來。

模仿經濟改革模式啟動藝術表演體制改革。20 世紀 80 年代初，一些文藝院團在內部運營機制上借鑒經濟領域的改革模式，在行政隸屬關係、所有制性質、基本福利待遇等不變的前提下，進行承包責任制嘗試，擴大創作經

① 據測算，目前發達國家的國際人口比例平均為 10%，發展中國家平均為 1.6%，我國國際人口比例只有 0.06%，國際人才紅利利用不足，其中教育開放與國際合作受限是其重要原因。

營和分配自主權，承擔部分經營風險責任。國家文化管理部門積極支持、推廣改革試驗，實行雙軌制管理。對少數代表國家和民族藝術水準、具有實驗性或特殊歷史價值的藝術形式及少數民族地區的藝術表演團體，以全民所有制形式由政府文化主管部門主辦；對大多數藝術表演團體實行多種所有制形式、由社會主辦。引入文化市場機制，解體一部分不能繼續生存的藝術表演團體；推進藝術表演院團佈局結構調整，改革演職員聘用分配方式；全民所有制藝術表演院團實行聘任合同制或演出合同制以及以此為基礎的勞動報酬制度；出台文化改革支持政策，培育藝術表演市場競爭環境。[①]

推進出版發行體制改革。80 年代，出版體制改革主要是推進政事分開、事業單位企業化管理，擴大出版單位自主權、推行社長負責制，改革分配制度、推行多種形式的責任制，優化專業選題、調整出版結構，增闢多管道出版能力、建立高素質出版隊伍，以及健全出版市場監管和加強宏觀管理等。在發行領域，打破歷史上的發行壟斷局面，試行以新華書店為主體、多種經濟成分、多條流通管道、多種購銷形式、減少流通環節的所謂「一主三多一少」發行體制，進而推進放開承包、搞活國營書店，放開批發管道、搞活圖書市場，放開購銷形式和發行折扣、搞活購銷機制，推行橫向聯合、發展各種出版發行企業羣體和企業集團的所謂「三放一聯」改革。90 年代後，出版發行單位深化經營機制轉換、探索建立現代企業制度，行業體制由事業單位管理轉向產業市場管理，政府規制由直接行政管制為主向宏觀管理和依法監管轉變。

推動廣播電視電影業變革。1983 年起，開始建立中央、省、有條件的地（市）和縣四級辦廣播電視、混合覆蓋體制，提倡廣開財源、多種經營，以補充國家財政撥款不足。90 年代，城鄉有線電視、網絡電視和衛星電視加快發

① 參見中辦、國辦轉發文化部《關於藝術表演團體的改革意見》（1985 年 4 月 23 日）；國務院批轉文化部《關於加快和深化藝術表演團體體制改革意見》（1988 年 9 月 6 日）；《文化部關於進一步加快和深化藝術表演團體體制改革的通知》（1993 年 9 月 23 日）；《文化部關於繼續做好藝術表演團體體制改革工作的意見》（1994 年 2 月 28 日）；《文化部關於進一步加快和深化文化部直屬藝術表演團體體制改革的意見》（1994 年 3 月 24 日）；《文化部關於繼續深化藝術表演團體體制改革的意見》（1997 年 4 月 3 日）等。

展，到世紀之交基本實現「村村通」。調整廣播電視機構，組建廣播電視集團、總台和網絡公司，探索集約化發展體制。1985—1998 年間，將電影業徹底推向市場。電影製片廠實行企業化管理，自主經營、自負盈虧；國產影片由製片廠自辦發行，打破了中影公司獨家壟斷影片發行體制；進口影片參與國內電影市場競爭；製片業突破單一國有體制，向社會資本開放；建立影視互濟基金，電影製片廠劃由廣電部門管理。

此後，出版發行和電影製片、發行、放映等領域降低准入門檻，形成投資主體多元化格局；轉換經營管理機制，推進企業化經營和集團化建設；實施精品戰略，治散治濫、調整產業結構；整頓流通和傳輸網絡，培育和規範影視市場。文化領域對外開放擴大了中外文化交流，宏觀管理體制和法規制度建設取得了積極進展。

進入 21 世紀後，文化體制改革全面展開。① 一是按照政事分開、政企分開、政資分開、政府與市場仲介組織分開原則，調整文化行政管理部門與所屬文化企事業單位和市場仲介組織的關係，推動職能分開、機構分設和財務分離改革。二是確定政府重點扶持和保留事業性質的政治類、公益類文化單位範圍②，推進責任激勵、經營管理、質量效率、公平服務等項改革。三是重點推進經營性文化單位轉企改制，完善法人治理結構，建立現代企業制度。③ 四是探索文化產業公有制實現形式和國有資本進退有序、合理流動機制，建立公有制為主體、多種所有制共同發展的文化產業格局。④ 五是通過市場機

① 2005 年底，中共中央、國務院發佈《關於深化文化體制改革的若干意見》；2011 年 10 月 18 日，中共十七屆六中全會審議通過《中共中央關於深化文化體制改革　推動社會主義文化大發展大繁榮若干重大問題的決定》；2012 年 2 月和 2017 年 5 月，中共中央辦公廳、國務院辦公廳分別印發《國家「十二五」時期文化改革發展規劃綱要》《國家「十三五」時期文化發展改革規劃綱要》。

② 主要包括圖書館、博物館、科技館、美術館、文化館（站）、羣眾藝術館等文化服務單位，黨報黨刊、電台電視台、通訊社、重點新聞網站和時政類報刊，重點科研機構、人民出版社、少數民族語言及盲文出版、體現民族特色與國家水平的文藝院團等。

③ 2014 年 4 月 2 日和 2018 年 12 月 18 日，國務院辦公廳印發執行期限分別為 2014 年 1 月 1 日至 2018 年 12 月 31 日和 2019 年 1 月 1 日至 2023 年 12 月 31 日的《文化體制改革中經營性文化事業單位轉制為企業的規定》和《進一步支持文化企業發展的規定》。

④《國務院關於非公有資本進入文化產業的若干決定》（2005 年 4 月 13 日）。

制和政策引導，以資本為紐帶，實行聯合、重組，培育發展一批新型文化企業和企業集團，採用數字、網絡等高新技術，改造傳統文化創作、生產和傳輸方式，調整、優化文化產業結構。六是推進文化領域要素市場和服務體系建設，完善資本、產權、人才、資訊、技術等文化要素市場，書籍報刊、電子音像、演出娛樂、影視劇作等文化產品市場以及經紀、代理等仲介服務市場。七是規範社會資本和外資進入文化領域的資質、產品、資金、人員、技術等市場准入政策，鼓勵和引導各類資本參與文化產業發展。八是推動文化領域對外開放，促進文化產品和服務出口，利用國內國際兩種文化資源與市場，提升我國文化產業的發展活力和國際競爭力。①

此外，適應文化事業和產業發展趨勢，提出建設文化強國目標，推動文化領域圍繞一個核心目標，抓住兩個關鍵環節，加快構建五個體系。② 促進傳統媒體與新興媒體、傳統出版和新興出版融合發展，推動國有文化企業把社會效益放在首位，實現社會效益和經濟效益相統一，鞏固公共文化服務的基本性、均等性、便利性並沿綜合化、標準化、效能化方向發展。③ 智庫建設突出思想文化類高端智庫建設，文化法治建設也隨之提速。

文化體制改革解放和發展了文化生產力，促進了文化事業和文化產業的繁榮與發展。

基本公共文化服務領域，投資規模持續擴大，文化事業不斷進步。1979—2017 年間，文化事業費年均增長 14.4%。2017 年底，全國共有羣眾

---

① 參見《國務院關於加快發展對外文化貿易的意見》（2014 年 3 月 3 日）。

② 參見 2014 年 2 月 28 日中央全面深化改革領導小組第二次會議審議通過的《深化文化體制改革實施方案》。「一個核心目標」即培育和弘揚社會主義核心價值觀、建設社會主義文化強國；「兩個關鍵環節」即完善文化管理體制、深化國有文化單位改革；「五個體系」即構建現代公共文化服務體系、現代文化市場體系、優秀傳統文化傳承體系、對外文化傳播和對外話語體系、文化政策法規體系。

③ 2014 年 2 月 26 日，國務院印發《關於推進文化創意和設計服務與相關產業融合發展的若干意見》；2014 年 8 月 18 日，中央全面深化改革領導小組第四次會議審議通過《關於推動傳統媒體和新興媒體融合發展的指導意見》；2015 年 3 月 31 日，國家新聞出版廣電總局、財政部印發《關於推動傳統出版和新興出版融合發展的指導意見》；2015 年 9 月 14 日，中共中央辦公廳、國務院辦公廳發佈《關於推動國有文化企業把社會效益放在首位　實現社會效益和經濟效益相統一的指導意見》。

文化機構 44 521 個，博物館 4 721 個，公共圖書館 3 166 個，分別比 1978 年增長 5.5 倍、12.5 倍和 1.6 倍，並全部免費開放；全國廣播和電視綜合人口覆蓋率達 98.7% 和 99.1%，分別比 1985 年提高 30.4 個和 30.7 個百分點；全國圖書出版 51.2 萬種，圖書總印數 92.4 億冊（張），期刊出版 10 130 種，期刊總印數 24.92 億冊，文化事業費 855.8 億元，分別比 1978 年增長 33.2 倍、1.4 倍、9.9 倍、2.3 倍和 192 倍。

大眾文化產業領域，市場准入逐步放寬，投資主體和經營模式日趨多元，文化與科技融合發展，傳統企業轉型升級。進入 21 世紀後，新型文化業態迅猛崛起，文化產業穩步向國民經濟支柱產業邁進。2006—2017 年，文化產業固定資產投資年均增長 24.4%，佔全社會固定資產投資的比重為 6.1%，比 2005 年提高 2.8 個百分點。其中 2017 年投資額為 38 280 億元，比 2005 年增長 12.7 倍，實現增加值 35 462 億元，比 2004 年增長 9.3 倍。文化與互聯網、旅遊、體育等行業跨界融合發展已成為趨勢和特點。文化產品和服務的生產、傳播、消費的數字化、網絡化進程加快，基於互聯網和移動互聯網的數字內容、動漫遊戲、視頻直播等新型業態，成為文化產業發展的新動能和增長點。文化產業發展動力強勁，骨幹企業數量增加，規模化、集約化、專業化水準提升。文化產品進出口穩步增長，近年來連續實現順差。2017 年，我國文化產品進出口總額為 971 億美元，比 2006 年增加 869 億美元，增長 8.5 倍；文化產品貿易順差為 793 億美元，比 2006 年增加 702 億美元，增長 7.7 倍。2007—2017 年，文化產品進出口總額和貿易順差分別年均增長 22.7% 和 21.8%。

文化功能複雜多元，諸多因素增加了改革創新難度，影響了改革路徑與效應。其間一系列重大關係的適當處理，是能否依據文化改革特性、促進文化邊際創新以及建構與社會主義市場經濟新政相適應的價值信念和意識形態的關鍵性乃至成敗性因素。

一是處理好政治類文化和主導意識形態與時俱進、規制創新與文化內容創新創意、事業產業多樣化發展的關係。在文化規制層面，既適應公共文化基本服務發展趨勢，降低制度性社會交易成本，又保障文化產業創業創新的足夠空間，激發全社會的文化創新動力、活力與競爭力，以豐富多彩的文化產品和服務滿足社會大眾的多元化文化需求，促進人的自由全面發展。

二是處理好傳統文化傳承弘揚與外來文化的學習、吸收、再創新的關係。就經濟市場化、資訊化與全球化發展來說，任何國家和民族都不可以封閉僵化、排外自守，能否在揚棄本民族傳統文化糟粕、弘揚優秀文化傳統基礎上盡可能地吸收全人類先進文化成果，關乎經濟、科技、社會發展水準及人文素質提高乃至國家和民族的命運與前途。摒棄陳腐不堪的「本用」意識和各種全盤化偏好，以世界先進文化水準定位我國文化體制改革創新的歷史坐標，以全息化為基礎吸收人類文明全部優秀成果。

三是處理好基本公共文化服務改革創新、均等化發展與社會文化產業市場開放、競爭發展的關係。轉變基本公共文化服務供給方式，擴大購買服務，推進委託經營等，鼓勵社會資本參與，充分利用市場機制發揮政府更好作用。公益文化單位完善法人治理結構，提高文化服務的質量、效益和需求適應能力。創造良好政策環境和平等競爭機會，推動社會文化產業開放准入、依法合規經營，在市場競爭中發展壯大。

四是處理好公益文化服務普惠共享與優質精品文化創新激勵的關係。基本公共文化服務領域着力推進均等化、標準化建設，防止政府公共文化事業內部人控制和部分人專享。正視文化創新的特點與規律，把握政治傾向判別、輿論輿情引導、意識形態約束等方面的適度必要範圍，逐步緩解思想文化領域積弊已久的媚俗化、經學化、窒息化現象，以及有大咖無大師、有名人無名家、有經學無子學的平庸化傾向。以思想解放、創新寬容、環境安全的制度安排和政策導向，激發文化創新動力、活力和創造力；以優質精品文化和大師名家輩出的文化創新力、影響力，奠定文化自信基礎和文化強國地位。

五是處理好文化發展創新與政府規制及服務創新的關係。新的文化產品、服務及業態，既有文化的代際傳承又有新生代與時俱進、相容並包的邊際文化創新。現代資訊技術的發展，「互聯網＋」滲透到文化產業的各個環節，文化內容的資訊化與資訊內容的產業化帶來的結構性影響是空前的。文化事業和產業的創新方式、生產流程、成果形式、傳播途徑、服務業態、產業結構、商業模式、價值鏈條等都發生了深刻變化。一些互聯網公司本身甚至已經成為門類齊全的文化企業，開始主導文化產業發展併購和資源整合。政府除履行健全要素市場、保護知識產權、規範市場秩序等傳統職能外，適應「互聯網 +」文化發展與市場模式創新的規制監管和市場服務創新必須因勢利導，興利除弊、適時適度。

（三）社會保障改革與制度建設

市場經濟有其經濟波動和社會風險。經過長期發展與演變，以社會保障制度編織社會安全網，是絕大多數市場經濟國家通行的做法。廣義的社會保障包括社會保險、社會救助、社會福利以及住房保障等眾多領域。其中養老保險、醫療保險和住房保障尤為基礎，是政府為社會成員提供的「老有所養」「病有所醫」和「住有所居」的基本公共服務。我國在經濟市場化改革中逐步建立起了養老保險、醫療保險和住房保障制度。

1. 養老保險改革試驗與體制成型

新中國成立之初，我國曾建立現收現付式城鎮企業職工養老保險制度。①「文化大革命」使勞動保險基金的徵繳與使用遭到破壞，養老保險社會統籌調劑最終蛻變為企業內部事務，成為企業的社會責任。② 因經濟效益差異，企業間負擔不一、員工退休待遇苦樂不均甚至難以為繼。

隨着經濟市場化改革和多種所有制經濟發展，以 1984 年企業退休費用社會統籌試驗為起點，包括養老保險制度在內的社會保險制度經歷了從國有企

---

① 1951 年 2 月 26 日，中央人民政府政務院發佈《中華人民共和國勞動保險條例》。條例規定由國家從企業未分配利潤中扣除職工工資總額的 3% 作為勞動保險基金，支付對象為國有大型企業和集體企業男性年滿 60 歲、女性年滿 50 歲的退休人員。退休金待遇與退休前工齡相對應。

② 參見財政部《關於國營企業財務工作中幾項制度的改革意見（草案）》（1969 年 2 月）。

業改革的配套措施、社會主義市場經濟的重要支柱到國家的一項重要社會經濟制度的變革歷程。

1984 年起，適應國營企業多種形式的經營承包責任制試驗，國家在全民和集體所有制企業開展退休費用社會統籌試點。市、縣一級國營企業試行統一收繳保險費、發放養老金，電力、郵電、鐵道、建築、水利五個行業建立養老費用行業統籌制度。一些地區還試行了退休人員醫療費用、職工大病醫療費用社會統籌。1986 年起，為適應國營企業勞動合同制改革，開始建立由企業和工人共同繳費的勞動合同制工人養老保險制度。① 隨後，國家提出逐步建立基本保險、企業補充保險和個人儲蓄性保險相結合的多層次的養老保障制度，確定由市縣起步、向省級過渡、最後實現全國統籌的養老保險制度。② 機關事業單位養老保險、農村養老保險和企業補充養老保險制度開始局部試點。

1993 年 11 月，《中共中央關於建立社會主義市場經濟體制若干問題的決定》提出建立社會統籌與個人賬戶相結合的養老保險制度以及政事分開、統一管理的社會保障管理體制。1995 年 3 月，國務院發佈統賬結合兩個實施辦法，由各地結合實際選擇試點。③ 結果是各地統籌賬戶與個人賬戶費率各不相同，養老金發放也各有差異，幾乎是一個地方一種辦法。眾多經驗教訓推動了養老保險制度統一進程。1997 年 7 月，《國務院關於建立統一的企業職工基本養老保險制度的決定》發佈實施，統一了企業和個人繳費比例、個人賬戶規模、基本養老金計發辦法和養老保險管理制度，建立起企業職工基本養老保險制度框架。

始建於國有企業的基本養老保險制度，面臨着一系列制度完善任務。首先是體制內養老保險模式與水準的協調整合。1998 年起，將原來鐵道部、交

① 同年，國務院頒佈《國營企業職工待業保險暫行規定》，1993 年修訂為《國營企業職工待業保險規定》。1999 年 1 月，國務院發佈《失業保險條例》，將原來只適用於國營企業的「待業保險制度」擴展到所有城鎮企事業單位及其職工，將原來只有企業繳費改為用人單位和職工個人共同繳費，失業保險制度從此成型。

② 參見《國務院關於企業職工養老保險制度改革的決定》（1991 年 6 月 26 日）。

③ 參見《國務院關於深化企業職工養老保險制度改革的通知》（1995 年 3 月 17 日）。

通部等 11 個行業部門實行的基本養老保險行業統籌業務移交地方管理，企業養老保險由條塊分割改為屬地管理，逐步統一制度模式、繳費比例和待遇水準，增強基金調節和支撐能力。[①] 其次是緩解體制轉軌導致的社會統籌賬戶透支個人賬戶的空賬風險。2001 年 7 月起，國家先在遼寧省後推廣至東北三省，開展做實個人賬戶試點，建立基本養老保險待遇與繳費年限、繳費基數和退休年齡掛鈎的激勵約束機制。[②] 再次是由中央財政預算撥款、國有資本劃轉、基金投資收益和其他方式籌集資金建立全國社會保障基金，應對養老保險基金支付風險。最後是統一企業職工和機關事業單位職工基本養老保險制度。企業與機關事業單位退休人員間的養老金待遇差別曾廣被詬病，在屢經試點且時隔近 20 年後，終於建立起各類企業和機關事業單位從業人員大體一致的基本養老保險制度。[③]

全體從業人員基本養老保險制度統一之後，我國養老保險制度趨向成型。基本養老保險實現了企業和單位保障向社會保險轉型，建立起單位和個人分擔保險機制；養老保險社會化、統一化，使勞動力自由流動和市場統一成為可能；社會保險經辦管理服務體系的規範化、資訊化、專業化建設，解脫了企業和單位的社會事務負擔；「廣覆蓋、保基本」的保障形式，推動着多層次養老保險和服務體系建設；「老人老辦法、新人新辦法、中人採取過渡辦法」，保證了新舊制度轉軌和平穩運行，社會統籌與個人賬戶相結合的養老

---

① 參見《國務院關於實行企業職工基本養老保險省級統籌和行業統籌移交地方管理有關問題的通知》（1998 年 8 月 6 日）；勞動保障部、財政部：《關於調整原行業統籌企業基本養老保險繳費比例的通知》（2003 年 3 月 20 日）等。

② 參見 2000 年 12 月 25 日國務院印發《關於完善城鎮社會保險體系的試點方案》。其中，將個人賬戶的繳費率由本人工資的 11% 降到 8%，全部記入個人賬戶；企業繳費全部記入統籌基金，而不再劃入個人賬戶；社會統籌賬戶由企業按平均工資的 20% 繳納。由此形成基本養老保險制度中的社會統籌賬戶與個人繳費的二元結合模式，並由《國務院關於完善企業職工基本養老保險制度的決定》（2005 年 12 月 3 日）予以確定下來。這一時期，企業補充保險更名為企業年金（2000 年），勞動和社會保障部發佈《企業年金試點辦法》，會同銀監會、證監會和保監會發佈《企業年金基金管理試行辦法》（2004 年），建立企業年金市場化運營制度。

③ 參見《國務院關於印發事業單位工作人員養老保險制度改革試點方案的通知》（2008 年 3 月 14 日）；《國務院關於機關事業單位工作人員養老保險制度改革的決定》（2015 年 1 月 14 日）。

模式，一定程度上體現了兼顧效率與公平的制度設計理念。截至 2017 年底，全國企業職工基本養老保險參保人數 3.53 億人，其中在職人員 2.58 億人，離退休人員 9 454 萬人；基金總收入 3.3 萬億元，總支出 2.9 萬億元，年末累計結餘 4.1 萬億元。

基本養老保險從改革試驗到制度成型，將治理性改革的既得利益照顧需要以及養老保險制度的自身缺陷與亟須完善之處充分顯現出來，其中包括一些不時採用但也不無爭議的過渡辦法。

兼顧既得利益的差別待遇安排或有限覆蓋範圍留下諸多制度隱患。1986 年養老保險改革試驗之初，按照國營企業固定工已有養老待遇水準設置保障標準，勞動合同制工與固定工退休人員間存在養老金待遇差別，到 1991 年才實行統一的養老保險制度；農墾系統直到 2003 年才通過增加中央財政補助，解決養老金拖欠和保證發放等方式納入地方管理；基本養老保險金調節機制，不足以緩解因歷史原因或宏觀經濟因素所造成的退休人員養老金水準過低或差別過大問題。農民工、非公有制經濟組織和城鎮靈活就業人員參保不足，因統籌地區間基金轉移困難或部分截留以致削弱乃至喪失其養老保險功能。

統籌層次低、待遇差別大，限於省級統籌但也十分艱難。我國養老保險制度主要是在市縣一級實施推廣，包括單位和職工個人繳費比例、養老金發放標準、基金調劑與管理等，省級統籌是其目標或有名無實。因經濟發展狀況、勞工年齡結構等差異，市縣之間養老負擔和退休人員待遇水準各不相同，部分地區甚至入不敷出、難以為繼。試行多年的省級統籌，至今仍然停留在博弈不定的省級調劑金制度建設階段。各省之間養老保險格局也大體類似，基金結餘集中在極少數省份。國家決定自 2018 年起建立養老保險基金中央調劑制度，力圖保證基本養老保險制度的可持續發展。①

因轉軌成本補償不足，個人賬戶完全蛻化成養老基金徵繳和計發辦法並引發制度內在衝突。養老新制建立時，未對已退休人員的養老金支付和在職

---

① 參見《國務院關於建立企業職工基本養老保險基金中央調劑制度的通知》（2018 年 5 月 30 日）。

人員已工作年限的積累承諾做出成本補償安排，依賴新制度滾動性支付，養老基金只能實行「混賬」管理，允許統籌賬戶內借個人賬戶基金支付轉軌成本，包括養老金調劑性支出。統賬結合中的個人賬戶部分地甚至在一些地區完全淪為空賬。但對個人而言，個人賬戶又是實實在在的養老金權益，無論是空賬還是「混賬」都不能不認賬，給個人賬戶乃至整個養老金未來支付留下隱患。在制度機理上，市縣之間的省級調劑金和省份之間的中央調劑金，只能是統籌賬戶而不能是個人賬戶的調劑。「混賬」管理提供了侵權便利，但也暴露了其內在體制性矛盾。

城鄉基本養老保障差異過大，不足以滿足農村老人基本生活。因經濟發展差異和二元結構因素，城鄉基本養老類公共服務差別極大。20 世紀 90 年代起，一些經濟發達地區試行過「農保」或「鎮保」辦法，後來模仿城鎮養老保險制度在全國試行「新農保」制度，實行基礎養老金和個人賬戶養老金相結合的養老待遇計發辦法。[①] 其中國家財政全額支付基礎養老金，遞年有所增長但數額有限；個人賬戶實行個人繳費、集體補助、政府補貼相結合的籌資辦法，即在個人繳費外，地方財政和農村集體經濟組織給予數量不高、數額不等的補助。農村老人年滿 60 周歲後領取並不足以維持基本生活的養老金，他們的養老依然主要依靠子女或家庭負擔。隨着就業流動性增強，城市化發展和家庭保障機制逐漸弱化，相當數量的農村老人可能面臨艱難的晚年生活。

基本養老保險制度固然隱患甚多，但也走出了四顧茫然的體制初創期，制度完善與持續發展前景可期。

建立基礎養老金全國統籌制度，條件成熟時變費為税、覆蓋到全體國民。推動基礎養老金與個人賬戶養老金分離，統籌賬戶與個人賬戶由內在結合改為外在結合。其意義是多方面的：基礎養老金充分體現社會互濟功能，平衡地區、人羣間的養老金差異，貫徹再分配制度的公平原則和公民基本生存權的平等地位；務實保障退休人員基本生活，降低社會保險成本，激發在

① 參見《國務院關於開展新型農村社會養老保險試點的指導意見》（2009 年 9 月 1 日）。

職人員的個人賬戶積累和參與補充保險的動力，保持市場主體的微觀活力和競爭力；適應各種就業形式和參保需要，以及經濟社會轉型期勞動者在單位、地區、城鄉間頻繁流動及靈活就業需要；通過量出為入和税收徵繳制度，保證基礎養老金來源穩定和可持續發展；便於適當劃分中央政府與地方政府基本公共服務權責邊界，各自發揮其在基礎養老金統籌和個人賬戶管理方面的相對優勢或更好作用；在社會保障等市場經濟基本公共服務領域，真正建立起中央政府的利益平衡制度和宏觀調控能力，增強社會向心力與凝聚力，鞏固國家的統一和民族的團結。

普遍實行由地方政府負責管理的個人賬戶制度。由於個人賬戶基金對應在參保者個人身上，隨參保者個人轉移，不具備社會互濟功能，因而可以在相對較小的地域或適當的範圍內進行管理，由地方政府管理更為適當一些。個人賬戶積累資金委託金融機構進行投資運營，由地方政府和相關專業機構負責監管。考慮到轉軌時期「老人」和「中人」的地區分佈差異，中央財政對「老人」和「中人」比重較高、養老金發放負擔較重的地區給予適當援助，並建立客觀、統一、規範的階段性中央財政援助制度。推動各級政府多管道籌集資金，如國家基礎養老金結餘、全國社會保障基金收益、國有資產變現收入、國有土地出讓金收益、壟斷行業超額利潤、特許資源使用收益、個人所得税專項轉移、特種債券發行等，必要時可考慮開展階段性、專項性「特別税」，逐步做實個人賬戶。隨着時間的推移和轉製成本支付完畢，養老保險基金援助制度也相應終止。

合理確定基礎養老金替代率，逐步縮小地區、城鄉間的基礎養老金待遇水準。鑒於目前地區、城鄉和社會羣體間收入水準差異較大，基礎養老金可以參照各省、自治區、直轄市城鄉居民家庭恩格爾係數[①]並適當追加其他必要生活支出確定，或按當地社會平均工資的一定比例發放，不低於城鄉居民最

---

① 恩格爾係數指家庭食品支出總額佔消費支出總額的比重。19 世紀德國統計學家恩格爾根據統計資料得出了一個消費結構變化規律：一個家庭收入越少，其總支出中食物支出所佔比例就越大；隨着家庭收入增加，其食物支出比例則會下降。目前我國城鄉居民家庭的恩格爾係數約在 30% 左右。

低生活保障線，以滿足退休人員的基本生活。從長遠看，隨着地區間經濟發展和收入差距的逐步縮小，最終在全國範圍內實行統一的基礎養老金標準。中央財政建立社會保障專項預算，設專戶管理基礎養老金，在全國範圍內統籌互濟使用。中央財政建立基礎養老金專項轉移支付制度，重點用於援助基礎養老金支付困難地區或平衡城鄉居民的基礎養老金水準。

2. 醫藥衛生改革與醫療保險制度建設

生命健康類公共服務，涵蓋醫療衛生、藥品產銷和醫療保險諸多領域的事業、產業發展和制度建設，涉及專業技術因素、公益衛生服務、醫藥經濟行為、醫療保險責任、社會健康倫理等眾多錯綜複雜的理念轉變、角色定位、結構調整、業態創新和制度變革，是改革難點，可謂世界性難題。我國醫藥衛生體制和醫療保險制度改革，走過了一段不無爭議乃至非議至今仍在摸索探路的漫長歷程。

與新中國同步建立和發展的我國衛生健康事業，服務於社會有其歷史成就，但受計劃體制制約，政府獨家包攬、嚴格管制，醫療衛生體制僵化，平均主義分配方式盛行，醫療服務質量效益低下，公共衛生資源和醫療衛生服務長期供不應求或苦樂不均。

改革開放初期，醫藥衛生領域推進簡政放權、多管道辦醫的發展政策。實行中央、地方和部門並舉方針，發展全民所有制衛生機構；鼓勵企事業單位醫療機構向社會開放，准許集體辦醫、個體行醫、在職人員業餘從醫、村級衛生機構辦醫等，以增加醫療服務的供給。借鑒農村及國營企業的承包制改革，對衛生醫療機構實行放權、讓利、搞活，鼓勵自我創收發展;實行院、所、站長負責制，擴大單位用人自主權和服務收入分配權;實行定額包乾制，由醫療衛生機構自主支配使用包乾衛生經費。改革收費和價格管理制度，應用新儀器、新設備及新診療項目實行成本價格收費；條件好的醫療單位和病房可提高收費標準；允許疫苗注射和婦幼保健等公共衛生服務收取勞務費；允許衛生防疫和衛生監督檢測服務收取勞務費和成本費等。

醫療衛生體制改革專業技術性強，衛生行政管理部門相對於其他政府公共政策部門，專業技術資訊優勢明顯，足以左右醫療衛生體制改革取向。醫療機構相對於病患羣體，則近乎永遠具有資訊強勢、供給支配地位。在當初公共衛生資源短缺、醫療衛生服務供給不足、政府公共醫療衛生投入有限的情況下，衛生部門主導的醫療衛生改革可以歸納為「放權讓利，擴大醫院自主權；放開搞活，提高醫院的效率和效益」。即在政事管辦不分、診療醫藥一體、基本公共衛生服務與經營性醫療服務職責不清的公立醫療機構中，將公共醫療服務體制改革混同於經濟體制改革，簡單地模仿經濟領域中的承包責任制改革，以放權讓利鼓勵搞活創收，並以國家政策予以確認和推廣。[①]

這種改革固然有增加醫療衛生服務供給、調動醫療機構及人員積極性的作用，但也種下了重醫療輕防疫、重創收輕服務、重用藥輕診療、重城市輕鄉村以及醫商不分、亦醫亦商的禍根。更有甚者，一部分醫療人員變相推銷藥品，灰利交易屢禁不止；藥品生產和流通體制變形，定向售藥公關和藥價虛高不下成為普遍現象；一些基層公共醫療機構因經營不善或政府財政困難、投資意願不足而一賣了之[②]，農村合作醫療也隨之解體，城鄉基本醫療公共服務基礎削弱、能力薄弱。循此路徑的醫療衛生體制改革越改越亂、越改越繁、越改越難，坊間非議甚多，學界有如「醫療改革基本不成功」的判斷。「看病難、看病貴」等痼疾難除，醫療衛生服務供給與需求、醫生醫院與患者之間的矛盾突出。

針對醫藥衛生體制改革亂象，黨和國家重新定位衛生事業是實行一定福利政策的社會公益事業，重申政府對發展衛生事業負有重要責任，鼓勵多種形式推動醫療衛生服務體制改革。[③] 新舊世紀之交，在區域衛生規劃、政府財

---

① 參見《國務院批轉衛生部關於衛生工作改革若干政策問題的報告的通知》（1985 年 4 月 25 日）；國務院轉發衛生部等部門《關於擴大醫療衛生服務有關問題的意見》（1989 年 1 月 15 日）。

② 從 1999 年開始，一些地方開始拍賣公立醫院、衛生院。如 2000 年 3 月宿遷公開拍賣衛生院，共有 100 多家公立醫院被拍賣；海城等地也陸續將公立醫院轉讓出賣。

③ 1997 年 1 月 15 日，《中共中央國務院關於衛生改革和發展的決定》發佈。為貫徹該決定，2000 年 2 月 21 日，國務院辦公廳轉發國務院體改辦、衛生部等 8 部門《關於城鎮醫藥衛生體制改革的指導意見》，並陸續出台了 13 個配套政策。

政資金投入、醫療機構分類管理、醫療服務定價機制、公立醫院內部治理、先進醫療技術引進、中外合資合作辦醫以及醫療衛生「三項改革」、農村合作醫療制度、醫療衛生相關法規建設等方面進行了諸多探索並取得一定進展。[①] 但因醫療衛生改革路徑鎖定，體制痼疾難除，「看病難、看病貴」、基本公共衛生服務基礎脆弱依然如故，2003 年的非典疫情將其暴露無遺。

痛定思痛，反思政府責任與市場功能成為醫療衛生體制改革、事業發展及模式選擇的推力與動力。2006 年起，國家啟動新一輪醫療體制改革。[②] 十多年來，國家提出建立包括公共衛生體系、醫療服務體系、醫療保障體系和藥品供應體系的衛生醫療制度架構，在基本公共衛生投入、重大疾病防控應對、城市社區衛生服務、農村衛生服務體系建設、食品藥品質量監管、中醫藥服務發展、公立醫院治理改革、分級診療制度建設、藥品招標採購制度、擴大醫療服務准入、社會醫療保險制度等方面，進行了多層面改革探索，取得了不同程度的進展[③]，但改革路途依然迷茫、遙遠。

經濟市場化改革和社會醫療需求變化，建立於計劃經濟時期的公費醫療和勞保醫療日益暴露其體制性缺陷。醫療費用由國家、企業包攬，缺乏制約機制，浪費嚴重；醫療經費缺乏合理的籌措機制和穩定來源，部分職工因企業經營困難或醫藥診療費用上漲而得不到基本醫療保障；醫療保障覆蓋面窄、管理和服務社會化程度低，妨礙勞動力流動，增加了企業的社會負擔等。

20 世紀 80 年代起，一些企業和地方自發地改革職工醫療保障制度，其

---

① 醫療衛生「三項改革」是指 1998 年開始推行的醫療保險制度改革、醫療衛生體制改革、藥品生產流通體制改革；建立農村合作醫療制度見《中共中央國務院關於進一步加強農村衛生工作的決定》（2002 年 10 月 19 日），國務院辦公廳轉發衛生部、財政部、農業部《關於建立新型農村合作醫療制度的意見》（2003 年 11 月 16 日）。

② 2006 年 9 月，國務院成立由 16 個有關部委組成的醫療體制改革協調小組；2009 年 1 月，國務院常務會議通過《關於深化醫藥衛生體制改革的意見》和《2009—2011 年深化醫藥衛生體制改革實施方案》，新一輪醫療衛生體制改革及方案正式啟動實施。

③ 2000 年 12 月，衛生部印發《城市社區衛生服務機構設置原則》《城市社區衛生服務中心設置指導標準》，此後陸續出台了一系列配套政策；2006 年 8 月，國家啟動《農村衛生服務體系建設與發展規劃》，中央和地方總計投資 200 億元以上，建立和改善農村縣鄉村三級醫療衛生服務體系；2015 年 5 月和 9 月，國務院辦公廳分別印發《關於城市公立醫院綜合改革試點的指導意見》《關於推進分級診療制度建設的指導意見》等。

主要做法是通過大病醫療統籌等方式控制醫療費用。衛生部等部門先後推出職工醫療和公費醫療管理辦法改革，並在一些地方進行試點。1994 年起，國務院批准在江蘇省鎮江市、江西省九江市進行社會統籌與個人賬戶相結合的醫療保險制度改革試點，即著名的「兩江試點」。1996 年 5 月起，決定在全國範圍內擴大試點。[①] 同一時期，職工生育保險和工傷保險制度也開始試行並逐步建立起來。[②]

「兩江試點」的主要內容一是建立用人單位和職工共同繳納醫療保險費用的籌資辦法，個體勞動者按當地平均水準全部由個人繳納。二是建立社會統籌和職工個人醫療基金賬戶，其中用人單位繳費不低於 50% 的部分記入個人醫療賬戶，其餘部分進入社會統籌基金，集中調劑使用。三是建立醫療費用支出制約機制，職工就醫先從個人賬戶支付費用，不足部分先由職工自付，按年度與醫療統籌基金結算，由其負擔主要部分，個人負擔比例隨費用升高而降低。四是推動醫療單位改善醫療服務，職工可到若干定點醫院就醫，推動醫療競爭、規範服務，降低醫療費用。五是改革醫療服務方式和標準，推行醫藥分開核算，定期審定檢查定點醫療機構和藥品銷售單位資質，制修訂醫療診治技術規範、收費標準、藥品報銷目錄及檢查、治療費用控制標準等。六是改革醫療運營監管體制，實行政事、管辦分開，以收定支、收支平衡徵集醫療保險金，嚴控管理費用提取比例，建立由財政、審計等部門和工會、職工代表參加的醫療保險監督組織，定期檢查醫療保險資金收支、運營管理、服務質量並向社會公佈。

「兩江試點」的經驗教訓表明，統賬結合的醫療保險制度建設是一種高難度選項。首先，醫療需求特性決定了醫療保險的社會互濟性要求較高，醫療保險基金中個人賬戶佔比不宜過高。否則，年輕人醫療賬戶近乎純積累，

---

① 相關試點方案見國家體改委、財政部、勞動部、衛生部：《關於職工醫療制度改革的試點意見》《關於職工醫療保障制度改革擴大試點的意見》（1996 年 5 月 5 日）。

② 如勞動部分別於 1994 年 12 月和 1996 年 8 月頒佈《企業職工生育保險試行辦法》（2019 年 3 月，生育保險和職工基本醫療保險合併）及《企業職工工傷保險試行辦法》（該辦法已被 2004 年 1 月起施行的《工傷保險條例》替代，後經修訂的《工傷保險條例》於 2011 年 1 月起施行）。

而老弱病殘者較多的醫療支出以及原體制延續而來的各種醫療福利，主要依賴缺乏轉製成本補償管道的統籌賬戶支出，其發展不具備可持續性，並且已為試點地區醫療費用增長過快、統籌賬戶入不敷出所證實。其次，醫療保險費用支出規模，形式上是需求派生型而實質上是供給主導型，從需求側控制醫療支出成本固然重要，但由於醫療專業特徵和技術資訊優勢，醫方與患者之間在診療、用藥、費用等支出上幾乎完全由醫方主導。面對來自醫患雙方尤其是由醫方所派生的外部性成本，醫療保險機構未必具有資訊對稱的成本管控和專業監管能力。試點實踐也證明，保險機構對醫方的監管能力和效力是有限的。再次，區分基本醫療服務與非基本醫療服務既是醫療普惠公平也是醫療保險持續性、安全性要求，面對醫療需求尤其是與之相關的保健、康養需求隨着人們收入水準的提高而需求彈性極大、費用不斷增長，必須優先保障基本醫療公共服務。試點中力圖以醫療保險覆蓋原有公費、勞保醫療體制的所有醫療福利承諾，既不符合權利義務對稱原則，也是力不從心的。最後，健全完備的醫療保障制度需要長期、適時、適當調整醫、患、藥、保等諸多環節錯綜複雜的專業、利益關係，建構相關利益方的敬業守約精神和道德倫理操守。在政事管辦邊界不清、公立醫院先佔獨大、診療醫藥利益一體、專業技術資訊壟斷、醫療服務單邊主導、亦醫亦商職能交叉、藥品產銷秩序混亂、醫療需求複雜多元、既得利益兼顧泛化、監管需要與能力極不對稱的情形下，醫療保險制度建設乃至醫療衞生體制改革，註定是一項困難重重、爭議不斷、成敗無常的艱巨任務。

「兩江試點」及各地擴大試點，雖然不能取得現成的成功經驗直接予以推廣，但它為建立城鎮職工基本醫療保險制度進行了於經驗和教訓都十分豐富的先期實踐，提供了基本制度框架。[①] 其中有所調整的一是將用人單位繳費率控制在職工工資總額的 6% 左右，職工繳費率一般為本人工資收入的 2%。二是用人單位繳納的費用劃入個人賬戶的比例由試點時的不低於 50% 調整為 30% 左右，縮小個人賬戶規模。三是限定統籌基金和個人賬戶各自的支付範

① 參見《國務院關於建立城鎮職工基本醫療保險制度的決定》（1998 年 12 月 14 日）。

圍，分別核算，不得互相擠佔。四是充實對醫療機構及其服務的監管內容，從基本醫療服務範圍、標準、醫藥費用結算和基本藥品目錄及診療項目制定，到醫療服務設施標準及管理辦法、醫療機構和藥店定點管理、醫藥分開核算與管理制度、醫療機構和藥店服務行為規範，以及提高醫療技術勞務價格、加強醫務人員業務技術培訓和職業道德教育等不一而足。

城鎮職工基本醫療保險制度建立之後，擴大保險覆蓋面和完善制度體系的努力一直沒有停止。1999—2007 年間，鐵路系統職工、退役軍人先後納入基本醫療保險體系；城鎮靈活就業人員、混合所有制企業和非公有制經濟組織從業人員分別參加醫療保險；試點城鎮居民基本醫療保險和城市醫療救助制度，建立新型農村合作醫療制度。2016 年起，整合城鎮居民基本醫療保險和新型農村合作醫療制度，建立統一的城鄉居民基本醫療保險制度。①

廣義的醫療衛生體制改革固然包括醫療衛生服務、社會醫療保險和藥品生產流通等諸多方面，但矛盾焦點、改革難點主要集中在醫療衛生服務領域。計劃體制下集政府行政壟斷、業務技術壟斷、服務行業壟斷於一體的醫療衛生機構，經過數十年的改革和發展已經有了重大改觀，但新舊體制矛盾依然相互交織、積弊難除。

政事管辦分開雖然取得較大進展，但由於歷史慣性和服務結構，衛生行政管理部門自覺不自覺地與公立醫療機構神形一體、互為依恃，在醫療投入、服務准入、行醫環境等重大醫療公共政策上，經常表現為公立醫療機構的代言維權者而不是社會醫療服務的公共管理者。儘管從政府到社會幾乎眾

---

① 參見國務院辦公廳、中央軍委辦公廳《中國人民解放軍軍人退役醫療保險暫行辦法》（1999 年 12 月 16 日）；勞動和社會保障部、鐵道部《關於鐵路系統職工參加基本醫療保險有關問題的通知》（1999 年 6 月 21 日）；國務院辦公廳轉發衛生部、財政部和農業部《關於建立新型農村合作醫療制度的意見》（2003 年 1 月 16 日）；勞動和社會保障部《關於城鎮職工靈活就業人員參加醫療保險的指導意見》（2003 年 5 月 26 日）；《關於推進混合所有制企業和非公有制經濟組織從業人員參加醫療保險的意見》（2004 年 5 月 28 日）；國務院辦公廳轉發民政部等部門《關於建立城市醫療救助制度試點工作的意見》（2005 年 3 月 14 日）；衛生部等 7 部委局《關於加快推進新型農村合作醫療試點工作的通知》（2006 年 1 月 10 日）；勞動和社會保障部《關於開展農民工參加醫療保險專項擴面行動的通知》（2006 年 5 月 16 日）；《國務院關於開展城鎮居民基本醫療保險試點的指導意見》（2007 年 7 月 10 日）；《國務院關於整合城鄉居民基本醫療保險制度的意見》（2016 年 1 月 3 日）。

口一詞地強調醫療衛生服務的公益性質，但只要基本公共服務與非基本公共服務邊界不清、職能混合交叉，政府責任便無限放大，醫療領域永遠會投入不足，而放任醫商一體，亦醫亦商、以商為上就不可避免，一旦監管缺失、鬆懈或監管部門被公立醫院綁架，公益目標便是天地良心、作為有限，或以公益性質索求於政府，牟利於患者。

公立醫療機構先佔獨大、全能式結構和行政層級化配置，難以避免公共醫療資源配置結構失衡、畸輕畸重，對社會辦醫產生擠出效應，醫療資源供不應求、看病難難以緩解；衛生防疫機構多設常設、疫情偶發突發，「養人」成本大於「養事」需要、政府或經費不足，難以避免相關機構額外謀事尋租；醫院內部醫藥、診療、檢驗一體[①]，設利、創收便利，或過度用藥、多用貴藥以致扭曲醫藥關係及藥品產銷機制，或通行內部過度檢驗、相互間重複檢驗，以致競相購買「高大上貴」的醫療儀器設備，以提高檢驗精密度，主要是頻密度，看病貴是其必然結果。

醫療衛生服務機構所具有的專業技術壁壘、資訊優勢地位和服務單邊主導特徵，使之無論是相對於政府監管部門還是面對廣大患者，在醫療服務方式選擇、診療用藥適當性判斷、醫藥設備需求採選、治療護理康復效果評估以及醫療費用支出規模等全流程、各方面近乎具有無可爭辯的話語權，政府部門往往不得不被動接受醫療機構提供的技術價格標準作為醫療服務監管標準和成本價格管控標準，患者及其家庭只能由支付能力決定服務需求。

醫療服務的非職業化監管導致其客觀公正性、標準科學性、技術先進性、及時有效性得不到保障。政府監管部門及其工作人員或有醫藥專業背景，但其相對狹窄、日漸陳舊的醫藥知識未必適應日新月異的醫藥科技進步；公立醫療機構與政府監管部門間若明若暗的「臍帶」關係以及前者的技術資訊優勢，使監管部門對「自家人」監管不嚴或因資訊不對稱而監管不力；由政府監管部門搭建的「草台班子」式的各類專家委員會或許其成員足夠專

① 近年來，以藥補醫現象得以改觀。2011 年所有基層公立醫療機構取消了藥品加成，2015 年縣級公立醫院全部取消藥品加成。截至 2017 年 9 月底，全國所有公立醫院取消藥品加成。

業並具有社會責任感，但因監管服務的臨時性或非職業性，幾乎不對監管結果負有任何責任，其部分成員不免遊走於政府臉色、同仁情面或公關壓力之間，其敬業精神、職業操守和責任擔當多受社會質疑。

醫療衛生體制改革或許千頭萬緒，但政事管辦徹底分開、醫藥行政管理部門真正轉型為全社會醫療服務的公共管理者首當其要；其次是明確劃分醫療衛生領域的基本公共服務與非基本公共服務的邊界與責任，政府負責基本醫療服務並增加投入和有效供給，推行購買服務、聚焦「養事」質量和效益，康養、保健等非基本醫療服務開放由社會與市場參與供給；再次，深入推進公立醫療衛生機構疫情預防、診療服務、藥品供給、病情檢測、患者護理等分立式、分類型、專業化改革以及標準化服務和職業化監管，健全政府投入保障機制，徹底改變公立醫療機構醫商不分、亦醫亦商格局，真正貫徹非營利性公益原則；又次，適應經濟發展和居民收入水準提高，對內對外開放社會辦醫和專業醫師執業兼業，分流中高收入者高端醫療服務需求，減輕政府財政壓力和公立醫療機構的服務壓力；最後，推進醫療衛生服務分類監管指標體系、標準體系建設和職業化專家隊伍建設，以及監管信用體系與失職、失信追責制度建設。

藥品生產流通也是影響醫療衛生服務質量的重要因素。多年來，由於供給與需求特性尤其是監管不力，藥品產銷秩序混亂。生產領域品類低劣、技術落後、產能過剩，藥品質量安全得不到保障；流通環節疊牀架屋、藥商充斥，租借證照、虛假交易、偽造記錄、非法購銷、商業賄賂、價格欺詐壟斷以及偽造、虛開發票等違法違規行為盛行。但規範藥品產銷秩序並不存在技術性瓶頸，而且相關政策已陸續出台[①]，關鍵是監管當局的責任心和執行力。

社會醫療保險是醫療費用的主要供給方，為約束醫療支出或保證制度可

① 參見《藥品生產質量管理規範》（2010 年修訂版已於 2011 年 3 月 1 日起施行）；《國務院辦公廳關於進一步改革完善藥品生產流通使用政策的若干意見》（2017 年 1 月 24 日）等。

持續性，從設定個人醫療費用支出比例到建立國家基本藥物目錄[①]，限定醫療服務用藥和醫療保險報銷範圍，也算是殫精竭慮，其醫療服務和制度保全效應有待實踐檢驗。另外，統賬結合、兼顧效率與公平的醫療保險制度本身，有主觀意念、一廂情願之嫌。個人賬戶介入其中，不僅使制度設定與實施變得極其複雜，而且也削弱了以大數法則為基礎的社會互濟能力。在醫患雙方中，病患者未必是決定醫療支出規模的主導方。社會和個人共同的醫療保險責任以及對個人醫療需求的某種必要的約束，完全可以通過更簡便易行的制度安排來實現。就保險目的而言，真正影響病患者基本生活的不是「頭疼腦熱」類的日常疾病及小額支出，而是重大疾病。至於少數困難人羣支付困難，可以借力於醫療救助制度。嵌入基本醫療保險中幾成雞肋的個人賬戶，大大擴張了基本保險範圍，削弱了社會共濟能力，增加了保險制度的潛在壓力，甚至妨礙建立全國統一的基本公共服務均等化的醫療保險制度。比較而言，後來制定實施的主要以防控重大疾病為目的的城鄉居民基本醫療保險制度，雖然水準較低，「落後」一些，但其更符合醫療保險的特性與規律，更易於漸進式地推動基本醫療服務和基本醫療保障均等化、可持續發展，或許具有更強大的生命力。

3. 住房制度改革與房地產業發展

計劃經濟時期，我國城鎮居民住房實行實物分配、低租金使用的福利住房制度。單一投資管道難以滿足城鎮人口增加的住房需要，住房緊張長期大面積存在；低租金制度使簡單的住房維護捉襟見肘，國家和企業背上了沉重的包袱；住房分配將職工和單位綑綁在一起，阻礙了勞動力合理流動和優化配置；公房分配的平均主義傾向和分配管理中的職務尋租現象並存，既影響效率也損害公平。傳統住房制度的困窘局面，推動着人們突破傳統理論、觀

---

① 國家基本藥物目錄是醫療機構配備使用藥品的依據。包括兩部分：基層醫療衛生機構配備使用部分和其他醫療機構配備使用部分。中國自 2009 年 9 月 21 日起施行國家基本藥物目錄。經修訂的 2018 年版國家基本藥物目錄總品種由原來的 520 種增至 685 種，包括西藥 417 種，中成藥 268 種。

念和體制的束縛，決策層也提出了住房商品化的改革取向。[①]

1982 年，有關部門曾在一些城市試行過政府、企業和個人各承擔 1/3 成本的「三三制」補貼出售新建住房方案，但由於公房低租金制下租售比價不合理、居民缺乏買房動力而於 1985 年停止試點，轉向租金制度改革，試行「提租補貼、租售結合、以租促售、配套改革」。公房按包含建築造價、徵地和拆遷補償費等成本價出售，開始動搖根深蒂固的住房福利觀念。1988 年下半年出現的嚴重通貨膨脹，使提租補貼方案難以為繼，一些地方曾以「甩包袱」方式廉價出售公房以取代租售並舉改革，後經制止代之以分步驟提高公有住房租金至成本租金；職工購買規定住房面積內的公有住房實行標準價政策；提出將公房實物分配逐步轉變為貨幣工資分配，由住戶通過買房或租房取得住房所有權或使用權。[②]

20 世紀 90 年代起，住房制度改革提出商品化、社會化目標。住房建設投資由國家、單位包攬改為國家、單位、個人三者合理負擔；住房維護由國家、單位維修、管理改為社會化、專業化運營；住房分配由實物福利方式改為貨幣工資分配為主的方式。相應建立以中低收入家庭為對象、具有社會保障性質的經濟適用住房供應體系和以高收入家庭為對象的商品房供應體系；建立由職工個人和單位共同按工資的一定比例繳存的住房公積金制度；建立政策性、商業性並存的住房金融信貸體系；建立規範化的房地產交易市場和房屋維修、管理市場。[③] 改革取向的確立推動住房制度改革進入快車道。1998 年中，全國城鎮住房公積金歸集總額近千億元，城鎮家庭自有住房比例超過 50%，剩餘公房的租金價格大幅度提高。從當年年底起，全面停止實物分房，實行住房分配貨幣化。在多層次城鎮住房供應體系中，新建的經濟適用

---

① 1978 年，全國城鎮居民人均居住面積僅 6.7 平方米，缺房戶佔城市居民家庭的半數左右。1980 年 4 月，鄧小平發表有關住房商品化改革的講話，從此拉開了我國住房制度改革的歷史大幕。

② 參見《國務院關於繼續積極穩妥地進行城鎮住房制度改革的通知》（1991 年 6 月 7 日）；《國務院辦公廳轉發國務院住房制度改革領導小組關於全面推進城鎮住房制度改革意見的通知》（1991 年 11 月 23 日）。

③ 參見《國務院關於深化城鎮住房制度改革的決定》（1994 年 7 月 18 日）。

住房實行政府指導價，按保本微利價格出售；最低收入家庭由政府或單位提供廉租住房，以發放租賃補貼為主、實物配租和租金核減為輔；中低收入家庭購買經濟適用房等普通商品住房，高收入家庭購買、租賃由市場決定價格的商品住房；堅持住房市場化改革方向，促進房地產市場持續健康發展。[①] 新的城鎮住房制度基本成型。

城鎮住房供地制度改革幾近同步進行。2001 年起，國務院開始推行土地使用權公開、公平、公正招標、拍賣或掛牌出讓制度。2002 年 7 月，國土資源部專門規定商業、旅遊、娛樂和商品住宅等各類經營性用地，必須以招標、拍賣或掛牌出讓方式取得國有土地使用權。2004 年 8 月 31 日後，全國範圍內不再採用協議方式出讓經營性土地使用權。[②] 地方政府壟斷土地一級市場，通過「招拍掛」方式出讓經營性用地、用於商品住房開發，土地出讓價格直接影響樓市價格變化的房地產市場運營機制由此形成。

由於比較效益差異和地方政府的經濟人傾向，住房貨幣化改革未必盡如人意。住房補貼水準與羣眾住房需求尤其是與住房價格水準落差很大；經濟適用住房建設遲滯有限，不足以成為城鎮居民基本住房供應的主渠道[③]；公有住房銷售收入單位化，推動租售並舉改革變成以售為主直至全部出售，企業、職工間苦樂不均，政府也由此喪失了為低收入家庭提供公租或廉租房的能力[④]；地方政府對土地財政進而房地產業的過度依賴及其分利機制，地價、房價飆升暴漲，普通羣眾住房困難幾成普遍現象。2003 年以來，中央政府出台了一系列房地產價格調控政策，地方政府也多有限購、限售、限貸、限價

---

① 參見《國務院關於進一步深化城鎮住房制度改革加快住房建設的通知》（1998 年 7 月 3 日）；《國務院關於促進房地產市場持續健康發展的通知》（2003 年 8 月 12 日）。

② 參見《國務院關於加強國有土地資產管理的通知》（2001 年 4 月 30 日）；國土資源部：《招標拍賣掛牌出讓國有土地使用權規定》（2002 年 9 月 28 日）、《關於繼續開展經營性土地使用權招標拍賣掛牌出讓情況執法監察工作的通知》（2004 年 3 月 31 日）。

③ 據有關統計，1998—2003 年全國經濟適用住房累計竣工面積僅 4.77 億平方米，只能大體上解決 600 多萬戶家庭的住房問題。

④ 1996 年 8 月，國務院辦公廳轉發住房制度改革領導小組《關於加強國有住房出售收入管理的意見》，同意將售房收入全部留歸售房單位用於住房建設和住房改革。

等不得要領的市場扭曲政策，但所謂「十年九調控」[①] 也未能破除政府分利和房價飛漲機制。

迫於中低收入家庭住有所居的住房需求壓力，近些年來，各級政府開始調整住房公共政策，啟動公共租賃住房和經濟適用住房建設，履行基本公共服務責任。一是適當提高居住用地在土地供應中的比例，增加中低價位普通商品住房和經濟適用住房建設用地供應量。二是增加中低價位、中小套型普通商品住房供給，居住用地和住房價格上漲過快的地方，自 2006 年 6 月起，新審批、新開工的商品住房建設，套型建築面積 90 平方米以下住房面積所佔比重必須達到開發建設總面積的 70% 以上。三是遏制炒房投機行為，對購買住房不足 5 年轉手交易的，按售房收入全額徵收營業税。四是加快城鎮廉租住房建設，擴大廉租住房覆蓋面，城市政府的土地出讓淨收益按一定比例用於廉租住房建設。五是將經濟適用住房嚴格控制在中小套型，嚴格審定銷售價格，依法實行建設項目招投標，健全申請、審批和公示制度。六是政府重拾公租房建設、發展商租房市場和住房二級市場等，分類解決新就業職工基本住房需求和部分居民家庭改善性住房需求。[②] 此外，通過加快集中成片棚戶區改造、推進舊住宅區綜合整治、多管道改善農民工居住條件等方式，改善其他住房困難羣體的居住條件。[③] 隨着全面深化改革的推進，集體建設用地開始試點投資租賃住房建設，拓展住房供地來源，推動建立多主體供應、多管

① 諸如 2005 年「國八條」、2006 年「國六條」……2010 年「新國十條」「新國五條」、2011 年「新國八條」、2013 年新「國五條」，等等，不一而足。

② 參見《國務院關於加快發展公共租賃住房的指導意見》（2010 年 6 月）、《公共租賃住房管理辦法》（2012 年 5 月）。2014 年起公共租賃住房和廉租住房並軌運行，統稱公共租賃住房。此外，2015 年 1 月，住房和城鄉建設部發佈《關於加快培育和發展住房租賃市場的指導意見》；2016 年 6 月，國務院辦公廳發佈《關於加快培育和發展住房租賃市場的若干意見》；2017 年 7 月，住房和城鄉建設部等九部門聯合印發《關於在人口淨流入的大中城市加快發展住房租賃市場的通知》；2017 年 9 月，住房和城鄉建設部發佈《關於支持北京市、上海市開展共有產權住房試點的意見》。

③ 參見《國務院關於解決城市低收入家庭住房困難的若干意見》（2007 年 8 月 7 日）；《國務院關於進一步做好城鎮棚戶區和城鄉危房改造及配套基礎設施建設有關工作的意見》（2015 年 6 月 25 日）。

道保障的租賃住房制度。[①]

經過數十年的改革與發展，我國住房制度和房地產行業發生了根本性變化。計劃體制下制約居民居住條件改善、束縛房地產業發展的住房實物分配制度轉變為保障性住房政府主導與商品性住房市場供應相結合的多管道、多層次住房供應體系；我國住房供給與需求潛力得到空前釋放，儘管城鎮人口不斷增加，但按常住人口和建築面積計算，全國城鎮居民人均居住面積由1978年的6.7平方米增加到2018年的38平方米左右；以住宅為主的房地產業成為經濟社會發展的支柱產業，2018年房地產業增加值佔GDP的比重達到6.5%以上，住房相關經濟佔國民經濟的20%左右，房地產投資佔GDP的13%以上；住房建設改造和房地產業發展推動並支持了城市化進程，以及相應的市政公共設施及其他基礎設施建設，提升了城市綜合承載能力。

但是，住房保障制度和房地產業市場也是社會期許落差過大而廣受詬病的領域。一是住房商品化改革後市場理念泛化、政府保障性經濟適用房建設投入不足，商品房建設「單軌獨長」「一枝獨秀」，中低收入家庭住房困難；二是地方「土地財政」收入與房地產業發展「分利共榮」，形成相互依賴機制，共同推動地價與房價上漲；三是房地產業投資方抵押物堅實、利潤相對豐厚，購買方住房短缺、剛性需求持續旺盛，共同推動融資放量、擠佔資源以致產能過剩或槓桿氾濫；四是區別於普通商品由供求關係調節價格，政府的土地供給限制、「土地財政」依賴、土地價格高企以及房地產商的資源鎖定、資訊優勢與營銷主導等，都是從供給側人為抬高住房價格的因素；五是房地產業較長時期的豐利性質和土地用途的特殊管控方式，往往誘發商業賄賂類公關需要和部分監管者設租、尋租等敗德行為，以及政策選項中商品住宅業優勢於保障性住房建設；六是房地產業的剛性需求性質、價格彈性幅度、產業關聯效應以及與之相關的就業崗位創造和稅費收入生成等因素，在一定

① 2017年8月21日，國土資源部和住建部印發《利用集體建設用地建設租賃住房試點方案》，確定在北京、上海、瀋陽、南京、杭州、合肥、廈門、鄭州、武漢、廣州、佛山、肇慶、成都13個城市開展利用集體建設用地建設租賃住房試點。2019年初，又增加福州、南昌、青島、海口、貴陽5個城市作為試點城市。

時期形成部分地區甚至整個國家的經濟增長依賴和政策鎖定因素，爆棚發展欲罷不能，調控抑制舉棋不定或於心不忍。相對於房地產業的重大體制性、結構性缺陷，坊間抱怨也是民生關切的住房管理事項，如已購公房上市交易、住房公積金及維修基金使用、房屋權證及轉移遷移、物業管理及其制度建設等，儘管也需要盡快着手處理，但終究是治理層面的具體事項，也沒有多少難度。

與普通消費品不同，住宅用房既具有商品性質和投資、財富效應，是經濟增長和政府收入的重要來源，也具有社會公共品性質，是城鄉居民的基本生活保障條件。面對我國住房供給中的重大體制性、結構性矛盾，政府要轉變經濟人角色和分利訴求，按照市場經濟規律和政府公共責任，兼顧住房的經濟特性和民生屬性，發揮好市場決定作用和政府更好作用。第一，責無旁貸地將低收入家庭的住房保障納入政府基本公共服務範圍，增加公租房建設及其相關的土地供應和資金投入，保障低收入家庭住有所居的基本需求。第二，調整住房公共政策，多種管道吸引投資，合理成本供應土地，加快經濟適用房建設，以保本微利價格租售並舉保障中等收入家庭的住房需求。第三，健全商租房市場發展政策，豐富住房供應種類、業態、結構，形成合理的價格形成機制和租售比價關係，滿足多層次、多樣化住房需求。第四，由市場決定高端房地產的用地價格、建設成本、銷售價格，取消各地五花八門的既背離市場規律又對解決中低收入家庭住房需求成事不足、於事無補的各類限購、限售、限貸、限價政策。第五，透明土地供應、住房建設、税費管理和市場監管政策，從源頭控制、程式規範、過程公開和結果監管等各個環節防範懲處商業賄賂、監管尋租等敗德行為。第六，分類完善住房權屬管理、轉讓交易、金融服務、物業管理等各項制度，形成從業主自主治理、市場運營機制到政府公共管理的住房服務體系。

第十章

市場經濟基本矛盾與制度性變革趨勢

市場經濟是迄今人類社會制度認知水準和建制能力所及的雖不完美但卻是最有效率的經濟形態。中國社會歷時 40 餘年，以治理性改革之移山心力，終於建立起社會主義市場經濟制度，經濟發展的驕人成績舉世矚目，但市場經濟的內在缺陷和固有矛盾也明白無誤地呈現在世人面前。全面深化改革從經濟基礎到上層建築賦予人們完善社會主義市場經濟制度的美好願景，當然也是更為艱巨的改革創新任務。

一、市場經濟基本矛盾及治理性調整

市場經濟來到世間，思想家們在其創制條件、制度機理、價值含義等方面積累了充滿遠見卓識、建制智慧及道義評判的豐碩理論成果，人們幾乎可以從中找到任何褒貶不一的工具。中國創造型社會主義市場經濟制度能否發揮市場體制共性優勢、規避其由來已久的歷史局限，既檢驗着制度本身的結構功能和價值意義，也考驗着創制者的智慧識見、擔當能力乃至道義水準。

(一) 市場經濟基本矛盾及其含義

商品市場關係固然歷史悠久，但市場經濟形態最初是以資本主義制度面世的，社會主義市場經濟發展建制僅僅是當代實踐，並且主要是中國故事。資本主義市場經濟的原始積累及野蠻發展階段，曾被人們視為罪惡淵藪。有如馬克思《資本論》中的名言，「資本來到世間，從頭到腳，每個毛孔都滴着血和骯髒的東西。」機器大工業興起和資本主義制度相對成熟之後，生產社會化與生產資料私人佔有成為資本主義經濟制度的基本矛盾並被等同於市場經濟的基本矛盾，進而成為資本主義必然滅亡、商品貨幣和市場經濟走向消亡的依據。及至社會主義市場經濟的創制發展，中國社會的主要矛盾由「人民日益增長的物質文化需要同落後的社會生產之間的矛盾」轉變為「人民日益增長的美好生活需要和不平衡不充分的發展之間的矛盾」。人們似乎滿懷自信地認為，只要隨着經濟社會發展，這些矛盾會逐步緩解直至消失於無形。

其實，無論是資本主義制度的基本矛盾還是當前中國社會的主要矛盾，都不是市場經濟的基本矛盾，而只是其基本矛盾在不同制度形態和相應發展階段的具體體現或特殊形態。市場經濟的基本矛盾是效率與公平的矛盾而不是其他任何矛盾形式。只要存在市場經濟形態，其效率與公平的矛盾便不為人的意志所左右，也不以經濟制度或經濟發展階段為轉移。所謂「天行有常，不為堯存，不為桀亡。應之以治則吉，應之以亂則凶」[①]。

第一，市場經濟的自然生長，是以經濟主體的財產佔有、行權賦能和交易方式等做出界定為基礎的。在科斯的世界裏，只要交易成本為零，財產權利的最初分配從效率角度看就是無關緊要的。即使交易費用存在，只要能夠鎖定外部性，產權界定及其行使也是有效率的，市場經濟同樣能夠成長起來，這已為道格拉斯 · 諾斯等人所證實。[②] 但是，無論是當初還是今天，生產條件的佔有決定生產物的分配，財產佔有及其「權利束」行使機會，從來就不是均衡分佈的。經濟學、法學重在關注產權效率及其法定權利，公平與否或屬於社會政治範疇，但效率與公平的矛盾無疑是市場經濟與生俱來的根性特徵。

第二，市場經濟因產權激勵產生效率但並不是產權本身的效率，而是通過產權相關利益將人力資本包括管理才能、創新活力以及勞動技能等充分激發出來，實現物質生產要素的優化配置以促成效率的提高和財富的創造。但人力資本的積累除部分地取決於人們的天資稟賦外，更多地取決於後天的與家庭境況、社會環境、制度文化甚至宗教習俗等諸多因素相關聯的教育公平程度、技能訓練機會、人文素質養成以及潛能開發環境等。人們因種族、民族、性別、職業、社會地位、財產狀況、宗教信仰等原因，在與起點公平有關的出身、運氣、努力和選擇[③]等方面遭遇不平等機會、不公正待遇並非罕

---

①《荀子 · 天論》。

② 新制度經濟學及其代表人物如羅納德 · H. 科斯（Coase）、威廉姆森（Williamson）、斯蒂格勒（Stigler）、德姆塞茨（Demsetz）、道格拉斯 · 諾斯（Douglass C. North）和張五常等多有著述。另參見道格拉斯 · 諾斯，羅伯斯 · 托馬斯 . 西方世界的興起 . 厲以平，蔡磊，譯 . 北京：華夏出版社，2017.

③ 詹姆斯 · M. 布坎南 . 自由、市場與國家 —— 80 年代的政治經濟學 . 平新喬，莫扶民，譯 . 上海：上海三聯書店，1989：184-186.

見，以致形成後來的知識鴻溝、技術權力、專業暴力等，並非自然地或短期內能夠徹底改觀。

第三，市場效率通常經由市場主體內在的逐利衝動和外部競爭壓力推動技術進步、率先取得超額利潤而獲得，這也是市場體制優越於其他經濟體制的內在依據所在，並且以其來到世間的不長時間，創造了人類社會的巨大財富。但是，競爭機制和技術進步創造的效率或成果以及產業進化和技術替代勞動的效率與公平的衝突，無論是對企業家還是普通勞工都是嚴峻的，人們對企業經營失敗和就業機會喪失的恐懼與市場體制如影隨形。有觀點認為現代社會的「生產率對於人的需要和才能的自由發展是破壞性的」[①]。隨着人工智能的開發利用，甚或產生絕大多數智人本身成為多餘、或被淘汰的憂慮。阿爾法狗[②]對圍棋大師技藝、心理與尊嚴的衝擊，以及史學家對智人可能喪失對自身創造物的控制能力的警示是眾所周知的。[③]在效率的壓倒性優勢面前，人類情何以堪？

第四，市場效率與產業升級、結構優化互為表裏，產業結構升級和發展動能轉換也是今天人們推動市場經濟發展建制的重要指向與動因。但產業結構優化升級對傳統產業和新型產業的社會效應是有區別的。新勞動力的生產力可能會產生新階級衝突。[④]伴隨着新型產業的繁榮興盛、效率提升及財富增長，傳統產業或萎縮衰退、勞資雙方都有可能喪失立身之本以及基本生存權利意義上的社會公平。正如「電燈泡的發明，對玻璃製造者和蠟燭製造者都是一個偶然事件，但市場把獎賞和懲罰強加到了他們頭上」[⑤]。當今撲面而來的電子商務、互聯網金融幾網坐大甚至一網獨霸，對傳統商業門店或銀行服務

---

① 赫伯特·馬爾庫塞．單向度的人——發達工業社會意識形態研究．劉繼，譯．上海：上海譯文出版社，2014：1.

② 即阿爾法圍棋（AlphaGo），由谷歌（Google）旗下 DeepMind 公司創始人戴密斯·哈薩比斯（Demis Hassabis）領銜的團隊開發。AlphaGo 是第一個擊敗人類職業圍棋選手、戰勝圍棋世界冠軍的人工智能機器人，其主要工作原理是深度學習。

③ 尤瓦爾·赫拉利．未來簡史：從智人到智神．林俊宏，譯．北京：中信出版集團，2017.

④ 彼得·F.德魯克．後資本主義社會．傅振焜，譯．北京：東方出版社，2009：59-69.

⑤ 阿瑟·奧肯．平等與效率——重大的抉擇．王奔洲，譯．北京：華夏出版社，1987.

網點和中小銀行的替代及其效率與公平的衝突，則是其當代版本。

第五，市場經濟的全球化性格，決定了其經濟效率的產生與增進除依賴國內全要素生產力和市場條件外，還與全球市場參與深度、競爭地位和國際商務金融規則公平程度密切相關。一國經濟對外開放的意願、節奏與次序，既影響效率也關乎公平。以比較優勢參與國際競爭、贏得潛在市場無疑會助推自身技術進步和效率提高，受要素競爭能力、對外經濟政策和地理經濟因素等主客觀條件影響，率先對外開放的地區和領域或能佔得市場先機和效率優勢，無疑會影響地區與領域間的起點與機會公平。並且，發達市場經濟體相對於新興市場經濟體在科技水準、產業結構、競爭能力、規則標準以及國際經濟金融操控等方面的優勢，也會造成市場地位的不公平和一些國家的依附性發展。[①]

第六，市場經濟的效率特性及其持續性，是以資源要素的自由優化配置為基礎的，不懼同義反覆的話，取決於市場的決定作用。市場自由幾成自由派經濟學家的金科玉律。但是，如若不帶理論偏見和制度偏好，市場經濟對社會公共品的需求程度，決不低於迄今為止的其他任何經濟形態。作為資源自由配置與交換起點的產權界定及保護遠非單個市場主體所能完成甚至有賴於憲法秩序；交易費用及外部性的處理需要共同行動；自由締約與契約信守自始至終伴隨着禁忌和戒律；對交換關係乃至制度本身的公平正義判斷總是與意識形態相聯繫。[②] 即便是政府的財稅、金融、產業、地區、開放等短期政策，對效率與公平的影響也不是均衡的。市場經濟微觀效率機制與社會公平目標的吻合重疊是偶然現象，二者的交錯、博弈、衝突則是長期趨勢。

此外，促進效率提高或財富增長的「斯密式分工」，也會制約人的體力

---

① 依附發展理論最初由阿根廷學者勞爾·普雷維什（Raul Prebisch）在 20 世紀六七十年代提出並逐步傳播和發展起來。該理論認為，廣大發展中國家與發達國家之間是一種依附、被剝削與剝削的關係。在世界經濟領域，先進的中心國家與較落後的邊緣國家間存在着中心—外圍層次。發達資本主義國家構成世界經濟的中心，發展中國家處於世界經濟的外圍，受到發達國家的剝削與控制。

② 道格拉斯·諾斯．經濟史中的結構與變遷，陳郁，羅華平，等，譯．上海：上海三聯書店，1991：225-234.

與智力全面、平等發展，造成腦力勞動與體力勞動的對立及其社會不平等關係；提高效率的要素優化配置，還會因資源稀缺程度，導致社會範圍內資本收益率與國民收入增長率之間的比率倍差，擴大社會成員之間的收入進而財富差距、加之代際傳遞，日益加劇社會的不平等程度，經濟增長率由高到低逐步放緩的新興市場經濟體也或遲或早地難免類似困局；經濟成長或效率提高過程中社會收入差距由先行擴大然後再行縮小的庫茲尼茨倒 U 曲線被歷史證明只是短暫現象。[①] 世界範圍內的社會不平等及其成因，致使有關研究悲觀地認為，社會平等只不過是戰爭、革命、災難、崩潰、遷徙等所謂「天啟騎士」降臨而產生的短期效應。[②]

效率與公平的矛盾是始終伴隨着市場經濟發育成長的基本矛盾，是經濟市場化改革的內生性局限和持久性限制，不可能一勞永逸地破解了斷。僅僅一場治理性改革和經濟市場化過程不僅不能解決而且還會凸顯市場經濟內在的效率與公平的矛盾。因為即使在權利平等、起點一致、競爭公平、努力對稱的條件下，人們之間因生理稟賦、認知能力、自然條件、社會環境等差異，或遲或早地會產生貢獻差異以及相應的收入及財富差距。至於因要素分佈、制度架構、代際因素等差別而導致的社會不平等則是千百年來的普遍故事。

但是，沒有效率的公平必將是市場競爭的落敗者，因而不是真正的公平也不是能持久的公平；沒有公平的效率必定會因矛盾激化、衝突不斷而喪失效率形成條件。況且，起點、條件、機會、過程公平本身就是效率創造因素。市場經濟基本矛盾的有效解決辦法，或許只能是盡可能地緩解其矛盾衝突以及在效率與公平之間找到某種動態性的邊際點和均衡點。即所謂「社會有責任經常地在效率與平等之間進行交易」，「在一個有效率的經濟體中增進平等」，即便「這些交易構成了困難的選擇」[③]，人們也必須付出持續不懈的努

---

① [法] 托瑪斯・皮凱蒂（Thomas Piketty）.21 世紀資本論 . 巴曙松、陳劍等，譯 . 北京：中信出版社，2014

② [美] 伊恩・莫里斯（Ian Morris）. 西方將主宰多久（*Why The West Rules-for Now*）. 錢峰，譯 . 北京：中信出版社，2014；[美] 沃爾特・沙伊德爾（Walter Scheidel），不平等社會（*The Great Leveler*）. 顏鵬飛等，譯 . 北京：中信出版社，2019

③ 阿瑟・奧肯 . 平等與效率 —— 重大的抉擇 . 王奔洲，譯 . 北京：華夏出版社，1987：80.

力，盡可能地避免「沙伊德爾式洗牌」。[①]

(二) 效率與公平的治理性效應

中國經濟的市場化改革，有其效率追求努力也有效率與公平的持續博弈以及相互關係的調整過程。改革路徑和制度建設中的效率與公平的取捨選擇、實現程度和均衡狀況，體現着市場化改革的經濟成長效應和價值正當意義。

計劃體制曾經造就了平均主義的汪洋大海。以農村土地承包制改革起步的集體所有權與農戶承包權分解及相對平等的權利界定，以起點公平的方式率先打破人民公社的集體勞作制度和帶有結果性質的平均主義分配方式，使農業生產效率和農村全要素生產力迅速釋放出來。土地產權「三權分置」改革，又在財產權利保護、農業規模經營、利益均衡機制等方面找到了某種效率與公平的結合點。始自農村的產權深化改革，迅速提高了生產效率，推動了城鄉多種所有制經濟發展。但是，民營經濟的地位和作用、發展與前景，無論是理論或實踐，還是社會各階層包括民營資本自身，對產權平等保護和市場公平競爭都還存在諸多疑慮或制度「異己」成分的憂慮，並且不以民營經濟在國民經濟中的重要意義的增長而變化。

國有企業經過產權深化型治理改革建立現代企業制度，顯著提升了其經濟活力和市場競爭力。但無論是政策賦予還是客觀存在的超市場地位，如資源壟斷、市場先佔、融資便利、破產例外、職能越界、規制寬待、溢美評判

---

① 關於不平等及其後果，早期思想家如法國哲學家盧梭在《論人類不平等的起源和基礎》一書中認為，生產的發展和私有制的產生使人類脱離了「自然狀態」，產生了貧富不均的社會現象並會發生對立面轉化以及螺旋式上升；私有制是社會不平等的根源，而每個人擁有少量私有財產又是社會平等的基礎。當代美國歷史學家沃爾特．沙伊德爾（Walter Scheidel）在《不平等社會》（*The Great Leveler*）一書中，回溯從石器時代到今天的經濟史，從長遠的時間維度追尋和解釋經濟不平等。他認為進入 21 世紀後，貧富差距在世界範圍不斷擴大，經濟不平等問題更加突出，甚至已經影響全球穩定。他從早期文明危機論及 20 世紀的災難性世界戰爭與革命，顛覆性地指出經濟不平等從不會悄然消失，進而認為只有戰爭、革命、瘟疫和國家崩潰才是能夠進行重新洗牌的「偉大的平等主義者」。

等，不僅造成效率損失，而且從起點、機會、過程到結果都有違公平原則。近年來的混合所有制改革，其初衷原本是促進各種所有制經濟取長補短、平等競爭和共同發展，但為國有經濟注入的帶有明顯計劃體制慣性、傳統理論偏見和特定體制偏好的擴大影響力、控制力訴求，既不符合公平原則，也會影響經濟效率和制度認同，並且已為市場反應所證實。資源類、網絡類企業雖技術創新提速、體制改革也有進展，但因資訊技術性質或規制監管不力，以資源先佔、自然壟斷或資訊優勢謀取市場和政策雙重利好，生產、生活等基本公共品功能弱化，服務質量效益和普惠公平程度廣受詬病。

商品和要素市場經過重建對推動計劃體制市場化轉軌具有制度建構性質。經過數十年的改革開放，我國商品要素市場雖然基本建立起來，但部分自然壟斷類資源品和網絡服務等，亟須健全兼顧效率與公平的必要成本加合理利潤的價格規制體系[①]；資本市場的次序結構、供求關係、競爭秩序、監管模式等方面，失序失衡、缺位錯位、陳規舊制充斥，扭曲資源配置、投資行為和財富效應；勞動力市場與服務體系分割，數以億計的農民工長期遊動於城鄉之間；農村集體產權的軟弱性質和計劃經濟的徵地制度如故，土地要素利益長期向城市片面性輸送固然形成某種效率優勢，但也成為城鄉要素市場規範統一的重大限制性瓶頸，以及城鄉差距持續擴大、效率與公平嚴重失衡的重要原因。

市場化改革實現了資源配置方式和政府調節體制重大轉變，市場起決定作用基礎上的宏觀經濟管理體制建立起來。但「集中力量辦大事」的政府公共投資從完善決策機制到提高普惠性、公平度還有巨大提升空間。央地財政關係、分稅模式以及均衡基本公共服務、促進地區平衡發展的公共財政及轉移支付制度等，還有眾多基礎性建設任務。適應市場深化、兼顧效率公平的

---

① 英國經濟學家詹姆斯 · E. 米德（James E. Meade）認為，「壟斷力量和市場的不完全會引起價格和成本之間出現過分的差異。要解決這類問題，必須採取適當的措施，如價格管制、立法禁止限制性行為、給競爭性產品的進口賦予更大的自由等。在其他一些情況下，實行社會化以及集中的公共管理，可能是更好的辦法。」詹姆斯 · E. 米德 . 效率、公平與產權 . 施仁，譯 . 北京：北京經濟學院出版社，1992：3.

稅種稅率、稅收結構以及促進經濟發展、科技創新和調節居民收入及財產差距的稅制體系建設留白甚多。金融領域面臨由來已久的市場准入、開放發展、業態創新、技術進步以及金融服務的效率優質化、便利可及度、公平普惠性訴求與體制短板，至於既影響經濟效率又關乎公平安全的金融風險識別監管能力及體制建設以及逆周期宏觀審慎調節機制與管理框架構建更非一日之功。

公平市場環境的營造和基本公共服務的均等，是市場化改革中政府提高經濟效率、維護社會公平的基本職能。但各種經濟類型之間、自然壟斷行業與一般競爭性領域之間的市場競爭條件差異痼疾已久，從價值理念到經濟政策都是其體制成因。城鄉、地區和社會階層間過大的基本公共服務以及收入和財富差距，有超出發展水準或階段因素之外的更重要的體制性和政策性因素。包括治理性、漸進式改革對既得利益的過分遷就與照顧，使得計劃體制下的原有差別和部分行業領域自利性改革形成的差別得以固化或放大；管制放鬆式改革中具有資源先佔條件、自然壟斷性質、市場有利地位的單位及成員具有效率基礎也有收入優勢；關鍵重要領域、公共服務部門的資源配置條件和決策影響能力，形成其初次分配繼而再分配中的雙重優勢乃至強勢；市場化變革初期極為必要，並已取得巨大成效的先富後富等非均衡改革開放政策所造就的地區發展優勢及其優惠政策追加能力的長期化、趨勢化；初次分配中的過大差別使再分配政策無力調節或調節不力甚至逆向調節；為破除早期普遍存在的平均主義分配傾向而矯枉過正，社會保障等再分配政策按照「效率優先、兼顧公平」的理念與模式設定制度。諸如此類因素，造成形形色色的「雙軌」體制、五花八門的優惠政策和明顯過大的收入及財富差距等社會不公現象以及隱性效率損失。

（三）經濟效率基礎與公平取向改革

中國市場化改革的經濟效率舉世矚目，其公平性程度則冷暖自知。毋庸諱言，由於市場經濟天然需要平等發展條件又必然產生不平等結果的分化經濟性質，效率與公平的矛盾，已經使部分社會成員對市場化改革的正當性產生了彷徨、猶豫甚至質疑，一波又一波帶有不患寡而患不均底色的「紅潮」的興起，則是其某種情緒化的反映和側面性註腳。市場化改革和社會公共政策有必要加快革除計劃體制弊端，重點轉向規制市場經濟基本矛盾。在涉及社會主義市場經濟發展建制的重大關係如政府與市場、國有與民營、中央與地方、城鎮與鄉村、沿海與內地、內需與開放、資本與勞動、精英與草根、發展與建制、民主與法治等一系列關係的處理上，既堅持起點、過程、機會、程式、工具層面的平等，又堅持結果、理念、道義和價值層面的平等，不斷地在增強市場效率基礎與追求社會公平目標間尋找動態性的結合點、平衡點，實現效率基礎上的公平或公平基礎上的效率，重新獲得市場化改革的共識、動力和價值正當意義。當然，這也是中國改革開放的歷史初衷。

營造統一開放、規範有序、公平競爭的市場環境。清理廢除妨礙全國統一市場和公平競爭的規定和做法，防止出台排除、限制競爭的政策措施，集中治理地方保護、區域封鎖、行業壁壘、企業壟斷和違法給予優惠政策等減損市場主體利益和公平競爭的各類行為。對所有可以開放的生產和服務，明確准入規則、標準、方式等，向各類市場主體平等開放、公平競爭。對少數涉及弱質產業保護和公共安全責任必須由政府管控的行業或領域，全面實行負面清單管理。營造公平、公正、公開競爭的市場環境，優化利用全社會乃至全球優質資源，以市場競爭力、全要素生產力和綜合國力為社會公平奠定效率基礎。

創造公共資源平等使用的體制環境。國家掌握的土地、礦藏、水體、網絡、頻譜等生產要素資源和政府投資、財税金融、基礎設施、公共服務、環境容量等社會公共資源，屬於全體社會成員的公共資源。創造各種所有制經濟平等使用生產要素和公共資源均衡配置的體制環境；加快資源網絡壟斷領域和社會公共服務部門改革，防止優質、稀缺資源被部分企業和社會組織壟斷使用、低效浪費局面，提高公共資源配置和各類公共服務的質量與效益；政府公共投資集中於具有普惠共享性質的基礎設施建設和公共服務領域。通過公共資源均衡配置，促進市場公平競爭機制和社會公平正義原則的確立以及全體社會成員的改革共識、體制認同和財富共享機制的形成。

確立全要素平等交換的市場制度體系。生產條件的佔有和交換是生產物的創造和享有的前提，要素產權的平等交易是經濟市場化的起始點也是持續性條件。我國土地、資本、勞動力市場以及技術、資訊、管理市場建設中，還需要健全權利、交易、競爭平等原則以及供求關係均衡機制。其中最突出的矛盾是土地產權關係。地方政府以徵地制度壟斷一級市場，獲得了用地便利、增值收益和發展效率，但也造成了城鄉間土地市場分割、財產權利侵蝕及利益分配不公。對此規避市場化改革的計劃體制遺產或堡壘，試驗中的「徵地制度改革」應當按照決策已久的城鄉要素平等交換的政治決定，貫徹權利與交易平等也是社會公平原則，推進城鄉統一的土地市場建設。統一開放的全要素市場建設，對城鄉間要素自由流動、優化配置以及利益關係調整和社會公平正義都至關重要。

健全效率與公平均衡規制的公共政策體系。建立產權中性和競爭中性相統一的政府規制中性制度，以公共政策公平和規制平等制度奠定市場動力和效率基礎。以規制中性原則處理國家、企業、個人和各種所有制經濟的利益關係，規範企業社會責任和各利益主體的權責邊界，建立普遍服務成本公平分擔機制。深化各級政府職能轉型和公平促進制度建設，確立政府公共投資的普惠共享原則與評價矯正機制，消除資本短缺時代對境外投資的各種超國民待遇優惠政策。改非均衡發展政策為普適性、公平性和均衡性政策，防止在優勢領域和先富地區出現馬太效應式優惠政策窪地，帶有發展激勵性質的先行先試政策，優先安排於經濟欠發達地區。健全公共財政制度、轉移支付制度和稅收及徵管制度，完善對社會弱勢羣體、貧困階層和欠發達地區的體制性扶持政策。

建立市場公共品和收入分配公平促進機制。深化廣義市場公共品領域改革和制度創新，包括自然資源類、基礎設施類、網絡頻譜類、公用設備類基礎性生產要素和生產性服務，以及財稅金融、科技教育、文化體育、醫療衛生等公共服務類「社會共通資本」[①]，重點推動既能提高效率又能促進公平的市場公共品共享體制建設，防止部分經濟社會組織及其成員對其壟斷控制或不

① 宇澤弘文在《社會共通資本》一書中，對社會共通資本的概念和範圍進行了闡述，並闢專章討論教育、金融、醫療等社會共通資本。

公平佔用。強化各級政府尤其是中央政府平衡經濟發展、促進社會公平的職責和能力。社會再分配堅持公平優先原則，加快消除基礎教育、社會保障等基本公共服務領域的各種「雙軌制」及其利益差距放大機制，以及政策性、體制性因素造成的羣眾負擔和社會不公。健全居民收入和財產稅制，適當調整勞動與資本的分配關係以及社會成員之間過大的收入和財產差距。加強對農村等欠發達地區的公共基礎設施和基本公共服務的發展援助，推動城鄉、地區間的協調發展和基本公共服務均等化制度建設。

建立全體社會成員平等保護的民主法治制度。按照社會平等原則調整各類經濟成分的法律關係和地位，全面清理和調整對市場主體進行主輔尊卑或高低貴賤的身份識別性法律法規及政策。珍視治理改革的制度性成果，一以貫之地堅持改革開放以來創造的各種所有制經濟平等發展的體制環境也是規律性選擇，持續地提高我國的要素集聚力、體制認同性和國際競爭力，防止因理論認知偏差或某些不無私利的訴求而忽視對市場主體的平等保護，也不能因市場經濟基本矛盾的存在而質疑市場建制甚至盲目轉向。推動與社會主義市場經濟基礎相適應的上層建築各領域改革，適時啟動基層民主治理改革進而循序漸進地推動民主法治建設，創新全體社會成員首先是基層羣眾和弱勢羣體的切身利益與直接關切的表達、實現和維護機制以及效率與公平均衡統一的促進機制。

二、效率公平博弈與市場建制邊界

不管中國的市場化改革是否存在效率與公平的衝突或以所謂成熟的市場眼光來看還有多少缺陷，其歷史性變革成就了中國數十年來的經濟快速發展和社會進步則是有目共睹的。中國共產黨和中國政府及國內外學術界都在進行理論解讀或經驗總結，尋求符合實際的實踐路徑、特色經驗和邏輯規律。[①]

---

① 全面系統、有代表性的經驗總結如紀念中國改革開放 30 周年大會上中共中央總書記胡錦濤講話中的「十個結合」，紀念改革開放 40 周年大會上中共中央總書記習近平講話中的「十個始終堅持」「九個必須堅持」。

中國市場經濟基本矛盾的不可避免及其國情成因，只能從中國改革開放的歷史實踐中去尋找，並有待全面深化改革的創新實踐逐步予以緩解，沒有例外的特色和先驗的理論範式，也不取決於人們的主觀期待或良好意願。

(一) 效率與公平失衡及其原因

中國的市場化改革一開始目標並不清晰。由於思想觀念、理論形態和體制制約，最初的改革是由農民羣眾為其基本生存需要，先是偷偷摸摸、後經默許改變農作模式、提高生產效率起步的，至於公平尤其是社會公平目標則在其視野之外。在宏觀政策層面，經濟生活的主要矛盾是活力、動力不足，生產效率低下，提高效率、加快發展是硬道理，不得不有先富後富的順序和路徑，然後再實現共同富裕目標。

1. 從效率優先起步到公平取向改革

農村改革煥發、催生出的商品貨幣關係和價值規律作用，社會由質疑、猶豫到有計劃的商品經濟，再到建立社會主義市場經濟體制，前後經歷了十多年的摸索才最終確立改革目標。其中包括解放思想與真理標準重建、實事求是的改革試驗和體制創新，也包括因平均主義破局、利益格局變化和價值觀念衝突所帶來的波動。如若沒有改革探索期的效率優勢帶來的人民生活改善與更好前景期待所形成的制度自信，很難預期市場化改革經歷政治風波仍能得到足夠的社會支持而取向不變，直至建立社會主義市場經濟體制。

計劃經濟的生產模式和分配方式，曾經造成效益低下。形式上看似「公平」的集體勞作與平均主義，實質上以否定勞動貢獻差異、犧牲經濟效率為代價而不具備可持續性。最初以各種承包制在貢獻與回報間建立起來的效率關聯，曾經是破除平均主義、提高工作效率和企業效益的直接動力和有效激勵。生產效率的提高帶來個人經濟收入和政府財政收入的增加，普通勞動者、經營管理者以及當地政府都能從中得到紅利、形成改革共識和動力，效率標準深入人心，以致從初次分配滲透至再分配領域，「效率優先、兼顧公平」一度成為社會再分配政策理念且至今還深刻地影響着社會保障等制度的建設。

隨着市場化改革的深入推進，財產權利、勞資關係、競爭機制、收入分配、財富效應、利益格局都發生了巨大變化，市場經濟體制將人們帶進了當初未曾預料到的世界。國有企業和集體企業改革，派生了多元產權形式以及其中部分並非完全符合公平交易原則取得的財產權利；勞動者之間的平等地位及其就業權利大面積地轉化為勞資關係，並因資本相對稀缺而處於相對不利地位；市場優勝劣汰機制開始挑戰部分競爭落敗的企業及勞工的生產生活條件，並因體制轉軌而相對集中地凸顯出來；要素佔有狀況和稀缺性質差異形成了居民收入分配、財富積累和財產性收入的較大差距；城鄉非公有制經濟發展，私人財產權利發育成長，社會成員間生產要素和財富佔有發生了較大分化；經濟發展條件與公共政策差異，促成了大中城市和先富地區的競爭優勢和財富集中，城鄉、地區和居民之間利益關係發生了重大變局。這些因素推動我國的收入分配關係和社會財富佔有由曾經的相對平均狀態，較快地轉變為差距較大、分化加速階段。

面對市場經濟體制建立後的效率與公平的矛盾和社會公平訴求，黨和國家對市場化改革尤其是收入分配政策進行了相應的調整，推進效率與公平相向而行、協調兼顧的平等取向改革，確立了社會公平和共享發展目標。

改革開放初期，為打破平均主義分配方式，允許一部分人、一部分地區先富起來，以先富帶後富、實現共同富裕，有側重點、過程性地設定效率與公平的關係，並集中體現為再分配領域也貫徹「效率優先、兼顧公平」的社會保障原則。隨着市場經濟發展建制和收入分配差距拉大，效率與公平的矛盾凸顯，社會公平訴求日漸普遍、強烈。市場化改革除繼續堅持各種所有制經濟平等發展、公平競爭和平等保護物權、產權外，在分配領域對「效率優先、兼顧公平」的原則進行了調整。中共十七大政治報告提出，「初次分配和再分配都要處理好效率和公平的關係，再分配更加注重公平」。要求「逐步提高居民收入在國民收入分配中的比重，提高勞動報酬在初次分配中的比重」。

效率與公平的關係及其政策調整，也在此後的重大改革決定中有所體現並進一步細化。中共十八屆三中全會關於全面深化改革的決定，一方面強調國家保護各種所有制經濟產權和合法利益，保證其依法平等使用生產要素、公開公平公正參與市場競爭、同等受到法律保護，建立平等保護各類產權和公平競爭審查制度，以保障效率基礎；另一方面要求規範收入分配秩序，完善收入分配調控體制機制和政策體系，建立個人收入和財產資訊系統，保護合法收入、調節過高收入、清理規範隱性收入、取締非法收入、增加低收入者收入、擴大中等收入者比重，縮小城鄉、區域、行業收入分配差距，促進社會公平。在體制改革和公共政策層面，調整個人所得税起徵點，實行精準扶貧、限時脱貧政策等。市場化改革從效率優先逐步轉向兼顧起點、機會、過程平等與取向、結果平等的廣義社會公平目標。

2. 地方政府的效率優先及其原因

經濟市場化改革，使中央政府和地方政府之間在經濟發展、收入來源、公共服務和社會治理等方面的事權責任發生了重要變化。具有相對自主地位、負責一方治理的地方政府，效率優先成為其基本行為特徵，並且不簡單地隨着相機抉擇的短期宏觀政策調整而輕易改變。地方政府效率優先的堅持，對加快經濟發展、推動市場化改革、創造經濟奇跡發揮了獨特作用。但是，地方政府的效率追求和公平努力的非對稱性變化及其體制原因，大大加劇了市場經濟基本矛盾的凸顯速度、激烈程度和調節難度。

經濟市場化改革中，地方政府不遺餘力追求 GDP 增速或效率最大化。招商引資招數迭出，如低價提供建設用地，競相實施税費優惠，盡力配套基礎設施，主動保障廉價勞工、變相保護地方市場等；利用徵地權力盡力增加建設用地和土地增值收益，與房地產業形成某種共利機制，土地和金融資源過多流入房地產業，推高房地產價格甚至形成泡沫，扭曲財富效應；創設投融資平台公司，以土地及其他公共資源抵押融資或舉債，造成政府債台高築、金融資源配置不公以及潛在的地區性金融風險。類此「效率最大化」或追求 GDP 增速，在一定時期推動過市場化改革和當地經濟繁榮發展，但所造成的公共資源錯配及其對公眾利益的侵蝕，明顯有悖於社會公平目標。

與追求效率最大化或損及公平相伴隨的是地方政府盡力規避外部性責

任，努力實現公共服務成本最小化，向上級政府競相要求優惠政策並努力持久、疊加，求得當地發展優勢或轉嫁政策成本；不惜以犧牲生態環境為代價追求經濟增長或以鄰為壑造成其他地區的環境危害，包括流域性污染；以地方保護政策或放鬆市場監管努力，損及市場公平競爭、生產與服務安全質量和消費者利益；規避政府公共服務責任，極端現象是賣掉公共醫療機構等；對本籍人口和外來勞工實行差別待遇，甚至部分截留流動就業人口的社會保障金等，以節約政府公共服務支出；減少政府管理和安全服務支出，部分地區生產生活秩序和社會治安矛盾突出。如此等等，不一而足。

地方政府在效率追求與公平努力間的失衡或「類公司化」行為，有其經濟、社會、體制性的深層次原因。

第一，我國是一個發展中國家，改革開放初期，經濟發展水準低，人民生活不富裕，發展是第一要務。改革開放的直接出發點，就是打破傳統計劃經濟體制的平均主義分配方式，提高生產效率和人民生活水準，效率優先成為生產單位、地方政府以及全社會的共識，改革開放伊始就理性、冷靜地兼顧效率與公平、進行產權關係及其分配方式的整體性調整，顯然難度極大甚至是不可能的。只能實事求是地從局部破題、率先擺脱舊體制束縛，提高生產效率、推動經濟發展，使一部分人、一部分地區先富起來，然後先富帶後富、實現共同富裕。改革開放初期的非均衡政策以及分配關係的重大調整，雖然導致了效率與公平的某種失衡，但對推動改革開放和經濟發展是現實的甚至是別無他路的選擇。

第二，我國雖然是單一制國家，但市場化改革使地方政府從經濟領域的地區發展規劃、經濟運行管理、財政收入支出到社會領域的公共服務保障、安全秩序維護等，負有主要責任，具有相對的獨立性。發展有效率的經濟或有效率地發展經濟，是地方政府履行職能的基礎要求，責無旁貸。這種利益機制和體制架構使地方政府具有追求經濟效率、規避社會成本的經濟人特徵，也是其易於認同經濟效率機制和市場化改革取向內因所在。地方政府在中國市場化改革中的特殊作用已為國內外眾多研究所證實或已成共識，但其經驗也有局限。主要是因為外部性和公平性等社會成本的內部化或合理分擔，往往超出某一級地方政府和某一種政府單元的責任範圍和負擔能力。

第三，經濟效率可以由個別或部分經濟人推動即可促成，即便需要准入便利、優惠政策等政治遊說，也必然會有其利益擔當者及其內在激勵，以及覆蓋遊説費用的成本收益分析，並且因為是做加法、做增量，對當事人乃至社會都可能產生「看得見、摸得着」的經濟效益，包括管理者的政績，當然也可能造成大量的商業賄賂與官員腐敗現象；社會公平需要共同行動，而且會動乳酪、做減法，調整利益關係、消化社會成本，易於造成代言人缺失及難度與阻力的增大。面對效率與公平形成機制和成本收益的重大差別，地方政府趨利避害、避重就輕或先易後難，以及效率與公平的失衡也就不令人意外了。

第四，作為大國經濟體，我國政府層級與單元較多。相對獨立的政府單元之間，經濟發展需要和彼此之間的競爭，生產效率和市場機制的形成相對容易，但事關社會公平的公共服務等則各自為政、互不相關；不同的政府層級之間，事權職能交叉、責任邊界不清，事關發展經濟、提高效率的優惠政策競相爭取，但求多多益善或執行有力，需要付出成本、促進公平的社會公共事務，則往往相互迴避推諉，彼此期待觀望、延遲拖遝、久議不決甚至決而不行。宏觀層面因財力所限或地方財力不均而作為有限，雖然能夠通過扶貧政策推動全社會共同行動、守住公平正義底線，但對調節地區間過大的經濟發展和公共服務差距則有心無力，時而出台「中央請客、地方買單」的公共政策。

第五，地方政府因政治擔當性質、「政績合法性」需要[①]以及任期壓力與賦權機制，有促進公平的責任，但也會產生效率偏好的更大激勵。地方政府負責一方經濟發展，孜孜以求追求效率，同時，保障困難羣體生活、維持社會和諧穩定也責任如山。在其轄區和責任範圍內，有平衡公共服務、促進社會公平的經常性努力和擔當作為。但主政官員由於任期壓力及政績需要，往往偏重於立竿見影的招商引資、投資建設、形象工程和經濟增速等效率、政績目標，對「前人栽樹、後人乘涼」之類的事關公平的長期、長效努力，則因「時不我待」而暫緩乃至放棄。並且，由於公職權力賦予機制、政績評價

---

① 趙鼎新 . 民主的限制 . 北京：中信出版社，中信出版集團，2012：58-60.

標準偏差和公眾訴求的間接表達性質，往往使效率偏好易成優勢，其調整與矯正則異常艱難，社會公平努力則往往有時滯或缺失。

3. 中央政府調控乏力及其體制因素

調整收入分配關係、縮小地區發展差距，是中央政府長期實施的宏觀政策。中央政府從公共投資、財稅金融、產業政策、城鄉協調、地區發展、就業援助、社會保障、扶危濟困各個領域進行着不懈的努力。只是相對於居民收入和財富差距及社會的公平正義訴求，宏觀政策效力有限，成因也極其複雜。

第一，發展中經濟的二元結構特性及計劃經濟的體制強化，地理經濟因素的客觀性質及改革開放的先後次序與政策效應，計劃體制分割固化的國營經濟與集體經濟、工商業與農業之間及其內部的生產條件及分配政策的差異，治理性改革對既得利益的認可兼顧及各類「雙軌制」的長期保留等，歷史地造成了城鄉、地區、行業、人羣之間的收入分配差距，既影響效率也導致形形色色、錯綜複雜的社會不公現象。其中任何一個問題的解決，都需要強有力的社會公共政策推動經濟發展、制度變革尤其是體現公平正義的收入分配政策。在主導改革開放的過程中，中央政府同時兼顧體制轉軌、市場建制、經濟成長、結構優化，達成經濟市場化、國家工業化和社會公平化綜合目標，顯然不是朝功夕成的短期政策所能奏效的，需要付出長期艱巨的努力。

第二，市場建制使名義上全民所有的資源、資產逐步實行屬地化管理，資源要素佔有及其收入分佈發生了重大變化。放權讓利改革和政府職能轉變，中央政府將更多要素配置權力和經濟管理職能交由地方政府行使[①]；構成地方政府「第二財政」的土地增值收益，既形成其對中央政府的財政結構性優勢，又因經濟發展差距所產生土地級差收入落差而形成地區間的苦樂不均；資源要素規制缺位或約束不力，先發地區和先佔企業長期轉嫁自然資源、

① 科斯等人認為，中國共產黨執政的持續性隱藏了中國政府自改革伊始便在經濟中日漸式微。它最大的貢獻是逐步從經濟活動中撤出，這是中國市場化轉型成功的根本原因（羅納德·哈里·科斯，王寧．變革中國：市場經濟的中國之路．徐堯，李哲民，譯．北京：中信出版社，2013：231.）。這種判斷更符合中央政府職能轉變的部分事實。

生態環境的粗放式開發成本，形成先發先佔性成本優勢；資源要素收入調節滯後和方式落後，從早期受計劃體制影響的從量定額資源税到至今未做適當調節的地區間土地增值收入，央地及各地之間因資源要素佔用差距而擴大了其要素收入、發展潛力和經濟調節能力的差距。

第三，公共投資因體制鎖定、非均衡配置及市場化改革深度差異，形成地區和行業間不同的競爭地位、體制條件以及發展動力、活力和潛力的差距。計劃體制下政府投資較為集中、單一體制堅固地區，市場化改革相對艱難，經濟發展和居民收入增長失速；因行政、自然壟斷因素形成市場先佔、獨佔地位的基礎產業及公共部門憑藉壟斷條件或有利地位獲取豐厚收入乃至超市場利益；有限的政府公共投資「集中力量辦大事」的非均衡配置方式，不免產生產業佈局畸輕畸重、公共服務厚此薄彼，引導甚至誤導社會資源過分集中於部分地區或某些領域。類此情形都是導致地區及行業發展失衡、居民收入差距過大和社會收入分配與財富佔有不公的重大影響因素。

第四，宏觀經濟運行和政府經濟調節職能短板效應，在平衡經濟發展、調控收入差距和緩解社會分化等方面能力受限甚至逆向調節。分税制改革雖然解困了「兩個比重」下降，但基數返還與增量分成卻有固化乃至拉大地區間財力差別的因素；金融資源過於集中、金融主體相對單一和金融資本的逐利本性，使社會流動性過多地由農村流向城市、由欠發達地區流向發達地區、由草根主體流向國有大中型企業；計劃經濟和低收入時期延續而來、以流轉税或間接税為主的税收體系，不僅調節收入和財富差距不力，而且抬高了中低收入階層的相對税收負擔；中央政府如果不未雨綢繆，地區間已經形成的經濟發展和居民收入及財富差距，即便直接税比重逐步提高，欠發達地區的財政窘況甚或進一步加劇。

第五，重大經濟改革政策和基本公共服務體系建設指向不明或舉棋不定，傳統產業、弱勢羣體和欠發達地區缺乏有效的制度性保障。城鄉要素市場依然分割如故，徵地補償或有改善但仍迴避市場建制，城鄉間要素流動和資源優化配置受阻、農業農村發展後勁不足；經營性建設用地改革試驗或拓寬農村要素收入但地區間差距會隨之加劇；城鎮相對泛化與農村極度短缺的基本公共服務，從勞工待遇、基本保障到社會政策，城鄉之間存在着五花八門的「雙軌」體制；地區平衡戰略實施多年，但短期發展政策居多，制度性平衡機制建設還在摸索階段，甚至改革開放初期地區間的非均衡發展政策都未曾得到有效矯正，區域率先戰略很難確保不產生馬太效應。

由客觀歷史因素、資源要素佔有、公共投資效應、體制建構影響和改革維度深度等多重因素形成的城鄉、地區、行業、人羣以及各級政府間的巨大的初次分配差距，僅靠中央政府的公共政策或再分配調節手段顯然是力不從心的。體制轉軌和市場初建期，也有可能是效率與公平的矛盾集中爆發期，以及社會公共政策進退失據、顧此失彼期。

（二）市場失靈與治理難點

市場經濟體制一經問世，便以其效率優勢將傳統經濟形態的效率約束及其體制弊端暴露無遺，市場主體力圖排除其所有障礙，將效率機制推向極致。但分散的市場主體配置要素的效率努力未必符合社會資源優化配置要求，時常會影響全要素生產力意義上的資源配置效率；廣義的要素稟賦差異往往會帶來從起點、條件到過程、結果等諸多不平等、非均衡矛盾。市場化轉軌基本完成後，治理市場失靈和促進社會公平便成為政府規制的重點也是難點任務，治理失時、失當的政府失靈也隨時可能發生。

市場失靈可以壟斷、外部性、非完全資訊、公共品缺失等各種形式表現出來，但其簡單直觀形式是市場機制往往不足以促成供給與需求的均衡或難以矯正二者之間的失衡。從當初田園牧歌式的供給自動創造需求的薩伊定理[①]或古典供給主義，到生產相對過剩危機後的需求管理的理論與政策及其滯脹

① 薩伊定律得名自法國經濟學家讓・巴蒂斯特・薩伊（Jean-Baptiste Say），但薩伊並非最早提出定律內容的人，真正提出的是英國經濟學家、歷史學家詹姆斯・穆勒（James Mill）。供給創造自己的需求是對薩伊定律最常見的表達形式。其隱含的假定是，在一個完全自由的市場經濟中，社會再生產可以自動地處於充分就業的均衡狀態，社會的總需求始終等於總供給。

結果[①]，再到新供給主義的興起[②]，自由市場經濟在供給與需求的平衡與失衡、市場失靈與機制矯正的循環往復中前行。其每一次為追求效率而付出的公平代價，社會總是以經濟周期或危機的沉重代價顯現出來並進行強制性的調整。我國以治理改革推動市場經濟發育與建制，近乎經歷了一場從要素技術供給到制度模式供給、從微觀運營機制到宏觀管理制度的廣義的「中國式供給革命」，創造了由長期短缺經濟到全面小康社會的經濟奇跡。其間供給與需求的失衡、總量與結構的矛盾、效率與公平的衝突、貧困與富裕的分化始終與之隨行。只因長期堅持處理好改革、發展和穩定的關係以及調整效率與公平的關係，經濟周期和社會波動相對平緩，但矛盾和問題仍在積累。近年來因景氣壓力，需求管理政策逐漸步入風險區間，景氣壓力下的供給側結構性改革成為「十三五」乃至更長時期經濟改革的主線和特徵性現象。[③]

市場經濟的基本矛盾，尤其是以市場失靈和社會不公等形式表現出來的對立與衝突，自市場經濟誕生之日起便一直存在，並且已在先行市場經濟體中充分表現出來。為緩解其矛盾與衝突，各個國家都進行過治理探索和建制努力，並積累了從政策實踐到學術研究的豐富經驗和理論成果。我國社會主義市場經濟的發育與成長，效率與公平的內在矛盾也以各種形式顯現出來。國家從市場主體培育、要素市場建設、競爭機制塑造、壟斷領域規制、公共服務均等化努力到經濟穩定政策、通脹通縮治理、社會保障體制、精準扶貧政策以及逆周期宏觀審慎政策框架建設等，進行了廣泛的治理努力並形成相應的制度體系。

但是，經濟市場化改革的治理特徵和漸進性質，拉長了從計劃體制到市場建制的破舊立新進程，延宕了市場新制建立後緩解、處理其基本矛盾的時

---

① 所謂「滯脹」即停滯性通貨膨脹，是凱恩斯主義需求管理理論的悖論現象。在經濟學特別是宏觀經濟學中，特指經濟停滯、失業及通貨膨脹同時持續高漲的經濟現象。

② 新供給主義的內容十分繁雜。其基本主張是，放鬆供給約束，解除供給抑制，重啟斯密增長，注重熊彼特創新，提升整個經濟的潛在增長率；放棄傳統產業政策，以新供給創造新需求恢復供給自動創造需求的理想經濟運行機制；改善供給結構、提高供給效率，解決供求、物價等結構性頑疾；推動供給貢獻和邊際報酬相互對應，確保收入分配的效率與公平。

③ 孔涇源 . 景氣壓力下的供給側結構性改革 . 戰略與管理 .2017（1）.

間，甚至顧此失彼，扭曲其解決方式和方向。一是計劃體制轉軌尚未完成，市場經濟矛盾便已暴露，並有可能成為市場建制的否定性依據。二是市場經濟矛盾印證了經典作家們早已提出的而且依然作為指導思想的「科學預見」，市場建制隨時面臨價值性、理論性疑慮甚或體制拒斥環境。三是體制轉軌和市場建制時間的延長，即使市場經濟矛盾已經充分暴露，但改革者還必須為市場建制辯護，尋找其正當意義而失去民心。四是由計劃體制治理性改革的歷史局限所產生的起點、條件的不平等和市場初建期無法可依階段民間資本野蠻成長現象和社會不公結果，市場原罪及其追訴壓力如影隨形，不時地喚醒道義的憤怒。[1] 五是因要素稀缺性質、比較效率優勢及調節機制滯後，市場經濟成長初期收入分配過多向資本傾斜，以致社會財富差距過大，易於形成否定市場機制乃至市場經濟本身的廣泛的、情緒化的羣眾基礎。六是市場建制期的先發強勢羣體的競爭比較優勢、利益維護能力，與社會大眾利益訴求的間接表達性質及政策影響能力的差異，效率與公平的矛盾往往難以及時調整甚至可能產生強化乃至惡化的結果。

市場經濟基本矛盾是每一個市場經濟體都必然面對的普遍現象。緩解其對立與衝突、求得效率與公平的均衡統一，正是社會主義市場經濟的公平正義性質和本質特徵。但是，我國治理性改革的體制約束和漸進式建制的轉軌模式，使效率與公平關係的調整變得尤為艱難，甚至路徑難辨。

一是歷史上的平均主義分配方式容易被賦予社會公平色彩而引導人們向後看，從傳統理論中尋找利器，錯上加錯地以舊體制的弊端否定新體制的缺陷進而否定市場經濟本身。

二是尚未完成的體制轉軌和市場建制以及治理性改革的局限性，短期內難以撼動由舊體制派生的起點及條件的不平等，與因此而產生的市場建制中

---

① 其實，資本主義市場經濟初發期，中世紀被禁錮的人身自由和致富動力充分釋放，市場體制的種種弊端、醜行也隨之暴露無遺。傳統基督教堅持以「仁慈」為核心的道德體系，對其予以猛烈抨擊與譴責，直至懷疑市場經濟之路；孟德維爾（Bernard Mandeville）則以《蜜蜂的寓言》曲意奉迎市場發展之勢，推崇極端利己主義；亞當・斯密（Adam Smith）既肯定傳承和發展傳統美德的必要性和可行性，又肯定市場工商業發展的歷史必然性和進步性，並先後著有《道德情操論》和《國富論》，以此奠定了近代經濟學的基礎。

的過程和結果的不平等交織在一起，易於被人們不加區別地一律視為市場體制弊端、進而責難市場建制本身，體制改革變得首尾難顧或顧此失彼。

三是治理性改革所拉長的市場建制過程或新舊體制交錯並存以及利益分配不公格局，使得市場主體痛感營商環境的不平等和勞工大眾痛恨收入分配的不平等相互疊加而普遍不滿，前者向外看不排除「跑路」，後者向後看寄情於「唱紅」。

四是中央政府因體制及財力所限、地方政府的「效率偏好」特徵、各級政府對效率或發展追求的目標重合、公平正義類社會公共品的創制性質和既得利益調節難度，以及社會公平訴求的直接表達與實現機制的缺乏，不可避免地產生政府失靈，以致社會公平等基本公共服務長期供給不足乃至各級政府間彼此期待或相互推諉甚至指責。

五是效率與公平的矛盾是市場經濟的共生性、規律性現象，不可能一蹴而就、一勞永逸地徹底解決，長期依賴政府的更好作用適時、適當地進行經濟效率與社會公平間的動態式、均衡性政策供給和制度建設，持久性地調整與緩解二者的矛盾以求得相對均衡和協調局面。

此外，對市場經濟基本矛盾的漠視或誤判、造成貧富差距持續擴大，或者混淆發展不平衡與不充分的區別，以超出供給能力的不切實際的利益許諾拉高公共福利期待，或者以「階級鬥爭理論」扭曲矛盾性質、挑起社會的對立衝突，都是在犯顛覆性錯誤的不負責任的政治冒險，有可能帶來巨大的社會代價，甚至將數十年改革開放和社會主義市場經濟發展建制的成果燬於一旦。調節市場經濟基本矛盾，需要具有持之以恆的創制努力和韌性，從效率與公平兩個維度進行循序漸進、相向而行的制度建設。

（三）市場化變革及其創制限界

從計劃體制到市場經濟，是一場前無古人的制度變革。類似的變革發生於其他國家，曾經有國體、政體的顛覆性事件甚至國家的分崩離析。但中國在幅員遼闊、民族眾多、農業人口為主、經濟基礎薄弱、國內與國際矛盾相互交織的複雜環境中，用不太長的時間幾乎同時完成了人類歷史上罕見的體制轉軌、經濟起飛和國家工業化任務，創造了連其唱衰者也瞠乎其後的經濟奇跡，有值得總結的經驗。但其制度定型、公平安全和經濟社會可持續發展，也需要全面深化改革做出歷史答卷。

1. 制度性公共產品與市場化改革深度

較之體制轉軌失序、失控國家，中國市場化改革的最大區別或最大的國情特色，是中國共產黨通過堅持和改善黨的領導，為市場化改革提供了從思想認識路線、體制變革取向、創制路徑空間到推進實施機制、建制理論創新等既與時俱進也相對適度的制度性公共產品。

「解放思想」「實踐標準」是眾所周知的中國改革開放的思想理論準備。在今天看起來近乎常識，但在當時則有「離經叛道」之嫌。中國改革先驅的實事求是態度、解放思想勇氣和天下擔當精神，以實踐標準為古往今來具有佔支配地位意識形態傳統的中國社會突破傳統體制及其理論桎梏、走上改革開放之路提供了不可或缺的制度性公共品。

實踐標準推動的思想解放，拓寬了人們對基層改革試驗的容忍度，啟動了改革開放的歷史進程，但傳統體制尤其是理論形態的改革創新遠遠落後於實踐，教條、本本的影響和制約依然存在，且不時地挑戰改革實踐與其正當意義。從改革開放初期的要否商品貨幣關係、價值規律作用之爭、計劃與市場之爭，到後來的公有與私有之爭一直沒有停息。即使在建立社會主義市場經濟體制數十年後的今天，仍然有國有與民營之爭，理論爭論的夢魘如影隨形，伴隨着也制約着中國改革開放的整個歷史進程。帶有制度公共品性質的思想解放和理論創新的程度，決定着中國改革開放的速度、維度和深度。如同改革開放初期一樣，全面深化改革急需與之相適應的思想解放和理論創新。[①]

---

① 隨着國有經濟與民營經濟的混合發展和企業產權制度與治理結構日漸同構，國有企業和民營企業或許日益在其體制適應性領域成為社會主義市場經濟的特定生產組織形式。對其必要意義的認可，或許會遠遠超出其經濟性質劃分的訴求。是否由某人在某個時點像鄧小平當年處理計劃與市場關係那樣，處理國有企業和民營企業的地位、作用與關係，允許人們保有某種期待。

我國市場化改革的最大特色和國情是中國共產黨的領導，這既是歷史選擇又是現實過程，更有其特殊地位和作用。在市場化改革中，其領導核心作用以及政策和策略，具體地體現為解放思想所促成的實事求是精神對民眾訴求的回應、對經濟規律的遵循和對制度公共品的提供。

當農村社會出現突破人民公社制度的承包制變革時，是按傳統體制及其價值理念將其扼殺於萌芽狀態，還是因勢利導、尊重農民的意願，實踐標準做出了效率優先的選擇，從而拉開了中國改革開放的歷史大幕。因黨政領導層的默認或支持，效率優先的農村承包制改革迅速滲透到城市國有企業及其他領域，形成商品貨幣關係、價值規律作用的體制優勢，經濟改革的政治指向也及時調整為有計劃的商品經濟，開始衝擊計劃經濟基礎乃至計劃體制本身。面對商品價值規律和經濟多元化發展創造出的計劃經濟所難以比擬的效率優勢和體制競爭力，中國共產黨與時俱進、順應規律，放棄計劃體制及其理論形態的堅持，提出建立社會主義市場經濟體制改革目標，以此成就了經濟體制徹底轉軌和經濟發展的中國奇跡。當市場經濟基本矛盾凸顯、效率與公平出現重大失衡時，市場化改革逐步朝着效率與公平協調統一的方向轉型。面對自始至終存在的黨內外對市場體制的疑慮乃至否定，適時提出社會主義初級階段理論以容納市場經濟體制，應對意識形態和政治原則上的質疑與挑戰。正是這一系列制度公共品的提供，中國的市場化改革以及經濟發展才得以順應規律、成就偉業。

市場化改革既是經濟體制的徹底轉軌，也是利益關係的重大調整。一些國家在體制轉軌期間經歷的利益失衡、社會動盪或國家解體，表明超越局部利益關係、具備全域調控能力和保障社會穩定安全的政治條件或制度性公共品是稀缺資源且不可或缺。中國共產黨正是通過實踐標準實現自我解放，改革和完善黨的領導，擺脱傳統體制和理論束縛，堅定不移地推動市場化取向的改革開放；集中全黨全社會智慧以及基層實踐經驗，確立市場化改革的目標取向、戰略規劃、重大制度、路徑步驟、政策環境等；協調部門與地方改革政策及利益關係，防止局部性改革紅利最大化扭曲改革方向，造成利益失衡以及發展失速；統籌集權與分權、地區與民族、國內與國際等各種因素，兼顧改革開放力度、經濟發展速度和社會承受程度，循序漸進地推進國內改革和對外開放；確立國內改革取向以擴大對外開放，以擴大對外開放助推乃至倒逼國內改革，不斷地為社會主義市場經濟發展建制注入動力、活力和創造力；推動改革創新與依法治國的協調統一，適時將市場化改革的制度成果法制化，進而規範和加速改革進程；主動融入經濟全球化過程並有效管控國內經濟社會風險，保障國家經濟政治安全，為改革開放營造有利的國際國內環境等。這些市場建制類制度性公共品，並非歷史上或當今時代的所有轉軌制國家或新興市場經濟體能夠得到適時供給和足夠保障的。

2. 市場化創制及治理性改革限制

制度性公共品是市場化改革的基礎性條件，其公共品性質及提供方式也界定了改革的速度、力度、維度和深度。治理改革和市場建制所遇到的困局和限制，或許只能從改革模式本身追索原因，尋求同樣是治理性、漸進式解決辦法，任何暴虎馮河式的英雄壯舉，只會產生緣木求魚或南轅北轍式的歷史悲劇，不可能有什麼例外、意外或奇跡發生。

漸進式、治理性改革雖然成就了社會主義市場經濟體制，但當指導思想的理論基礎尚未發生從體制建構到價值正當意義的適應性、整體性重建，以及「正統」理論的經濟性質標準和未來社會構想還時常評判、介入「現世」生活，對市場體制及其正當意義、理論創新的臧否、質疑和否定便不會停息；只要思想理論和意識形態尚未完成適應社會主義市場經濟基礎的揚棄昇華而是摻雜着前市場經濟和非市場經濟因素的百花齊放狀態，市場經濟就只是初級階段的權宜之計，以實事求是創建的實踐標準，即便是執政黨自身在自己的「正統」理論面前也會根基不穩，時時刻刻面臨來自陣營內部的挑戰；以正統、經典理論否定市場創制實踐往往輕鬆自如、順理成章、理直氣壯，解放思想、實踐標準對市場化改革既極端必要又時常邊界不清或受限過多；相互衝突、互不相容的思想理論與價值觀念的混合摻雜，自然會產生理想的衝突，實際上更多是以理想包裝的利益衝突，包括「王車移位」的考慮。思想觀念的衝突與博弈，必然帶來理論上的爭論和政策上的搖擺，以及以「理論正確」標榜「政治正確」進而遲滯轉軌進程，市場建制努力及其價值正當意義經常飽受質疑乃至攻訐。

中國共產黨集中全黨全社會智慧和基層實踐經驗做出改革決策和重大制度選擇，再通過局部試驗、檢驗進而全面推廣與建制成型，是中國市場化改革的政治優勢也是實踐規律。由於傳統體制及理論形態的影響和體制改革的利益調整性質，這種實踐過程往往迂迴曲折。政治決策的做出，需要照顧方方面面的利益訴求，共識形成曠日持久，決策選項複雜兩難，政策內容兼顧多面，難免在貫徹實施中留下各執一端、各爭其利的空間；市場化改革千頭萬緒，生產與服務性質、技術經濟因素差異較大，往往不得不依賴相關專業部門「牽頭制定文件」或主導落地實施，政策參與相對便利的壟斷業務領域和公共服務與管理部門不免以自利化改革加持甚至強化既得利益，造成部門間利益以及效率與公平的失衡；國家權力結構保證了中央決策的貫徹，但因經濟社會發展的地區差距和利益訴求差異，以及為數眾多的政府層級與單元的相對獨立性，對提高經濟效率和分擔社會成本的宏觀決策，其認同程度和改革努力自然會有所不同，趨利避害式的「上有政策、下有對策」之類的自利化改革時常甚至必然發生。

市場化改革建制終究取決於人的活動。政策遊説是各國政治決策中的普遍現象，但以治理性改革推動體制轉軌，其政策遊説及其背後的利益機制更為複雜。對既得利益的維護完全可以藉助於經典理論和政治正確，幾乎不存在任何風險和成本就能輕易地將改革者或離經叛道者置於絕地；即便改革決策做出並進入執行層面，以類似方式同樣可以屢試不爽地堅守利益存量或加注利益增量，形成「非驢非馬」的過渡體制或雙軌制；治理性改革的管制放鬆性質，處於重要政策研究制定關鍵崗位的相關人士，既是利益攸關方的公關對象也是攻擊對象，一旦集中火力，公關、攻關成功，扭曲制度設定的負面影響將是長期性的；對政策制定的技術層面的隱性衝擊以及個中甘苦，非親歷者難以體味，責任擔當和原則堅持是有成本的。政策遊説便利程度和利益維護能力的差別產生了巨大的建制效應，以致出現形形色色的變通體制和難以消除的差別待遇，社會公平原則脆弱不堪。

市場化改革既要有破舊的勇氣也要有立新的智慧，制度知識儲備、認知水準和判別能力，直接影響着創制效率甚至體制優劣。某些適合特定領域或一定時限的改革方式如承包經營責任制曾被泛化模仿、簡單移植，廣泛應用於市場條件變動不居或壟斷現象普遍存在以及非營利性公共服務等並不適宜的行業或領域；一些國際經驗豐富、利弊得失明確、理應統一建制的改革領域，卻以不同模式交由基層試驗以致五花八門，成為後期改革障礙，至今難以消除；產品市場化與資本市場化次序錯位，導致學費高昂或體制變形；某些領域的市場規制與管理背離供求均衡等基本常識而盲目創新，致使市場亂象或困局至今未除甚至認知未及；先行先試地區的政策優勢和制度知識積累，既促成改革激勵、發展紅利與人力資本積累的良性循環也造成拉大差距的馬太效應等等。市場化改革與治理性創制中的人的活動及人的能力的差異，不可避免地產生經濟人行為及其行為結果的泛在化，而公平努力以及與之相適應的制度供給則往往成為短板和稀缺因素。效率與公平均衡統一的社會主義市場經濟制度的成長及成熟，註定還有漫長的治理性、漸進式改革之路。

3. 社會主義市場經濟「定型」含義

數十年的改革開放，中國社會主義市場經濟體制已經基本成型，從制度認知到改革實踐積累了豐富經驗。但是，人們對制度定型並非沒有方向迷茫與彷徨。經由全面深化改革完成制度定型、形成制度自信，還有艱難曲折、錯綜複雜的理論創新和制度建設歷程。

社會主義市場經濟本質上是市場經濟。這句看起來近乎廢話的表達，在市場化改革實踐中卻爭議不斷或歧義叢生。或許當初提出建立市場體制時，確實有區別於資本主義市場經濟、規避政治分歧和意識形態爭議的考慮，但當體制轉軌基本完成、市場基礎建立起來之後，人們發現不僅難以從資源配置方式、供求關係平衡、公平競爭機制、經濟周期調控、市場監管服務、產業結構優化、科學技術進步等經濟技術規律層面找出二者的本質區別，而且即使在財產權利保護、經濟成分比例、市場准入方式、經濟地位作用、生產服務領域、公眾福利安排等通常體現經濟性質的政府規制領域，甚至包括依法合規的域外資本，也必須進行以平等為取向的管理與規制。至於極少數必須實行政府管制的特殊領域，也通常是遵循國際通行商務規則實行負面清單管理。任何違背市場規律和平等規制的做法或獨創，只能是自亂陣腳、作繭自縛，造成規則秩序的紊亂、經濟信心的喪失、資本與人才的流失和國際競爭的落敗。在市場基礎和決定作用意義上，社會主義市場經濟不存在區別於其他市場經濟的特殊屬性。

效率與公平的均衡統一是市場經濟的社會主義性質。如同其他類型的市場經濟無法擺脱其基本矛盾一樣，社會主義市場經濟同樣面臨着效率與公平的矛盾。緩解二者的矛盾與衝突，協調、均衡其相互關係，建立有效率、可持續的經濟和公平正義的社會，正是中國進行市場化改革、建立社會主義市場經濟體制的出發點和目的所在。生產資料佔有形式、經濟活動組織類型、社會財富分配方式的價值正當意義，不應當由現成的理論教條、人們的主觀偏好和未來的美好願景來做判別，而應當由要素配置、財富創造、成果享有和社會治理所依據的起點、條件、過程、結果的公平程度和經濟活動的效率激勵與公平訴求的協調和均衡狀態來衡量。財富生產效率和社會公平正義的均衡統一，是與社會主義市場經濟同生共存、自始至終的矛盾運動，也是其本質要求和根本特性。絕不可以以市場經濟冠有社會主義而生出奇思妙想。並且，簡單地以原始市場經濟模式的要素佔有類型、生產組織形式等傳統體制形態作為判別標準，像早期社會主義者否定資本主義制度同時也徹底否定市場經濟體制那樣，既是膚淺過時的，也被實踐證明是極其有害的。以超越歷史階段的未來願景來衡量、界定當今時代的經濟行為和社會活動是不負責任的，也是違背其自身理論邏輯的。至於其他市場經濟體也有類似於社會主義市場經濟的效率與公平的均衡統一追求，或許正是同構壓力下的體制趨同、人種族羣認同為人類乃至構建人類命運共同體的內在機理和客觀依據，也是我國社會主義市場經濟的制度自信、道路自信和普遍意義所在。

社會主義市場經濟需要「體制適應性」的上層建築。伴隨着社會主義市場經濟體制的建立與發展，從黨的領導、政府管理到社會治理，理論、體制和價值觀念都發生了適應性變化。《中國共產黨章程》開宗明義，「中國共產黨是中國工人階級的先鋒隊，同時是中國人民和中華民族的先鋒隊」；提出了社會主義初級階段理論、路線及基本經濟制度，適應和推動社會主義市場經濟發展建制。這既是經濟、政治、社會、文化等各個領域因勢應變、與時俱進的改革開放成果，也是全面深化改革的歷史出發點。但是，體制結構和意識形態等上層建築領域中傳統與現代、歷史與未來的多重理論形態、制度構想和價值標準並存融合，內在着隨時挑戰這種成果和依據的足夠力量，人們可以超越現實地向前、向後尋找其理論依據或標榜政治正確，徒增對社會主義市場經濟的體制質疑，實際上也是利益的博弈，對調整效率與公平的關係、促進社會公平正義往往成事不足。已經成長起來的社會主義市場經濟，比任何時候都需要適應性的上層建築變革和意識形態創新，推動理論基礎的正本清源和制度形態的完善定型，適時、持續地緩解市場經濟基本矛盾，創造效率與公平均衡統一新常態。

三、市場化改革的制度性變革前景

經過 40 餘年的治理性改革努力，社會主義市場經濟體制已經基本建立起來。但社會的普遍感知仍然是，許多重要領域中計劃體制的弊端大量存在，創制而成的市場經濟的基本矛盾開始顯現並有加劇的趨勢，與市場經濟相適應的上層建築和意識形態領域的變革創新更有諸多迷茫。實踐中的困境和理論上的困惑需要全面深化改革破舊立新，但也不可能畢其功於一役，短期內一蹴而就，其全面建制需要久久為功，並且也有邏輯線索和內在規律可循。[①]

① 2019 年 10 月 31 日，中共中央十九屆四中全會做出《中共中央關於堅持和完善中國特色社會主義制度　推進國家治理體系和治理能力現代化若干重大問題的決定》，描繪了包括社會主義市場經濟體制的成熟與定型在內的中國特色社會主義制度和國家治理體系和治理能力現代化的建設圖景，給全社會以新的期許與期待。

(一) 既非「老路」也非「邪路」的變革新路

以治理性改革為切入點並做到長期堅持，使中國社會有可能擺脱「老路」或是「死路」，建立起市場經濟體制並取得經濟發展的驕人成就；對「改旗易幟」「邪路」的着力規避，堅持了改革開放的社會主義性質，使那些無論在馬克思主義經典作家還是在正統資產階級經濟學的理論語境中根本不可能結合的社會主義、公有制與市場經濟體制，實現了內在兼容和相互結合，並在成熟的市場眼光看來是以最不規範的制度形態推動了人類歷史上近乎最為迅速而持久的經濟增長，創造了或使之百思不得其解的經濟奇跡。

事實上，中國的改革開放及其經濟奇跡，並沒有超出市場經濟的成長邏輯和內在規律。只是由於來自理論上的偏好或政治上的偏見以及認知上的局限，人們往往做出帶有個人見地的片面性解讀與情緒性表達。或許客觀正視中國改革開放創造的市場經濟成長條件、有限性質以及全面深化改革取向，對於理解這場歷史性變革、經濟發展軌跡以及制度性變革趨勢，也是不無裨益的。

以堅持國家所有制和集體所有制或公有制性質不變為基礎的承包權、經營權、使用權、收益權以及法制化的用益物權等產權析解和產權深化改革，創造了市場經濟得以發育成長的產權基礎和邏輯起點，為突破計劃體制束縛而催生了普遍產生、又活力十足的市場主體。以經濟轉軌期土地、資本、勞動力等生產要素供給的體制便利及其價格抑制機制基礎上的市場化配置所形成的成本—收益特殊比較優勢，提升了國內市場培育發展速度和參與國際競爭的能力。以公有制為主體、釋放多種所有制經濟共同發展的空間，既培育了市場微觀主體，也提高了整個國民經濟與社會發展的動力、活力與競爭力。以平等保護各類產權的深化改革或產權中性改革，創造了更深層次、更廣意義的平等營商環境和市場經濟發育成長的制度性公共品。

從微觀機制到宏觀體制的產權深化改革，是市場建制和經濟起飛的邏輯依據、體制條件，也是動力之源和規律所在。但也在公有制為主體、多種所有制經濟共同發展的社會主義基本經濟制度及其混合所有制經濟模式中，產生了不同經濟成分之間的性質緊張和體制摩擦。全面深化改革也在努力消除這類緊張和摩擦，並逐步形成彼此間的適當比例、動態平衡及體制適應性狀態。除極少數需要負面清單管制的特殊領域或環節外，堅定不移地推進平等保護各類產權或創造產權中性體制環境，並持久地推進競爭中性和規制中性等治理性改革，提供與社會主義市場經濟相適應的充分有效的制度性公共品，均衡效率與公平的關係、緩解市場經濟基本矛盾，真正走出一條既非「老路」也非「邪路」的社會主義市場經濟制度新路。

順應治理改革進程、市場建制邏輯和客觀經濟規律，以及城鄉土地、礦藏資源、江河湖泊、草原濕地、山脈森林、空天海域等基本生產資料已經由憲法定位解決了公有制性質或公有制主體等根本制度問題，其要素配置和經濟組織層面的基本制度，以「國家實行各種所有制經濟平等發展的社會主義市場經濟制度」進行市場中性定位，或許更符合經濟市場化的改革實踐、邏輯規律和全體社會成員的根本利益，以及從起點、過程到結果的更為廣義的效率與公平均衡統一的核心價值理念。[①] 各種經濟成分的市場地位，主要由其在相關經濟領域中的體制適應性和優勝劣汰競爭機制決定；收入分配或社會公平目標的達成，則取決於更為複雜的初次分配和再分配等重要制度或社會公共政策發揮更好作用，而不能簡單地訴求於政府的主觀意願或理論信條的先驗模式。況且，人為地將經濟成分或社會成員進行高低優劣、尊卑貴賤、

---

① 社會主義基本經濟制度新近擴圍成公有制為主體、多種所有制經濟共同發展，按勞分配為主體、多種分配方式並存，社會主義市場經濟體制等。在基本經濟制度中，社會主義市場經濟體制終於名正言順。「三位一體」的表達，也賦予了社會主義基本經濟制度更多的理論價值色彩，體現了其對效率與公平協調統一性的關切與期待。其實，在經濟治理制度層面確立和強化產權、競爭和規制中性基礎上的市場中性原則，絲毫不會動搖公有制經濟的主體地位，反而會更為明確、具體地體現社會主義基本經濟制度追求廣義的效率與公平的均衡統一的核心與實質。至於按勞分配為主體的認知，也反映了決策層對社會公平的期待、關注及制度和政策取向。如果僅從數量上看，任何市場經濟體中，相對於其他收益，勞工收入或支出都是商務成本和經濟增加值的主體部分。按勞分配的主體性質，幾乎無助於效率與公平矛盾的緩解或社會公平目標的達成。眾所周知，由於要素賦能、稀缺性質和貢獻特性等，無論在發展中經濟體還是發達經濟體中，管理層數以百萬計甚至更高水平的年薪收入與那些依靠最低工資標準保障底線的勞工階層的生存性收入，何啻霄壤之別而又幾乎是普遍現象。並且，由於壟斷性、體制性乃至技術性因素，不同行業和人羣間較大的收入差距也並不鮮見。市場經濟條件下人們之間的收入分配及財富差距以及效率與公平的矛盾的緩解，需要適時有效、複雜精細的初次分配和再分配相關制度安排及社會政策持之以恆地促成與維繫，絕非僅憑價值理念、主觀取向或良好意願所能達成的。

主要次要劃分，賦予某些經濟成分超經濟權利、超市場地位、超國民待遇，本身不是社會主義特色，甚至也不是資本主義性質，而是前市場經濟時代和非市場經濟理論的歷史遺物。

在治理性漸進改革過程中，一些領域避重就輕，注重技術性改革而疏忽或者迴避不可或缺的制度性變革，甚至以技術性、治理性改革來替代或抵制制度性變革，強調技術經濟規律、在細枝末節上精雕細刻而漠視市場經濟規律，強調經濟性質穩定而拒斥混合制經濟的要素配置與產權深化邏輯以及產權平等保護的基礎性制度建設。這類問題在自然壟斷環節、經濟規制部門、公共服務領域、經濟成員地位、價值信念範疇上表現得更為突出一些。如果純粹以治理性改革或假以改革的名義延長漸進過程，還會成就過程性利益格局及其維護機制，損害效率，也有悖公平正義以致喪失改革的社會認可度和公信力。在這些方面，還有許多需要全面深化的基礎性制度變革。

一些治理性改革也帶有多重意義。如國有企業改革，一方面需要優化國有企業治理和國有資本配置效率，全面深化國有經濟內部改革；另一方面，國企、國資改革還需要處理好國有企業與非國有企業、公有制經濟與非公有制經濟的關係，在數量、結構、佈局、領域等方面，將國企、國資保持在普遍服務、必要範圍之內，防止偏重偏廢、顧此失彼、厚此薄彼，或不適當地強調做大做強國企、國資，提高影響力和控制力，應當聚焦於全面完善各種所有制經濟平等發展的社會主義市場經濟制度，提高整個國民經濟的活力、動力和國際競爭力。此外，全面深化改革不僅要完成技術性、治理性各個專業領域的市場建制，還要推進由經濟社會發展規律所決定的包括執政黨自身建設與治國模式在內的基礎性制度建設，實現治理性改革與制度性變革相統一意義上的全面深化改革。其改革進展及其成效，關乎治理的成敗也關乎國運的興衰。

（二）市場經濟基礎與民主法治社會建設

社會主義市場經濟基礎的建立，並不意味着市場化改革目標的達成，廣義社會公共品及其提供方式變革之路仍然極其漫長。在基本民生需求和基層社會訴求層面，推動建立適應經濟市場化、社會多元化以及效率與公平均衡統一的利益訴求直接表達機制和經濟社會民主治理模式；在實現全社會利益均衡和國家根本戰略利益層面，兼顧近期與長遠、草根與精英各個社會階層共同利益，鞏固和完善代議制或代表制民主法治制度，探索出一條具有中國特色的共產黨領導—人民當家作主—全面依法治國相統一的民主與法治社會建設之路。

基層破題試驗、積累經驗，示範和推動全域性制度創新，是中國改革開放的成功經驗之一。循此路徑和經驗，可以基層社會治理和民主管理為示範，漸進式地推動適應社會主義市場經濟基礎的基層民主法治制度建設。現代資訊技術作用於經濟運行和社會治理，推動當代中國社會發生了一系列重大轉變和趨勢性現象。資訊互聯網特別是移動互聯網技術的發展，極大地拓展了市場決定作用和基層民主治理改革的維度、深度以及民主法治社會建設的空間與條件。

在經濟運行層面，市場信息採集由個體局域不對稱集中向全域全息泛在歸集與披露轉變；價格形成機制由納什均衡向同業參與、充分競爭轉變；資源配置方式由投資者有限理性決策、企業科層指令運行向在線比較選擇、線上線下互融優化轉變；商務組織由基於生產成本與交易費用權衡機制的資源要素企業一體化配置或區域專業化分工向基於物聯網體系的全社會乃至全球產業鏈、價值鏈整合鏈接轉變。資訊技術的進步和物聯網的發展，近乎滿足了現代經濟學理論建模的所有制度假定，即資訊日漸對稱和交易趨於無摩擦狀態，形成所謂零邊際成本社會，以致所有權淡化，產生使用權革命和協同共享新經濟時代，進而使「人造環境和自然環境融合在一個有序運轉的網絡之中」[①]。在某種意義上使經濟領域的共享治理和模式創制似乎具有無窮解。

---

① 傑里米・里夫金．零邊際成本社會：一個物聯網、合作共贏的新經濟時代．賽迪研究院專家組，譯．北京：中信出版集團，2017．傑里米・里夫金認為：「物聯網是改變人類組織經濟生活的顛覆性科技。」「如果説第一次和第二次工業革命的技術平台在實現市場交換和獲取私利的過程中切斷並封閉了地球上大量生物的相關性，那麼第三次工業革命的物聯網平台則恰恰逆轉了這一過程。」

在社會治理層面，大眾利益訴求及其表達方式由傳統的體制集中代言、層級篩選過濾、官媒擇時發佈向多元直接表達、平行全息披露和自媒實時傳播轉變；社會管理由政府層級自上而下、行政單向指令向管理者與民眾間雙向互動、多方參與和協商共治轉變；基層治理規制由政府權責機構職能監管向全社會共同行動、區塊鏈、網格化協同治理轉變。逆此趨勢與規律而動，不僅成本高昂、有可能喪失市場競爭活力與優勢，而且有可能脱離羣眾、落伍於時代，社會代價也會極其巨大。

經濟運行和社會治理中的一系列重大轉變及其趨勢，深刻地影響着全面深化改革的路徑、方向和坐標。其中基層社會治理中，農村村民自治、城鄉社區管理藉助於資訊技術和網絡平台，從簡單的村務公開、政務公開迅速形成燎原之勢，成為縣鄉以下和城市社區極具生命力的社會治理模式。基層羣眾和管理者由此獲得了權利與義務、自由與約束、自治與規制、民主與法治、私權與公權、個人利益與公共利益、黨內民主與社會民主等諸多與民主法治社會建設有關的實踐訓練、習慣養成和經驗積累，逐步使基層黨組織和社會治理的「草根直接民主」模式成為期待和可能。其初始創制者、推動者或許主要是基於黨建、民生、平安領域的管理需要，但這也是社會主義市場經濟必需的社會公共品。[①] 儘管其間還需要釐清公權與私權的邊界及範圍。

社會領域的治理性改革及其制度外溢效應具有推動民主法治社會建設的巨大先導作用和歷史價值，如同當年農村改革推動改革開放、改變中國命運進而影響世界格局一樣。如若因勢利導、善加引導，中國社會有可能再次以治理性改革的漸進方式，在我國法制體系已經基本建立起來的基礎上，漸進式地促成縣市以下黨政治理的直接民主體制，具體體現黨的領導作用，靈敏反映基層民生訴求，切實維護市場基礎秩序，及時表達與實現大眾現實關切，釋放「草根」多元利益壓力，博弈與平衡羣眾切身利益層面的效率與公平的關係；省市以上繼續堅持功能性、精英式間接民主體制，堅持共產黨領導，完善人大、政協制度，全面推進法治建設，集中力量提供社會主義市場

---

① 康曉強.「村情通」——新時代鄉村治理新模式.北京：人民出版社，2018.

經濟的廣義制度公共品，實現國家與社會長治久安，兼容「一國兩制」體制，維護中華民族的長遠、根本利益，承擔與國力相適應的國際責任等。

循此邏輯深化治理性改革和制度性變革，適應社會主義市場經濟基礎，漸進式地建立成熟與定型的現實利益與長遠利益相協調、直接民主與間接民主相結合、民主治理與依法治國相統一的中國特色社會主義民主法治制度。[①] 社會主義市場經濟體制和中國式民主法治制度建設，既是中國共產黨長期執政的階級基礎與羣眾基礎的統一性要求，也是中國工人階級先鋒隊、中國人民和中華民族先鋒隊的本質體現。當然，從其治理性改革的願景、趨勢到全面深化改革的制度成型，不僅可能路途崎嶇遙遠，需要逐步形成社會共識和制度變革擔當機制，而且需要精準細密的治理性制度設計和適時有效的變革次序、節奏與風險管控能力。

(三) 特色理論創新及其普遍意義

與社會主義市場經濟相適應的社會意識形態建設，是前無古人的思想理論和價值理念創新。如同歷史上的私權制、集權制與其意識形態建設具有較長時滯一樣，也需要久久為功的歷史耐心。需要以「治理性改革」悉心吸收人類文明優秀成果，推動中國傳統文化的創造性轉型，建立起符合社會主義市場經濟規律、均衡效率與公平的關係，使市場化改革及其建制實踐獲得制度正當性和價值正當性相統一意義上的既有中國特色又有普遍意義的社會主流價值理念和思想意識形態。

基於實事求是、實踐標準，市場化改革的前哲先賢曾把社會主義初級階段及其市場經濟形態視為幾十代人的時長和事業。經過數十年漸進式、治理

---

① 社會主義市場經濟最重要的制度公共品，是法治基礎上的民主或民主基礎上的法治制度。在民主與法治社會建設的關係或順序上，漸進而成的市場經濟體多以民主發展促成法治建設，後發式、轉軌型新興市場國家則往往通過制度模仿或移植，先發展市場經濟、建立法規體系進而漸進式地推進民主政治建設。至於專制、威權以致嚴刑峻法盛行而民主不彰以及無法可依、有法不依的「民主」亂象也並非罕見。當然，更糟糕的是既無民主也無法治的衰敗社會。因此，作為市場公共品的民主法治制度建設不可避免地帶有各自的國情特性。

性改革，市場建制在經濟領域雖然已經基本完成，但在社會上層建築領域仍屬未竟事業。實踐的局限性必然制約思維的認識水準和理論的成熟程度，不能期待短期內完成思想理論創新和意識形態定型。可以展望的是，對於已經跨過制度初建期、新體制矛盾開始顯現的社會主義市場經濟體制，評判其制度合理性和價值正當性，以及中國特色社會主義理論建設，必須規避「經典」標準的直接借用和理論形態的簡單疊加或「優化組合」，而應當遵循社會主義市場經濟自身的實踐性和邏輯規律，創新其經濟理論體系和社會意識形態。

社會主義市場經濟體制形態的價值信念性審視或評判，需要摒棄前市場經濟形態的度量衡。治理性改革的市場建制實踐表明，社會主義市場經濟的發育成長，必然會或遲或早地推動競爭中性、規制中性和產權中性成為不可或缺的公平性營商環境和基礎性制度條件。以起點、條件、過程的平等，為實現結果與價值的公平創造「發展是硬道理」的效率基礎，並且已經體現為我國治理性改革的市場建制實踐，成為社會主義市場經濟的體制內核。理論建構與價值取向不可以逆其趨勢與規律而行，以前市場經濟時代的等級貴賤、階級對立等帶有向後看性質的制度度量衡來衡量是非曲直，決定取捨興廢，引致效率損失、制度疑慮甚至社會對抗。善者因之的理論價值建構應當是堅持實事求是和實踐標準，繼續推動思想解放，按照社會主義市場經濟的內在要求和邏輯規律創新制度構造理論。

社會主義市場經濟的機制衝突與內在矛盾的制度性、價值性處理，不可動用傳統計劃體制的武器庫。社會主義市場經濟體制既有市場經濟的內在矛盾也有社會性質的公平追求，革除那些背離公平原則，既影響效率也有損公平的體制弊端、機制衝突，緩解效率與公平的矛盾，推動共享普惠發展，避免社會分化，需要通過思想理論與價值理念創新和民主與法治建制，建立效率與公平博弈均衡機制和多元利益訴求表達便利、社會各階層利益適度實現的市場運行機制和國家治理體系，適時均衡勞動與資本、按勞分配與按其他生產要素分配以及全社會創業創新活力、能力的充分釋放與困難弱勢羣體的制度性扶持及保障等諸多關係，而不能從傳統計劃體制的理論武庫中重新祭出所有制性質、平均主義、階級鬥爭等「批判的武器」甚或「武器的批判」，引致思想混亂、社會撕裂和執政黨階級基礎與羣眾基礎的對立，削弱黨的先進性與代表性。對社會上不時興起的一些倒退思潮中的某些「公平」訴求給予足夠的敬畏和創制性回應，而對其「理論武器」及其危害性質則必須保持清醒的頭腦和高度的警覺。

社會主義市場經濟的政策體系、體制定型和價值定位，不能亮起未來願景或理想社會的信號燈。確立社會主義初級階段和社會主義市場經濟體制，是汲取計劃經濟時代曾經反覆發生的「一大二公」「跑步進入共產主義」等沉痛教訓所做出的實事求是、實踐標準意義上的歷史唯物主義選擇，並且已為中國經濟與社會發展的卓越成就所檢驗與確認。面對現實生活中的中性營商環境缺失、資本與勞動分配失衡、社會貧富分化加劇等矛盾和衝突集中顯現，制度與理論建構取向應當是兼顧起點、條件、過程、結果等方面的平等均衡，構造共享經濟和普惠體制，創建適應發展階段與歷史條件的廣義社會公平正義制度和價值理論形態。既不能向後看，重啟傳統的度量衡和武器庫，以「打土豪、分田地」式的武器的批判重建既無效率也不公平的平均主義秩序；又不能向前跳，超越發展條件和歷史階段，以未來社會的願景和理想作為信號燈，再次邁出不屬於當代人甚至幾十代人的「消滅私有制」「跑步進入共產主義」的步伐。

社會主義市場經濟的商業精神鍛造與價值理性培育，需要的是具有揚棄性質的全息化而不是經學教條式的全盤化。市場經濟的成長機制與價值倫理自其產生之日起便形影一體、互為表裏。從其野蠻成長階段的欺詐暴虐到資本主義精神與制度的成熟定型，既創造了空前的經濟技術效率和制度人文成果，也經歷了血與火的洗禮、野蠻與文明博弈的漫長歷史變遷過程。將公平正義植入市場經濟機體、創造效率與公平均衡機制的社會主義市場經濟建制實踐及其理論創新，既不能迷失於全盤西化的精神霧靄，又不能徘徊於全盤蘇化的制度泥沼，也不能固守於罷黜百家的經學傳統，更不能沉醉於「秦時明月漢時關」的歷史夢境，而應當以傳承和揚棄的辯證統一，革除歷史上其他經濟形態的體制痼疾和精神缺陷，汲取人類社會市場建制和人文創新的全部優秀成果，推動中國民間商業倫理、民本思想觀念和「百家爭鳴」傳統的創造性、制度性、現代化轉型，創建既適合中國國情又具有世界意義的社會主義市場經濟學說、制度構造理論、商業倫理原則和價值理性精神，持久地取得發展優勢、制度自信和價值意義。

社會主義市場經濟的特色理論創建和理論自信形成，不在於中國國情的特殊性而在於理論創新的普遍價值意義。堅持中國共產黨領導、實行多種所有制經濟平等發展、葆有佔主導地位的社會意識形態，這無疑是體制轉軌和市場建制的中國特色，也是實踐意義上的社會主義市場經濟發育成長、建制成型的制度性社會公共品。其形成與發展有着極其複雜的歷史因素與現實條件，即便是其反對者也必須正視或難以忽視。並且，中國市場建制及其趨勢的價值內核，如各類市場主體及其產權形式的平等地位及權利保護制度，堅持市場配置資源的決定作用與政府提供社會公共品的更好作用，追求經濟效率與社會公平的均衡統一，兼顧個人自由而全面發展需要與國家長遠戰略利益和社會共同目標，推進法治基礎上的民主繼而民主基礎上的法治建設等，雖然具有市場建制結構和社會公共品提供方式差異的中國特色，但同時也具有人類共同建制取向和普遍價值信念意義。社會主義市場經濟及中國特色社會主義的創新發展和道路、理論、制度、文化建設及其自信與偉力，並非純粹取決於國情特色，更多的是體現在其普遍價值意義及其對人類經濟社會發展的中國貢獻上。

尾論　改革建制的時代使命

天下是天下人的天下，未來是未來者的未來。經由數十年的治理改革和市場建制，當代中國人已經步入了社會主義市場經濟成長壯大、制度成型和理論創新時期。

我們並不孤獨。人類社會迄今積累的經驗教訓都極其豐富的市場經濟創制實踐、理論成果以及思想人文財富，值得我們去偽存真、敏學慎行，以社會主義市場經濟發展建制和理論創新的卓越成就，屹立於世界民族之林，為人類發展進步做出中國貢獻。

我們也非另類。社會主義市場經濟發展建制所確立的權利平等理念、市場公共品供給機制，效率與公平均衡兼容，個人發展與社會目標協調統一以及民主與法治建設模式等中國實踐及其經濟社會發展成就與理論創新成果，是具有普遍價值意義的人類共同財富。

我們無從退卻。數千年的自然經濟體系的禁錮及後來的計劃體制束縛，中華民族曾經一次次錯失經濟市場化及其社會變革的歷史先機。經由數代人的艱辛探索和浴血奮鬥，中國共產黨人和全體國民以其偉大歷史覺醒，終於走上不再旁騖、沒有退路的社會主義市場經濟制度和民主法治社會建設的民族復興之路。

我們更不迷茫。社會主義市場經濟發展有其未來社會理想，但時代的局限時刻束縛着歷史過客。如同先哲前賢抱有大同理想卻孜孜以求於小康社會那樣，我們不必焦慮於未來社會的美好願景，當以極大的歷史耐心、腳踏實地地擔當社會主義市場經濟發展建制與理論創新的時代使命。

參考文獻

常修澤 . 人本體制論：中國人的發展及體制安排研究 . 北京：中國經濟出版社，2008.

常修澤 . 包容性改革論：中國新階段全面改革的新思維 . 北京：經濟科學出版社，2013.

曹和平 . 中國私募股權市場發展報告（2013—2014）；中國私募股權市場發展報告（2011）；中國私募股權市場發展報告（2010）；中國產權市場發展報告（2012—2013）；中國產權市場發展報告（2010—2011）；中國產權市場發展報告（2009—2010）. 北京：社會科學文獻出版社 .

陳志武 . 金融的邏輯 . 北京：國際文化出版公司，2009.

樊綱 . 現代三大經濟理論體系的比較與綜合 . 上海：格致出版社，2015.

傅築夫 . 中國經濟史論叢 . 北京：三聯書店，1980.

傅築夫 . 中國封建社會經濟史：第 1-4 卷 . 北京：人民出版社，1981、1982、1984、1986.

甘藏春 . 中華人民共和國地方制度 . 太原：山西人民出版社，1995.

高培勇 . 公共經濟學 . 北京：中國人民大學出版社，2004.

高培勇 . 從「放權讓利」到「公共財政」——中國財稅改革 30 年的歷史進程 . 經濟研究，2008（12）.

高尚全 . 中國改革開放四十年：回顧與思考 . 北京：人民出版社，2018.

辜勝阻 . 中國跨世紀的改革與發展 . 武漢：武漢大學出版社，1996.

辜勝阻 . 民營經濟與創新戰略探索 . 北京：人民出版社，2009.

郭樹清 . 總量、結構與市場化 . 北京：改革出版社，1997.

郭樹清 . 在過剩和貧窮之間 . 北京：中國人民大學出版社，2005.

劇錦文 . 中國經濟路徑與政策（1949—1999）. 北京：社會科學文獻出版社，2001.

孔涇源 . 中國古典商業精神及其現代意義、股份合作經濟及其制度剖析 . 經濟研究，1993（9）、1995（3）.

孔涇源 . 中國經濟體制改革報告 . 北京：人民出版社、中國財政經濟出版社，2007—2014.

厲以寧 . 改革開放以來的中國經濟：1978—2018. 北京：中國大百科全書出版社，2018.

林毅夫，蔡昉，李周 . 中國的奇跡：發展戰略與經濟改革 . 上海：格致出版社，2014.

劉鶴 . 兩次全球大危機的比較研究 . 北京：中國經濟出版社，2013.

劉守英 . 中國土地問題調查：土地權利的底層視角 . 北京：北京大學出版社，2018.

劉偉 . 在社會主義市場經濟偉大實踐的基礎上樹立中國經濟理論的自信 . 政治經濟學評論，2013（2）.

劉偉 . 供給管理與我國市場化進程（與蘇劍合作）. 北京大學學報（哲學社會科學版），2007（5）.

樓繼偉 . 中國政府間財政關係再思考 . 北京：中國財政經濟出版社，2013.

彭森 . 中國價格改革三十年（1978—2008）. 北京：中國市場出版社，2010.

彭森 . 十八大以來經濟體制改革進展報告 . 北京：國家行政學院出版社，2018.

彭澤益 . 中國社會經濟變遷 . 北京：中國財政經濟出版社，1990.

皮明庥 . 辛亥革命與近代思想 —— 近代歷史探研錄 . 西安：陝西師範大學出版社，1986.

錢穆 . 中國經濟史 . 北京：北京聯合出版公司，2013.

錢穎一 . 現代經濟學與中國經濟改革 . 北京：中國人民大學出版社，2003.

宋曉梧 . 中國社會體制改革 30 年回顧與展望 . 北京：中信出版社，2018.

宋曉梧 . 地方政府公司化研究 . 北京：中國財富出版社，2014.

康曉強 .「村情通」—— 新時代鄉村治理新模式 . 北京：人民出版社，2018.

田國強，陳旭東 . 中國改革：歷史、邏輯和未來 . 北京：中信出版集團，2016.

王俊豪，肖興志，唐要家 . 中國壟斷性行業管制性機構的設立與運行機制 . 北京：商務印書館，2008.

文一 . 偉大的中國工業革命 . 北京：清華大學出版社，2016.

吳敬璉 . 中國改革三部曲 . 北京：中信出版社，2017.

吳敬璉 . 中國經濟改革進程 . 北京：中國大百科全書出版社，2018.

吳曉波 . 歷代經濟變革得失 . 杭州：浙江大學出版社，2016.

許成鋼 . 政治集權下的地方分權與中國改革 . 比較，2008（36）.

易綱，陳昕 . 中國的貨幣、銀行和金融市場（1984—1993）. 上海：上海三聯書店、上海人民出版社，1996.

易綱 . 中國的貨幣化進程 . 北京：商務印書館，2003.

袁劍．中國證券市場批判．北京：中國社會科學出版社，2004.

趙鼎新．民主的限制．北京：中信出版社，2012.

曾國祥．中國改革史鑒．北京：中國財政經濟出版社，2018.

張國輝．洋務運動與中國近代企業．北京：中國社會科學出版社，1979.

張軍．改革、轉型與增長：觀察與解釋．北京：北京師範大學出版社，2010.

張平．中國改革開放（1978—2008）．北京：人民出版社，2009.

張思平．中國改革報告（2014—2018）．深圳創新發展研究院、深圳創新發展基金會內部報告．

張五常．中國的經濟制度．北京：中信出版社，2017.

張曉樸，姚勇，等．未來智能銀行：金融科技與銀行新生態．北京：中信出版集團，2018.

張昕竹．網絡產業：規制與競爭理論．北京：社會科學文獻出版社，2000.

中共中央黨史和文獻研究院．改革開放四十年大事記．北京：人民出版社，2018.

周其仁．改革的邏輯．北京：中信出版社，2013.

周小川．系統性的體制轉變——改革開放進程中的研究與探索．北京：中國金融出版社，2008.

周小川．國際金融危機：觀察、分析與應對．北京：中國金融出版社，2012.

[挪威]A.J. 伊薩克森，[瑞典]C.B. 漢密爾頓，[冰島]T. 吉爾法松．理解市場經濟．張勝紀，肖巖，譯．北京：商務印書館，1996.

[法]阿格尼絲·貝納西—奎里，等．經濟政策：理論與實踐．徐建煒，楊盼盼，徐奇淵，譯．北京：中國人民大學出版社，2015.

[印]阿魯·薩丹拉徹．分享經濟的爆發．周恂，譯．北京：文匯出版社，2017.

[印]阿馬蒂亞·森．以自由看待發展．任賾，于真，譯．北京：中國人民大學出版社，2002.

[美]亞瑟·奧肯．平等與效率．王奔洲，譯．北京：華夏出版社，1987.

[美]埃岡·紐伯格．比較經濟體制——從決策角度進行的比較．榮敬本，吳敬璉，陳國雄，等，譯．北京：商務印書館，1984.

[美]艾倫·格林斯潘，阿德里安·伍爾德里奇．繁榮與衰退．束宇，譯．北京：中信出版社，2019.

[法]埃米爾·涂爾幹．社會分工論．渠敬東，譯．北京：三聯書店，2013.

[美]安托尼·阿格邁伊爾．發展中國家和地區的證券市場．中國人民銀行金融研究所外國金融研究室，譯．北京：中國金融出版社，1988.

[法] 巴斯夏 . 看得見的與看不見的：商界、政界及經濟生活中的隱形決策思維 . 黃煜文，譯 . 北京：台海出版社，2018.

[美] 彼得 · 德魯克 . 後資本主義社會 . 傅振焜，譯 . 北京：東方出版社，2009.

[日] 長谷川啟之 . 經濟政策的理論基礎 . 梁小民，劉甦朝，譯 . 北京：中國計劃出版社，1995.

[美] 保羅 · R. 格雷戈里，羅伯特 · C. 斯圖爾特 . 比較經濟體制學 . 林志軍，劉平，等，譯 . 上海：上海三聯書店，1988.

[土] 丹尼 · 羅德里克 . 經濟學規則 . 劉波，譯 . 北京：中信出版社，2017.

[美] 丹尼爾 · W. 布羅姆利 . 經濟利益與經濟制度 —— 公共政策的理論基礎 . 上海：上海三聯書店、上海人民出版社，1996.

[美] 道格拉斯 · C. 諾斯 . 經濟史中的結構與變遷 . 陳郁，羅華平，等，譯 . 上海：上海三聯書店，1991.

[美] 道格拉斯 · C. 諾斯 . 制度、制度變遷與經濟績效 . 劉守英，譯 . 上海：上海三聯書店，1994.

[美] 道格拉斯 · 諾斯，羅伯斯 · 托馬斯 . 西方世界的興起 . 厲以平，蔡磊，譯 . 北京：華夏出版社，1989.

[美] 戴維 · 奧斯本，特德 · 蓋布勒 . 改革政府：企業精神如何改革着公營部門 . 周敦仁，等，譯 . 上海：上海譯文出版社，1996.

[美] 阿維納什 · K. 迪克西特 . 經濟政策的制定：交易成本政治學的視角 . 劉元春，譯 . 北京：中國人民大學出版社，2004.

[美] 費正清 . 劍橋中國晚清史（1800—1911）. 中國社會科學院歷史研究所編譯室，譯 . 北京：中國社會科學出版社，1985.

[俄] 弗拉基米爾 · 波波夫 . 榮衰互鑒：中國、俄羅斯以及西方的經濟史 . 孫梁，譯 . 上海：格致出版社、上海人民出版社，2018.

[美] 弗蘭克 · 法博齊，弗朗哥 · 莫迪利安尼 . 資本市場：機構與工具（第四版）. 汪濤，郭寧，譯 . 北京：中國人民大學出版社，2015.

[法] 弗朗索瓦 · 佩魯 . 新發展觀 . 張甯，豐子義，譯 . 北京：華夏出版社，1987.

[美] 法蘭西斯 · 福山 . 落後之源：詮釋拉美和美國的發展鴻溝 . 劉偉，譯 . 北京：中信出版社，2015.

[英] 弗雷德里希 · 奧古斯特 · 哈耶克 . 個人主義與經濟秩序 . 賈湛，文躍然，譯 . 北京:北京經濟學院出版社，1989;通往奴役之路 . 王明毅，馮興元，等，譯 . 北京：中國社會科學出版社，1997.

[法] 弗洛朗絲．雅尼—卡特里斯．總體績效：資本主義新精神．北京：中國經濟出版社，2018.

[美] 赫伯特．馬爾庫塞．單向度的人：發達工業社會意識形態研究．劉繼，譯．上海：上海譯文出版社，2014.

[美] 加雷特．瓊斯．蜂巢思維：國家智商 VS 個體智商．鄭常青，譯．北京：電子工業出版社，2017.

[英] 傑弗里．霍奇遜．演化與制度：論演化經濟學和經濟學的演化．任榮華，等，譯．北京：中國人民大學出版社，2017.

[美] 傑里米．里夫金．零邊際成本社會：一個物聯網、合作共贏的新經濟時代．賽迪研究院專家組，譯．北京：中信出版社，2017.

[美] 傑瑞．穆勒．市場與大師：西方思想如何看待資本主義．佘曉成，蘆畫澤，譯．北京：社會科學文獻出版社，2016.

[印] 考希克．巴蘇．政策制定的藝術：一位經濟學家的從政感悟．卓賢，譯．北京：中信出版社，2016.

[美] 卡爾．A. 魏特夫．東方專制主義：對於極權力量的比較研究，徐式谷，等，譯．北京：中國社會科學出版社，1989.

[英] 克拉潘．現代英國經濟史．姚曾廙，譯．北京：商務印書館，1977.

[美] 克里斯．安德森．長尾理論．喬江濤，譯．北京：中信出版社，2006.

[美] 孔飛力．中國現代國家的起源．陳兼，陳之宏，譯．北京：三聯書店，2013.

[美] 勞倫．勃蘭特，托馬斯．羅斯基．偉大的中國經濟轉型．方穎，趙揚，等，譯．上海：格致出版社、上海人民出版社，2009.

[美] 雷蒙德．W. 戈德史密斯．金融結構與金融發展．周朔，等，譯．上海：上海三聯書店、上海人民出版社，1994.

[美] 里亞．格林菲爾德．資本主義精神：民族主義與經濟增長．張京生，劉新義，譯．上海：上海人民出版社，2009.

[奧] 路德維希．馮．米瑟斯．自由與繁榮的國度．北京：中國社會科學出版社，1995.

[美] 路易吉．津加萊斯．繁榮的真諦．余江，譯．北京：中信出版社，2015.

[德] 魯迪格．多恩布希，等．開放經濟：發展中國家政策制定者的工具．章晟曼，等，譯．北京：中國財政經濟出版社，1990.

[美] 羅伯特．M. 索洛．經濟增長理論：一種解說．胡汝銀，譯．上海：上海三聯書店，1989.

[英] 羅納德 · 哈里 · 科斯，王寧 . 變革中國：市場經濟的中國之路 . 徐堯，李哲民，譯 . 北京：中信出版社，2013.

[美] 羅納德 · I. 麥金農 . 經濟市場化的次序 —— 向市場經濟過渡時期的金融控制 . 周庭煜，尹翔碩，陳中亞，譯 . 上海：上海三聯書店、上海人民出版社，1997.

[法] 呂克 · 博爾坦斯基，夏娃 · 希亞佩洛 . 資本主義的新精神 . 上海：譯林出版社，2012.

[德] 馬克斯 · 韋伯 . 新教倫理與資本主義精神 . 閻克文，譯 . 上海：世紀文景、上海人民出版社，2010.

[美] 邁克爾 · J. 博斯金 . 美國稅制改革前沿 . 李京文，劉樹成，等，譯 . 北京：經濟科學出版社，1997.

[美] 曼瑟爾 · 奧爾森 . 集體行動的邏輯 . 陳郁，郭宇峰，李崇新，譯 . 上海：上海人民出版社，1995.

[美] 米高 · 恩萊特 . 助力中國發展：外商投資對中國的影響 . 閆雪蓮，張朝輝，譯 . 北京：中國財政經濟出版社，2017.

[美] 莫里斯 · 博恩斯坦 . 比較經濟體制 . 王鐵生，譯 . 北京：中國財政經濟出版社，1988.

[奧] 穆雷 · N. 羅斯巴德 . 人、經濟與國家 . 董子雲，等，譯 . 杭州：浙江大學出版社，2015.

[意] 尼古拉 · 阿克塞拉 . 經濟政策原理：價值與技術 . 郭慶旺，劉茜，譯 . 北京：中國人民大學出版社，2001.

[俄] 尼 · 伊 · 雷日科夫 . 大國悲劇 —— 蘇聯解體的前因後果 . 徐昌翰，等，譯 . 北京：新華出版社，2008.

[美] 彭慕蘭 . 大分流：歐洲、中國及現代世界經濟的發展 . 史建，譯 . 南京：江蘇人民出版社，2004.

[美] 彭慕蘭，史蒂文 · 托皮克 . 貿易打造的世界 —— 1400 年至今的社會、文化與世界經濟 . 黃中憲，吳莉葦，譯 . 上海：世紀文景、上海人民出版社，2018.

[荷] 喬安妮 · 凱勒曼，雅各 · 德漢，費姆克 · 德弗里斯 .21 世紀金融監管 . 張曉樸，譯 . 北京：中信出版社，2016.

[美]R. 巴里 · 約翰斯頓，V. 桑德拉拉加 . 金融部門改革的次序 —— 國別經驗與問題 . 王忠，等，譯 . 北京：中國金融出版社、國際貨幣基金組織，2000.

[美]R. 科斯、A. 阿爾欽，D. 諾斯 . 財產權利與制度變遷 —— 產權學派與新制度學派譯文集 . 劉守英，等，譯 . 上海：上海三聯書店、上海人民出版社，1994.

[法] 讓・雅克・盧梭. 論人類不平等的起源和基礎. 陳偉功，吳金生，譯. 北京：北京出版社，2010.

[美] 湯普森. 中世紀經濟社會史（300—1300 年）. 耿淡如，譯. 北京：商務印書館，1963.

[美] 特倫斯・W. 哈奇森. 經濟學的革命與發展. 李小彌，姜洪章，等，譯. 北京：北京大學出版社，1992.

[法] 托克維爾. 舊制度與大革命. 馮棠，譯. 北京：商務印書館，1992.

[法] 托克維爾. 論美國的民主. 董果良，譯. 北京：商務印書館，2013.

[法] 托馬斯・皮凱蒂（Thomas Piketty）.21 世紀資本論. 北京：中信出版社，2014.

[美] 萬志英. 劍橋中國經濟史：古代到 19 世紀. 崔傳剛，譯. 北京：中國人民大學出版社，2018.

[美] 王國斌，羅森塔爾. 大分流之外：中國和歐洲經濟變遷的政治. 周琳，譯. 南京：江蘇人民出版社，2018.

[德] 瓦爾特・歐肯. 經濟政策的原則. 李道斌，馮興元，譯. 北京：中國社會科學出版社，2014.

[德] 維克多・J. 范伯格. 經濟學中的規則和選擇. 史世偉，鍾誠，譯. 西安：陝西人民出版社，2011.

[美] 威廉・伯恩斯坦. 茶葉—石油— WTO：貿易改變世界. 李暉，譯. 海口：海南出版社，2010.

[美] 沃爾特・沙伊德爾. 不平等社會. 顏鵬飛，等，譯. 北京：中信出版社，2019.

[英] 亞當・斯密. 道德情操論. 趙康英，譯. 北京：華夏出版社，2010.

[美] 伊恩・莫里斯（Ian Morris）. 西方將主宰多久（*Why The West Rules-for Now*）. 錢峰，譯. 北京：中信出版社，2014

[以色列] 尤瓦爾・赫拉利. 人類簡史：從動物到上帝. 林俊宏，譯. 北京：中信出版社，2017.

[以色列] 尤瓦爾・赫拉利. 未來簡史：從智人到智神. 林俊宏，譯. 北京：中信出版社，2017.

[日] 宇澤弘文. 社會共通資本. 李博，譯. 杭州：浙江人民出版社，2017.

[美] 約・肯・加爾佈雷思. 經濟學和公共目標. 蔡受百，譯. 北京：商務印書館，1983.

[美] 約翰・N. 德勒巴克，約翰・奈. 新制度經濟學前沿. 張宇燕，等，譯. 北京：經濟科學出版社，2003.

[美] 約瑟夫 · 費西金 . 瓶頸：新的機會平等理論 . 徐曦白，譯 . 北京：社會科學文獻出版社，2015.

[美] 約瑟夫 · 威廉 · 辛格 . 沒有法規就沒有自由：次貸危機隱藏的教訓 . 陳雪梅，張濤，譯 . 南京：江蘇人民出版社，2018.

[英] 詹姆斯 · E. 米德 . 效率、公平與產權 . 施仁，譯 . 北京：北京經濟學院出版社，1992.

[英] 詹姆斯 · E. 米德 . 聰明激進派的經濟政策：混合經濟 . 蔡曉陳，謝英明，陳瀏，譯 . 北京：機械工業出版社，2015.

[美] 詹姆斯 · M. 布坎南 . 自由、市場與國家 . 平新喬，莫扶民，譯 . 上海：上海三聯書店，1989.

[美] 詹姆斯 · M. 布坎南 . 民主過程中的財政 . 唐壽寧，譯 . 上海：上海三聯書店，1992.

[美] 詹姆斯 · M. 布坎南 . 憲則經濟學：人類集體行動機制探索 . 韓朝華，譯 . 北京：中國社會科學出版社，2017.

[日] 植草益 . 微觀規制經濟學 . 北京：中國發展出版社，1992.

Bell Deniel A. The China Model: Political Meritocracy and the Limits of Democracy. Princeton: Princeton University Press. 2015.

Cai Hongbin,Treisman Daniel. Does Competition for Capital Discipline Governments? Decenteralization, Globalization, and Public Policy. American Economic Review, 2005(95): 817-830.

Clarkson, Leslie A. Proto-Industrialization: The First Phase of Industrialization Process?. London: Macmillan Publishers Limited, 1985.

Desmet, Klaus, Stephen L. Perente. The Evolution of Markets and the Revolution of the Industry: A Unified Theory of Growth. Journal of Economic Growth, 17(3), 2012: 205-234.

Freeland, Chrystia. Sale of the Century: Russia' Wild Ride from Communism to Capitalism. M.A.: The Crown Publishing Group, 2000.

Gilboy, George, Read Benjemin. Political and Social Reform in China: Alive and Walking. The Washington Quarterly, 2008(31): 143-164.

Granick, Devid. Chinese State Enterprises: A Regional Property Rights Analysis. Chicago: University of Chicago Press, 1990.

Harding, Herry. China's Second Revolution: Reform After Mao. Washington, D.C.: Brookings Institute Press, 1987.

Levenson, Joseph. Confucian China and its Modern Fate. Berkeley: University of California Press, 1968.

Mendels Franklin F. Proto-Industrialization: The First Phase of Industrialization Process. The Journal of Economic History, 1972, 32(1): 241-261.

Montinola Gabriella, Qian Yingyi, Barry Weingast. Federalism, China Style: The Political Basis for Economical Success in China. World Politics, 1995, 48(1): 50-81.

Naughton, Berry. Growing out of the Plan: Chinese Economic Reform 1978-1993. Cambridge: Cambridge University Press, 1995.

Naughton, Berry. The Chinese Economy : Transitions and Growth. Cambridge : MIT Press, 2007.

Qian Yingyi, Barry R. Weingast. Federalism as a Commitment to Proserving Makert Incentives. Journal of Ecnomic Prespectives, 1997, 11(4): 83-92.

Ramiriz, Carlos D. Is Corruption in China "out of control" ? A comparision with the US in historial perspective. Journal of Comparative Economics, 2014, 42(1) : 76-91.

Schell, Orville, Delury. Wealth and Power: China' Long March to the Twenty-First Century. London: Hachette UK ,2013.

Vogel, Ezra. Deng Xiaoping and the Transformation of China. Boston: Harvard University Press, 2010.

Vries Peer. State, Economy and the Great Divergence: Great Britain and China, 1680s—1860s. London: Bloomsbury Publishing, 2015.

Walder, Andrew. Local Governments as Industral Ferms. American Journal of Sociology, 1995(101): 263-301.

White, Gordon. Riding the Tiger: The Politics Economic Reform in Past-Mao China. Standford: Standford University Press, 1993.

後　記

本書終稿付梓之際，正是作者惶惑於認知與理解能力不逮之時。儘管經濟改革近乎涵蓋了作者畢生的學習與工作經歷，或如當代詩人趙野《剩山》的開篇語，「這片雲有我的天下憂」。但以純技術性的治理改革描述社會主義市場經濟建制軌跡，以及對「市場建制與人的行為」等更具波瀾壯闊場景或色彩斑斕畫卷的簡約規避，則盡顯「廬山中人」的自身局限。至於書中對改革建制利弊得失的某些評判性意見，或偶有冒犯者，純屬於對事不對人、就事論事的誤傷，甚至作者自己也或多或少地難辭其咎。社會主義市場經濟建制路長，上層建築領域改革「山林」待啟。期待全面深化改革定型社會主義市場經濟制度，成就中華民族偉大復興的光榮與夢想！

大道維新：
治理改革與市場建制

孔涇源　著

責任編輯　黃嗣朝
裝幀設計　林曉娜
排　　版　黎　浪
印　　務　林佳年

出版　開明書店
香港北角英皇道 499 號北角工業大廈一樓 B
電話：(852) 2137 2338　傳真：(852) 2713 8202
電子郵件：info@chunghwabook.com.hk
網址：http://www.chunghwabook.com.hk

發行　香港聯合書刊物流有限公司
香港新界荃灣德士古道 220-248 號
荃灣工業中心 16 樓
電話：(852) 2150 2100　傳真：(852) 2407 3062
電子郵件：info@suplogistics.com.hk

印刷　美雅印刷製本有限公司
香港觀塘榮業街 6 號海濱工業大廈 4 樓 A 室

版次　2021 年 5 月初版

規格　16 開 (240mm×170mm)

ISBN　978-962-459-088-3